Published by arrangement with Thames & Hudson Ltd, London Copyright © 2004, 2008 and 2013 THames & Hudson Ltd, London

This edition first published in China in 2023 by SDX Joint Publishing Co. Ltd, Beijing

Chinese edition © 2023 SDX Joint Publishing Co., Ltd

墨西哥
与中美洲古代文明
考古与文化史

（下册）

[美] 苏珊·托比·埃文斯 著

李新伟、李默然、钟华、冯玥译，李新伟审校

生活·讀書·新知 三联书店

Simplified Chinese Copyright © 2023 by SDX Joint Publishing Company.
All Rights Reserved.
本作品简体中文版权由生活·读书·新知三联书店所有。
未经许可，不得翻印。

图书在版编目（CIP）数据

墨西哥与中美洲古代文明：考古与文化史／（美）苏珊·托比·埃文斯著；李新伟等译. —北京：生活·读书·新知三联书店，2023.3
ISBN 978 – 7 – 108 – 07409 – 2

Ⅰ.①墨… Ⅱ.①苏… ②李… Ⅲ.①文化史–墨西哥–古代②文化史–中美洲–古代 Ⅳ.① K73

中国版本图书馆 CIP 数据核字（2022）第 124074 号

责任编辑	曹明明
装帧设计	康　健
责任校对	陈　明　曹秋月
责任印制	卢　岳
出版发行	生活·讀書·新知 三联书店 （北京市东城区美术馆东街 22 号 100010）
图 字 号	01-2018-4876
网　　址	www.sdxjpc.com
经　　销	新华书店
印　　刷	北京隆昌伟业印刷有限公司
版　　次	2023 年 3 月北京第 1 版 2023 年 3 月北京第 1 次印刷
开　　本	720 毫米 × 965 毫米　1/16　印张 53
字　　数	480 千字　图 518 幅
印　　数	0,001 – 6,000 册
定　　价	198.00 元（上下册）

（印装查询：01064002715；邮购查询：01084010542）

目 录

下 册

第四部分 古典时代晚期，古典时代的崩溃和古典时代末期

第十二章　玛雅低地：巅峰和衰落（公元600—900年）⋯⋯⋯⋯⋯⋯ 421
　　一、古典时代晚期的玛雅文化⋯⋯⋯⋯⋯⋯⋯⋯⋯⋯⋯⋯⋯⋯ 424
　　二、低地南部的玛雅⋯⋯⋯⋯⋯⋯⋯⋯⋯⋯⋯⋯⋯⋯⋯⋯⋯⋯ 435
　　三、玛雅其他地区⋯⋯⋯⋯⋯⋯⋯⋯⋯⋯⋯⋯⋯⋯⋯⋯⋯⋯⋯ 457

第十三章　古典时代晚期和末期的西部地区
　　　　　（公元600—1000/1100年）⋯⋯⋯⋯⋯⋯⋯⋯⋯⋯⋯⋯ 463
　　一、墨西哥盆地及其北部和西部地区⋯⋯⋯⋯⋯⋯⋯⋯⋯⋯⋯ 472
　　二、墨西哥湾低地⋯⋯⋯⋯⋯⋯⋯⋯⋯⋯⋯⋯⋯⋯⋯⋯⋯⋯⋯ 478
　　三、普埃布拉、特拉斯卡拉和莫雷洛斯⋯⋯⋯⋯⋯⋯⋯⋯⋯⋯ 488
　　四、米斯特克地区和瓦哈卡⋯⋯⋯⋯⋯⋯⋯⋯⋯⋯⋯⋯⋯⋯⋯ 495

第十四章　玛雅的崩溃和余脉（公元800—1200年）⋯⋯⋯⋯⋯⋯ 500
　　一、尤卡坦西北部：普克地区⋯⋯⋯⋯⋯⋯⋯⋯⋯⋯⋯⋯⋯⋯ 502
　　二、尤卡坦东北部：科巴及其势力范围⋯⋯⋯⋯⋯⋯⋯⋯⋯⋯ 509
　　三、变化的轨迹：奇琴伊察和普吞玛雅⋯⋯⋯⋯⋯⋯⋯⋯⋯⋯ 512
　　四、南部太平洋沿岸和中美地区东南部⋯⋯⋯⋯⋯⋯⋯⋯⋯⋯ 526

第十五章　图拉的崛起和其他古典时代末期的转变（公元900—1200年）⋯ 531
　　一、图拉和托尔特克文化⋯⋯⋯⋯⋯⋯⋯⋯⋯⋯⋯⋯⋯⋯⋯ 531
　　二、图拉的邻近地区⋯⋯⋯⋯⋯⋯⋯⋯⋯⋯⋯⋯⋯⋯⋯⋯⋯ 553

第五部分　后古典时代和阿兹特克人的崛起

第十六章　后古典时代中期（1200—1430年）⋯⋯⋯⋯⋯⋯⋯⋯ 569
　　一、地峡东部和墨西哥湾低地⋯⋯⋯⋯⋯⋯⋯⋯⋯⋯⋯⋯⋯ 574
　　二、墨西哥西部：米却肯地区塔拉斯坎的崛起⋯⋯⋯⋯⋯⋯ 579
　　三、墨西哥盆地⋯⋯⋯⋯⋯⋯⋯⋯⋯⋯⋯⋯⋯⋯⋯⋯⋯⋯⋯ 582
第十七章　阿兹特克：帝国的诞生（1430—1455年）⋯⋯⋯⋯⋯ 596
　　一、墨西哥盆地⋯⋯⋯⋯⋯⋯⋯⋯⋯⋯⋯⋯⋯⋯⋯⋯⋯⋯⋯ 599
第十八章　阿兹特克帝国的发展（1455—1486年）⋯⋯⋯⋯⋯⋯ 636
　　一、蒙特祖马·伊尔维卡米纳，第二部分：1455—1469年⋯ 643
　　二、阿哈亚卡特尔的统治，1469—1481年⋯⋯⋯⋯⋯⋯⋯⋯ 657
　　三、蒂索克，1481—1486年⋯⋯⋯⋯⋯⋯⋯⋯⋯⋯⋯⋯⋯⋯ 669
第十九章　阿兹特克帝国的鼎盛（1486—1519年）⋯⋯⋯⋯⋯⋯ 675
　　一、阿维索特尔（1486—1502年）⋯⋯⋯⋯⋯⋯⋯⋯⋯⋯⋯ 675
　　二、蒙特祖马二世（1502—1520年）⋯⋯⋯⋯⋯⋯⋯⋯⋯⋯ 687
第二十章　征服墨西哥及其余波⋯⋯⋯⋯⋯⋯⋯⋯⋯⋯⋯⋯⋯⋯ 704
　　一、西班牙人纠集盟友⋯⋯⋯⋯⋯⋯⋯⋯⋯⋯⋯⋯⋯⋯⋯⋯ 705
　　二、蒙特祖马：恐惧的囚徒⋯⋯⋯⋯⋯⋯⋯⋯⋯⋯⋯⋯⋯⋯ 714
　　三、殖民时代早期的新西班牙⋯⋯⋯⋯⋯⋯⋯⋯⋯⋯⋯⋯⋯ 725

参考地图⋯⋯⋯⋯⋯⋯⋯⋯⋯⋯⋯⋯⋯⋯⋯⋯⋯⋯⋯⋯⋯⋯⋯⋯ 739
延伸阅读⋯⋯⋯⋯⋯⋯⋯⋯⋯⋯⋯⋯⋯⋯⋯⋯⋯⋯⋯⋯⋯⋯⋯⋯ 761
参考文献⋯⋯⋯⋯⋯⋯⋯⋯⋯⋯⋯⋯⋯⋯⋯⋯⋯⋯⋯⋯⋯⋯⋯⋯ 763
图片来源⋯⋯⋯⋯⋯⋯⋯⋯⋯⋯⋯⋯⋯⋯⋯⋯⋯⋯⋯⋯⋯⋯⋯⋯ 778
译名对照表⋯⋯⋯⋯⋯⋯⋯⋯⋯⋯⋯⋯⋯⋯⋯⋯⋯⋯⋯⋯⋯⋯⋯ 781

专栏目录

专栏 12.1	妇女和纺织	430
专栏 12.2	建筑成本	451
专栏 13.1	何为羽蛇?	468
专栏 13.2	金属制造	481
专栏 14.1	球场和球赛	519
专栏 14.2	发明轮子,侍奉诸神	528
专栏 15.1	沉醉剂和迷幻剂	534
专栏 15.2	诸女神	538
专栏 15.3	移民和起源地	559
专栏 16.1	生为阿兹特克人	587
专栏 16.2	奇南帕	592
专栏 17.1	阿兹特克大神庙	603
专栏 17.2	在阿兹特克长大	609
专栏 18.1	阿兹特克宫殿	640
专栏 18.2	阿兹特克人的性和婚姻	663
专栏 20.1	阿兹特克宴饮	707
专栏 20.2	特诺奇蒂特兰住了多少人?	717

第四部分

古典时代晚期,古典时代的崩溃和古典时代末期

	古典时代晚期和后古典时代早期（公元600—1200年）						
	古典时代晚期		古典时代末期			后古典时代早期	
地区	600	700	800	900	1000	1100	1200
北部干旱地带							
墨西哥西北和美国西南部			霍霍卡姆传统			霍霍卡姆、莫戈永传统	
下加利福尼亚			科约特传统			科蒙杜传统	
大卡萨斯地区				早期	大卡萨斯中期		
东南：东谢拉马德雷山脉					圣洛伦索		
太平洋沿岸西南部				维塔姆博陶器遗存			
中美地区北部	巴希奥地区	阿坎巴罗/塞罗–埃尔奇沃					
西北边境地带			查尔奇维特斯传统				
				库利亚坎期			
	阿尔塔维斯塔，拉克马达			阿兹塔特特兰遗存			
墨西哥西部		查梅特拉期，特乌奇特兰Ⅱ期					
		瓜奇蒙通金属制造					
米却肯					查帕拉期		
莫雷洛斯			霍奇卡尔科				
墨西哥盆地	梅特佩克期		科约特拉特尔科期		马萨潘期	阿兹特克Ⅰ、Ⅱ期	
	特奥蒂瓦坎	特奥蒂瓦坎，阿坎卡波尔科		库尔瓦坎，哈尔托坎			
图拉地区		普拉多期 科拉尔期		托良期			
		图拉奇科		图拉			
托卢卡			特奥特南戈				
普埃布拉			特卡尔拉克期			特拉斯卡拉期	
	坎托纳，卡卡斯特拉，乔卢拉			乔卢拉		乔卢拉	
特拉斯卡拉	阿科皮纳尔科遗存	特卡尔拉克期				特拉斯卡拉期	
			夸特罗塞尼奥里奥斯			夸特罗塞尼奥里奥斯	
墨西哥湾低地北部	圣安东尼奥–诺加拉尔，塔穆因–坦托克		拉斯弗洛雷斯期				
墨西哥湾低地北中部		埃尔塔欣Ⅲ期					
		埃尔塔欣，约瓦林钱					
墨西哥湾低地南中部	上雷莫哈达斯Ⅱ期				塞姆波阿拉Ⅰ期	塞姆波阿拉Ⅱ期	
	塞罗–德拉斯梅萨斯						
		本塔萨拉达期，早段–斯卡卡特兰，特奥蒂兰，特瓦坎早期					
米斯特卡三角洲	拉斯弗洛雷斯期		纳蒂维达德早期			纳蒂维达德晚期	
			蒂兰通戈 科伊斯特拉瓦卡				
下米斯特卡	纽伊涅期						
瓦哈卡和特万特佩克	蒙特阿尔班ⅢB期		蒙特阿尔班Ⅳ期				
	蒙特阿尔班 哈列萨			哈列萨，米特拉，萨奇拉，兰比特耶科			
墨西哥湾低地南部				琼尔–普吞			
恰帕斯内陆高原	塔萨期 帕雷东和马拉维利亚斯期		鲁伊斯		苏恰帕期		
	恰帕德科尔索 特纳姆罗萨里奥		恰帕德科尔索		恰帕德科尔索		
恰帕斯海岸	洛罗斯期 梅塔帕期			佩斯塔尔期	雷曼索期		
	普鲁姆巴特陶器						
危地马拉海岸	科特苏马尔瓦帕期						
	科特苏马尔瓦尔诸遗址						
危地马拉高地	阿马特莱期 帕姆普洛纳期				阿亚姆普克期		
	卡米纳尔胡尤						
玛雅低地北部	莫图尔陶器期		塞佩奇期			索图塔陶器期	
	里奥贝克，切内斯诸遗址		科巴，乌斯马尔，奇琴伊察，				
			卡巴，萨伊尔，拉布纳				
玛雅低地南部	特佩乌期						
	蒂卡尔，瓦哈克通，帕伦克，亚斯奇兰，卡拉克穆尔，						
	多斯皮拉斯，彼德拉斯内格拉斯，博南帕克，卡拉科尔，科潘						
中美地区东南部			拉谢拉，查尔丘阿帕，锡瓦坦，皮皮尔				
中间地区			里瓦斯			奇里基文化期	

列举有代表性的期、阶段名称，遗址和事件用斜体表示

第十二章　玛雅低地：巅峰和衰落
（公元600—900年）

古典时代晚期，玛雅低地发生的事件主导着中美地区东部的文化历史（图12.1）。玛雅低地南部的玛雅文化是世界诸伟大早期文明的代表之一。神庙-金字塔聚集成令人目眩的仪式建筑群，雕刻和文字记述着出身高贵、雄心勃勃的王室家族。陶器和建筑墙壁上的绘画渲染着宫廷生活的迷人情景，也表现着充

图12.1　第十二章涉及的美洲中部的区域和遗址

满残忍折磨场面的庆祝战争胜利的仪式（详见图12.5、12.6、12.7）。所有这些活动，这些炫耀都是以大量农民和工匠的劳动为基础的。他们的田地房屋遍布城市和仪式建筑周围的广大区域。一些遗址近畿地区的人口就可达7万人以上，为社会上层主导的兴建仪式性建筑或大量生产纺织品等活动提供了丰富的劳动力。

玛雅低地南部的艺术和建筑饮誉世界，但更众所周知的是这个文明似乎突如其来的崩溃，被称为"玛雅衰落"。经过几个世纪改天换地式地兴修水利、建造敬献给神祇和王室的金字塔与神庙等仪式性建筑，经过无数战争和献祭、联姻结盟和历法仪式，竖立起国王雕像，低地南部古典时代的玛雅统治者终于耗尽了资源，在公元9世纪，文明戛然而止。玛雅衰落首先表现为突然停止了有纪年的仪式性建筑和雕像的兴建，这一表面的危险信号指向更大的灾难：社会生产基础已经枯竭，农民和工匠已经难以为生。

数百万人口从低地南部迅速蒸发，至今无法充分解释，形成所谓"不可思议的玛雅神话"，一个文化历史谜题，使那些古代废墟笼罩着魅力无穷的迷幻色彩。实际上，近年来已经有了更多关于玛雅衰落的坚实资料。我们在本章中将会看到，各方面的证据表明，困扰玛雅人的问题很多，很多都是难以克服的，但核心问题是长期存在的人和孕育玉米的地球之间关系的失衡。过多的人口需要过多的玉米，造成土壤肥力的消耗，低地南部玛雅文明随之衰落。作为人与掌控自然界的超自然力量的关系的维护者，玛雅统治者们显然没有尽到职责，也就不能再获得子民的尊敬。

尽管如此，玛雅文明在南部高地以外的地区继续繁荣。在尤卡坦半岛北部，开始了一个耀眼的发展时期。古典时代晚期，紧邻佩滕地区的里奥贝克和切内斯地区发展出精致的建筑风格。再向北，乌斯马尔和科巴两大中心分别控制着西北部和东北部。即将成为中美地区后古典时代早期中心的奇琴伊察也已经开始蒸蒸日上了。

中美地区的东南部在古典时代晚期达到了政治和人口的顶峰。各城邦争夺着土地和提供贡赋的农民。在危地马拉和恰帕斯高地及与之毗邻的太平洋沿岸地

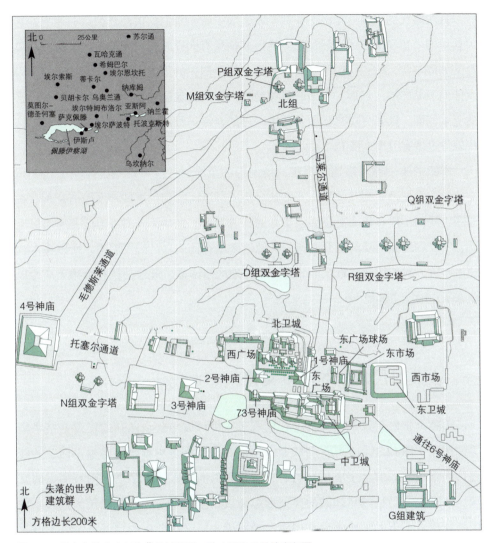

图12.2 蒂卡尔的大广场在北卫城前面,被1号和2号神庙包围

区,这一时期的文化历史面貌远不如玛雅低地地区清晰。古典时代早期的聚落形态和人群一直延续,出现了纳瓦尔语人群的长距离迁移浪潮(详见表16.1)。这些人群传统上被称为"皮皮尔"人,自恰帕斯高地和沿海地区向中美地区东南部迁移,在后古典时代早期建立了强大的聚落。

古典时代的玛雅低地南部如此抢眼，吸引着学者们的关注和公众的遐想，有关这里的书籍和文章远远超过中美地区其他具有同样时空规模的考古学文化。资料是如此丰富，诱惑我们不惜篇幅去揭秘那些国王的事迹、他们的传奇墓葬，以及他们卫城的演变过程。本书的目标是提供一部各地区兼顾的文化史，了解玛雅的更多侧面。读者可以自己参考随手可得的介绍玛雅灿烂文明的著作，本书对这些著作也多有引用（图 12.2）。

本章的第一部分描述了玛雅低地南部的黄金时代及其终结，关注了几个核心遗址的发展及其相互关系，并细致分析了科潘河谷和科潘城邦发生的衰落。在科潘，我们不仅有社会上层活动中心的壮观遗存，也有整个河谷地区普通居民生活、开发和废弃活动的全面资料。其他地区也有他们自己的发展史，所以在本章的后半段，我们转向玛雅低地北部、中美地区东南部、危地马拉和恰帕斯高地以及太平洋沿岸南部地区。

一、古典时代晚期的玛雅文化

玛雅金字塔高耸于丛林之上，构成了一幅可以与公众熟知的埃及金字塔媲美的图景（图 12.3、12.4）。与埃及金字塔相似，许多玛雅金字塔也是国王的陵寝。玛雅最高大的金字塔顶端均有神庙，较低而宽大的金字塔上则有多室的宫殿。实际上，玛雅城邦都城的典型形态是以密集的王室和仪式建筑为核心，周围环绕成百上千的平民屋舍和田园。平民屋舍建立在低矮的台基上，以木材为梁柱，现已经枯朽倒塌，其遗存只有训练有素的考古学家才能辨认。现代公众关注的是王室和仪式中心，由一组组精美的建筑、院落和广场组成，是国王及其家庭成员和随侍人员生活、工作和举行仪式活动的场所（Sanders and Webster 1988）。

玛雅城邦的都城比起很多同时期的欧洲贵族城邦更加奢华和文明。玛雅王室和仪式中心的生活是以国王为核心的。国王们极力表现自己的存在，达到了异乎

第十二章 玛雅低地：巅峰和衰落（公元600—900年） | 425

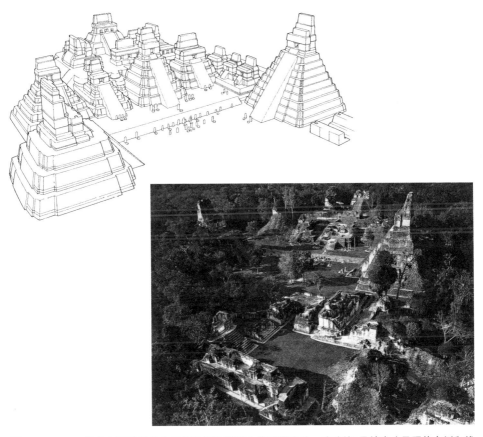

图12.3、12.4　蒂卡尔可能是公众最为熟知的玛雅古典时代遗址。陡峭的I号神庙（见照片右侧和线图）高达52米，其冠顶高于周边丛林。照片的背景为围绕着中心广场的北卫城诸建筑（照片由尼古拉斯·赫尔穆特拍摄）

寻常的程度。在每一个中心，"像不断构筑自己巢穴的巨大寄居蟹一样，继任的国王们叠加兴建墓葬、神庙、球场和雕刻纪念碑，并与过去的重大事件和伟大人物，当然还有神祇和祖先建立联系"（Webster 2001：131—132）。

玛雅国王以沟通天地的媒介的角色服务于其子民，同时有更直接、更实际的世俗事务要处理。考古学家发现的防御工程遗迹表明他们之间的联盟和战争达到了相当的规模。最近，文字学家解读了大量关于玛雅政治联盟和冲突的文字，证明一种长期交战的紧张状态的存在。

图 12.5—12.7　博南帕克是比较小的遗址，先附属于彼德拉斯内格拉斯，又臣服于亚斯奇兰。但该遗址关于玛雅贵族生活的壁画是独一无二的珍品（Miller 1986）。壁画在1号建筑内，即下图博南帕克卫城图中右侧的建筑。上图是该建筑2号房间内的壁画。图上部是获胜的国王和其他贵族，包括站在右侧的几位宫廷女性；图下部台阶上是战败的武士们，他们赤身裸体，或躺或坐。其中一位在乞求国王，他下面的一人似已失去知觉或死亡；在他的左侧，战俘们呆视着指尖滴落的鲜血——他们的指甲很可能已经被拔掉，似乎对此酷刑的折磨已经麻木。下页图下部为乐队，上部为盛装列队的贵族们

至公元900年，这些徒劳争斗终将在时光的侵蚀中烟消云散。但在公元600年，玛雅人投身于这些争斗中不能自拔，忠诚于自己的城邦，体验着胜利或绝望。被征服的贵族们可能会保命逃亡，也可能会沦为奴隶或者祭品。他们的敌人会倾覆其王国，扶植傀儡登上王位，继续向农民和工匠等平民征收粮食和征发劳役，并向市场和长距离贸易征税。即使在和平时期，王位更替也会造成不稳定的气氛。在这"威权式"（hegemonic）的政治体系中，国王独握政治决策权，"权力从一个在位国王交接到一个无经验的继承者时，是不稳定的时期。在这一接缝期，旧的关系会被改变，甚至被完全推翻"（Martin and Grube 2000：106）。但是，对于普通民众来说，生活一如既往，与社会上层的成败并无密切关系。

最终，这种大家已经习以为常的王室战争、大规模建设和竖立纪念碑的模式开始被侵蚀，玛雅国王们的权力开始丧失。其中一个证据是在一些城邦中（如科潘和卡拉科尔），国王的绝对统治让位于王室和非王室贵族间对决策权和赋税的分享。这可能是在农业歉收、各阶层人群非健康状况普遍增多的情况下，为继续强化赋税体系而采取的有效手段。

公元800—900年，在一个又一个遗址出现的"衰落"表现为仪式性艺术品和建筑数量的陡然下降，随之而来的是夸耀国王的努力的终止，这实际上表明了社会上层权力的急剧消失。我们有充分的资料表明，区域性的聚落废弃并没有马上发生，平民的数量也并未马上减少，而是持续了几代人。虽然"生态潜能法则"可以使人类和其他生物体对人口增长造成的环境灾难迅速做出反应，但受到必备资源的有效性的限制，这一法则并不适用于作物赖以生长的土壤的复原。地球本身已经处于饥饿状态，地表土壤及其肥力的恢复要经历几个世纪，对于低地南部日渐减少的玛雅人来说，这一时间循环实在是过于漫长了，对他们没有任何帮助。村落一代又一代人地逐渐缩小，最终，在社会上层衰落数百年后，幸存者们游移到很少的、可以维持生存的社区，或干脆遁入丛林，成为像他们祖先一样的狩猎采集者。

1. 古典时代晚期鼎盛期的宫廷生活

玛雅人以对一系列仪式的记录构成历史，主要内容是庆祝战争的胜利和杀敌献祭，尤其是以被俘的贵族为牺牲。这种对于冲突的重视是因为战争之胜负是具有决定性意义的事件，往往标志着相关城邦命运的转折。一场战争的失败即使没有夺去国王的性命，也意味着要以赋税或从控制贸易道路获得的利润支付赔款。这就等于减少了可以维持豪华宫廷生活以及供养雕刻家、建筑师、泥瓦匠、绘画师、书写者、纺织者、刺绣者和其他艺术家的收入。这些艺术家需要时间、和平和财富才能完成作品，正是他们的努力，才使得玛雅王室和仪式中心如此精致、生动和美丽。反之，胜利者则可以全面更新其中心，完成令人肃然起敬的仪式性作品。

放眼古典时代晚期充满激烈竞争的玛雅城邦的兴衰起伏之外，我们发现，在宫廷生活方面，玛雅城邦与旧大陆古代农业国家颇多相似之处。在城邦的核心，国王的日常生活包括管理王国事务、连续进行一系列义不容辞的仪式活动。这些活动周而复始，按照季节和星象安排实施，因为农业生产是周期性的，农业活动会影响为其他活动（比如建筑的扩建或建造复杂的新陵墓）提供劳力的可能性。比如在收获季节，农民要忙于收获，国王的会计官吏还需要统计收成，就不会有富余劳力。金星的循环运行则会预告战争的威胁和地方首领从农民中征召战士的必要性。手工业生产则是常年进行的，产品被征集并进行市场交易。国王会派出贸易和外交使团，也会有使团自远方来访，受到盛宴招待。各种仪式活动，如历法之关键节点、王室婚姻、出生、球赛等，也会成为欢喜节庆（图12.8），但很多仪式也需要王室成员忍痛自刺，获得奉神的鲜血，作为回报，诸神才能赋予大地万物包括玉米生命。

日常生活在玛雅王室-仪式中心的居民既有国王及其家庭，也有地位最低的奴仆。当然，王室家族及其贵族亲信、平民与侍奉王室和贵族的奴隶已经有严格区分。这种区分标示着社会等级，这样的等级化是国家级别社会的特征，也是社会复杂化的重要指标。下面我们就介绍一下玛雅王室-仪式中心日常生活中的一些主要人物，他们中既有贵族也有富裕平民。

图12.8 在科潘，一场球赛吸引了大量民众，他们在周围金字塔的台阶上观看。这是公元800年前后的一个场面，科潘第16王雅什·帕萨和家人坐在11号神庙前。附近26号神庙的多层平台上和文字台阶上也挤满了观众。砌成台阶的石块上雕刻着约2000个文字，是玛雅迄今发现的最长的文字记录。这幅复原图表现了王庭内可以见到的不同人员，但我们还要想到陶工、厨师、清洁工、运水工和其他仆役，他们有的参与了这场节庆的准备，有的要在庆典结束、贵族离开后清理场地

 专栏12.1 / 妇女和纺织

中美地区古典时代有很多关于用棉花和龙舌兰纤维纺织的记录，纺线和织布是女性生活的组成部分。纺织在国民经济和对外贸易中极为重要，也对女性的身份地位产生了重要影响。"纺织是具象化的知识，具体地也符号性地将纺织者的身体与织机连为一体"（Hendon 2006：363）（图12.9）。

用织机纺织在中美地区是何时开始的，还很不清楚。目前最早的编织物证据是篮子，发现于特瓦坎遗址的埃尔列戈期等遗存中。篮子和网的编织可能是织机纺织的前身。在萨卡滕科遗址的形成时代早期到中期的遗存

图12.9 玛雅贵族妇女纺织陶塑像，出自尤卡坦半岛西岸岛屿海纳。海纳岛墓葬中发现大量此类玛雅雕像。该岛是日落之地，代表冥界。相反，太阳升起的东方则为赋予生命之地之称。尤卡坦半岛东岸有考祖美尔岛。研究认为该岛上有一座玛雅女神庙，主要供女性求孕

中，曾发现过"纺织物"（Vaillant 1930：38），但难以证实是否为纤维织物。在埃尔阿沃利略遗址发现过3件"纺轮"（Vaillant 1935），很可能只是串珠的饰品或加工过的陶片。

在难以发现木制织机的情况下，我们可以寻找织物本身的痕迹，一些艺术作品也对织物有所刻画；此外，在中墨西哥湾南部低地地区，发现过迄今最早的、属于形成时代末期的模制陶纺轮模型（Stark 2001a）。该地区是中美地区最古老也最丰产的棉花种植区，吸引了特奥蒂瓦坎人的注意。考古资料表明，在该地区的马塔卡潘遗址，"纺棉线是日常行为"（Hall 1997：131），遗址内发现了与特奥蒂瓦坎人联系的证据。

在特奥蒂瓦坎，模制纺轮在古典时代中期或更晚才出现，在更早的墓葬中发现过布的痕迹。这些布用于包裹尸体，可能也算是随葬品（Sempowski and Spence 1991：144）。在玛雅地区，纺轮也在古典时代中期才出现（比如在塞伦遗址，见 Brown 2000：322；Sheets 2006：51）。但在玛雅和高地中部地区，在更早的艺术作品中就有对纺织衣物的刻画。这表明早在当地女

性开始纺线和织布前,纤维织物就已经传入该地区了。

女孩们很小就开始学习纺织品生产技术(详见图17.9)。这些工作需要多年的训练。未经训练的成年人不太可能掌握纺线和织布技术,高效生产出达到市场要求的织物,更不用说完成宫廷女性才能制作和装饰的奢华织物了。

因此,纺织技术的扩散仅仅依靠对操作方法的描述和工具的传播是不行的,必然需要掌握纺织技术的家庭的迁徙才能完成。但这种重视家庭生产组织的看法又触及了中美地区纺织研究中需要进一步澄清的问题:学者们通常认为纺织是家庭生产的一部分,但自古典时代晚期开始,纺织品已经成为很多地区地方经济的重要组成部分,是由专业工匠而非一般劳动者生产的,可能存在更复杂的生产方式。

殖民时代引入了欧洲脚踏织机,由男性纺织工在工厂里操作。但妇女仍在使用传统文化中的古老方法纺织。佐齐尔玛雅人歌中唱道:"妇女纺织,因为她们是妇女。"(Kellogg 2005:113)

玛雅国王 | 国王是王庭的核心。从社会学的角度说,王庭是若干个群体构成的组织,以实现国家和统治家庭的行政管理和仪式功能(图12.10、12.11)。王庭

图12.10 这件古典时代晚期的大盘表现的是英雄孪生兄弟的父亲乌纳普正在书写。他的左手托着一部以美洲豹皮为封皮的手抄本,右手执笔书写。玛雅文明中经常有这种诸神以书写者身份出现的场面。"玛雅众神殿之主"(Coe and Kerr 1998:102)伊萨姆纳(即D神)本人就是文字的发明者和第一位书写者。其他神祇也会成为书写者和绘画者的保护神

图12.11 这幅饮用巧克力的陶杯上的展开图,表现了一位玛雅国王(阿哈夫)坐在榻状宝座上接见一位坐在步辇上的贵族(Reents-Budet 1994)。宝座和步辇上都有美洲豹皮装饰,两人戴着绿咬鹃羽毛头饰,表明了他们的高贵身份。宝座表明这一场景发生在王宫内。玛雅文中,"宝座"一词不仅指"座位",也指当权者和统治者身份要具有的权威(Noble 1998)

包括国王和他(在极少数的情况下是她,即女性统治者)的扩展家庭、侍臣(如非王室贵族)和仆人(Inomata and Houston 2001)。在国王的领导下,王庭成员如同各类官员,制定和执行公共政策(如确定税额、征收赋税、投入战争、竖立雕像庆祝胜利等)。王庭成员可能会分成不同的派别,相互竞争以获得国王的关注和恩宠。有时一些派别甚至会和国王争夺权力,蒂卡尔就因此最终导致王国的分裂和多斯皮拉斯城邦的建立。在这种情况下,国王的个人魅力和良好决断力必须足以维持各个派别的忠诚,或至少能够统领忠诚派(Brumfiel 1986)。

王室女性 | 王室女性在政治和经济上都具有重要地位。不同王国间的婚姻可以巩固联盟关系,在一些情况下,还可以加强面临倾覆危机的王族的正统合法性,为之注入活力。科潘迎娶"帕伦克公主"就是例证。我们缺乏无可辩驳的证据认定当时的贵族实行一夫多妻制。但因为整个中美地区一夫多妻非常流行,我们推测玛雅时期也是如此。在古典时代晚期,文字记录中有了更多关于王室妻子们的内容,这可能是王室和贵族家庭成员数量增长的结果。正是因为实行一夫多妻制,才造成王室和贵族的子嗣兴旺(Houston and Stuart 2001)。

只有贵族男子才能实行一夫多妻,因为要养一个包括妇女和儿童的大家庭开销是相当大的。但这也是有利可图的。妇女不仅可以生育后代，使家族代代绵延不断，向王国输送官员和艺术家；在宫廷中，妇女还是纺织品生产的主力。纺织品生产——从纺线到最后的装饰，再到制成衣服和其他家居用品——是各阶层妇女都会从事的劳动。但宫廷妇女可以生产标识身份和承载特殊思想观念、具有特殊价值的产品，远比只包含原料和劳动价值的一般产品珍贵。像有精美装饰的陶器一样，精制的纺织品被作为礼物在贵族之间交换，是标明强大家庭间友好关系的信物。用精制纺织品制作的衣服是权力的标志，经常会使用只有贵族才能使用的原料和纹饰。

有封号的官员、富裕的地主和贵族艺术家 | 这些人也是王庭成员。想一想玛雅建筑和纪念碑之壮丽，墓葬中的精美珠宝和陶器，以及绘画中表现的丰富的纺织品、手抄本、羽毛战旗和木器等在考古遗存中难以保存下来的有机物。玛雅拥有的不仅是这些奇妙之物，更是创造这些建筑和贵族物品的群僚百工。商人、外交使节、天文学家、设计师、在不同材质上绘制图案的专家、书写者、雕刻家、画家、仓库管理者还有工头——各行各业都在国王和贵族的管理之下，有些人本身就是贵族。

说到底，不管国王是否实行一夫多妻制，每一代人中只有一个人可以成为王位继承者。女孩的未来因其性别和习俗而定：王室女儿会嫁到其他玛雅城邦成为贵妇，管理自己的贵族家庭，制作用来装饰自己宫殿的纺织品。那些不能继承王位的王子会在王国中获得艺术或管理方面的高贵职位。要想成为书写者或珠宝师需要多年的训练和天赋。因此我们推测，应有专门的教师，各种知识都会被系统整理，以便教授传承。

许多贵族和王室成员会获得土地，由农民耕种以保证其基本生活需要。我们不清楚这种土地制度与现代意义的土地所有权有何异同，地产持有很可能基于血统。我们推测各社会上层占有土地优劣上的差异的唯一证据，就是其居址距离最佳土地的距离。例如在科潘，王室居住的卫城区和贵族居住区都在科潘河谷最肥沃的冲积平原上。在今天，这些土地还被用于种植烟草这样的高附加值作物，而非种植玉米这种基本农作物。在玛雅时期可能也是这种情况，冲积平原上会种植可可这样的主要用于贸易的作物，玉米则被种植在河谷中不那么肥沃的山麓坡地，那里也正是农民生活的地方。

农业家庭也会生产人人需要的基本用品，如磨石、日用纺织品和陶器。在不需要照料和收获作物的季节，农民会被征调到王室-仪式中心参加建筑或维修工程，包括神庙-金字塔和宫殿的建造、挖造大型水库、维护沟渠和道路以及在贵族家庭做家务等，还会参加军事训练或参加军事突袭及战役。

这些简要综述只是勾勒了低地南部玛雅宫廷生活和文化发展过程的大致轮廓。那里的文字记录和近年来文字破译方面的革命性进展提供了很多王室-仪式中心的历史细节。玛雅低地的其他地区和地峡以东地区则缺乏文字记录，致使文化历史不甚清晰。但在所有地区，考古学研究——包括调查、发掘和实验室分析——都提供了非常丰富的信息。因篇幅所限，我们在此只能介绍几个最重要的遗址和一些关键发展过程。

二、低地南部的玛雅

古典时代晚期为古典时代早期就建立的外交格局带来了新的维度。此时低地南部各大城邦的政治地位已经牢固确立（图12.12）。最根本的竞争发生在两个最大的城邦之间：蒂卡尔和卡拉克穆尔。在乌苏马辛塔流域，分布着帕伦克、彼德拉斯内格拉斯和亚斯奇兰，后两个城邦的争斗在整个古典时代晚期持续不断，它们与强大城邦的联盟关系也摇摆不定。多斯皮拉斯和卡拉科尔是卡拉克穆尔的忠实盟友，与自己的前属国纳兰霍征战不断，充分表现出当时各城邦关系之错综复杂。一些较小的城邦，例如纳兰霍的属国苏南图尼奇，在古典时代后期更是跌宕起伏（LeCount et. al. 2002）。远离玛雅低地核心地区的科潘和基里瓜也有恩怨争斗。科潘似乎与蒂卡尔和帕伦克建立了长期关系，而基里瓜则在卡拉克穆尔的支持下反抗科潘。

1. 公元600—700年

上一章已提到，蒂卡尔已经陷入艰难岁月。进入公元7世纪，卡拉克穆尔成

蒂卡尔及其盟友
或卡拉克穆尔的敌人

蒂卡尔

帕伦克

科潘

卡拉克穆尔及其盟友
或蒂卡尔的敌人

卡拉克穆尔

卡拉科尔

多斯皮拉斯

瓦卡（埃尔佩鲁）

亚斯奇兰

基里瓜

视情况而定的
盟友或敌人

托尼纳

彼德拉斯内格拉斯

纳兰霍

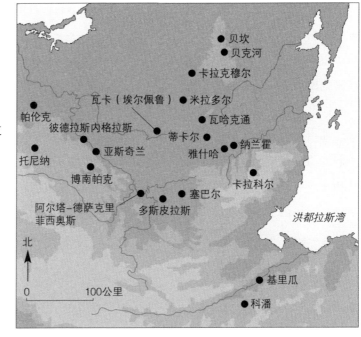

图12.12　玛雅低地南部古典时代晚期诸城邦分布图及其徽号。这些徽号是不同王国统治身份的称号（Berlin 1958）。地图中，城邦名称使用的是现代地名；地图左边分三组列出了这些城邦的徽号，一组为蒂卡尔及其盟友，一组为卡拉克穆尔及其盟友，一组为在前两者之间摇摆不定的城邦。徽号只有合法王朝才能使用，请注意从蒂卡尔分离出去的多斯皮拉斯使用了和蒂卡尔一样的徽号

功攻克了蒂卡尔和帕伦克的主要据点，卡拉克穆尔自己也随着这个世纪的结束盛极而衰。

帕伦克和伟大的帕卡尔王｜公元612年，与一位祖先神同名的穆万·马特获得帕伦克的统治权。穆万·马特的身份还是个谜，但她很可能正是帕伦克最著名的国王齐尼奇·哈纳布·帕卡尔一世（意为"伟大的太阳盾牌王"）的母亲，同时也扮演了摄政王的角色。公元615年，12岁的帕卡尔王登上王位，一直统治到683年，是整个中美地区最著名的国

王之一，尤以其陵墓而闻名。他的王朝并非一帆风顺。他的王室血统在帕伦克王朝中并不强大，他的王国深陷与外邦的冲突。但帕伦克"最伟大的艺术作品和最长的文字记录应运而生，新的王朝用这样的努力使自己的权力合法且根基牢固，以应对战争的失败和王室血统的中断带来的困境"（Martin and Grube 2000：155）。

例如，帕卡尔王的宫殿建在古典时代早期的基础之上（图12.13、12.14），台基部分长79、宽58米，其房屋和庭院占据遗址的中心位置，是帕伦克王室的行政和居住中心。宫殿内有举行仪式和接待活动的地方，还有汗蒸浴室和厕所等附属设施。在建筑设计上，创造性地使用了梁架式拱顶以增加顶部空间跨度，并通过双面斜坡式屋顶减轻墙体承受的压力。

帕卡尔更加关注的是他自己的陵墓即文字神庙的建设（图12.15—12.17）。石棺和盖板在帕卡尔生前就完成了，其设计便于放置尸体后滑动盖板封棺。棺室与顶部的神庙由"心灵导管"或"精神之管"连接。这个管道沿建筑内隧道的台阶修造，

图12.13　帕伦克，王宫的东庭（参见图12.14的左下部分）。房屋B（中部）和房屋C（右侧）为帕卡尔王时期

图12.14 帕伦克遗址中心部位,向南望,王宫在中心,文字神庙(帕卡尔墓)在其右侧。帕伦克王宫的双重斜坡式屋顶和高塔建筑都独具特色。图片展示了王宫内部的复杂结构。王宫在古典时代早期即开始兴建,不断增改,其台基高达3米。在古典时代末期,建筑被废弃。中心建筑为房屋E,在高塔的左侧,是台基上最早的建筑(Greene 1985:Ⅱ:7)。帕卡尔王把他的宝座放置在房屋E中,并增建了房屋C、B和A,构成东庭。高塔式建筑可能建成于公元8世纪晚期

帕卡尔的后人可以通过管道与其灵魂交流。墓室以石灰密封。下葬当天的下午,五个俘虏被杀死殉葬,陪伴帕卡尔在另一个世界的旅程。这些送别之礼完成后,送葬者沿隧道台阶登上顶部的文字神庙,在下面广场中聚集的帕伦克居民注视下,举行更多仪式,以保证帕卡尔的灵魂渡过危险的临界通道,从生命世界进入死亡世界,也保证帕伦克王国的政治稳定。公元7世纪帕卡尔统治时期,是帕伦克最辉煌的岁月。此后,城邦开始衰落,挣扎至公元800年前后,很快就废弃了(Mathews and Schele 2001)(图12.18,表12.1)。

亚斯奇兰 | 某种程度上说,正是亚斯奇兰的发展造成了帕伦克和彼德拉斯内格拉斯的衰落。公元681年,就在帕伦克的帕卡尔王去世之前,亚斯奇兰国

图12.15—12.17 帕伦克文字神庙（下图中部），因其内部墙壁的三块嵌板上有617个文字而得名，这是玛雅世界第二长的文字记录（最长的是科潘的文字台阶），是帕卡尔王之子制作的。这一建筑内最重要的宝藏深埋在金字塔下，这就是帕卡尔王（上右）的石棺葬。棺中有他的遗骨，洒满朱砂，以大量珍贵的玉器装饰。（上左）帕卡尔王石棺的棺盖

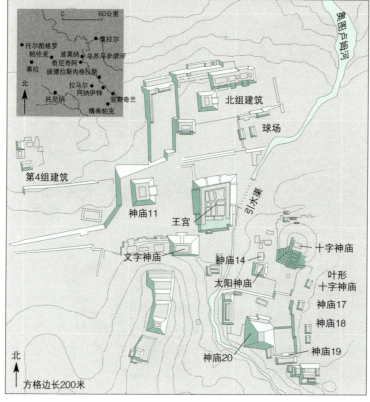

图12.18　帕伦克建于向北延伸下降的山坡上，向南可以俯瞰墨西哥湾低地的平原，视野壮阔。王宫位于遗址中心，众神庙簇拥在其南侧较高的山坡上

表12.1　帕伦克古典时代晚期国王世系表

	国王	事件
公元600年	阿赫·内·奥尔·马特　公元605—612年在位	公元611年帕伦克被卡拉克穆尔洗劫
	穆万·马特/萨克·库克夫人"小兽女士"？公元612—615年在位，死于公元640年	穆万·马特，神话中的国王？或者是帕卡尔的母亲，萨克·库克夫人为摄政王
	伟大的帕卡尔王　生于公元603年，公元615—683年在位	开始建造王宫和文字神庙，与卡拉克穆尔多次冲突
公元700年	坎·巴拉姆二世　生于公元635年，公元684—702年在位	十字神庙一组建筑在公元690年完成，与托尼纳多次冲突
	坎·侯伊·齐塔姆二世　生于公元644年，公元702—711年在位	公元711年坎·侯伊·齐塔姆被托尼纳俘虏
	阿卡尔·莫·那布三世　生于公元678年，公元721—736年在位	帕伦克连续战胜彼德拉斯内格拉斯
	哈纳布·帕卡尔二世　公元742年左右在位	公元8世纪40年代，帕伦克被托尼纳击败，帕伦克公主远嫁科潘生下第16王雅什·帕萨
	库克·巴拉姆二世　大约公元764—783年在位	
	哈纳布·帕卡尔三世　公元799—？年在位	哈纳布·帕卡尔三世为帕伦克最后一任国王

所有国王世系均引自 Martin and Grube 2000

王伊扎姆纳·巴拉姆二世（"伟大的盾牌美洲豹王"）开始了他60年的统治生涯。因为军事上的胜利，亚斯奇兰重新控制了其所在的乌苏马辛塔河支流的贸易，城邦的财富持续增长。伊扎姆纳至少有三个妻子。他的王后卡巴尔·克索克夫人（"鲨鱼夫人"）影响力很大，伊扎姆纳为她建造了第23号神庙，那是亚斯奇兰最重要的建筑，其嵌板雕刻上描述了她参加各种典型玛雅王庭仪式的情景（表12.2，图12.19、12.20）。

表12.2　亚斯奇兰古典时代晚期国王世系表

	国王	事件
公元600年	鸟豹王三世　大约公元629—669年在位	第15王，绳结骷髅王之子，记载不足，可能臣服于彼德拉斯内格拉斯、帕伦克或托尼纳
公元700年	伊扎姆纳·巴拉姆二世　公元681—742年在位　公元742—752年	规模扩大，雕刻增多 伊扎姆纳·巴拉姆二世和鸟豹王四世之间的中断期
	尤帕特·巴拉姆二世（美洲豹生殖器）公元749年前后在位	只在彼德拉斯内格拉斯有关于此时期的记载
	鸟豹王四世　生于公元709年，公元752—768年在位	新的建筑项目，入侵其他城邦
公元800年	伊扎姆纳·巴拉姆三世　生于公元752？年，大约公元769—800年在位	控制博南帕克
	塔特布骷髅三世　公元808年前后在位	亚斯奇兰最后一任国王，与彼德拉斯内格拉斯发生冲突

卡拉克穆尔的全盛期，蒂卡尔一分为二 ｜ 卡拉克穆尔在公元7世纪达到鼎盛，作为盟友，亚斯奇兰获益不少。卡拉克穆尔可能是玛雅古典时代最大的遗址了，覆盖面积达300万平方米。有文字的纪念碑的数量也超过其他玛雅遗址。但不幸的是，这些纪念碑的材质是脆弱的石灰岩，上面的文字和图像已经被侵蚀得难以辨认。卡拉克穆尔的国王们肯定会对此极为失望，因为他们曾武力征服或瓦解了其他城邦，都是最值得载入史册并传颂的事迹。

蒂卡尔自公元600年左右就开始在王位继承上出现问题，卡拉克穆尔的攻击使危机加剧。公元650年，两位国王都宣称自己是蒂卡尔王系的真正领导者，是城邦标志的合法拥有者。其中一位在卡拉克穆尔的支持下，攻克了蒂卡尔以南

图 12.19、12.20　亚斯奇兰 23 号神庙的 25 号门楣（左）表现了伊扎姆纳·巴拉姆二世在公元 681 年即位的场面。他的妻子克索克女士已进入致幻通神状态，召唤来了一条幻象之蛇，在公元 4 世纪建立亚斯奇兰的先祖之灵从蛇口中探出身来。这条幻象之蛇极具墨西哥风格，它和王国建立者的形象都是确立新王正统性的重要因素。24 号门楣（右）表现的是双膝跪地的克索克女士在实施自我牺牲仪式：她用有荆棘刺的绳子穿过舌头，她的丈夫手持火炬，正在庆祝他们儿子的诞生

表 12.3　多斯皮拉斯古典时代晚期国王世系表

	国王	事件
	巴拉赫·产·卡威尔　大约公元 648—692 年在位	建国之王，可能是蒂卡尔齐尼奇·姆万·霍尔二世之子，卡拉克穆尔的代理人，在与蒂卡尔的冲突中大多获胜
公元 700 年	伊扎姆纳·巴拉姆　公元 697 年 伊扎姆纳·卡威尔　生于公元 673 年，公元 698—726 年在位 第三王　公元 727—741 年在位	在与蒂卡尔冲突中成功的军事家，建造了埃尔杜恩德建筑群 公元 735 年战胜塞巴尔，扩建阿瓜特卡，使之成为堡垒一样的陪都
	卡威尔·产·齐尼奇　公元 741—761 年	成功的军事家，但随着其消失，王朝结束，多斯皮拉斯被废弃

100多公里外的多斯皮拉斯城，建立了独立的城邦。多斯皮拉斯城邦只持续了一个世纪多一点，都城的人口也从没有超过5000人。但虽然资历浅、人口少，多斯皮拉斯积极配合强大盟友卡拉克穆尔的攻势，成功对蒂卡尔形成了困扰，而且在7世纪末年卡拉克穆尔开始衰落后，仍然继续战斗（表12.3）。

2. 公元700—800年

蒂卡尔在公元695年战胜了卡拉克穆尔，重新恢复活力。多斯皮拉斯又延续了数十年，一直试图征服其后方的佩特斯巴通地区（Demarest 2006）。但到了公元761年，多斯皮拉斯国王被其属国塔马兰迪托赶走（Dunning 2004）。多斯皮拉斯遗址上建起了防御城墙（图12.21）；贵族们逃亡，占据了狭小但易守难攻的阿瓜特卡（Inomata et al. 2001）。

坎昆城邦与多斯皮拉斯为姻亲关系，地处令人羡慕的可以通航的帕西翁河上游，是危地马拉高地和佩特斯巴通地区之间的贸易枢纽（Demarest 2004：250）。尽管坎昆的巨大宫殿有200个房间，也不足以保护王室家庭，在公元800年，他们都成为一场野蛮大屠杀的牺牲品。

在亚斯奇兰，鸟豹王四世扩大建筑，竖立雕像，在多个充满戏剧性的雕像中，将自己表现为英雄人物。他扫荡了一些城邦，也帮助另一些城邦发展（Golden 2003）。和他父亲一样，他也迎娶了多个妻子，其中至少有一个是为了巩固与对立城邦的联盟关系而结合的。鸟豹王的统治标志着亚斯奇兰最后的兴旺岁月。他的儿子和孙子继续建设、刻画和书写，但水准不再，社会肌体已经病入膏肓。当时该地区已经人满为患，亚斯奇兰和彼德拉斯内格拉斯两大中心都向边区扩展，日益剑拔弩张，这是两个中心同时衰落的重要原因。公元808年，亚斯奇兰留下了最后的有纪年的文字记录，随后就被废弃了（Garcia Moll 1996）。

蒂卡尔的盟友帕伦克深受对手托尼纳的困扰。帕伦克的公元7世纪以被卡拉克穆尔击败开端。但帕卡尔王继位后，帕伦克开始持续壮大和扩张，直至公元8世纪初，才被托尼纳多次击败。帕伦克通过痛击彼德拉斯内格拉斯获得了一些心

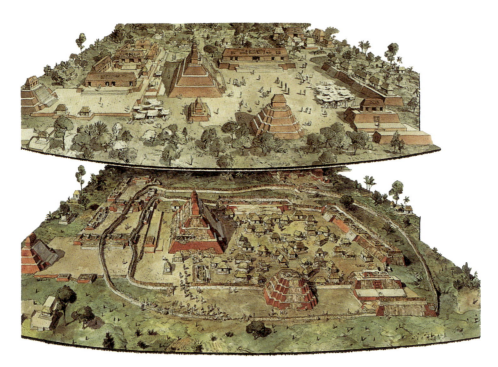

图12.21 玛雅的衰落最初发生在一些较小的、位于边缘地区的城邦。复原图表现的是多斯皮拉斯城邦如何从繁荣的王室-仪式中心在公元761年转变为城堡式废墟（Demarest 1993：103）。下图左侧，两道围墙穿过了被毁坏的宫殿。图中部，农民们在原来的中心广场搭建了茅草屋。贵族们此时已弃城而去，在阿瓜特卡建立了一个规模较小而利于防守的新都城。在新城坚持了50年后，这个蒂卡尔的反叛者建立的王朝终于消失了

理安慰，并将一位公主远嫁到科潘王室。这位公主生下雅什·帕萨王，造就了科潘在第8世纪晚期的辉煌（表12.4，图12.22、12.23）。但雅什·帕萨随后就感受到了玛雅文明在他脚下开始崩塌。

让我们从雅什·帕萨诞生很久之前的公元700年讲起。那是诨名"十八兔"（因其首字形态得名）的瓦沙克拉胡恩·乌巴·卡威尔王统治时期。此时艺术灿烂，今天的科潘访问者们都会对大量石雕像留下深刻印象。它们多为"十八兔"的雕像，风格极尽繁缛精致（图12.24）。除了为自己树碑立传，"十八兔"还在科潘的卫城大兴土木，完成了大球场的最后建设，并开始建造文字台阶金字塔以构

表12.4 科潘古典时代晚期国王世系表

	国王	事件
公元600年	布兹·产 公元578—628年在位	整个科潘地区人口扩张
	烟雾伊米希 生于公元612年，公元628—695年在位	科潘可能控制了基里瓜
	瓦沙克拉胡恩·乌巴·卡威尔"十八兔" 公元695—738年在位	科潘达到文化高峰，但该王被基里瓜斩首
公元700年	第14王，卡克·霍普拉赫·产·卡威尔"烟猴王" 公元738—749年在位	科潘衰落，基里瓜可能控制了莫塔瓜河贸易路线
	第15王，卡克·伊普拉赫·产·卡威尔"烟贝壳""烟松鼠" 大约公元749—761年在位	文字台阶金字塔的扩建
公元800年	雅什·帕萨·产·尤帕特 大约公元763—810年在位	建筑和雕刻强调特奥蒂瓦坎风格图像和第一王，国王与贵族分享权力，有很多衰落的迹象
	乌齐特·图克 公元822年在位	

建王国历史。他还继续努力争取附近的属国基里瓜的忠诚。公元738年，基里瓜俘获"十八兔"并将其斩首，挣脱了科潘的桎梏。这明显是为了获得沿莫塔瓜河的黑曜石、玉料和其他物品贸易的控制权。基里瓜以极尽自夸的形式将自己塑造成科潘的缩小版。

公元8世纪的晚期，精力旺盛的卡克·伊普拉赫·产·卡威尔（因其首字形态，又称"烟松鼠"）开始重建科潘的金字塔和纪念碑，包括文字台阶金字塔（Fash 2001）。为了彰显这次复兴的光荣和正统，他将特奥蒂瓦坎风格融入科潘雕刻中，甚至在神庙上的玛雅铭文边，对应雕刻了特奥蒂瓦坎风格的文字。这些文字至今难以释读，很可能是没有实际语义的对玛雅文字的转写，意在用这些符号刻意强调与特奥蒂瓦坎这座圣城的紧密联系。玛雅陶器和其他载体上的大量文字都是没有实际语义的，似乎"书写者"知道，这些文字虽然能看不能读，但仍然可以彰显其载体的高贵。现代西方人在第三世界国家旅游时，有时会震惊于当时人的T恤衫上印有诸如"性感可口可乐宝贝"等文字。对于穿衣者来说，这些文字并无实际意义，只是反映出他们渴望使用这些现代主流文字、广告、音乐和电影造就的强势的西方文化符号。

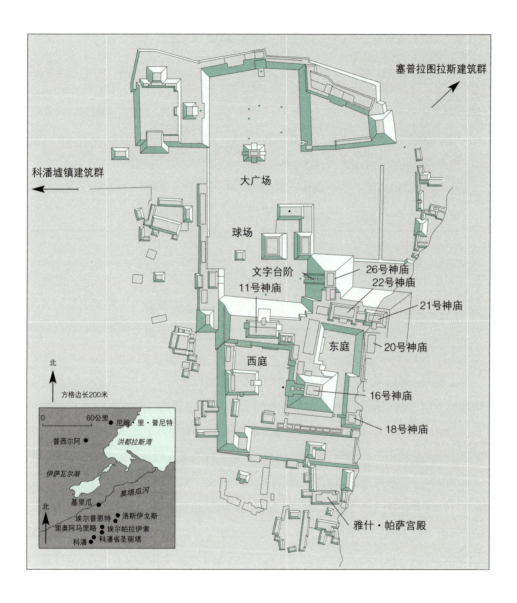

图12.22、12.23 （前页）科潘在几个世纪中持续增建发展，至其成熟期，形成了一个宽阔的大广场和俯瞰广场的高大卫城。卫城上有神庙和宫殿环绕的庭院。卫城北端正可以俯视本图中的球场（另参见图12.8、14.19）

　　科潘的下一任国王雅什·帕萨更加倚重对特奥蒂瓦坎威名的借用。他是帕伦克公主的儿子，父亲是谁尚不清楚。但他为了科潘王朝的荣耀殚精竭虑，在原有建筑上增添赞美传统世系的雕刻。他最著名的作品是Q号祭坛（公元776年），上面雕刻着他自己和科潘其他15位国王的形象（图12.25、12.26）。

3. 公元800—900年

　　雅什·帕萨统治末年，科潘王国开始凋谢，整个玛雅低地南部都进入动荡的社会上层衰退时期。公元790年，开始了新的20年的卡吞循环，也标志着政治活动本质性的转折点。这一年竖立新纪念碑的城邦数量比以往都多，表明各城邦都在宣示自己王朝的重要性（Martin and Grube 2000）。但也正是从这个时候开始，出现了建

图12.24 科潘A号石雕是公元695—738年在位的瓦沙克拉胡恩·乌巴·卡威尔("十八兔")的七尊雕像之一。该雕像立于731年,宣称科潘为玛雅四大城邦之一,其他三个城邦为蒂卡尔、帕伦克和卡拉克穆尔(表12.5、12.6)。此图为弗雷德里克·卡瑟伍德绘制。他是一位画家,1839年和1840年随作家约翰·劳埃德·斯蒂芬斯在玛雅地区旅行。他们的著作至今不断再版,对最初将玛雅呈现在公众的面前发挥了重要作用

表12.5 蒂卡尔古典时代晚期国王世系表

	国王	事件
公元600年	兽骷髅 大约公元593—628年在位	可能不是父系继承者,恢复了特奥蒂瓦坎入侵前的世系
	第23、24王 公元640年	其中一位可能是齐尼奇·姆万·霍尔二世,被多斯皮拉斯的第一位国王巴拉赫·产·卡威尔尊为父王。内战时期分裂:反叛方(在卡拉克穆尔的支持下)建立了多斯皮拉斯
	努恩·乌赫尔·查克 大约公元657—679年在位	公元672年攻击多斯皮拉斯,公元677年失利,公元679年战胜
	哈萨乌·产·卡威尔一世 公元682—734年在位	领导了蒂卡尔的复兴。695年击败卡拉克穆尔,复兴了特奥蒂瓦坎风尚
公元700年	伊金·产·卡威尔 大约公元734—746年在位	完成了多个石雕像、祭坛和门楣石雕,兴建和重建神庙
	第28王 大约公元766—768年在位	
	雅什·努恩·阿因二世 大约公元768—794年在位	蒂卡尔对卡拉科尔等城邦失去控制
公元800年	努恩·乌赫尔·齐尼奇 公元800?年在位	
	黑暗太阳 公元810年前后在位	
	赫威尔·卡威尔 公元849年前后在位	仅见于塞巴尔城邦的记载
	哈萨乌·产·卡威尔二世 公元869年前后在位	最后一任国王,试图重建统治秩序

表12.6 卡拉克穆尔古典时代晚期国王世系表

	国王	事件
公元600年	卷蛇王 大约公元579—611年在位	攻击帕伦克
	尤克努姆·产 公元619年前后在位	公元619年监督卡拉科尔王举行仪式活动
	塔侯姆·乌卡布·卡克 公元622—630年在位	公元623年制作卡拉克穆尔古典时代晚期最早的纪念碑石雕像28和29
	尤克努姆之首 公元630—636年在位	攻击纳兰霍
	尤克努姆大王 生于公元600年，公元636—686年在位	可能是卷蛇王之子。在蒂卡尔的分裂中支持多斯皮拉斯 与蒂卡尔冲突，干涉彼德拉斯内格拉斯
	尤克努姆·伊查克·卡克 生于公元649年，公元686—695？年在位	公元695年，卡拉克穆尔的黄金时代接近尾声
	裂地王 公元695？年在位	可能是一位蒂卡尔支持的冒牌者
公元700年	尤克努姆·图克·卡威尔 公元702—731年在位	蒂卡尔年代为公元733—736年的石祭坛上雕刻着一个卡拉克穆尔的被捆绑的俘虏，可能就是此王
	瓦茂·卡威尔 公元736年前后在位	基里瓜年代为公元736年的文字记载在卡拉克穆尔的帮助下对抗科潘
	王Y 公元741年前后在位	蒂卡尔战胜卡拉克穆尔的盟邦
	王Z 公元751年前后在位	
	波龙·卡威尔 大约公元771—789？年在位	
公元800年	产·佩特 公元849年前后在位	
公元900年	阿赫·图克 公元909？年前后在位	61号石雕像上有卡拉克穆尔最晚的文字纪年，是公元899年，但更可能是公元909年

筑项目和有纪年纪念碑的终止（Sharer with Traxler 2006：488—489）。

公元822年即位的雅什·帕萨的继承者是科潘的最后一位国王。他试图建造一座纪念碑，但我们看到的只是一件半成品，似在述说着玛雅文化光辉岁月的落幕。基里瓜同样在此时黯然失色。卡拉科尔最晚的文字纪年为公元859年（表12.7）。蒂卡尔和卡拉克穆尔两个强大城邦的传统王系一直延续到公元9世纪末甚至10世纪初。很多玛雅王室-仪式中心的末日景象与公元761年的多斯皮拉斯相似：用金字塔、神庙和宫室的石料和森林中砍伐的大树建筑防御的围墙（参见图12.21）。

图12.25、12.26　Q号祭坛如同一篇生动的王朝宣言。它投入使用前举行了以15只美洲豹祭祀的仪式，美洲豹遗骨发现于附近的祭祀坑中。美洲豹是国王的灵伴，它们可能代表着雅什·帕萨前的15位科潘国王。能够获得15只活美洲豹为贡品，也表明了科潘贡赋体系之强大。Q号祭坛的正面（线图之下方），雅什·帕萨从科潘王国的建立者、戴着特奥蒂瓦坎式双环眼饰的雅什·库克·莫手中接过权力的象征，以宣示其统治基础的正统。国王通过这样的夸张宣传来弥补其信用之不足，这不只在玛雅历史中常见，也贯穿于整个人类历史：伟大的行为经常是在不安的心情驱使下完成的，那些地位稳固、志得意满的财富和权力的继承者往往反倒一事无成

表12.7　卡拉科尔古典时代晚期国王世系表

	国王	事件
公元600年	绳结王　生于575年，公元599—613年在位	
	坎二世　生于公元588年，公元618—658年在位	在最成功的国王带领下，卡拉科尔得到发展，走向富强；与卡拉克穆尔结盟，在公元626、627和631年进攻纳兰霍
	卡克·乌霍尔·齐尼奇二世　大约公元658—680年在位	公元680年：卡拉科尔成为纳兰霍发起的"星战"的牺牲者
公元700年	第七王　公元702年前后在位	公元680—798年，卡拉科尔进入间歇期。卡拉科尔和卡拉克穆尔衰落，纳兰霍和蒂卡尔繁荣
	图姆·尤霍尔·齐尼奇　公元793？年前后在位	
	齐尼奇·霍伊·卡威尔　公元798年前后在位	重建王统，获得区域性影响力；建设B球场
公元800年	齐尼奇·图比尔·尤帕特　大约公元804—830年在位	继续复兴
	坎三世　大约公元835—849年在位	在居住区外建立纪念碑，表明需要得到非王室贵族的协助
	第13王　公元859年前后在位	最晚的文字纪年为公元859年

专栏12.2　建筑成本

仪式性建筑的设计主旨是以其规模和奢华令观者目眩神迷。这些建筑是我们判断社会复杂化程度的标准之一。中美地区的金字塔从根本上说，是对圣山的塑造。除了诸神，谁又能创造诸山呢？也许，拥有大量剩余劳力的国王可以。考古学家对神庙–金字塔和宫殿的研究让我们得以了解它们的建造过程和成本。即使是最宏大的中美地区建筑，其构造也相当简单：一般有坚固的台基，其上的建筑墙体厚重而房间狭小。建材多取自当地，有些装饰材料如涂抹表面的石灰可能要进口。与我们的现代建筑一样，成本主要是由建筑规模决定的。但现代建筑都是一次性完成，而玛雅建筑则可能经过反复重建，并会利用自然地貌增强其宏大感。这些因素在估算成本时都要考虑。

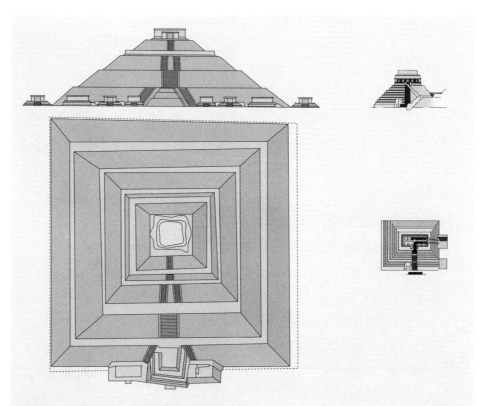

图 12.27　特奥蒂瓦坎的太阳金字塔（左）与帕伦克的文字神庙（右）在同一比例尺下的对比

表 12.8　太阳金字塔和文字神庙的建筑成本对比

	特奥蒂瓦坎太阳金字塔	帕伦克文字神庙
基底	平地	山坡
金字塔高	69米	27.2米
金字塔底部	边长226米	42.5米×60米
建设阶段和时间	可能三个阶段，公元前300—公元225年	一个阶段，公元675—702年
当时的人口规模	公元100年超过5万人	公元700年时约1万人*
体量	超过100万立方米，不包括顶部神庙	32500立方米，包括顶部神庙

*帕伦克附近的考古调查并不充分，人口规模的估算参考了其他类似的玛雅遗址

我们可以对比一下特奥蒂瓦坎的太阳金字塔和帕伦克的文字金字塔（图12.27，表12.8）。建筑的体量可以让我们对所需要的劳力做出大概估算。搬运土石堆砌金字塔的主体是创造这样的圣山的基础。当然，这也是技术含量最低的工作，在金字塔建筑过程中，还有很多更专业的工作，包括建筑设计和石灰粉刷、彩绘和浅浮雕装饰。但对堆砌土石兴建如此庞大建筑所用人工的估算可以让我们理解这样的工程对当地资源的重大影响。

在特奥蒂瓦坎，建造金字塔的主要材料都是在金字塔下挖掘隧道获取的（Manzanilla et al. 1996）。如果我们假设工人们用篮子运输，每个篮子装1立方英尺（大约0.03立方米），那就需要3500万篮。如果每个工人每天可以在最近的取料点和建筑点之间做6次往返，那建筑太阳金字塔每天需要的劳力就是大约600万人。令人望而却步吗？需要在重负下呻吟的奴隶才能完成此工程吗？都不是。实际上，农民们每年至少有三个月不用照料作物的农闲时间，7万名这样的农民利用一个90天的农闲季节就可以完成上述工作。而且，我们看到的金字塔往往是几百年中层层叠加而成的，因此，我们可以按照每年有7000人在农闲季节工作，连续工作10年估算；或者按照每年有700人在农闲季节工作，连续工作100年估算。这两种情形对于人口规模有5万人的城邦来说都是可以承受的。以同样的方法估算，帕伦克文字金字塔的建设也不会对劳动力资源造成压力。

对建设成本的全面分析需要一种周全而有效的方法，要考虑到建设和装饰的每一个步骤。这样的方法可以"提供一种定义明晰的关于规模、质量，或者成本的主观评估标准"（Abrams 1994：38）。对科潘不同阶层家庭居址建设所需全部成本的估算表明，不同家庭间的差别很大，王室家居可能需要25000人/天，而郊区农家屋舍可能只需要100人/天（Abrams 1994：82—85）。建筑所需人工与其主人能够掌握的劳动力数量非常吻合。农家自己就可以利用部分农闲时间建成屋舍；而国王（或者其管家）则需要征集整个地区的劳力参加建设。而且，如果同样采用90天"建筑季节"

的标准，280人在一个建筑季节就可以完成一处宫殿。这样的估算并未降低我们对古代仪式性建筑的仰慕，反倒更令我们肃然起敬：如此美丽而和谐的建筑实际只是使用了简单的技术和适当的人力完成的。

玛雅古典时代晚期的记录主要是关于社会上层的，这些记录就是贵族们自己写下的。玛雅文字释读的进展提供了这些贵族个体的生活、复杂仪式和残酷战争的鲜活资料。我们一直在申明，玛雅贵族的奢华生活是以千百农民和工匠的辛劳为基础的，可能90%以上的人口不属于玛雅上层阶级。在王室-仪式中心外围开展的考古工作揭示了大量普通人的生活，目前资料最全面的是科潘河谷。

公元800年前后，面积约500平方公里的科潘河谷处于雅什·帕萨的统治之下，人口约2.5万人，近半数居住在距离王室区10分钟步行路程内。大部分最好的农田也集中在王室区附近，附近山地的溪流边也有小片的冲积平原。为了维持全部人口的生存，山麓地带也会被用于农业。孢粉分析显示，该地区山麓地带的松林被砍伐，毫无疑问，部分原因是为了获得燃料，也为开垦更多耕地。

在只有薄层土壤覆盖的陡峭坡地开垦种植不是有效的可持续生存策略。初期收获的少量谷物对于开垦投入的时间和劳力来说还算是不错的回报，但土壤肥力会很快降低，雨水更会将表层土冲入河谷。理论上说，这些被冲下去的土壤会增加冲积平原土壤的肥力；但实际上，考古探沟的地层显示，古典时代晚期科潘河谷发生这样的山地土壤流失，造成了毁灭性的破坏（Webster, Freter, and Gonlin 2000：118—119）。玛雅人的食谱中，大约70%的热量要靠玉米提供，动物蛋白很少。科潘古典时代晚期人骨的研究反映了各年龄组和各阶层人群普遍出现严重的营养不良，这应是水土流失造成玉米歉收的结果。因此，在公元800年前后，科潘人口规模仍然维持在高位，但很可能已经超出可精耕农田的承载力，因为持续精耕已经引发环境的退化。

这是否造成了人口急剧下降？如图12.28所示，科潘河谷的人口高峰保持了大约150年。公元900年后，开始了显著下降；至公元1200年，只剩下了大约1000人，

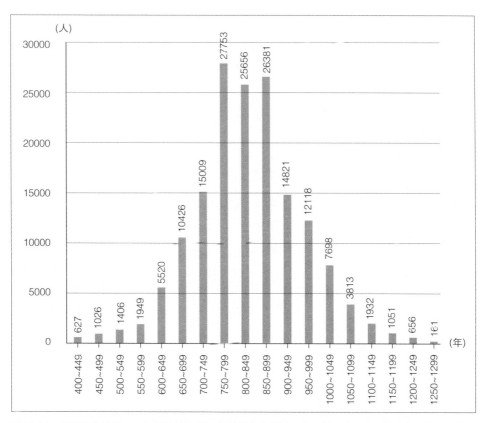

图 12.28 科潘河谷聚落——包括卫城和周围大量的贵族居址,也包括远离王室-仪式中心的小规模农民村落——为我们提供了以50年为间隔的人口规模估算依据。在王国建立之初的公元426年,河谷中的人口规模很小;但在其后的300年中,增加到了2.5万人。又过了500年,只有少量农民居住于此

此后还在减少。科潘邻近地区并没有出现明显的人口迁入,我们不得不推测"出生的孩子越来越少,不足以弥补死亡人口,每隔一段时间,就会有家庭迁走。……这是一个漫长的衰落过程,不是突然的灾变性事件"(Webster 2002a:302)。

科潘和其他地区衰落的原因 | 战争冲突在其他玛雅城邦的衰亡中扮演了重要角色,但在科潘并没有发现冲突的证据。公元800年左右的严重干旱可能加速了卡拉克穆尔和其他城邦的衰落,但在科潘也未发现有关证据(Gill 2000)。虽然肺结核和营养不良这样的慢性病可能造成一些人口死亡,令活着的人也身体虚弱,但在玛雅低地南部地区未发现流行性瘟疫的证据。此外也不存在外来入侵的证

据,确实发生的王权衰落导致的是人口下降到几近灭绝,而征服一般是对人口的镇压而不是清除。

玛雅衰落的种子在其全盛期就已经播下。随着人口的增长,耕地面积扩大,那些不能持续保持合理收成的区域也被开垦。当作物产量下降,因食物不足造成的健康问题就会增多,在广大民众中尤其严重。同时,社会上层的生活却更加奢华。王室家庭扩大并更加雄心勃勃,又不得不与其他显贵宗族分享权力。平民家庭可能聚居在乡村地区,伯利兹西北地区就是这样(Hageman 2004)。人口的增长也会带来宗派之争和由之引发的暴力冲突的增长,整个社会在任何气候变化或土地生产力的波动发生时都显得日益脆弱(见 Pyburn 1996;Lucero 2002)。

要知道,玛雅国王的角色是尊贵的萨满,需要显示影响和沟通超自然的能力,解读宇宙的运行。毫无疑问,当人民的生活恶化,人民对国王的信任也会如

图12.29 这件陶塑像发现于尤卡坦半岛西岸的海纳岛。海纳岛的墓葬中发现有表现玛雅人和他们的神祇举行各种活动的塑像。这件塑像表现的是一个着装特殊、摆出特定姿势的年轻男子。他的服饰可能与某种仪式有关,也可能是在进行球赛

科潘河谷山坡上的耕地土壤一样迅速流失。玛雅平民可能会对国王的永恒正确性产生根本的怀疑（Webster 2002b：440）。复杂社会拥有众多专业人员，需要来自工匠－农民的贡赋，这都需要稳定有效的政府来管理。当社会基石动摇，整个上层建筑就会轰然倒塌。

三、玛雅其他地区

我们关于佩滕地区以外的玛雅文化历史知识很不完整，因为卡拉克穆尔以北地区没有以文字记述历史的传统，只发现了零星的文字。但毫无疑问的是，在经过几个世纪的稳步发展后，就在佩滕玛雅衰落之时，尤卡坦北部中心地区开始欣欣向荣（图12.29）。有些学者将此阶段命名为"古典时代终结期"，时间为公元800—900年，包括普克地区的一些中心，乌斯马尔是最大的核心城邦；也包括尤卡坦北部，中心地区的代表是奇琴伊察；东北部的代表是科巴（第十四章将介绍尤卡坦北部地区的发展）。

紧邻佩滕地区北部的是里奥贝克和切内斯地区，也出现了和佩滕地区一样的衰落趋势，但没么严重。该地区遗址规模都比较小，建筑以墙壁上的精美装饰而闻名（图12.30）。这一传统在古典时代晚期达到顶峰。里奥贝克地区最大的贝坎遗址，在后古典时代早期可能遭到来自尤卡坦北部的军事入侵，被迫终结了社会上层的统治。但里奥贝克和切内斯地区的人口保持原有规模，一直持续到后古典时代早期结束，即公元1200年前后。

更北部地区的遗址显现出与特奥蒂瓦坎的联系。普克地区的查克Ⅱ号遗址有特奥蒂瓦坎风格的建筑和物品，表明两地有直接的贸易（Smyth and Rogart 2004）。再北的阿坎塞遗址被现代城市完全覆盖，很难开展充分的考古工作。但那里保存着几处壮观的仪式建筑，包括11米高的形成时代的金字塔和作为卫城的高台基，上面有可能是古典时代早期的"白灰之宫"（图12.31、12.32）。其年代还是个问题，一些研究者认为属于古典时代晚期的最后阶段。该建筑有非常精致的带状装

图12.30 在里奥贝克和切内斯地区,兽面式门道成为建筑正面最引人注目的装饰,神庙–金字塔已经演变成一种垂直建筑样式,失去了实际的仪式建筑功能。本图是里奥贝克遗址中的斯普伊尔Ⅰ遗址1号建筑复原图,两侧神庙–金字塔式建筑陡峭的台阶"不可能是为使用设计的……这种对实用结构的繁缛模仿表明它只是衍生品而非实用建筑"(Proskouriakoff 1963:52)

饰,"与玛雅世界其他典型建筑的装饰迥然有别,……与墨西哥中部的纹样非常相似"(Miller 1991:20)。

非常不幸,在介绍这些图案时难以确定其年代,因为这不仅涉及特奥蒂瓦坎在阿坎塞扮演的角色,还关乎它自己衰落的时间和经过。至古典时代晚期,特奥蒂瓦坎的核心区已经被摧毁,该城邦广泛干涉其他地区的政策也土崩瓦解。它的那些殖民地、据点和贸易网情况如何了?马塔卡潘随特奥蒂瓦坎之后也发生了衰落,但有证据表明,一些中间人继续维持着贸易网络,尤其是在墨西哥湾沿岸和尤卡坦半岛沿岸,他们继续服务于特奥蒂瓦坎的利益,也维护着建立起来的联系。

这些古典时代晚期和后古典时代早期的贸易人群名称各异,厘清他们的族属、历史和活动年代并非易事。他们原来应该是以琼塔尔帕地区为活动中心的玛

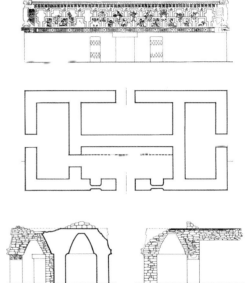

图12.31、12.32 （上）阿坎塞遗址1号建筑"白灰之宫"。白灰雕刻带的细部，表现的是墨西哥高地风格的山峰符号内的各种动物。上排山峰符号间的碗状图案是特奥蒂瓦坎的"托兰"符号（Taube 2000：25—26）。（上二）"白灰之宫"北墙的复原图，（上三）该宫殿平面图。（下）该宫殿剖面图，表现了典型的玛雅叠涩拱顶结构

雅人（Scholes and Roys 1948；Thompson 1970），居住于乌苏马辛塔河三角洲的沼泽地带，也就是尤卡坦半岛西南端的墨西哥湾沿岸。他们曾经被称作"普吞人"或"琼塔尔人"（16世纪居住在该地区的玛雅部族的名字），是伊察人的一部分（Ball and Taschek 1989）。他们使用掺杂了墨西哥名词的玛雅语，深入玛雅地区，可能建立了几处城邦。他们的活动既包括贸易、旅行，也包括殖民，时间跨越古典时代晚期和后古典时代。伊察人的一支在公元850年占据了一个小聚落，并将其发展成强大的中心城邦，这就是广为人知的奇琴伊察（Kowalski 1989）。这些故事在后古典时代发展到高潮。

1. 中美地区东南部和中间地区

玛雅文化在古典时代蓬勃发展，他们对外来物品的嗜好激发了与中美地区东南部和中间地区的贸易联系。贸易联系最重要的证据出自紧邻的洪都拉斯西部的苏拉-乌卢阿-查梅莱孔谷地、萨尔瓦多的太平洋沿岸谷地，以至哥斯达黎加。中美地区东南部和中间地区在"古典"时代也是人口增长和文化复杂化的时期，遗址中的墓地和居住地都表现出等级分化。这些迹象在公元500年前后开始出现，在太平洋沿岸地区的丰塞卡湾和大尼科亚地区尤其显著。值得注意的是，中美地区以东的考古资料很不完善，与玛雅的资料相比尤其简陋，但我们仍然可以发现社会发展的大趋势。虽然伊洛潘戈造成了萨尔瓦多的文化孤立，但即使在玛雅进入衰落期、社会上层及其对外来奢侈品的喜好都日益消亡的情况下，这一中间地带的文化发展轨迹依然如旧，已经建立起的等级制度得以维持。

与中美地区邻近的洪都拉斯西北部在古典时代晚期出现了几个大型遗址，都有仪式性建筑，包括球场。特拉韦西亚大约在公元950年被废弃，有数百座房址的塞罗帕伦克遗址则延续到了公元1050年（Joyce 1991）。连接洪都拉斯西部和加勒比海沿岸的卡洪地区，一直有农耕者居住，在古典时代晚期人口数量达到高峰。这个地区的酋邦中心是萨利特龙维耶霍遗址，人口规模为1000—1500人，有建筑在2.5米高的台基上的社会上层居址，长120、宽75米。不久之后，在公元1000年，该地区被整体废弃（Hirth et al. 1989）。

拉谢拉 | 有些区域中心虽然并不兴旺，但一直延续下来。在古典时代晚期，位于科潘和加勒比海沿岸之间的拉谢拉遗址有超过400个居址，中心位置有神庙、球场和十多座高台式贵族居址。该遗址出土遗物表明，社会上层以各种符号和物品强化与包括玛雅地区在内的其他地区统治者的联系，也用以巩固其臣民的忠诚（Schortman et al. 2001）。遗址的核心区大约在公元950年废弃，但周边区域居民一直生活到大约公元1300年。

2. 太平洋沿岸地区

危地马拉太平洋沿岸地区在古典时代晚期相当繁荣,随后,不知何故,人口突然急剧减少。繁荣时期的文化被命名为科特苏马尔瓦帕文化,其中心遗址包括埃尔包尔、埃尔卡斯蒂约和比尔包等多个地点,共同构成一个大聚落,可能由三任国王相继建成。该地区为中美地区主要的可可产地之一,因此颇具影响力。在古典时代晚期,出现了风格鲜明的"科特苏马尔瓦帕式"(图12.33)艺术品和文字,传播范围很广,但显然并未反映出这些地区在政治上的统一(Love 2007:301)。

在更西北的太平洋沿岸平原地区,即塔卡利克阿巴赫周围地区,出产普鲁姆巴特风格陶器。它得名于其灰色光亮的外表,如同上了铅釉,但实际上是因陶土所富含的铝和铁在烧制过程中形成的。在前哥伦布时代的中美地区,这种普鲁姆巴特陶器贸易范围最广,从墨西哥西部到中间地带都有发现。在后古典时代早期的主要遗址,如图拉和奇琴伊察尤其盛行。

图12.33 埃尔包尔27号纪念碑,科特苏马尔瓦帕风格,减地浅浮雕,"表现的是头戴猴子面具的球赛胜利者"(Hatch 1989:185)。他是城邦的第三王,盯视着脚下的失败者,口中射出的火焰可能表示他发出的严厉话语、吐出的口水甚至呕吐物。这件石碑以及其他大约150座科特苏马尔瓦帕风格纪念碑上都有字符,但均尚未破译

3. 危地马拉高地和恰帕斯内陆高原

特奥蒂瓦坎衰落后，卡米纳尔胡尤仍然是地区性重要中心。实际上，相当规模的"建筑行动发生在古典时代晚期，包括11个球场的建设"（Hatch 2001：389）。这个地区的人口规模也相当庞大，整体而言一直持续到后古典时代，但卡米纳尔胡尤在古典时代晚期后就废弃了。

恰帕斯内陆高原的人口在古典时代晚期达到高峰。玛雅人在东北部的"恰帕斯洼地"的很多山顶上建造了一系列有防御设施的聚落。其中最大的一个是特纳姆罗萨里奥，其居民可能在公元650年由亚斯奇兰迁徙而来（de Montomllin 1995）。这些聚落几乎都与玛雅低地的城邦同时衰落，该地区在公元1000年左右被废弃，可能是干旱所致。在恰帕斯西部的内陆高原地区，古老的恰帕德科尔索人的居住地在公元800年左右被讲曼格安语的入侵者占领，他们一直控制着该地区，直到1524年西班牙殖民者到来。在恰帕斯山地的太平洋沿岸地区，古典时代中期就出现了托纳拉和奥尔科内斯聚落。奥尔科内斯有特奥蒂瓦坎风格的石雕像，托纳拉则是科特苏马尔瓦帕风格分布的最北地点，至少发现了一座这种风格的球场。

4. 古典时代在地峡地区和东部地区的终结

玛雅及其邻居们的古典时代终结期是真实存在的、划时代的土崩瓦解。玛雅低地南部伟大玛雅城邦的废弃过程可能比以前想象的要慢，但结果是一样的。佩滕地区文化的消亡激起人群向各地迁移，并形成潮流，有些人群成为衰落的牺牲品远走他乡，有些力量强大和野心勃勃之人则趁权力缺失之机浑水摸鱼以获利。现在，让我们转向中美地区最西端的地峡地区，那里是闯入玛雅世界的移民的发源地。

第十三章　古典时代晚期和末期的西部地区
（公元600—1000/1100年）

公元600年至1000/1100年，整个中美地区发生了剧烈变化。在文化区域化的同时，强调武力和人祭的信仰兴盛起来并广泛流行（图13.1）。在这一时期开始之际，特奥蒂瓦坎的仪式中心地位被动摇。这个伟大的城市仍然是物质生活的中心，但雄心已经凝固，对于其他文化来说，它的影响力已经成为祖先的神话。特奥蒂瓦

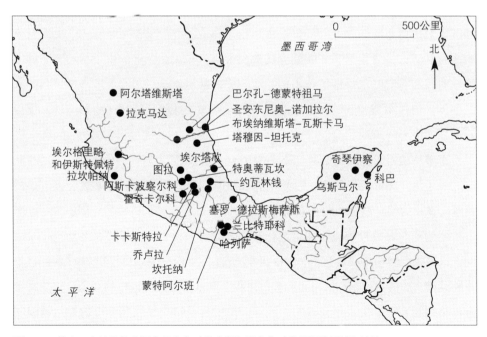

图13.1　第十三章涉及的美洲中部古典时代晚期和后古典时代早期的区域和遗址

坎再也不是现实中至关重要的盟友或敌人。很快，蒙特阿尔班也失去了统治地位。

西部的伟大城邦也经历了盛极而衰。正如我们在上一章看到的，尤卡坦低地南部的玛雅人达到了灿烂的文化顶峰，但随后衰落，尤卡坦北部的玛雅文化则继续繁荣（在第十四、十五章会继续论及）。当然，从很多重要方面来说，玛雅文化一直延续到现在。古典时代晚期尤卡坦北部的一些区域政体根深叶茂，在1500年以后西班牙殖民者到来时仍然兴盛。

古典时代晚期之末，尤卡坦半岛北部的重要城邦包括东北部的科巴、西北部的乌斯马尔和中部的核心奇琴伊察。奇琴人的文化深深根植于本地的玛雅传统，但也融入了新的因素，是新旧玛雅的混合体。主要的新因素是当时几乎席卷整个中美地区的新信仰系统，从尤卡坦半岛北部到西部，沿墨西哥湾低地进入普埃布拉、莫雷洛斯，再到墨西哥盆地，进入图拉地区、巴希奥，到墨西哥西部和西北边境地区，甚至可能继续北上，远达现在美国西南地区。

在这一广大的地理范围内，一种以羽蛇崇拜为共同因素的信仰广泛传播，一些城邦成为与羽蛇有关的圣地。52年历法周期被广泛使用。柱廊式建筑与有人祭和战争场面的带状装饰盛行。仰卧人形的"查克穆尔"式祭坛（图13.2）以及索姆潘特利式人头骨架这类新雕刻形式表明人祭已经成为仪式的主要核心，更胜于形成时代和古典时代早期的特奥蒂瓦坎、蒙特阿尔班及以玛雅低地南部城邦的人祭活动。通过军事、贸易和贡赋以及移民等形式，这些共同特征分布广泛，促成新的强大中心的出现。

军事 | 相当数量的城邦建在险要的山顶，其他城邦有防御性的围墙。当时军队已经职业化，这是延续特奥蒂瓦坎和古典时代早期的玛雅低地南部城邦已经开始的传统。在随后的阿兹特克期，形成了武士社会，这是一种训练有素、制服统一、徽号鲜明的随时可以投入战斗的组织，最著名的两个为鹰武士集团和美洲豹武士集团。这种组织架构不仅表明了一种高级军事组织、对以军事手段保持和获取阿兹特克胜利果实的倚重，也为所有男性提供了提升其社会和经济地位的通道。贵族青年会被培训为官吏，但一个在战争中脱颖而出的阿兹特克平民在获得物质奖励的同时，也可以晋升为准贵族。古典时代晚期的卡卡斯特拉和霍奇卡尔科等遗址的壁画

图 13.2 这件奇琴伊察的雕刻就是查克穆尔,是一个标准化的仰坐、侧头男性形象,可能表现的是"斜倚垂死的玉米神"(Miller and Samayoa 1998:64)。一个代表年轻玉米神的人牲会在雕像的腹部被献祭,以保证大地持续丰产

和雕刻中都有着装和配饰如职业军人的人物形象(Hirth 2000:258—263)。

贸易和商人,贡赋和领主 | 古典时代晚期到末期席卷中美地区的共有文化因素是沿着四通八达、沟通中美各地及其以外文化区的贸易网络传播的。贸易直达北部干旱地带的绿松石产地,也沟通了南美洲西北海岸的冶金技术起源地,因此墨西哥西部此时冶金技术得到发展。中部高地的一些遗址可能是黑曜石器的生产中心,产品遍布四方。在墨西哥湾低地和其他热带地区,棉花和可可是参加长距离贸易的重要物产。很多遗址都发现有来自很远地方的物品。贸易的范围、很多社群出现的市场式广场都表明当时有职业商人集团,就像后来阿兹特克的波奇特卡商人集团,在地方领主的庇护下控制着长距离贸易。在阿兹特克社会中,波奇

特卡商人也扮演了外交官和间谍的角色，有时甚至参加小规模军事冲突。

每一个区域中心与周边地区的物品交换无疑是以政治贡赋的形式进行的：物品和劳役都敬献给国王。在中美地区，大宗物品运输主要依靠在山道上行走的搬运工，很少情况下，在河流或海岸使用独木舟。对于任何社群的发展来说，本地的基本食物都是最重要的保障。因此，最重要的贡赋就是食物。而且，没有一个社群能够在缺乏有组织的人力的情况下被建设得庞大而宏伟，也不能在缺乏持续维修的情况下保持庙宇和宫殿的耀眼夺目，因此劳役也是必需的。所以，中心周边地区的人口需要提供食物、劳力，也需要提供陶器、纺织品等产品，用于本地消费和长距离贸易。

这种在后古典时代的阿兹特克继续实行的广为人知的贡赋模式，实际上在几个世纪前的古典时代晚期已经开始实施了，从玛雅陶器上向国王奉上成捆贡品的彩绘画面中就可窥见一斑。在古典时代晚期的霍奇卡尔科，羽蛇金字塔上的人物和图像符号"描绘了战争胜利获得贡赋的场面"（Smith 2000：80）。在阿兹特克的贡赋图卷中常见相似的画面。

移民 | 大自然不会留下空白地带。不断增长的人口很少会放弃向诱人的空白地带或弱势群体居住区域迁移的机会，弱势居民往往会被取代或征服。正如我们在前面章节中讨论过的，用考古资料追寻移民的轨迹是颇为棘手的工作。例如，新陶器风格在什么情况下表明另一个族群的入侵而不是一种新风格的传播呢？羽蛇信仰的传播是因为人群的移动还是成功的布道者们的活动呢？

关于移民的记载是后古典时代晚期很多族群历史的核心内容。对于阿兹特克人来说，迁徙和成功建立掌控新家园的军事力量是其最值得夸耀的业绩之一，中美地区很多其他人群也是如此。后古典时代晚期许多关于移民的记载都是殖民时代早期形成的，有些是原住民的记录，有些是西班牙人的记录，但可以追溯到古典时代晚期和末期。科约特拉特尔科人可能起源于墨西哥西北部，公元600年以后在中部高地定居。奥尔梅卡-希卡兰卡人据记载是在古典时代晚期从东边和南边迁移到普埃布拉的，随后的古典时代末期，托尔特卡-奇奇梅卡人从西北迁入。在墨西哥湾低地，玛雅瓦斯特克人早已出现，并在古典时代成为该地区的主导文化群体。

羽蛇崇拜 | 在整个中美地区，军事、贸易和移民共同促成了以羽蛇为核心的信仰系统的传播。对于人类而言，什么原因能够促成某种宗教信仰在广大地区的快速传播？我们知道，基督教是两千年前就在西南亚地区出现的多种神迹信仰之一。其持久的流行、胜过其他神迹信仰的能力，皆因其兼备同时期的其他信仰系统所不具备的若干特点：以古老的犹太教为基础，通过其建立者的牺牲许诺永生，强调非暴力和宽恕以与当时占统治地位的罗马文化抗衡。它包容性强，不分性别、族群和社会阶层。

现在来看羽蛇崇拜，我们可以把它看作文化萎靡期值得欢迎的积极因素，对那些在充满政治机会的时期对权力怀有野心的人来说尤其如此。羽蛇信仰在奥尔梅克图像中已见端倪，在特奥蒂瓦坎更是势力强大。但直到特奥蒂瓦坎衰落，与这一信仰有关的图像才成为整个中美地区各城邦的基本图像主题。

我们已经指出羽蛇与军事的紧密联系。它的其他法力包括创造、丰产和重生，也与统治阶层、社会上层物品和贸易相关。很多遗址的图像中都表现了羽蛇信仰对人祭的重视，尤其是与球赛中的人祭相关。这些人牲可以理解为奉献给神的食物，这是对神用其血液创造人类的回报。人祭满足了社会上层的诸多需求，它将一种恐怖的行为与战争联系起来——战俘的可怕命运就是成为人牲；同时，以人为祭品强化了社会上层与神祇的特殊联系甚至是亲属关系，使得社会上层超越于普通民众，使其号令和财富聚敛合理合法。这一信仰广泛传播，最终覆盖从盛产铜矿的北部干旱区到棉花、可可生长的墨西哥湾和玛雅低地的广大地区。这种传播如同一种文化意义上的重生，其信徒们被这一迷人的信仰系统深深吸引。这一信仰被刻画在高级材料上，以精美华丽、充满法力的图像表现出来。这些材料是踏遍四方的商人们在整个中美地区寻得的最珍贵的原料。

历法 | 历法也是共享信仰中的重要组成部分，这一描述时间轨迹的艺术是统治者的特殊技能之一。他们的仪式中心经常面向地平面上具有历法意义的标志，将他们在大地上行使权力的地点与日星运行联系起来，也就是将他们自己置身于时间循环的核心位置。古典时代玛雅低地南部的标志之一长历法逐渐被废弃，只出现在少量玛雅纪念碑上，用以表示王朝的纪年。大约相当于256年的13卡吞的

短历法开始成为主要的时间循环。由260天的祭祀历法卓尔金历和365天的太阳历交合形成的52年循环也在整个中美地区受到重视。羽蛇崇拜强调广大范围内社会上层神圣统治的一致性和正统性。相同的历法和时间循环单位在各地区的使用是这一新信仰传播到各地的高级有机组成部分之一。

始自何处？ | 目前还不清楚上述共享因素发生的时间顺序或递进传播路径。从东北到西南的2000多公里范围内，数十个遗址都有这些因素。但具体确定各地区在何时出现这些因素是令人却步的问题。就像通过广泛传播的文化因素追寻人群迁徙路径时面临的困境一样，探寻观念的扩散也面临着同样的问题：这些观念是在哪里形成的？它们是依什么时间顺序传入其他地区的？

专栏13.1 / 何为羽蛇？

"羽蛇"是描述自形成时代就出现的一种图像主题的术语。这种图像主题包括一条蛇，有羽毛状的冠，或者其鳞片如同羽毛，或者与一只或多只绿咬鹃同时出现。这一术语也可以当作后古典时代纳瓦特尔人的神祇"克察尔科阿特尔"的翻译。这个神名是克察尔鸟（即绿咬鹃，其闪亮的长羽毛被整个中美地区王族用作标志身份的头饰）和响尾蛇的合体。响尾蛇是丰产和重生的重要符号，因为蛇有蜕皮的生理特征，犹如重生。蛇也与水和大地相关。在玛雅语中，"蛇和天是一个词"（Miller and Taube 1993：141）。克察尔鸟的羽毛代表着一切珍贵和绿色之物，包括翠玉、玉米叶和香蒲。香蒲代表着生活在都市的密集的人群，人群最密集之地被称作托兰，是自称为羽蛇神后代的统治者们在人间的王国。

"羽蛇"涵盖"克察尔科阿特尔"和其他对此核心内涵的表达方式，从奥尔梅克时期的鸟蛇（图13.3）到后古典时代的英雄托皮尔钦·克察尔科阿特尔。虽然中美地区的超自然物经常是相互转形的，彼此换穿有限的几

图13.3 拉文塔19号纪念碑表现了一只有冠的蛇盘绕一人,该人很可能是一位国王。国王的头部和羽蛇的头之间,有一条有斜十字交叉图案的"天空之带",两端各有一束克察尔鸟的羽毛装饰

种神灵装束,相似的装饰物和法器会以不同的组合形式出现在不同神灵身上,但某种神灵的主要类型和变体还是有规律可循的。

"羽毛之蛇"和"蛇与克察尔鸟"图像在奥尔梅克时期就已经出现,是统治者表现丰产和财富的重要符号。羽蛇形象在古典时代中期的墨西哥中部开始流行,成为特奥蒂瓦坎羽蛇金字塔-庙宇的装饰(图13.4)。在古典时代晚期/末期,墨西哥中部的霍奇卡尔科、卡卡斯特拉,墨西哥湾低地的拉斯伊格拉斯和埃尔塔欣以及尤卡坦半岛北部的奇琴伊察遗址都出现同样的图像主题。作为一个神祇,克察尔科阿特尔被认为是玛雅人所在的第五次创世纪中人类的创造者之一,为了人类,从冥界解救玉米神获得重生。克察尔科阿特尔是国王、祭司和商人的守护神。商人组织在中美地区有悠久传统,也会为我们对古典时代晚期至末期羽蛇信仰传播的分析添彩。克察尔科阿特尔又被称作特拉维斯卡尔潘特库特利,即作为启明星的金星神。

塞·阿卡特尔(意为"一株芦苇",也是一个日名)·托皮尔钦·克察尔科阿特尔则是一位半真实半神话的英雄,据说打造了图拉的辉煌(Nicholson 2001)。"他的随从们被称为'托尔特卡',技艺高超……他们

图13.4 在特奥蒂瓦坎,羽蛇的图像相当丰富。在这幅特奥蒂瓦坎建筑上的壁画中,水从羽蛇口中喷涌而出,代表克察尔科阿特尔祝福的鲜花在蛇身下盛开

可以切割绿石、铸造黄金……所有的技艺和知识都来自克察尔科阿特尔"(Sahagún 1978[1569]:13)。他还重视以自身为祭品的自祭而非人祭。神话中,他曾因狂饮普尔克而被驱逐,因为在伟大的魔术之神特斯卡特利波卡的纵容下,他酩酊大醉,赤身裸体,使图拉蒙羞。他乘上一只用蛇做的筏子,东行至尤卡坦。尤卡坦人的文献记载了库库尔坎(玛雅人对羽蛇的称呼)的到来。他发誓会在某一天归来,收回他的土地。正是因为这一传说中的誓言,当1519年,阿兹特克历法的1芦苇日,西班牙殖民者在科尔蒂斯率领下抵达墨西哥湾时,阿兹特克皇帝蒙特祖马感到厄运降临,信心全无,"他们认为是托皮尔钦·克察尔科阿特尔归来了"(Sahagún 1975[1569]:5)。亦人亦神的克察尔科阿特尔和亦幻亦真的图兰圣城的紧密联系影响了后古典时代的中美地区。这两个神圣和世俗并存的合体是被称作"祖原"的政治秩序的基础,这一政治秩序"支持新兴的、多民族的、霸权的军事城邦,以及相互竞争以控制贸易路线的区域性中心"(López Luján and López Austin 2009:384)。

克察尔科阿特尔的多层次影响与后古典时代以贸易和战争为助燃剂的城邦的兴起非常吻合。在后古典时代克察尔科阿特尔神最伟大的圣地乔卢拉,该神是商人的守护神(O'Mack 1991:12—13)。化身为风神的伊埃

图13.5 在一部16世纪中叶编纂的当地书籍中,伊埃卡特尔·克察尔科阿特尔穿戴着他标志性的服饰,这幅图与鲜花的创生有关

卡特尔·克察尔科阿特尔,还可以带来丰产,因为风为化润万物的雨的先导。伊埃卡特尔的神庙多为圆形,象征风旋的形态。伊埃卡特尔的服饰包括一个墨西哥湾风格的圆锥形帽子,可能那里是此神的起源地。他还佩戴螺旋状、剖开的海螺壳形项坠和鸭嘴面具;也经常手持被称作"阿特拉托"的投标枪器,这是墨西哥中部地区军事武力最明确的标志(图13.5)。

很多年以来,考古学家们都认为以羽蛇为中心的泛中美地区文化风格传播方向是从图拉(全名是图拉-德阿连德或图拉-德伊达尔戈,在今墨西哥的伊达尔戈州)起源传向奇琴伊察的,可目前奇琴伊察的碳十四数据表明,这些风格出现在奇琴伊察的时间比出现在图拉还早。但是迄今为止,图拉的年代框架主要以对陶器的类型学排比为基础,所以两个遗址的年代还不具有直接可比性。

其他在古典时代晚期和末期(公元700—900/1000年)兴起的城邦情况如何呢?乔卢拉应该是后古典时代中美地区与羽蛇崇拜有关的遗址中最重要的一个。大金字塔"特奥蒂瓦坎风格的立面-斜坡式建筑墙体"宣示着乔卢拉是特奥蒂瓦坎的精神继承者(McCafferty 2007:457)。霍奇卡尔科、卡卡斯特拉和埃尔塔欣也有羽蛇崇拜因素，且日渐兴盛。我们如何才能梳理清楚这些相似因素的来龙去脉，不会对影响从一个中心向另一个中心传播的方向产生错误认识呢？

要小心翼翼。在这一章里，我们将从特奥蒂瓦坎开始，它进入古典时代晚期以后日渐衰落，好像只是以前辉煌时期的阴影。由此产生的文化黑洞是引发大量入侵、冲突、移民、篡夺的主要原因，成为这一动荡时代的典型特征。特奥蒂瓦坎的符号在新的情境下得以延续，为它的盟友和敌人的城邦增添着威望。我们的视野随后会转向中部高地的西北部，再进入墨西哥地峡以西地区，在对上述基本特征认识的指引下，概览该时期重要的遗址和文化。我们会考虑学界关于某个遗址或地区优先发展的讨论，也会尊重目前各种解释不断变化的现状，在我们的讨论中避免得出中美地区的某一部分具有文化主导地位的结论。

一、墨西哥盆地及其北部和西部地区

1. 墨西哥盆地

特奥蒂瓦坎衰落的时间未定，学者们仍在争论，读者们则被警告要谨慎面对不同学者兜售的跨度颇大的年代。一些学者仍倾向于使用非常保守的方法，依据精确测年方法广泛使用之前的猜测，认为衰落发生在公元8世纪甚至9世纪。实际上，目前的测年样品数量与该遗址的规模和重要性根本也不相符。正如我们在前面的章节里指出的，目前最可靠的测年数据显示，特奥蒂瓦坎权力的衰落发生在公元6世纪，这个时间与整个中美地区的总体文化史非常吻合。新的测年数据也许会极大改变或进一步支持我们现在的认识。

在古典时代晚期早段，特奥蒂瓦坎仍然是庞大而重要的城邦，人口数万人，但贸易和外交都已经黯然失色。事实上，死亡大道和大量仪式建筑已经被破坏，这里在后古典时代晚期成为最重要的朝圣之地，这种功能转变应该在古典时代晚期开始时就发生了。城市附近的居民形成了若干小镇，环绕着被废弃的城市核心区。这些小镇的聚落一直延续到现在。其中最重要的一个是古城西边的圣胡安-特奥蒂瓦坎，从古典时代晚期就存在，在后古典时代成为一个区域城邦的首都。

在形成时代末期，墨西哥盆地的聚落形态变得非常简单，就是巨大的特奥蒂瓦坎和其他很小的聚落。随后，聚落形态日渐摆脱这种两极分化，开始正常化，即使在特奥蒂瓦坎发展的高峰期也是如此。湖泊周边水系的冲积平原上，农户的小定居点星罗棋布，并出现了大的村落。在盆地东部，塞罗-波特苏埃洛在古典时代早期就被开发，一直延续到后古典时代晚期。该聚落的房屋间隔很远，沿山麓坡地线形排列。这种聚落布局在后古典时代晚期变得非常流行（Nicholson and Hicks 1961）。在该遗址的湖对岸，是阿斯卡波察尔科遗址，在古典时代晚期已经成为重要聚落，在后古典时代早期将成为盆地最重要的都市。遗址中有一个区域被称作"科约特拉特尔科"（意为"郊狼山"），是科约特拉特尔科类型陶器的最初发现地点（Tozzer 1921）。

2. 科约特拉特尔科类型陶器和文化

该类型陶器外表浅黄色，有红色图案，代表一种文化，分布区域包括墨西哥西北部和西部、巴希奥地区、墨西哥盆地及毗邻的普埃布拉/特拉斯卡拉地区，可能在公元600年时就已经在墨西哥盆地广泛使用（Cobean and Mastache 2010）。这些早期科约特拉特尔科社群并不引人注目，有时只是特奥蒂瓦坎废弃的复杂的居址内的简易棚户。有些科约特拉特尔科聚落具有规划性，有带台基的规模适度的仪式性建筑，建筑内有切割石砌成的灶（叫作"特莱奎尔"）和蒸汽浴室（叫作"特马斯卡尔"）（Rattray 1996），这两种设施在托尔特克和阿兹特克期成为中部高地房屋建筑的标配。图拉地区的科约特拉特尔科遗址，房屋周围有梯田系统围绕，这种房屋散布在山包上的松散聚落格局在后古典时代晚期覆盖了整个中部高地地区。这些居址的出现不像帝国控制的建设者有目的的垦殖，更像特奥蒂瓦坎衰落后，独立的定居农民们向居民较稀少地区的迁移。

这些人从何而来呢？最接近古典时代早期具有科约特拉特尔科风格陶器、石器和房屋形式的文化群体分布于墨西哥盆地北部、西部和东北部的干旱地区。这一群体应该在族属上具有混合性，他们源自讲奥托米语和纳瓦语的人群，形成结构松散的（难以定义的）讲多种语言的人群，被称作"奇奇梅克"，意思是"狗的亲族"（Carrasco 1971：461）。这一称呼经常暗含狩猎采集者之意，但在这里被用来称呼大量定居的农民群体。事实上，中美地区北部辽阔的干旱地带现在仍被称作"大奇奇梅卡"，阿兹特克人认为该地区是"一片干枯的岩石之地……死亡和饥渴之地……它就在北方"（Sahagún 1963［1569］：256）。

奇奇梅克这个称呼很重要，因为在后古典时代，这些群体在墨西哥盆地形成了强大的联盟，并且与后古典时代早期的核心城邦图拉的后代、更有组织性的托尔特克人合并。但是，就像"图拉"或者"托兰"并不仅指伊达尔戈的图拉而是几个中美地区重要城邦的通用名一样，托尔特克也不仅指"伊达尔戈的图拉的居民"，而是具有文明人或技艺高超的工匠的含义。这些我们所认为的族群名称内涵复杂，有点像中美地区神祇的名号，它们经常混合和转换，虽有不同名号，却有共同特征。奇奇梅克人虽然给人粗鄙和半开化的印象，但也以强壮和勇武闻名，正好弥补了托尔特克人的不足，两者合一，形成席卷古典时代末期大地的重要文化。

3. 图拉地区

科约特拉特尔科人群在古典时代晚期迁徙到图拉地区，他们的聚落与古典时代早期特奥蒂瓦坎人（或与特奥蒂瓦坎相关人群）建立的聚落迥然有别。科约特拉特尔科聚落图拉奇科存在于普拉多期到科拉尔期（公元700—900年）。图拉奇科一般被认为是其西南1.5公里的后古典时代早期的伟大城邦图拉的雏形。图拉奇科的陶器既包括科约特拉特尔科式，也包括巴希奥式，为"图拉之建立与西北地区人群入侵有关的民族历史记载提供了证据"（Healan 2010：776）。

4. 巴希奥地区

古典时代晚期是本地区最繁荣的时期，在主要河流干流和支系沿岸的丘陵顶部遍布像阿坎巴罗那样的遗址（Brambila 2010）。山顶的民政-仪式建筑中心和周围的聚落群可能形成一个松散的社会组织。古典时代晚期的巴希奥地区遗址都出有源自中部高地西北地区的浅黄底红彩陶器。巴希奥属半干旱地区，居民修筑梯田以控制水土流失，居址散布在田间。梯田中种植玉米和其他作物，边缘种植龙舌兰。在新鲜的淡水远离居址的地区，龙舌兰汁液是一种适宜饮用的饮料（发酵后为普尔克）。当特奥蒂瓦坎的影响减弱，这个地区似乎没有吸引其他强大城邦的注意，直到后古典时代早期，图拉发展到顶峰，才又对此地区产生影响。

5. 西北边境地区

在古典时代中期和晚期，西北边境地区有几个城邦发展到相当大的规模。在我们确认特奥蒂瓦坎的衰落发生在古典时代中期之前，学者们认为阿尔塔维斯塔和拉克马达遗址是墨西哥中部人群建立的。按照我们现在对整个中美地区的政治重组时间表的认识，很清楚，西北边境地区的城邦可能是在古典时代晚期因特奥蒂瓦坎的衰落而兴起的，核心强邦衰落，边缘地区才得以摆脱从属关系得到发展，"因为以前供养核心城邦的资源可以被用于本地了"（Nelson 1993：177）。

虽然阿尔塔维斯塔（繁荣时期为公元400—850年）和拉克马达（繁荣期略晚，为公元500—900年）受到的外来影响相当明显，但在古典时代晚期和末期，西北边境地区自己也创造出关键文化因素。在两个遗址中，柱廊大厅都是重要建筑；都发现不同情况下埋葬的大量人骨，包括人祭。这个半干旱地区除玉米之外也种植龙舌兰，因此盛产普尔克。在拉克马达，加工龙舌兰汁液和纤维的刮削工具与后古典时代墨西哥中部常见的同类工具相似，表明龙舌兰种植技术在古典时代晚期得到了发展，后来在半干旱地区的山麓地带被广泛应用。

西北边境地区是沟通更北面的分布在今墨西哥西北部和美国西南部新兴的霍霍卡姆文化的贸易门户。很明显，阿尔塔维斯塔因盛产和加工珍贵绿色石料而得名查尔奇维特斯文化，也加工更珍贵、在古典时代末期和后古典时代尤其昂贵的绿松石。黄铁矿石、朱砂和绿色石料是从地下开采得来的，开采坑道枝杈纵横，可达数百条，长数公里（Schiavetti 1994）。

阿尔塔维斯塔和最早的头骨架 | 在阿尔塔维斯塔发现的两个展示人头骨的木质架子是最早的头骨架，表明其对陈列人骨的高度重视。阿兹特克称这种头骨架为"索姆潘特利"，用于陈列人牲的头骨。从古典时代晚期开始，这种头骨架成为整个中美地区的重要文化因素。在塞罗-德维斯特莱（拉克马达以西约100公里），发现了头骨架的柱洞遗迹和大量几乎全属于成年男子的骨骼（Hers 1989）。

堆砌的头骨经常以令人震撼的浅浮雕形式雕刻在建筑上。虽然这一形式在古典时代的玛雅地区也存在，但索姆潘特利传统似乎是从西北边境地区开始的，在古典时代晚期才传播开来。奇琴伊察拥有"最大、最复杂和最精美的索姆潘特利"（Miller 1999：350），共有4层浅浮雕侧视人头骨（图13.6）。在木架上陈列真正的穿孔头骨是一系列人骨陈列主题展的另一种表现形式，这种展陈有时用骨骼实物，有时用雕刻等手段，在中美地区的很多地方都存在，而且贯穿整个文化历史时期。头骨架与古典时代晚期至末期席卷中美地区的球赛和砍头祭祀等相关习俗有特殊的密切联系（Gillespie 1991）。

拉克马达 | 该遗址（又被称作图伊特兰或奇科莫斯托克）是公元500—900年西北边境地区的仪式中心。它是连接周围卫星聚落道路系统的枢纽。拉克马达本身可能只有大约500个居民，周边地区的人口或许有几千人。遗址的物质文化表明居民们依靠当地资源生活，黑曜石很少，陶器是当地生产的。

拉克马达复杂的公共建筑、广场和球场分布于丘陵顶部和坡地上，北起金字塔，南到多柱厅（一座真正的柱廊式建筑），占地超过50万平方米。遗址的墓葬对于居民来说是非常醒目的，有亲人的遗骸，也有仇人的尸骨。遗址西部边缘18号神庙可能是社群中令人尊敬的死者的灵堂（Nelson et al. 1992）。其他区域中，人骨就没有受到这么悉心的对待。在多柱厅有几百具人骨，许多属于成年男性。大量骨骼被"毁坏，有些明显是有意摆放的，但大多数被丢弃成一大堆，表明对这些死者毫无敬意"（Nelson 1995：613；另见Pérez 2002）。

图13.6 奇琴伊察的索姆潘特利是头骨架的典型代表,以石雕的形式表现了真实的悬挂头骨战利品的场面。这些头骨像珠子一样系在多层木架的柱子上

6. 墨西哥西部

特乌奇特兰类型遗址的规模在古典时代晚期早段达到了顶点,聚落内的建筑环状排列,直径可达125米,而且聚集成组。瓜奇蒙通遗址有8圈房屋和2个球场,构成聚落的中心(参见图10.23)。在特乌奇特兰的核心区域,已知的球场有55个(一些超过100米长),表明球场的主要作用是加强传统社会上层成员和国王们的联系,而并非为了加强人口更密集的核心地区与外围地区文化的联系(Weigand 1996)。特乌奇特兰类型在古典时代晚期的公元700—900年间衰落了,环形建筑传统不复存在。该遗址被重建时,新增的房屋呈长方形。

墨西哥西部兴起了新的文化传统。阿特马哈克河谷是墨西哥第二大城市瓜达拉哈拉所在地，位于巴希奥地区的西南边缘。该地区大多数已知遗址的年代都为公元550—850年，也许会略早。这些遗址，包括埃尔格里略和伊斯特佩特，都表现出来自巴希奥的影响（如果不是来自墨西哥中部的话），具有科约特拉特尔科文化因素。早期的环形建筑被U形和长方形建筑取代，出现了新的陶器类型和墓葬形式，比如箱形墓。接下来阿特马哈克期的年代大约为公元750—900年，也许稍晚些。新陶器类型表明有侵入的人群，可能来自更南部的墨西哥西部。很多遗址占据丘陵顶部，面积小且缺乏公共建筑（Galván Villegas and Beekman 2010）。

墨西哥西部古典时代晚期遗址中经过充分发掘的很少，但靠近太平洋海岸的拉坎帕纳有仪式性的长方形建筑，与在中美地区各地其他遗址发现的房屋相似（图13.7、13.8）。

墨西哥西部和金属冶炼 | 中美地区在古典时代晚期发生了技术革命：金属冶炼技术从南美引进到墨西哥西部，又在公元600—800年，从那里向整个中美地区扩散，直达北部干旱地区。该技术是由金属工匠从南美洲西北部引入的。这种技术相当复杂，必须要熟练工人"交流关于提取金属的信息，以及……加工和制作技术"（Hosler 1994：185）。就我们所知，中美地区的金属品制作不专注于发展制作切割工具的技术，镊子和针是最多见的实用器；金属主要被用来制作颜色悦目、光芒闪烁和声音悦耳的高价值装饰品（详见专栏13.2）。

二、墨西哥湾低地

1. 墨西哥湾低地北部：瓦斯特卡

古典时代晚期，墨西哥湾北部低地和相邻的东谢拉马德雷山脉的居民生活在像圣安东尼奥-诺加拉尔、布埃纳维斯塔瓦斯卡马和巴尔孔-德蒙特祖马那样的

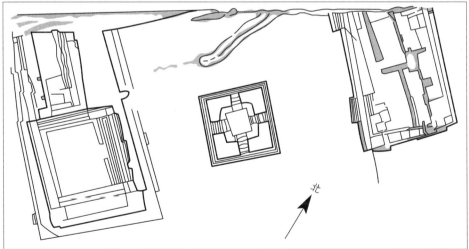

图13.7、13.8　拉坎帕纳（科利马）遗址的时代为公元700—900年。其核心建筑是这座金字塔，其四面正中都有台阶，四角分别朝向正东、西、南、北。烟雾缭绕的火山被融为聚落布局的一部分。遗址的9号墓中出土一件克察尔科阿特尔以身为祭形象的焚烧器。克察尔科阿特尔正在刺穿自己的生殖器，用刺出的鲜血创造人类

小型政治中心里。在这些遗址中,很多居址和仪式性建筑都呈圆形,在中美地区颇为独特,只有墨西哥西部的特乌奇特兰同样流行这样的建筑。墨西哥湾北部地区当然属于中美地区的边缘地带,但有时,比如在古典时代晚期和后古典时代,该地区与中部高地更大的政治潮流的结合更加紧密。因为这一地区就在墨西哥盆地的北部,可以沿着帕努科河众支流通过梅茨蒂特兰谷地进入墨西哥盆地。帕努科河水系是中美地区的主要河流系统之一,从东谢拉马德雷山脉西侧发源,沟通了墨西哥湾低地北部及其西部——巴希奥和图拉地区。

在古典时代,瓦斯特克人在本地区日益兴旺。该人群讲玛雅语,在形成时代就已经迁入本地区。至古典时代晚期,他们的文化已经成为整个中美地区共享的独特文化不可分割的组成部分。我们可以将本地区称作"瓦斯特卡",意思是"瓦斯特克人的土地",现在人们仍然这样称呼该地区。

塔穆因和坦托克是这个地区的两个主要遗址,在距离墨西哥湾大约100公里的内陆,位于坦波安河边。两个遗址相距约7公里,很近,所以经常被连称为"塔穆因-坦托克"。它们共有很长的文化发展历程(还没有被很好地认识),坦托克的历史更长一些(在形成时代就已经开始),并在后古典时代成为本地区最重要的城邦,有两座约30米高的金字塔,中间是球场(Stresser-Péan and Stresser-

图 13.9 在瓦斯特克人的都城塔穆因发现了一幅壁画,年代为第9或第10世纪。壁画长达4.7米,描绘了12位盛装之神祇和武士,"各有克察尔科阿特尔和其他中美地区神祇符号"(Solis 1993:52)。本图表现的是其中两位行进中的神祇的细节,其艺术风格明显与米斯特卡-普埃布拉传统有关(de la Fuente and Staines 2010)

Péan 2001）。塔穆因在古典时代晚期由高台建筑和广场组成，面积超过106万平方米，其壁画是瓦斯特克人最重要的图像记录之一（图13.9）。

2. 墨西哥湾低地中部

墨西哥湾低地的中北部和中南部在古典时代晚期至末期自成一区。墨西哥湾低地中部不仅在地理上是奇琴伊察和图拉两大强邦的中点，也为该时期各地共享的文化特征贡献了基本因素。该地区最壮观的城邦埃尔塔欣是建筑上的杰作，具有令人目眩的艺术性，后面会论及。

专栏13.2 / 金属制造

我们已经注意到，中美地区人民珍视任何象征生命力的物品，比如在球场中跳动的橡胶球和清风中飘荡的羽毛旗。金属制品的生命力则在于其四射的光芒和鲜明的色泽，也在于由其制作的铃铛和其他组合饰品的叮当之声。

中美地区的金属制作技术在墨西哥西部率先发展起来，因为该地区与金属技术早已发达的南美地区便于交流（可能通过海路）。南美地区制作的铃铛和其他物品成为中美地区金属制作的主要产品。墨西哥西部成为金属制作技术的接受者还有得天独厚的条件：拥有唾手可得的矿产资源。

中美地区的金属制造可以划分为两期（Hosler 1994）。第一期（公元600—800年到1200年）主要为红铜器制作。红铜是最易于提取和加工的金属，一些铜矿石纯度很高，直接冷锻即可成形，但即使在第一期，红铜也是将孔雀石和赤铜矿等矿石熔化提炼而得的，这需要将矿石加热到很高的温度。提纯的金属液被浇到铸模里成型。随后，或者简单地将铜锭锻打成形，或者采取更复杂的方法，将其浇铸到用失蜡法制作的模具中使其接近成品。后者需要先制作成品的蜡模，再以泥制作包裹蜡模的范，最后再以金属溶液浇入范中，熔化蜡模成形。

第一期制作的绝大部分金属制品是铃铛，它个体小，呈球形，可叮当作响。这响声如雨声，如雷电，如响尾蛇，是丰产和重生的象征（想一想吧，在特奥蒂瓦坎的羽蛇神庙，不仅有一个接一个的羽蛇形象，还似乎让人聆听到羽蛇响尾的咯咯之声，与形象融为一体，成为整个设计的重要组成部分）。古典时代晚期最初制作于墨西哥西部的金属铃铛在后古典时代早期已经在从当今美国西南部到奇琴伊察的广大区域内被发现。奇琴伊察的"祭祀天坑"中就被扔进了数百件。它们在很多遗址的出现似乎表明与之相

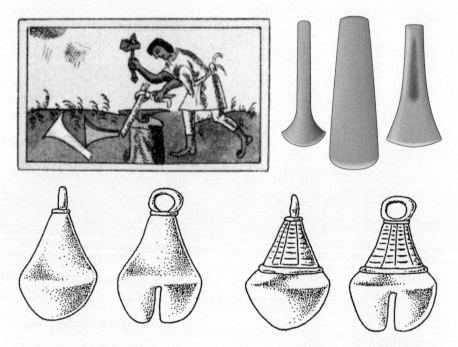

图13.10—13.12　金属工匠在古代中美地区是技术娴熟的艺术家。《佛罗伦萨手抄本》（1596）中的这幅图表现的是冷锻技术制作斧形器（形如右上3件）。实际上阿兹特克人用它们作为交换的媒介。铸造的铃铛可以用作耳环或坠饰，也可以成组佩戴在脚踝或腿上。在阿兹特克时期，它们是高级身份的象征，是神祇和神祇扮演者的饰物，一些从事长距离贸易的经历丰富的商人也会佩戴它们，以显示自己的高级身份（Sahagún 1959 [Book 9]：4）

关的贸易广泛存在，实际上这可能只是商人们踏足各个遗址的证据，他们佩戴着这种铃铛，但从事的是其他物品的贸易（Kelley 1995：116）。

第二期（公元1200—1521年）见证了金属制作技术的精细化，更多的金属被加工和使用，产品种类也更加丰富，开始用铜锡合金或铜砷合金制作器物。中美地区可以说进入了青铜时代。合金的性能优于纯铜，更强韧，也更利于施加更精致的图案。生产过程还包括复杂的发现和开采特殊矿藏，以及更复杂的熔炼和铸造程序（Hosler and Macfarlane 1996）（图13.10—13.12）。

中美地区青铜技术的迷人之处在于它并未用来制作各种切割工具。在旧世界，青铜技术带来了一般工具和军事武器的新纪元，随着熔炼技术更加精妙，最终催生了铁器时代。中美地区制作了一些简单的青铜工具和武器，但对这种合金的真正的应用是制作装饰品，使之转向黄金或白银这两种神圣的材料。很明显，黄金和白银当时被认为是太阳和月亮的神圣排泄物。墨西哥西部就有黄金和白银矿藏，也被加工。但它们都是比较软的金属，所以更好的办法是使用与之相似的合金，这样可以制作更多种类和式样的产品。西班牙人最初接受当地人赠送的光芒闪烁的饰品和精细制作的塑像时，一下子眼花缭乱了，以为是黄金和白银制作的。但很快就弃之不顾，专注于寻找珍稀的贵重金属了。

在后古典时代，苍翠湿润的墨西哥湾低地是阿兹特克迷恋之地，被其视为食物丰腴之地。饥荒之时，阿兹特克统治者会在此建立飞地，平民会自卖为奴前来垦殖以求生。本地区也是奢华之地，盛产可可、香草和棉花，对于寒冷的中部高地的社会上层人士来说，这些都是珍贵的产品。在古典时代晚期，这些产品都是重要的贸易品，此外，墨西哥湾低地的文化实践活动也兴旺起来。一种尊崇米克特兰特库特利和米克特兰西瓦特尔（地下冥界的冥王和冥后）的死亡崇拜成为当地生活的一部分。在靠近塞罗-德拉斯梅萨斯的埃尔萨波塔尔遗址，有一座供奉米克特兰特库特利的神庙，一具代表该神的骨架端坐在王座上。

3. 墨西哥湾低地中南部

本区内的政治地理一直是以小型城邦为主导。特奥蒂瓦坎的衰落对本区产生了影响，马塔卡潘遗址规模变小就是后果。但本地区本没有一支独大可以控制全区的城邦，在新的形势下，也难以产生利用羽蛇信仰获得全面统治权的君主。

塞罗-德拉斯梅萨斯在形成时代中期就有人居住，在古典时代晚期成为本地区最大的城邦之一，随后衰落。该城邦的繁荣可能受益于棉花，因为其所在之地盛产棉花。这些棉花毫无疑问会用于贸易，也会被纺成线、织成布。棉花可以在几个层面上进入经济系统，事实上，在后古典时代晚期，被西班牙人称作"曼塔斯"（即披肩）的一种简单织成的棉布在市场中发挥了类似货币的作用，以其长度定值。

棉花｜虽然中美地区人民用很多植物和动物的纤维进行纺织，但棉花是唯一被广泛生产（虽然只在炎热地区才能种植）和使用的纺织原料；也只有用棉花才能稳定生产出精细且柔软的线和织物。棉布可以随时用来制作简单的服装，也有其他重要用途，比如制作床上用品和房屋的帷幔，以及仪式用服装和神庙的装饰。只有龙舌兰纤维在日常生活和更广泛的经济生活中略可与棉花匹敌，但总体而言，龙舌兰纤维比较粗糙，其树质纤维类似亚麻甚至粗麻。

棉花早在形成时代就已经被广泛交易，在古典时代，一种新式的纺线技术被发明出来并广泛应用，促进了棉线的生产（Stark et al. 1998），这就是模制陶纺轮的发明。纺轮可以用作纺锤的加重器，使得纺线过程更加简单，纺出的线也更加坚韧（图13.13）。我们在前面的章节中提到，这恐怕是中美地区对转轮原理的唯一使用方式。在旧大陆，这一原理的使用范围要广泛得多，如陶工的陶轮和其他简单机械。在中美地区，模制的规范纺轮被发明之前，人们用其他类型的纺轮控制纺锤的转动。考古学家们经常发现仔细修成圆形、再在中间钻孔的陶片，它们应该就是用作纺轮的。模制纺轮形状对称，对于持续、快速纺出高质量的线至关重要。

图13.13 中美地区妇女一生中的大部分时间要花在纺织上，从小时候起就要学习纺线和织布，成人后技艺纯熟。除了为自己的家庭提供布匹之外，妇女们制作的线和布匹也是每个家庭赋税的重要组成部分。《门多萨抄本》（约1541—1542）中这幅图画描绘了一位阿兹特克妇女纺线的情景。她左手持一把未纺的植物纤维，右手将抽出的长丝缠绕在转动的纺锤上，完成纺线的步骤。纺锤为直短棒状，底部（在缠绕的线团下面）有纺轮加重。纺锤的底端放在一只小碗中，碗下是草垫。纺棉线用相对轻的纺轮即可，纺龙舌兰纤维则需要更重的纺轮

4. 墨西哥湾低地北中部和埃尔塔欣

埃尔塔欣是中美地区古典时代晚期和末期的伟大城邦之一，控制了墨西哥湾低地北中部的大部分地区。该地区炎热的气候和辽阔的冲积平原是棉花和可可等作物的理想产地。为了加强农业生产，人们采用了排水技术，使得沼泽地区也适宜耕种（Diehl 2000：179）。本地区在形成时代晚期和末期就有人居住。埃尔塔欣在古典时代中期得到快速发展，这可能得益于古典时代早期特奥蒂瓦坎在墨西哥湾低地北中部的联络中心埃尔皮塔尔的衰落。

古典时代晚期和末期，埃尔塔欣在规模和权力上都达到顶峰，人口达到2万人，城市面积约100万平方米，直至后古典时代晚期才被完全废弃（Wilkerson 2010b）。该遗址的艺术和建筑都有独特的传统，比如广泛使用阶梯-回形纹饰，斜坡-立面式外壁上有"飞檐"装饰。

埃尔塔欣有超过12个球场，可能每个都属于不同的国王。球赛用具表明与球赛相关的仪式非常重要，与王权、军事、人祭和冥界有密切的仪式化联系。被砍下的人头具有特殊的政治意义，是国王就职典礼的专用祭品（Koontz 2009）。南球场的雕刻表现了一系列准备球赛的节庆一样的场面、球赛和用一个球员献祭的情景、被

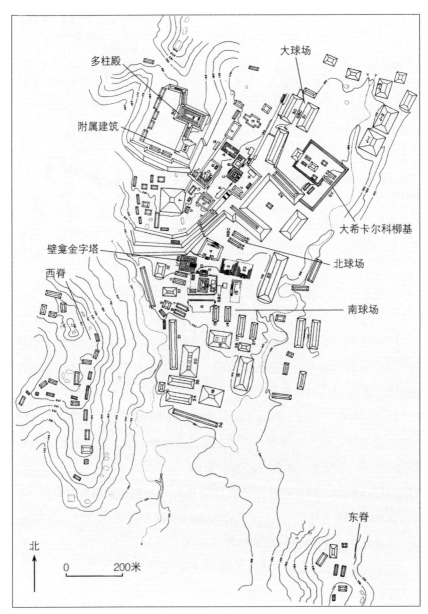

图13.14 埃尔塔欣遗址平面图,可见其依山坡走势而建。西北部的"小塔欣"是后来建造的巨大平台。壁龛金字塔有365个壁龛(可能象征太阳年的365天),位于遗址中心,东侧有台阶。请注意遗址中有多座球场,规模和朝向各不相同。此平面图由杰弗里·威尔克森(Jeffrey K. Wilkerson)绘制

献祭的球员到冥界获取普尔克；以及冥界之神自我献祭，刺穿自己的生殖器"让鲜血流入普尔克桶，完成这个循环"（Diehl 2000：178）。在最后这个场景中，普尔克既与仪式性人祭和球赛相关，也与金星的584天运行周期相关——普尔克是冥界之神为助火星完成运转献上的礼物（Wilkerson 2010b）。虽然我们已经知道普尔克在古典时代晚期很久以前就已经在中美地区被饮用，但埃尔塔欣的雕刻描述的沉醉状态似乎有特殊的内涵，意在强调对暴力激情的释放并将其用于仪式。

遗址的制高点是被称作"小塔欣"的巨大平台，其上大型建筑组成了宫殿区，这是在位置和布局上都有特殊精神内涵的居住空间（Sarro 2006）（图13.14）。"小塔欣"建筑群建筑A设计独特，其内部廊道形成了一座小型球场。该建筑的入口是隧道一样的台阶，模仿人间和冥界的通道，这正是球赛和相关仪式所强调的主题（Sarro 2001）。"小塔欣"的核心建筑是多柱殿，可能是该城邦最后几任国王之一"十三兔"的宫殿。柱子上有"鹰武士"等人物雕刻装饰（Marquina 1999：446—447）（图13.15）。

埃尔塔欣周边地区和次级中心 | 在没有历史记录的情况下确定一个核心聚落控制的地理范围相当困难。考古学家们会寻找各中心聚落的规模、相互距离、建筑风格相似度和其他物质文化因素作为推断的指标。例如，约瓦林钱是埃尔塔欣以南约50公里的一个次级中心聚落，其建筑也像埃尔塔欣一样使用"飞檐"和

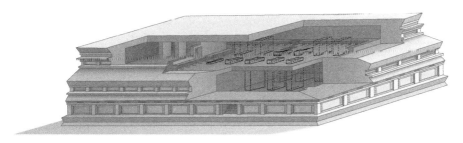

图13.15 埃尔塔欣遗址建筑B的复原图，这是一处宫殿建筑，表现出该遗址建筑的典型特征。建筑的"塔鲁德-塔布莱罗"式斜坡-立面外壁有"飞檐"装饰，立面部分为壁龛状。建筑剖面的透视图表现了其内部台阶的情况。这种建筑风格在其他遗址也有发现，但极少像此建筑一样有两个附加层。注意，建筑上层有立柱支撑顶部，形成宽阔的空间。房屋内沿墙有长榻。建筑基座长105、宽30米

壁龛，但规模较小，质量略差。约瓦林钱位于东谢拉马德雷山脉的低坡上，正在墨西哥湾低地北中部平原的边缘，占据着本地区通向西南方向普埃布拉地区的门户。埃尔塔欣对约瓦林钱的影响表明其扩张势力之强大，以及与乔卢拉等重要城邦建立联系的强烈兴趣。

埃尔塔欣的其他卫星聚落有帕克西尔和阿帕里西奥，分别位于约瓦林钱以东65公里和80公里，也在东谢拉马德雷山脉的矮坡上。阿帕里西奥距海只有8公里，在海边有个更小的聚落拉斯伊格拉斯，是个农业小镇，以壁画闻名。这些壁画表现了"行进场面……有武士、人扮诸神和国王。有与球赛和普尔克仪式相关的场面"（Wilkerson 2001a：345）。壁画的风格与埃尔塔欣多柱殿的壁画非常相似，应该属于同一时期，即公元900—1000年，是埃尔塔欣也是其统治区域的最后繁荣期。圣路易莎遗址在原古时代早期就有人居住，在埃尔塔欣时也被纳入其控制范围，但在埃尔塔欣衰落后就被废弃了。

三、普埃布拉、特拉斯卡拉和莫雷洛斯

1. 东普埃布拉

虽然墨西哥湾低地北部各中心城邦的控制区域都比较小，但埃尔塔欣的领地却远达南方，穿过东谢拉马德雷山脉各条重要通道，直抵普埃布拉东北平原。普埃布拉的西南谷地以农业生产力闻名，但靠近东谢拉马德雷山脉的东北地区则被火山岩覆盖，是土壤稀薄的不毛之地，现在也只有零星居民。

坎托纳 ｜ 在东北地区发现古典时代晚期最大的城邦之一坎托纳是颇令人意外之事。该遗址位于岩石坡地上，绵延12.5平方公里（García Cook and Merino Carrión 1998），占据了墨西哥湾低地和中部高地贸易路线上一个天然的休憩地，与山脉东麓的约瓦林钱相距60公里。因为靠近丰产的低地，坎托纳更容易进口食物,也可以向低地提供普尔克,因为龙蛇兰这种多汁植物适合在高海拔的干旱地区生长(坎托纳海拔2500米,年均降水量只有约700毫米)。与普尔克相关的仪式在埃尔塔欣及其附属城邦中非常重要,来自高地的稳定供应在贸易伙伴关系中具有很重要的价值。

坎托纳早在形成时代就有人居住,在古典时代晚期和末期发展到顶峰,公元1050年后被废弃。这座城邦内有100多处被居住区环绕的广场,是民政-仪式建筑的中心;还有很多球场,目前已经发现的就有24座。城中发现的人骨很大部分是人祭的牺牲者,有些骨骼上有宰杀和烹饪的痕迹。坎托纳的城市布局不像特奥蒂瓦坎那样分成一个个方格,道路四通八达,其城内的行动是受到约束的,要进入仪式活动院落尤其如此。瞭望塔遍布整个城市,还有防御设施,既为了抵御外来入侵者,也为防止内部的动荡。

坎托纳的物质文化遗存有些特殊。陶器非常丰富,都为本地风格。虽然有古典时代的遗存,但几乎没有薄胎橙色陶,那本是无处不在的与特奥蒂瓦坎接触的证据。少量陶器可能来自墨西哥湾低地、中部高地和巴希奥、上米斯特卡,甚至墨西哥西部。没有发现陶人像,虽然邻近的墨西哥湾低地有令人瞩目的陶人像传统。雕刻品的原料绝大多数为本地盛产的玄武岩,其中包括生殖器形石雕,被作为祭品放置在中心广场的金字塔脚下。

有两个面积很大的广场可能是市场。这个城市是附近奥亚梅莱斯-萨拉戈萨出产的黑曜石的主要集散地。这些黑曜石会被交易到普埃布拉南部、墨西哥湾低地南部和玛雅低地。绝大多数石器遗存都是这些黑曜石原料制作的棱柱形石刃,还发现有很多石刃制作作坊。坎托纳曾经发展到很大的规模,一些考古学家推测其人口可能达到8万人。它成为黑曜石贸易的中心,曾与特奥蒂瓦坎的黑曜石贸易网络竞争,特奥蒂瓦坎衰落后,坎托纳在长距离贸易中更加强大。

2. 西普埃布拉、特拉斯卡拉和莫雷洛斯

普埃布拉、特拉斯卡拉和莫雷洛斯主要为辽阔肥沃的平原,为古典时代后期

新的中心城邦的发展提供了沃土。公元600年前后，特奥蒂瓦坎影响减弱在本地区留下了权力真空；公元650年和700—750年，波波卡特佩特火山爆发产生的火山灰覆盖了普埃布拉西部部分地区，无疑戏剧性地为广大区域提供了丰厚土壤。在此政治和自然动荡中，有移民进入本地区，建立了新的城邦，并与旧城邦发生冲突。主动或被动迁入临近地区的移民造成了不同部族的多元混合，因此形成了被广泛共享的文化特征，成为该时期整个中美地区的显著特点。在普埃布拉，奥尔梅卡-希卡兰卡在新迁入的部族中最为知名，但其起源还很不清楚。他们的陶器风格是墨西哥湾低地南部（后古典时代希卡兰科长距离贸易商人的心脏地带）、中部高地（科约特拉特尔科传统）和上米斯特卡的混合体（García Cook 2010）。

奥尔梅卡-希卡兰卡的迁入可能造成了乔卢拉命运的衰落（Plunket and Uruñela 2010）。事实上，乔卢拉在两百年间（约公元650—850年）一直向占据山顶和注重防御的方向发展，其居民在大广场以西3公里的塞罗萨波特卡斯建立避难所。那是一座小山丘，被修整成阶地以利于耕种，也建造了小型的仪式中心和居住区（Mountjoy and Peterson 1973）。但暴力最终降临到乔卢拉人身上，房屋和神庙有被火烧的证据。

卡卡斯特拉 | 奥尔梅卡-希卡兰卡人可能是破坏乔卢拉的罪魁祸首，但他们自己也是建设者，留下了令人印象深刻的建筑工程。乔卢拉以北15公里的卡卡斯特拉建成于公元600年后不久，一直延续到公元900年。一些考古学家认为它是普埃布拉谷地新的首都，它虽然令人惊叹，规模却并不大。卡卡斯特拉建在距离比它出现还早的仪式中心霍奇特卡特尔只有不到1.5公里的坡地上，有壕沟和城墙，防御设施完备。它的核心卫城区域有几个开放式广场，广场周围有多间式房屋建筑，可能既是社会上层的住所，也有仪式功能。城邦的人口可能有1万人。

卡卡斯特拉的精彩壁画是玛雅风格的，但在其描绘的军事场面中，穿着玛雅服饰的人物败在了穿中部高地服装的人物手下（图13.16、13.17）。壁画中有表现金星的内容，在玛雅和其他文化中，金星的运行指示着发动战争的时间；也有代表城邦的符号，可能是被卡卡斯特拉征服的城邦；还有和平的壁画主题，比如一位商人和他的货物包裹。在纳瓦特尔语中，这种包裹被称作"卡卡斯特利"，

第十三章　古典时代晚期和末期的西部地区（公元600—1000/1100年） | 491

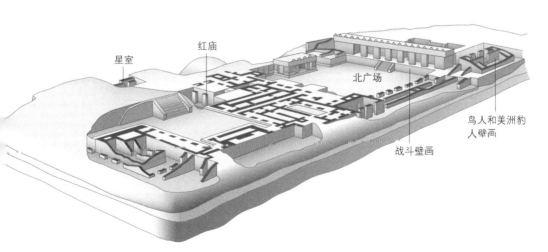

图13.16、13.17　卡卡斯特拉的卫城有五颜六色的壁画装饰，其中一幅鸟人壁画是首次发现的。他右肩上方方框里有火星符号，爪形足下有羽蛇。下图的边缘代表水世界，里面生活着海螺和龟

而"卡卡斯特拉"意为"商人包裹之地",这真是抓住了古典时代晚期城邦的特征——丰富的货物和观念的交换。当然,推动和支撑贸易的是对统治权的争夺和血淋淋的宗教观念。

乔卢拉｜到了后古典时代,在普埃布拉辽阔而肥沃的平原上,乔卢拉成为中美地区最重要的伊埃卡特尔-克察尔科阿特尔信仰的中心。正如我们在前面章节中注意到的,今天的乔卢拉城就压在古代乔卢拉之上,难以通过考古发掘梳理该城邦清楚的历史发展脉络,但仍然可以看出其文化衰落之势。一些学者相信公元650—850年的衰落造成了一些废弃,但也可看到文化的延续,同时"在物质文化上有了根本性变化,可能是由城邦中民族构成和宗教取向的改变造成的"(McCafferty 2000:350)。古典时代末期的证据表明,当时开始对大金字塔进行新阶段的建设,"祭坛之庭"的雕刻图案与埃尔塔欣和米斯特克祭坛相似,是乔卢拉第一次使用克察尔科阿特尔形象。公元800年左右,在大金字塔附近建造了一座大型宫殿,但用于神庙祭祀还是世俗国王的居住还不清楚。清楚的是,到古典时代末期,乔卢拉已经重新成为突出的角色,这或多或少与卡卡斯特拉的衰落有关。

3. 莫雷洛斯

古典时代晚期,莫雷洛斯地区出现了权力真空的迹象,过去一直受到特奥蒂瓦坎较强影响的东部人口减少。但在近一千年前的形成时代中期曾经盛极一时的查尔卡钦戈,出现了一个有民政-仪式建筑的小聚落,这些建筑包括一个圆形金字塔和一个球场(Arana 1987)。莫雷洛斯西部霍奇卡尔科兴起,成为此地区最著名的考古遗址。

霍奇卡尔科｜该遗址建在5个相连的山丘顶部,繁荣期为公元650—900年。抵御暴力的威胁当然是其选择特殊位置和构筑大量防御系统的原因之一。在顶峰时期,聚落内有1万—1.5万人口,居住在民政-仪式中心下面坡地上的院落里。

遗址区在公元前900年即有人居住，也有公元900—1521年的遗迹。

霍奇卡尔科有丰富的羽蛇和人祭图像。羽蛇金字塔是主广场的核心建筑（图13.18—13.20）。在霍奇卡尔科，羽蛇"不只是丰产和富饶之神，也是国家信仰之首，而且是霍奇卡尔科社会上层的标志"（Smith 2000：79）。

霍奇卡尔科在长距离贸易网中的地位从建筑中可见端倪。从发掘出的文化遗存尤其是黑曜石看，聚落中两个不同的大广场可能是市场（Hirth 2000）。霍奇卡尔科的绝大部分（超过75%）黑曜石来自200公里外米却肯地区的乌卡雷奥。遗址中发现了12个制作棱柱形黑曜石石刃的作坊，多数在居住区，可能与附近的几个家庭相关。有几个作坊可能是为整个聚落的工匠提供服务的，还有一个作坊集中出土大量黑曜石，但没有发现日常生活用品。

乌卡雷奥黑曜石可能是从墨西哥西部沿托卢卡河谷、经特奥特南戈和霍奇卡尔科西北运输而来的。另一条贸易路线沟通着霍奇卡尔科及其西南的格雷罗，交

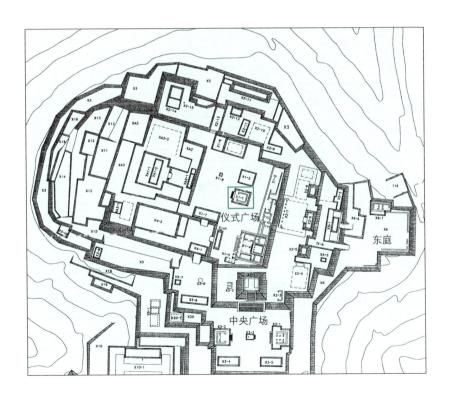

图13.18—13.20 （上页）霍奇卡尔科的民政–仪式建筑群以羽蛇金字塔为核心，还有5座球场。（上）该金字塔的塔鲁德式斜面上有连续的羽蛇雕刻，只在西侧台阶部分间断。（下）细节图取自台阶左侧，表现的是一只盘绕着两个日名的羽蛇（Smith 2000：65—67）。在塔布莱罗式立面上，有端坐的人物，头戴克察尔冠饰，面向金字塔前方。有些人物边上有符号，可能是地名。他们多数手持打结的口袋，有些人嘴边有表示声音的卷曲符号，表明正在说话。声音符号前面是牙咬盘状物的符号。这些图像可能表现的是进贡场面。在纳瓦特尔语中，"进贡"这个动词由表示"吃好东西"的单词组成（Hirth 1989：73）

易物品包括梅斯卡拉风格雕刻、外来陶器、贝壳和可可。第三条路线连通东南方的下米斯特卡，提供了其他外来陶器，还有一些墨西哥湾海岸风格的雕刻以及玛雅风格的玉雕。值得注意的是，似乎没有和墨西哥盆地的商贸联系，甚至连该地区的科约特拉特尔科风格陶器都没有。该风格陶器在墨西哥盆地内广泛流传，在古典时代晚期的特奥蒂瓦坎很常见，但在霍奇卡尔科就是没有发现（Cyphers 2000）。

本章开头我们谈到了霍奇卡尔科关于征服和收取贡赋的图像。似乎社会下层和进贡者们对其境况并不满意，因为在公元900年，霍奇卡尔科的仪式中心和居住区都遭到暴力破坏，那是彻底摧毁性的破坏，此后一片荒芜，在后古典时代，居民也只在此留下了生活垃圾。如果霍奇卡尔科是新迁入本区域的入侵者摧毁的，这样的征服通常是占领和接管，会维护中心和进贡者。完全摧毁更像是被压迫者残忍复仇的结果，也就是说，霍奇卡尔科可能是被它的进贡者们摧毁的（Hirth 2000；267—268）。

四、米斯特克地区和瓦哈卡

这两个地区的古典时代晚期是关于一座伟大城市蒙特阿尔班的另一个故事——快速衰落，其他人群、其他族群向衰落留下的空白区扩张。新迁入者就是米斯特克人，他们彼此之间，也与萨波特克人之间相互竞争，在瓦哈卡谷地造成了文化因素混杂拼合如马赛克一样的局面。这种局面从古典时代开始，一直持续到后古典时代。

米斯特克诸城邦规模都不大，但在后古典时代都发展成商贸和文化中心。米斯特克人在后古典时代日益因其文字书写技艺和其他社会上层艺术而知名。用米斯特克文字书写的历史抄本叙述了本时代和后古典时代的事件和人物，属于保存至今的前哥伦布时代最古老的书籍之列。这些书的主要内容是关于王朝的联盟和冲突的，米斯特克人的城邦从上米斯特卡至下瓦哈卡谷地，活力四射。但米斯特克人并非帝国建立者，他们的兴趣在于建立并维持城邦体系。上米斯特卡地区的城邦在古典时代晚期可能出现了人口减少的情况，山顶的聚落有防御设施，可能用为仪式中心，居住区则建设在谷地底部（Marcus and Flannery 2001：392）。上米斯特卡的城邦在随后又繁荣起来，我们将在第十四和十六章说到。

1. 瓦哈卡和蒙特阿尔班

在古典时代晚期最初的几个世纪里，蒙特阿尔班的规模达到顶峰，随后，在公元750年，"主广场的公共建筑开始残破"（Marcus and Flannery 2001：390—391）。社会上层成员逃到了瓦哈卡谷地中萨波特克人的城邦内，蒙特阿尔班成为墓地。主广场废弃的具体时间还不确定，在蒙特阿尔班Ⅲb期，该广场面积发展到最大，但在公元500—700/750年又衰落了。随后，遗址的居民都是农户，耕种着周围坡地上2000多块梯田。

蒙特阿尔班的人口在Ⅲb期开始时聚集，"达到了城市发展的顶峰……人口估计有2.4万人"（Marcus and Flannery 1996：234）。这种聚集可能是因为蒙特阿尔班失去了对瓦哈卡谷地的控制，从而造成的社会不稳定引发的。也是在此时，主广场（图13.21、13.22）形成了它最后的模样，建筑的格局和走向与我们今天看到的一样。广场南端成为宫殿区，表明统治者个人和家族权力的壮大（Barber and Joyce 2006）。

需要注意的是，萨波特克宗教尊崇可以自我创造的创造之神，但"没有关于他的图像，也没有人能与他直接交流"（Marcus 2001：846）。在蒙特阿尔班的山岭上，闪电（科西约）等自然现象创作的画面已经成为生活的一部分：有风、有云、有雹、有雨。但是，古典时代的蒙特阿尔班没有羽蛇的形象——当羽蛇崇拜兴起之时，蒙特阿尔班已经衰落了。

在蒙特阿尔班Ⅳ期（公元700/750—1000年），哈列萨成为瓦哈卡谷地最大的城邦，人口约1.6万人，在后古典时代晚期减少到6500人。米特拉和萨奇拉也日益重要；亚古尔繁荣起来，出现了一个卫城区域、有建筑环绕的广场和一个比蒙

第十三章 古典时代晚期和末期的西部地区（公元600—1000/1100年）

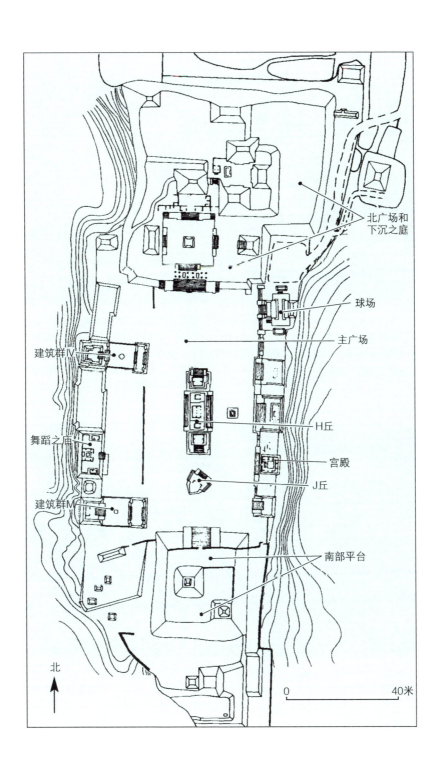

图13.21、13.22　蒙特阿尔班位于群山环绕的谷地中一座山丘的顶部，依地势布局，各中心建筑突兀而起，被广场和其他仪式建筑环绕。照片是面向东北的视角，前景为建筑J，是一座天文观测台，其北面依次为建筑I、建筑H和建筑G，更北处是北部建筑群，可能是国王的宫殿。正如遗址平面图所示（上页），南部平台的制高点为一座金字塔，其西北为建筑群M，在其早期建筑部分发现著名的舞蹈浅浮雕

图13.23　在兰比特耶科遗址，国王的住所有多间房屋，环绕着两个院落而建，总面积超过370平方米。一座祭坛的侧壁上有"八死之王"祖父的雕像，他手持一根人股骨，"可能是通过继承获得的权力的标志"（Lind and Urcid 2010：176）。在该遗址发现的墓葬中，很多股骨都缺失了，可能是被后人拿走作为权力的象征

特阿尔班球场还要大的萨波特克风格的球场。晚期建筑表现出米斯特克和萨波特克混合的风格，反映了族群混杂的状况。该时期另一个标志是遗址后面山头上的堡垒。

兰比特耶科 | 这是蒙特阿尔班衰落之时兴起的另一个萨波特克城邦，位于瓦哈卡谷地东支特拉科卢拉谷地中部，在公元800年时人口可能达到4000人。在居住区中，墓葬就位于房屋建筑内，这是萨波特克人的习俗。该城国王"科奇"和主祭司"比加尼亚"的房屋就是典型代表，装饰精美（Lind and Urcid 2010）。"科奇"之屋的最后居住者有"八死之王"和"五芦苇夫人"，在该房屋下面的多人墓葬中，这两人的遗体是最后被放入的。墓室墙壁和房屋南面广场的祭坛上（祭坛的位置正在墓上方），装饰着"八死之王"祖父母和曾祖父母的石灰像（图13.23）。此房屋北面是一个汗蒸浴室，为王室家庭专享，用以在仪式活动前清洗、调理和净化身体。附近的主祭司"比加尼亚"之屋较小，布局略有不同，下面也有一个祖先墓葬，其股骨并未缺失。兰比特耶科的繁荣保持得比蒙特阿尔班要稍微持久一些，但在公元800年也终结了。

特万特佩克地区 | 在古典时代晚期，萨波特克的政治干涉并未波及东南方的太平洋沿岸，也没有证据表明瓦哈卡谷地和特万特佩克地峡地区有贸易往来（Zeitlin 2010：544）。地峡地区北部和墨西哥湾在文化上有密切关系。南特万特佩克最大的城邦萨尔蒂约有类似墨西哥湾地区的球赛仪式，发现了放置被砍下的人头的窖藏，也有埃尔塔欣风格的遗物如球赛设备，但至今未发现正规的球场。

2. 进一步的发展

下一章将会带我们去奇琴伊察的球场。毫无疑问，这是中美地区面积最大、最壮观的球场。与我们现在采取的分别讨论特万特佩克地峡区这一重要分界线两侧的文化史各个阶段的模式不同，下面我们将集中介绍古典时代末期和后古典时代初期东方的奇琴伊察（第十四章）和西方的图拉（第十五章）。

第十四章　玛雅的崩溃和余脉（公元800—1200年）

　　南部低地玛雅文明的衰落是人类文化适应中颇为壮观的一次失败事件，以至于在现代人的印象中，特万特佩克地峡以东某些地区玛雅文明的幸存和延续已经变得微不足道了。其实，尤卡坦半岛北部、危地马拉高地和恰帕斯高原深处，玛雅诸文化的繁荣贯彻整个古典时代后期、古典时代末期和后古典时代（图14.1）。现在，墨西哥和危地马拉还生活着大约750万玛雅人，他们是古典玛雅人的直系后代。

　　我们在第十二章已经看到，佩滕地区在玛雅国王难以维持权力、土地难以维持谷物产量的情况下，人口经历了持续几个世纪的下降，最终减少到再也不可能保卫聚落的安全。估计幸存者们离开了田园，成为狩猎采集者。古代的民政-仪式中心变成了他们偶尔朝拜的神殿和临时营地，就像19世纪和20世纪早期恰帕斯的拉坎东玛雅人一样。一些靠近低地南部边缘文化区的幸存者可能加入了恰帕斯和危地马拉高地或者其北部及南部繁荣的玛雅社群中。

　　低地南部世界开始解体之时，北部则受到第十三章讨论的来自西方的文化传统扩张的影响。这一扩张由特奥蒂瓦坎的衰落引发，一直延续到后古典时代早期。在第十二章中，我们提到了佩滕地区以北的里奥贝克地区和更西北的切内斯地区诸遗址。这一章我们会讨论更北的遗址，包括西北的普克诸遗址和东北的科巴及相关遗址，以及中部的、最终在后古典时代早期获得尤卡坦支配地位的奇琴伊察。各社群及其统治家族的冲突仍在持续，防御性的城墙成为流行特征，即使小型城邦也有（Dahlin 2000；Palka 2001）。

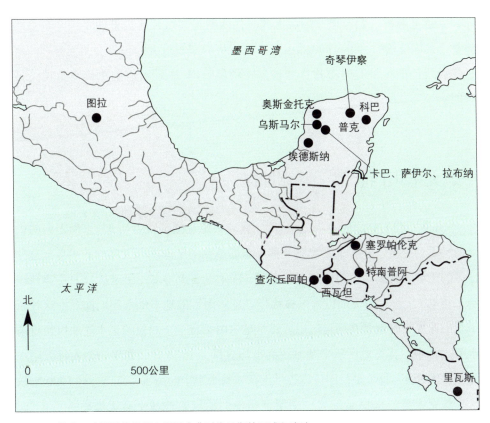

图 14.1　第十四章涉及的美洲中部后古典时代早期的区域和遗址

佩滕地区玛雅城邦有丰富的碑刻铭文记载，破译这些文字照亮了各城邦的历史。尤卡坦北部城邦缺少这样的文献资料，但殖民时代最早期的一些文献记录了若干城邦的历史事件，为我们了解古典时代晚期和末期的发展提供了线索。有十余部被统称为齐拉姆·巴拉姆（玛雅语中Chilam意为预言者，Balam意为美洲豹）的书籍，是18、19世纪成书的早期文献汇编，内容关于预言和占卜，也提及殖民时代之前的事件（Gibson and Glass 1975：379—387），包括那些发生在古典时代末期和后古典时代早期的事件。

很明显，这些对早期事件的模糊叙述很难解读，甚至很难让人信服。但就像所有空茫的信号一样，这些记载值得我们认真对待，时间越晚近的事件越可靠，也越可解析。尤卡坦北部后古典时代晚期很多城邦有力证明了一个政治趋势是"共同统治"，即一个城邦由若干有权势的家族组成的理事会共同管理。这一联合统治的传统有时被称作"穆尔特帕尔"，其出现可以追溯到本章讨论的时期。

一、尤卡坦西北部：普克地区

"普克"在玛雅语中意为"山脊"。普克山脉包括围绕着西北－东南走向的山脊的一系列丘陵，在尤卡坦半岛北部平坦而单调的平原上非常突出。半岛上这片地区的土壤相对肥沃，但比起佩滕地区，降水量要少得多，旱季从11月一直持续到来年4月。普克诸遗址以大量被称作"楚尔图"的地下储水窖而闻名。这种瓶子状的抹灰水窖就建在居址区中。每个楚尔图都有一个对应的集水洼地以便将雨水引入其中。普克地区每个楚尔图的平均容量为3.6万升。如果一个人每天用水2.5—5升的话，每个楚尔图可以提供十余人整个旱季的用水（McAnany 1990）。

普克人关心水供给的另一个明证是他们的仪式建筑上有无数雨神（查克）面具（图14.2、14.3），为特征鲜明的"普克风格"马赛克拼图式样，而不是像玛雅低地南部地区那样用整石雕刻或者在厚石灰层上雕刻。这些巨大的面具以重复叠加的形式表现，观者会被其整体气势所慑服，而忽略上面的细节纹样。整个雕刻组合如祈祷之旗，借助石雕表达无限绵长而循环的向超自然力量的祈祷。

绝大多数普克城邦建立的年代还很不清楚，但我们知道，这个地区在形成时代就有人居住。在开启了普克建筑风格的埃德斯纳和奥斯金托克遗址，这种建筑出现的年代为公元700和800年（Ball 2010）。普克风格明显与邻近的切内斯地区建筑风格有关系。此外，虽然相关文字记录很少，普克诸城邦与佩滕地区玛雅城邦也共享一些文化遗产。南面佩滕地区的政治动荡在普克城邦中也有反映，许多普克城邦都有城墙等防御设施；普克地区人口的增长正发生在南部玛雅衰落之

图14.2、14.3　就像建筑咒语一样，普克式马赛克雕刻重复着查克神的形象。该神代表着水的各种形象，在圣井、地下储水窖（楚尔图）、湖水、海水、雨水和云中（Garza 1995）。长鼻查克神面具装饰着乌斯马尔的皇宫庭院建筑。线图取自德累斯顿抄本，这是现存的四部玛雅手抄本中最古老（可能成书于13世纪）和最完整的（Miller 1996）

际，这无疑表明了南部人口的北迁。最知名的普克城邦有公元800—1000年时兴盛的卡巴、萨伊尔和拉布纳，还有最大、最精美的乌斯马尔。

1. 卡巴、萨伊尔和拉布纳

这三个遗址在乌斯马尔以南约20公里排成一线，彼此相距约20公里。它们都与乌斯马尔同时期，可以看到的建筑年代为公元800—1000年（图14.4）。在古典时代的最后几个世纪里，它们似乎和乌斯马尔在政治上是平等的，后来乌斯马尔取得了整个地区的支配地位。

在萨伊尔周围密集的区域调查表明，大约在公元700年后，其人口密度相当大（Tourtellot and Sabloff 1994；Smyth et al. 1995），为工程建设提供了重要的劳动力资源（Carmean 1991）。有一条1.7公里的道路连通了萨伊尔和附近的年代为

图14.4 萨伊尔的三层宫殿长84米,是普克式建筑规范和典雅的明证。底层屋顶和地面露台形成的阶梯状平台上共有70间房屋。第二层门道内的立柱为"单调的长方形入口提供了有韵律的变化,是普克建筑令人欣喜的特征之一"(Proskouriakoff 1963: 56)

公元600—800年的查克Ⅱ号遗址(Smyth et al. 1998)。

2. 乌斯马尔

作为古代中美地区最伟大的城邦之一,乌斯马尔的建筑规模相当宏伟,覆盖面积至少1000万平方米。其规模、复杂程度以及通向其他遗址的道路(白色之路)都表明,从某种意义上说,它应该是所在区域的中心。但是,与佩滕地区玛雅文化不同,它没有铭文资料宣扬对其他政体的胜利。虽然铭文极少,我们还是知道乌斯马尔最伟大的国王查克王(意为"雨神王")生活于公元900年前后(图14.5),一些乌斯马尔最伟大的建筑就是在他统治时期建造的(Smyth 2010)。

看着遗址的平面图（图14.6），你一定会注意到两个有巨大台基的建筑，即"修女四合院"和"王宫"，分别在中央球场的北侧和南侧。还有几组四边形线形排列的建筑群，它们形成各自的近方形内庭，其中最突出的是北组建筑和墓地组建筑。与"修女四合院"和"王宫"相比，这些建筑的考古工作还不充分，它们可能是"穆尔特帕尔式"的几个共治家族的居所（Pohl 1999），但遗址中石碑的风格则显示存在强有力的首要统治者（Kowalski 2007：253—254）。

"王宫"（图14.7）应该是社会上层进行行政管理和居住的建筑，高居一座长175、高14米的台基之上，长95、宽11、高9米，是研究玛雅的考古学家所称的"排房"建筑的典型代表。这类建筑有个矮台基，房屋一间挨着一间。事实上，这个名词是用来指可能作为宫殿的建筑，但目前没有贵族或王室人员在其中居住的确凿证据。在没有铭文——比如"此为查克王之宫"——的情况下，使用"排房"很好地避免了在没有证据的情况下给建筑强加功能性名字的现象。但根据此建筑的规模、与其他主要建筑的距离以及整个物质遗存，我们

图14.5　乌斯马尔的14号石碑保留了低地南部的传统。查克王佩戴着珍贵石料制作的巨大项链。他的宽檐帽上有三层羽毛装饰，即使轻轻移动也会产生耀眼的华丽波动。查克王站立在美洲豹王座上，座下压着两个裸体男性，松软的姿态和低垂的眼睛表明他们已经死亡

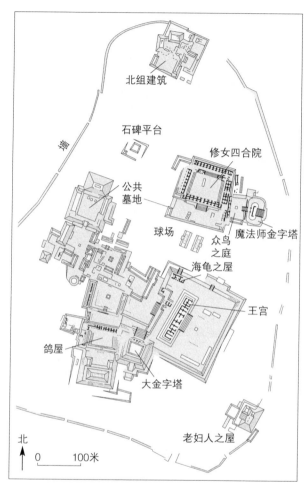

图 14.6 乌斯马尔的主要建筑被防御墙体围绕。球场位居中心,在"修女四合院"和"王宫"之间。在查克王时期,这三座建筑也许经过重建,形成了我们今天看到的规模。虽然大金字塔是体量最大的建筑,但最具视觉震撼的是宏伟的椭圆锥形魔法师金字塔

可以推测其功能是宫殿。

修女四合院 | 西班牙人以自己文化中的女修道院命名了这个建筑群。这是一个修道院式的封闭四方院落,长61、宽46米。四面均有排房,每个排房都由若干双联房间组成,双联房的每个房间几乎一样大。此建筑的格局和朝向可能与玛雅天文知识相符(Kowalski 1987)。北侧建筑比其他建筑更高,装饰也更精美,代表着宇宙中的北部天庭。该建筑有13个门道,代表玛雅宇宙观中的13重天;蛇形图案装饰让人联想起玛雅人——也是整个中美地区居民观念中蛇与天空的联系。

图 14.7　乌斯马尔的"王宫",上部墙壁上有复杂的马赛克带状纹装饰

北侧建筑可能曾经是乌斯马尔国王的居所,而修女四合院可能是乌斯马尔最有权势的各派人士正式集会之处(Ringle 2012)。祭司、军事首领和次级贵族们可能居住在四合院其他三面建筑中。四合院可能承载的丰富内涵并不妨碍其具有居住、行政和仪式多种功能。该建筑各房间的面积与玛雅低地各城邦贵族居址的房间相似,宽阔的院落可以作为工作场所,也是附近魔法师金字塔的祭司们主持宴饮和仪式活动的理想空间。

魔法师金字塔｜当约翰·劳埃德·斯蒂芬斯和弗雷德里克·卡瑟伍德第一次探访乌斯马尔时,当地人称这座35米高的与众不同的椭圆形神庙-金字塔为"侏

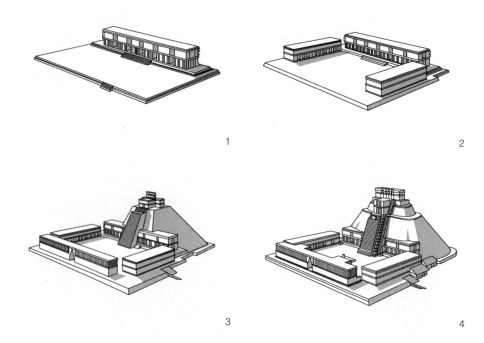

图14.8 乌斯马尔的魔法师金字塔原来只是众鸟之庭的四边形台基中东侧台基上的长排房,建于公元550年,有查克神面具装饰。随后,北侧和南侧台基上也兴建了排房,表明乌斯马尔在宫室建设上对一致性和标准化的追求。但原来的东侧建筑随后成为高达22米的金字塔式的超级建筑,中间有台阶垂下,遮盖了下面的排房。第四个排房建筑在西侧,有拱顶入口,完成了四方庭院的建设。最后,魔法师金字塔被建成了我们看到的规模和形状,连同其他建筑及其装饰,可以认定这组建筑正是查克王的居所(Huchim Herrera and Toscano Hernández 1999)

儒金字塔"。因为当地传说,这座金字塔是一位拥有超自然之力的侏儒在一夜之间建成的。他在一系列具有挑战性的测试中战胜了国王,国王死亡,侏儒登上王位(Stephens 1969[1841]:II:423—425)。如果这座现在叫作"魔法师金字塔"的建筑真的是一夜建成的,我们会比斯蒂芬斯更惊奇。因为我们知道,现在看到的实际上是这个建筑的第五个阶段。最初它是切内斯式建筑,之后经过不断重建,成为日益成熟的普克风格建筑(图14.8、14.9)。

图14.9　乌斯马尔魔法师金字塔，呈独特的椭圆形，雄踞下面的一组长排房之上。顶部有两层神庙

普克诸城邦的衰落 | 虽然我们对普克诸城邦末期的境况还很不了解，但可以知道乌斯马尔似乎在查克王以后并没有延续多久。一些学者认为乌斯马尔在公元925年衰落，另一些学者则认为该城邦一直延续到公元10世纪。乌斯马尔和奇琴伊察的存在时间有所重合，但没有证据表明两者之间有什么联系。在尤卡坦半岛，与乌斯马尔并存并可以匹敌的城邦是科巴，在其正东方近220公里。

二、尤卡坦东北部：科巴及其势力范围

尤卡坦半岛东北部与其他玛雅地区有同样长的历史。此地古典时代的城邦似乎与佩滕中部有密切联系；也有证据表明，在古典时代早期和中期，特奥蒂瓦坎影响了尤卡坦东北部的发展。此后，更多本地强邦获得掌控权，在古典时代晚期,科巴宣扬自己为本地区的都城。从共有的陶器看,普克诸城邦和本地区城邦间似乎有联系,甚至曾经结盟(Suhler et al. 1998)。科巴有一条100公里长的连接其西部城邦亚克苏纳的白色之路,是其努力维持霸权的明证。但亚克苏纳与在古典时代末期成为整个尤卡坦最强大城邦的奇琴伊察相距仅20公里。奇琴伊察的势力最终压倒了东北城邦,并最晚在公元1100年征服了科巴。

科巴 | 科巴是与乌斯马尔很好的对照标本。乌斯马尔大量的方形院落(还有少量令人印象深刻的基座宽大的金字塔)聚集在围墙内,相对拥挤,而且地处仅半年有降水(10月至来年3月)的水源珍稀地区。科巴居民则散布在一连串湖泊周围,内部的白色之路连接着近畿居民点,外部的道路通向各方,将科巴与其他聚落连接起来(图14.10、14.11)。

访问科巴之墟的人无不对清除表面植被后的金字塔的高大所震撼。它们的形状和规模都显示出与佩滕低地玛雅城邦的密切联系。科巴1号石碑的年代为公元

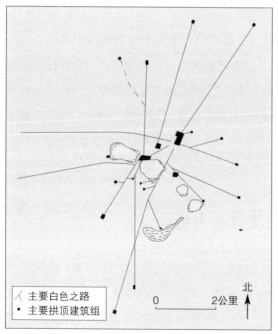

图14.10 科巴的核心区分布在一系列湖泊湿地周围,并有道路连接。这使得科巴具有非常不同寻常的建筑布局,多个民政和居址建筑组合散布在相当大的范围内。遗址的两个球场在中心区域

图14.11　科巴核心区的伊莫哈神庙建筑,为古典时代晚期到末期建筑,高24米。遗址的金字塔就个体规模来说与玛雅低地其他遗址一样令人印象深刻,但它们散布在科巴的几个民政-仪式中心里

682年,铭文表明科巴和多斯皮拉斯、纳兰霍有联系(Ball 2010)。

科巴独特的聚落布局以主要仪式区的分散为特征。这些仪式区之间的距离有时达到1公里,中间的居住点密度低。城邦的核心区包括四个区域,分布面积达200万平方米。这四个区域被松散分布的居住区环绕,又形成了200万平方米的外围聚落。到古典时代末期,科巴比较连续的使用区域覆盖了7000万平方米,包括大约2万个建筑,人口约5.5万人(Fola et al. 1983;Manzanilla 2010)。

科巴的道路｜以科巴为中心的白色之路系统显然将很大的领土范围凝聚为一体。建设这些道路所需人力相当多。这一地区降水量大(年均降水量超过1500毫米),积水也多,因此这些道路要高出地面0.5—2.5米,平均宽4.5米。有些路很短,只有1公里或更短,有些则相当长。从科巴到亚克苏纳的白色之路是中美地区最长的道路。亚克苏纳的资料表明，这条路建造于古典时代晚期，当时科巴可能正感受到奇琴伊察的竞争压力，因此力图将其势力范围向西推进。

三、变化的轨迹：奇琴伊察和普吞玛雅

尤卡坦西部和东部的中心本来各自兴旺发达，但奇琴伊察在尤卡坦半岛中部的日益强大，终于令它们黯然失色。奇琴人崛起为强权的过程一直是学者们畅想的问题，因为奇琴是中美地区最引人注目的"融合性城邦"，两种重要的文化因素并存：一种是本地固有的玛雅因素，另一种是来自墨西哥中部高地的"托尔特克"因素。学者们曾经争论是图拉影响了奇琴还是相反。在奇琴伊察，墨西哥中部风格建筑规模庞大，占据中心位置；墨西哥中部的政治、宗教和军事主题在大型雕刻上和小件奢侈品上都有表现。

因此，合乎逻辑的推论是，墨西哥中部文化的承载者在奇琴伊察扮演了重要角色。另外，墨西哥中部风格建筑和意识形态主题在图拉也占支配地位，但图拉并非文化交融的结果。图拉遗址中没有玛雅区域，也不见玛雅风格遗存。这并不是说文化影响的动向是从图拉到奇琴（也不是从奇琴到图拉），而是表明我们上一章讨论过的泛中美地区文化因素影响了两个城邦。

墨西哥中部的建筑形式和图像及其表现的信仰系统是如何深入尤卡坦腹地的呢？

1. 普吞、琼塔尔、伊察：墨西哥湾沿岸的贸易者

纵观整个人类历史，一个文化对另一个文化的侵入经常源于几个强烈动机，移民、军事征服、宗教更替和长距离贸易是其中最重要的（图14.12）。就像我们已经看到的那样，在古典时代晚期和后古典时代早期，这些因素协调一致地共同促成了观念和物质文化风格在墨西哥中部广大地区的传播。再看尤卡坦半岛中

图14.12 这幅图画出自《门多萨手抄本》。这样的武士服装（以及纺织品）在后古典时代晚期属于阿兹特克人征收的贡品。但职业化的武士早已出现，可能在古典时代末期就已经有了相当完备的制度

部，墨西哥中部风格建筑和艺术侵入此地区的动因更难揭示，似乎没有发生过大规模的移民。墨西哥中部信仰系统广受尊崇表明了宗教的更迭，是重要的新文化因素。但与宗教更迭相比，军事征服和贸易路线的掌控似乎是更重要的变化。事实上，后古典时代晚期，军事化的贸易是阿兹特克帝国扩张的关键因素。被称作"波奇特卡"的长距离贸易商们可以说是"先锋商人"，他们深入帝国之外的地区，为更具政治性的后续行动打前站；他们还发挥了间谍的作用，为阿兹特克皇帝带回目标政体的财富和防御等信息。

在后古典时代早期，也许从更早开始，中美地区最著名的商人不在中部高地而以墨西哥湾沿岸为家园。该地区一片沼泽，位于玛雅世界的西部边缘，被称作琼塔尔帕，是与普吞人和伊察人关系密切的琼塔尔人的领地（Kowalski 1989：182—183）。这些相互关联的部族以墨西哥湾低地东南部为根据地，贸易探险和建立殖民点分布在更广大的地区，希卡兰卡和钱波通就是他们的港口。琼塔尔人的玛雅方言与其东南的帕伦克人接近，但"琼塔尔"是纳瓦特尔方言，基本含义是"外来者"。琼塔尔人在后古典时代中美的其他地区也突然出现，与墨西哥湾低地的人群毫无关系。

只要看一眼中美地区的地图，就可以发现琼塔尔帕位置居中，对以贸易为生

的人群有利。该部分沿岸低地水网密布，是几条大河的入海口，包括源自恰帕斯内陆高地的格里哈尔瓦河和源自危地马拉高地的乌苏马辛塔河。这些河流只有部分能够航行，沿干流和支流的条条道路成为联系的主动脉。从琼塔尔帕可以通过沿河陆路直通玛雅低地南部和玛雅高地。

墨西哥湾沿岸与其西侧和东侧地区可以使用海上独木舟建立联系。在1502年哥伦布的第四次航行中，他的船队航行到洪都拉斯湾，就在尤卡坦半岛东南部的东面。他们遇到了玛雅的贸易船，这是欧洲人与中美地区人民的第一次接触（图14.13）。这艘巨型独木舟满载着低地富产的棉花和可可，还有远方物品如黑曜石和铜。

图14.13　1502年，哥伦布遇到的玛雅商人们乘坐着独木舟旅行。这种船宽约2.4、长约15米。图中展示这些独木舟的一般样式。此图为奇琴伊察武士之庙的壁画，时代为后古典时代早期。哥伦布1502年见到的独木舟有25个划桨手，还有商人及其家人坐在中间的遮阳棚下。参加了航行的哥伦布的儿子见到了这些独木舟并描述了商人们装载的货物："棉盖布……木剑……钢刀形状的燧石刀，小斧……以优质红铜制作，很多被新西班牙的印第安人用作货币的杏仁……"（Columbus 1984［1502—1503］: 130）当然，所谓"杏仁"其实是可可豆。具有讽刺意味的是，从"这独木舟和它装载的货物"哥伦布认识到了"新西班牙西部人民的富裕、文明和产业"，但寻找通往亚洲的航线仍然是他最主要的目标。所以，他没有让舰队向西驶向阿兹特克帝国，而是向东沿中美洲的加勒比海岸航行

后古典时代晚期，尤卡坦沿岸到处都是从事贸易的社区。古典时代晚期和后古典时代早期，正当玛雅低地陷于整体政治混乱和特奥蒂瓦坎衰落之际，琼塔尔帕的商人们似乎兴旺发达起来。在动荡不安的年代里，他们组织良好并有完善武装保护的贸易网络提供了某种制度化的延续性，维护了传统区域间有秩序的交流模式，维持了延续下来的和新生的社会上层成员获得奢侈品的通道。河道和陆路保持着与玛雅高地的联系，将恰帕斯海岸地区特产的、深受喜爱的普鲁姆巴特风格的光亮灰陶传播到各地。当然，琼塔尔帕商人们生活在盛产棉花和可可的低地，贸易路线上的尤卡坦沿岸则是盐业生产地区（Kepecs 2003；McKillop 2002），因此他们总是可以提供其贸易伙伴需要和垂涎的物品（Scholes and Roys 1948）。

16世纪琼塔尔帕地区的商人为普吞人，被称作"新世界的腓尼基人"（Thompson 1970）。一些学者认为他们与后古典时代早期的琼塔尔帕商人是同一批人，正是这些人在尤卡坦北部引发变革，以"新帝国"取代了古典时代玛雅低地南部人群建立的"旧帝国"。目前这些"帝国性"的概念已经废弃不用了，但琼塔尔帕商人们确实在古典时代晚期为玛雅城邦带来了新生，引入新的与墨西哥中部相关的概念和物品，涉及的城邦包括奇琴伊察等，发生变革的时间大约在公元850年以后，玛雅文化发生转变，开始与中美其他地区共享更多因素（或杂交化）。这有时被认为是外来者征服的结果，但更有可能的是，这些"外来者"不是来自图拉的令人生畏的大军，而是成分混杂、来自琼塔尔帕、讲玛雅语的军事化商人。他们生活在与地峡地区两侧都接壤的区域，有利于渗入周边地区，带去远方因素。随着时间的推移，伊察人和琼塔尔帕人进入尤卡坦北部的中心区域，影响了当地的文化发展进程。

2. 奇琴伊察

伊察人似乎受到商业利益的驱使进入并占领了"北部海岸产盐区和与之有关的长距离贸易网络"（Andrews and Robles 1985）。他们在奇琴伊察（意思为"伊察人的井口")建立了都城,将该社区改造成了公元850—1150年尤卡坦北部的主要中心,面积约15平方公里。虽然奇琴伊察的年代框架仍然有待完善,但大多数学者相信大约在1150年,该城邦几乎被完全废弃。随后,遗址又被重新使用,在后古典时代晚期成为朝圣之地,恢复了其重要性,甚至在殖民时代早期的一段时间里用作殖民者的首府(图14.14)。

今天,奇琴伊察每年吸引着成千上万的游客。他们被宏伟的建筑所震撼,又为混杂的文化风格所迷惑。即便随意参观,他们也可以发现两种截然不同的建筑风格:遗址南端规模适度的普克风格建筑和遗址中心宽阔广场周围的墨西哥中部

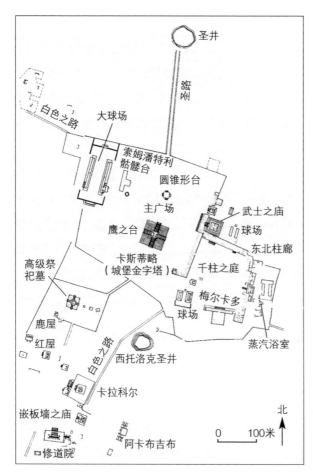

图14.14 奇琴伊察的主要建筑集中在遗址中部,面积约1平方公里。从北部的圣井延伸到南部的拉斯蒙哈斯和阿卡布吉布。这个区域内偏南部的遗存具有更多的玛雅传统(圣井以北区域还没有开展系统的考古工作)。巨大的中心广场平台之内和周围的大型建筑都是墨西哥中部风格

图14.15 从圣井南望,可以看到塔蒂亚娜·普罗斯库里亚科夫绘制的这幅素描图中奇琴伊察兴盛时期的景象。城堡金字塔雄踞巨大平台的核心,两侧有武士之庙(左侧)和球场(右侧远处)

风格巨型建筑。与中美地区其他遗址相比,这种玛雅和墨西哥中部两种迥异文化并存的情况在奇琴伊察尤其突出(Cobos 2001)。

奇琴伊察的玛雅建筑与乌斯马尔和其他普克城邦一样,可能始于普克繁荣期。墨西哥因素的建筑与中部高地的图拉和其他同时期城邦的大型建筑有相似的结构和特征。很多年以来,奇琴伊察不同区域建筑风格的差异被视作托尔特克入侵者在玛雅统治者建立的聚落中强加自己意志和建筑的结果。虽然墨西哥中部风格雕刻和壁画中的军事主题丰富,但很多学者现在相信这些并不代表图拉军队的到来,而且两种文化在奇琴伊察是并立的。虽然物质遗存显示出"一种中心集权式的、等级分化的聚落形态"(Cobos 2007:336),但奇琴伊察在鼎盛时期是由两派势力共同统治的(Kristan-Graham 2001)。

但无论如何,奇琴伊察最令人印象深刻的仍是墨西哥风格建筑(图14.15)。这些建筑建造在宽阔的人工台地上,有墙环绕(现已被毁)。除了这些庞大的建筑,还有一些相对小规模的低台形建筑，上面有攫取人心的鹰和猫科动物的形象，与图拉的浅浮雕图像非常相似，强调血腥主题，是赤裸裸的暴力威胁。此外，与战争密切相关的循环运行的金星也是艺术主题之一，同样强调了伊察王国的军事性。

在宽阔的北台地上，这些主题与广泛分布的巨大建筑结合为一体。这似乎是一种特意的设计，意在矮化人类，让他们产生诚惶诚恐的敬畏之心。与霍奇卡尔科聚集在山顶上的建筑或埃尔塔欣坡地上杂乱的球场和金字塔相比，奇琴伊察的大型建筑均衡地在宽阔的空间中展开。

卡斯蒂略（城堡金字塔） | 占据着北台地的中心，是完美的四方形建筑，四面都有台阶，其宏大的规模和匀称的比例令人赞叹，其他类似建筑与之相比都成了谦卑的缩小版复制品（图14.16）。这座23米高的金字塔下面，有一座早期建筑，内有一个美洲豹王座，是墨西哥中部因素对奇琴产生影响的证据。金字塔后来被重建成现在的样子，顶部为一神庙，主门朝北，有雨神支柱。北面台阶下两

图14.16 奇琴伊察的城堡金字塔顶部为一座神庙，主门面向北方，即图片右侧。一般认为，此金字塔的形状与墨西哥中部建筑密切相关，但古典时代晚期的一些玛雅城邦也有形状相似的金字塔，有些也有九层阶梯

侧各有一蛇头，在春分和秋分之日，金字塔各阶梯的阴影投射在台阶侧面，如同蜿蜒而下的波动的蛇身（详见图20.18）。

这一羽蛇蜿蜒而下的情景赋予金字塔另一个名字：库库尔坎（玛雅语"羽蛇"）金字塔。有些现存资料记载，文化英雄图拉之王托皮尔钦·克察尔科阿特尔从图拉被放逐后来到奇琴伊察，带来了墨西哥文化因素。托皮尔钦或许真的是位历史人物，我们将在第十五章讨论，但他应该并没有游历到尤卡坦半岛（Kristan-Graham 2001）。

大球场 | 城堡金字塔的西面是整个中美地区最大的球场。遗址中还有12座球场（Velázquez 2000），但这一座雄踞北台地的一侧，是所有球场中的主导者。用于运动的场地长146、宽37米，长度超过了美国标准足球场（宽度不及）。

专栏14.1 / 球场和球赛

在现代体育的足球和美式足球等运动中，两支队伍在场地里通过控制一个橡胶球的移动相互对抗。这种运动激发了无数球迷的热情和民族忠诚。在某种程度上，古代中美地区球赛具有同样的功能；而且，正如现代体育赛事一样，球赛能够带来欢愉并刺激经济：想想奇琴的大球场会消耗多少人力，以及被球赛吸引的朝圣般的球迷们所需的食物供给和服务。但是，正如我们从帕索-德拉阿马达遗址的球场中看到的，在古代中美地区，这些"体育赛事"与现代体育有很大差别：正式的球赛是宗教和政治事件，是再现与保证大地丰产的神圣活动，同时也提供了宴饮和结盟的机会。

球赛 | 两队通过控制橡胶球的运动进行正规竞赛的想法，无疑在正规球场出现之前就已经产生了，可以上溯到原古时代晚期（见第三章中盖欧

希遗址部分）。至1500年，球赛规则已经固定，各地区有些差别。在阿兹特克地区，此类球赛被称作"特拉奇特利"；在玛雅地区则被称作"乌拉马"，与"橡胶"词根相同，与之发音相近的"奥尔梅克"即意为产橡胶之地。目前，中美地区考古遗址中发现的球场有1500多个，在墨西哥和美国西南部、加利福尼亚，还有很多现代仍然使用的球场（Taladoire 1994）。

古代球赛最广为人知的玩法是，球员通过臀部触球保持其空中运动，如果球在对方端区内触地则己方得分。有些球场两侧的墙上中线位置有环形物，让球穿环而过难度非常大，但明显也可以得高分。

每支球队可以有1—7名球员，都身着皮质和木质护具（图14.17）。我们关于护具的了解主要来自石制的仿制品，考古学家们称之为"尤构"（yugos）或"尤克"（yokes），在墨西哥湾低地发现了很多。其他设备也

图14.17　这件塑像发现于哈伊纳遗址，表现了一位身着比赛装的球员。这些装备包括一个鹿头形状的头饰。他右手抱球，可能是准备开赛

多是石仿制品，有"哈查斯"（hachas，斧形器）、掌状器（因形似手掌而得名）。球赛是平民和贵族共享的精彩表演。阿兹特克人对球赛充满热情，要求各地每年向特诺奇蒂特兰进献1.6万个橡胶球（Berdan 1992）。

阿兹特克王们将球赛认定为高级休闲活动（Sahagún 1979 [1569]: 29）。我们知道，有些国王有时会玩球，他们更会观赏比赛并就结果下赌注。国王们的赌注包括珠宝、奴隶、土地和房屋，以及大量可可豆。阿兹特克统治者们也懂得球赛的娱乐价值。他们会组织球赛，"在平民和众臣非常焦虑的时刻……改变人们的情绪，令他们愉悦。他命令管家拿出橡胶球、束腰带、皮护臀、皮手套，让球员们装束起来"（Sahagún 1979 [1569]: 58）。国王会从储藏室里取出用作赌注的物品，对手必须拿出可以匹配的赌注。

关于与球赛有关的杀人祭祀图像引发了每场比赛后失败者都会被砍头祭祀的说法。在非常神圣化的比赛中当然会如此，参赛者可能本来就是注定要死亡的人，但没有证据表明这是常态。实际上，技艺高超的球员身价很高，打球与从军一样，是提升其社会和经济地位的坦途。

球场 | 到1500年，球赛广泛流行于从美国西南部到南美亚马孙地区，甚至包括加勒比海岛屿地区。在旧普韦布洛有目前所知最大的球场，长250、宽135米。所有球场都呈椭圆形或长方形，有的会有扩展的端区，形成I字形，最大的奇琴伊察球场和霍奇卡尔科球场都是如此（图14.18、14.19）。

球场的建设要配以相关仪式性献祭，埋设祭龛。有些龛中放置珍贵神圣的物品，比如绿色石材，意在将球场变成神圣场所。有些龛中放置精致的陶制食器，似乎强调球赛也是政治性宴饮的时机（Fox 1996）。献祭仪式使球场成为神圣之地，也赋予它生命，"反映了中美地区广泛流传的信仰，即各类建筑如这里的球场，都是有生命的实体，有它们自己的成长仪式"（Fox 1996: 487）。

这一观点与我们知道的中美地区人民关于各种"力"要在其所处之物

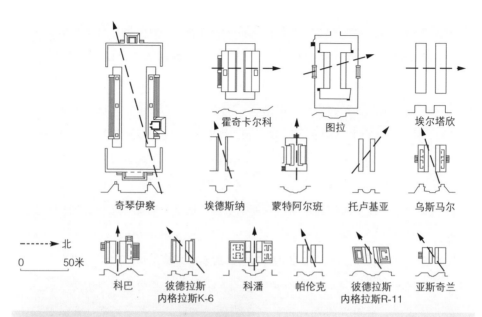

图14.18、14.19 （上）中美地区一些最重要球场的平面图，从中可以看到规模和方向的差异。I字形球场在地峡以西高地地区更加普遍，而端区开放则是玛雅低地球场的典型特征。因此，奇琴球场之建设中更多保留了墨西哥中部的建筑风格。（下）这幅图片表现的是科潘中心球场球赛的场面

理环境中运作的认知完全符合。能量的脉冲必须被安抚,并尽可能有效利用。在现代西方思想框架中,将这一观念用于对移动物体——如橡胶球和溪流——运动的解读并不困难,但要用于解读建筑生命则需要更广的认知延展。其实,在我们的社会中也有为重要建筑举行的献祭仪式,如球场的建设、用"暖房"来庆祝乔迁。通过这些方式,我们知道了人造环境的重要性,以及对人造环境满足我们需求的愿望。

球赛、球场和权力的协商 | 与球赛有关的图像中的丰产主题,包括为祈求丰产以牺牲祭祀,根植于国王维护其王国繁荣的需求,彰显他沟通另一个世界的强大精神法力。潜在的追随者和竞争者都会被奢华的场面、丰饶的谷物和充沛的降雨所折服。球赛不仅将这些主题以激动人心的形式整合到一起,还为政治竞争者们提供了解决冲突的竞技场。球场在墨西哥中部高地(Santley et al. 1991)和瓦哈卡谷地(Kowalewski et al. 1991)的分布表明,在政治分裂时期,许多遗址都有球场;而在集权时期,球场则集中在大型都邑。超大型球场在奇琴伊察的出现,可能是伊察人宣扬他们将都城打造为尤卡坦北部首要政治中心这个宏愿的方式之一。

圣井,又称牺牲之井 | 朝向北方的卡斯蒂略神庙俯视着一条白色之路,它通向尤卡坦最伟大的天然深井。天然深井是由尤卡坦半岛石灰岩体的自然沉陷造成的,在降雨有限又河流稀少的地区极其重要,被尊为沟通神灵世界的孔径。奇琴伊察至少有7个天然深井,最大的是圣井。奇琴伊察最早的、形成时代晚期的遗存主要发现于此。圣井近圆形,直径约24米,水面距离地面也大约24米。

对圣井的考古发掘获得了目前玛雅考古史上数量最多的一批玉器(Miller and Samayoa 1998),其他祭品包括柯巴香、陶器、木器、纺织品、纺轮以及男女成年和儿童的骨骼(Coggins and Shane 1984)。不幸的是,关于只有美丽的处女才能作为祭品被投入圣井的传说不能得到考古证据的支持。但被投入圣井深处的物品确

图14.20 古典时代末期和后古典时代建筑和雕刻的两个标志——立柱和查克穆尔仰坐人像共同出现在奇琴伊察武士之庙上

实是高质量的,表明举行仪式者很在意以精美礼物为酬劳,希望能让灵界满意以解决人类的生活危机。

武士之庙、千柱之庭和"梅尔卡多"(市场) | 在卡斯蒂略金字塔以东,有一座阶梯宽阔的金字塔,顶部为武士之庙(图14.20)。这座金字塔底部有像森林般林立的柱子,整体结构和图拉的金字塔 B 惊人相似。但奇琴伊察的金字塔-顶部神庙建筑以查克神面具为装饰,而在图拉,正如我们将看到的,只有巨大的金字塔,顶部神庙已经不见了。

神庙的外观可能是普克式的,但内部完全是墨西哥中部风格,建筑特征是大量使用立柱构成封闭的宽阔空间(顶部已经不见)。正如我们在第十三章中看到的,多柱大厅风格在古典时代晚期被墨西哥西北部广泛使用。武士之庙底部金字塔南侧的一排排立柱可能撑起了非常宽阔的顶部空间。图拉与之相似的多柱建筑被认为是大会堂,也被用作游行场所,比如商人远征归来后会在此游行。"梅尔卡多"是此建筑组合中的另一座多柱建筑,但其市场功能还未被确证。还有两个小型球场,与大多数其他球场一样,与大球场相比相去甚远。

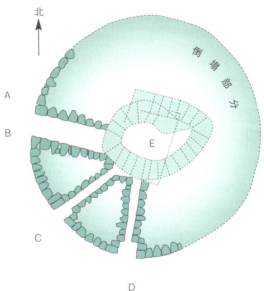

A 沿此线可以观测到月亮在最北点落入地平线
B 正西，3月21日春分时太阳在此线的延长线位置落入地平线
C 沿此线可以观测到月亮在最南点落入地平线
D 正南
E 观测室

图14.21、14.22 "卡拉科尔"西班牙语为"蜗牛壳"之意。西班牙探险家以此命名图中经复原的建筑，因其有圆形的外观和内部盘旋而上的台阶。从剖面图可以看出，卡拉科尔的功能为一座天文台，有可以观测太阳、月亮周年运动以及金星在8年循环中距地平线最低点的缝隙（Aveni 1989：244）

卡拉科尔｜这一独特建筑是一座天文台（图14.21、14.22），与其周边建筑一样，既有墨西哥中部风格也有普克风格。此建筑的功能是对太阳年和月亮年持续观测。农业时令的掌握对大多数古代国家来说都非常重要，因此这座建筑的存在是合乎常理的。卡拉科尔观测金星运行的功能使它与战争也有了密切联系，因为金星的循环运行是确定发动战争时间的重要因素。此建筑也与羽蛇有联系，因为羽蛇的身体被认为是天体运行的轨道。

卡拉科尔为我们讨论奇琴伊察提供了另一个恰当的角度，因为它是军事和历法功能合一的建筑，而军事和历法是伊察人统治这座城市辉煌几个世纪的两个核心要素。中心广场将羽蛇形象和历法联系了起来，其中卡斯蒂略金字塔可能如同指示太阳历各节点的日晷；这里也是战争和祭祀造成的暴力死亡的展示场所。这些特征通过周期式战争被整合在一起，成为王权及其向广大地区扩张统治的强大基础。贸易是统治者的另一项特权。伊察人也通过奇琴和奇琴以北约100公里外的港口伊斯拉塞里托斯控制着贸易。

公元1000年前后，奇琴的主要建设期即将终结（Ringle et al. 1998）。奇琴在公元12世纪晚期衰落的原因还很不清楚（Ball and Taschek 1989）。伊察人在玛雅潘建立了他们的新首都之后（详见第十七章），奇琴就被废弃了。

四、南部太平洋沿岸和中美地区东南部

奇琴似乎是墨西哥湾东南部讲玛雅语的人群侵入尤卡坦北部的结果。我们能否发现人群向更南方移动，穿过特万特佩克地峡，影响恰帕斯、危地马拉和萨尔瓦多的太平洋沿岸地区文化进程的迹象呢？在某种程度上说，答案是肯定的，尽管人口变迁的模式有所不同，处于人群移动通道的索科努斯科地区本时期的考古资料还很缺乏（图14.23）。与伊察人军事化商团的人群迁移模式不同，向更南部地区移动的人群似乎有从事农业的家庭。他们离开墨西哥湾低地南部，迁移到今天危地马拉、萨尔瓦多、尼加拉瓜和哥斯达黎加北部的太平洋沿岸平原和毗邻谷地。

图14.23 目前关于恰帕斯和危地马拉太平洋沿岸地区后古典时代早期的研究还很少，但对物质遗存的分析已经发现，该地区是中美地区贸易范围最广的一种陶器的主要产地。这种陶器被称为"普鲁姆巴特"，即铅釉陶（Neff and Bishop 1988）。萨尔瓦多等其他地方可能也制作此类陶器（Bruhns 1980b）。在图拉、奇琴伊察及无数后古典时代早期遗址都发现有普鲁姆巴特陶器。"普鲁姆巴特"这个名字似乎暗示陶器胎土中含有铅，实际上，此称呼只是描述陶器表面如金属般闪亮的深灰色光泽（Shepard 1948）

　　这些地区属于边缘地区的一部分，有时主要受到中美地区的影响，有时又更多地受到中间地区的影响。例如，哥斯达黎加南部在此时期就处于中间地区影响范围内（Quilter 2004）。里瓦斯遗址的建筑与更南部地区一样，呈圆形，有直径约10米的石头基础，形成围绕空地的房屋组合。食物来源是混合式的，有玉米种植，也依赖狩猎。但哥斯达黎加北部则与中美地区接近。在公元800—1250/1359年，这一地区和临近地区居住着讲纳瓦语的皮皮尔人和尼卡劳人。这些人群不仅带来了与阿兹特克人讲的纳瓦特尔语接近的语言，也带来了源于墨西哥中部的其他文化因素（Fowler 1989）。促使他们离开家园的原因可能是处于统治地位的奥尔梅卡-希卡兰卡人过分的贡赋要求，适宜种植可可和棉花的理想环境将他们吸引到了太平洋沿岸。在查尔丘阿帕的仪式中心，球场和圆形金字塔等墨西哥风格因素在后古典时代早期出现，表明皮皮尔人的到来（Sheets 2000），但皮皮尔人也建立了自己的聚落。

专栏14.2／发明轮子，侍奉诸神

在古代中美地区文明与旧世界伟大古代文明的对比中，总有关于技术的讨论。其中，中美地区被判定为仅有"石器时代技术"，对物质（如金属）和机械设施（如轮子）的掌握远远不及旧大陆精巧复杂。正如我们对金属的讨论所显示的，如果只考虑对技术的实际应用，而不考虑金属及其制品在适当文化背景下的价值，由目前的资料看，这一评估是正确的。这同样适用于对于轮子和轮轴技术的讨论。这一技术可能在古典时代晚期发展起来并在中美地区广泛传播，在后古典时代早期因托尔特克互动网络的形成，传播范围可达萨尔瓦多东南部。

这可能会令人想象出装满托尔特克黑曜石原料的车辆吱嘎作响驶向远方，满载可可和普鲁姆巴特陶器返回图拉的画面，但这些有轮子的"车辆"都很小，大多数不超过15厘米长，几乎全是带轮的四足动物状（图14.24）。实际上，车辆在中美地区是无用的，有什么动物可以拉车呢？一队无毛狗吗？比起拉车，在长距离运输中，人力搬运工背负单个包裹效率更高。缺乏牵拉有轮车辆的有效方法，排除了发明车辆的动机。

最早的带轮动物发现于帕翁遗址古典时代地层（墨西哥湾低地北部；Ekholm 1946），在古典时代的韦拉克鲁斯地区颇为常见（Stark 2001: 203）。这种瓦斯特克起源的图拉风格因素已经发现了不止一例，说明当地关于图拉的一些建立者来自墨西哥湾低地的传说并非虚言。

只有少量古典时代晚期的有轮塑像被发现，大多数此类塑像出自后古典时代遗址。有极少的轮子加平板塑像，但多数是有轮动物形象，这些动物有狗、土狼、美洲豹、猴子和鹿。典型塑像是腿被削平并穿孔以放置轴的狗或土狼，轴可能是木棍。一些塑像有圆柱形轴罩。轮子是扁平的陶盘状物，是特意为这种塑像制作的。实际上，很多被考古学家当作纺轮（或

图14.24 这件陶狗是典型的有轮塑像。狗腿底端有孔,用来装轮子的轴

耳饰)的陶盘状物可能是这类雕像上的轮子。因为考虑到靠近纺锤部分的轮体质量,纺轮应该是半球形的。

由于这类塑像与现代西方的拖拉玩具相似,一些学者认为它们是"有轮玩具",但这几乎是错误的。在墨西哥湾低地的特雷斯萨波特斯和诺皮洛阿遗址,发现了极少见的此类塑像的考古出土背景。两个遗址中,塑像都"发现在与建筑台基有关的献祭坑中,这不可能是与儿童玩具有关的遗迹"(Diehl and Mandeville 1987:243)。在图拉,这类塑像大多发现于房屋内部或附近的垃圾堆或建筑填充物中,不在民政-仪式中心,表明是家居生活用品。因此这些塑像又让人联想到某些处于"出神"状态之人的动物灵伴。轮子赋予了塑像运动感和活力,是其显灵状态的宝贵因素,可以代表其生命的象征。此外,狗是最常见的动物,在阿兹特克人的观念中,它也是伴随死者踏上冥界旅程的伴侣。

1. 锡瓦坦和圣玛丽亚

我们对萨尔瓦多西部文化的了解来自两个遗址。锡瓦坦在公元900—1200年似乎是该地区的中心,有面积5万—6万平方米的民政-仪式中心广场,有斜坡-立面式建筑、高达18米的金字塔、两个I字形球场和至少一个宫室建筑组合（Bruhns 1980a）。遗址中发现了风暴神特拉洛克火盆、查克穆尔仰坐人像、陶排水管和有轮塑像等墨西哥中部元素器物，也有典型的图拉元素物品，我们在下一章会谈到。整个遗址，包括平民居住区，面积达375万平方米。

锡瓦坦明显是附近（16公里）如圣玛丽亚那样的次级区域中心的核心聚落。这些次级中心有与锡瓦坦相似的建筑特征，也有自己的广场建筑群，包括金字塔和球场，周围是平民居址。像锡瓦坦一样，物质文化在形式和装饰图像方面表现出与墨西哥中部的密切联系。这些遗址可能是从东北方来的讲纳瓦语的人群早期移民潮的表现，这一移民过程持续到公元1300年以后。

2. 洪都拉斯西部

当太平洋沿岸的人口规模因皮皮尔人的迁移而增多时，中美地区东南部北侧则发生了人口下降。古典时代晚期玛雅低地南部发生的人口下降对科潘当地产生了影响，最终造成科潘的废弃。我们可以想象得到，像科潘这种重要城邦的失败引发的多米诺骨牌效应。这不仅是玛雅世界最东边生产和消费枢纽的消失造成对包括奢侈品消费在内显著的经济影响，也关乎一个主要城邦及其军事力量的存在才能保证的政治稳定性。当这些都消失的时候，洪都拉斯西部的政治景观开始出现去中心化现象。一些地方性城邦，比如塞罗帕伦克（公元850—1000年）和特南普阿（公元900—1000年）开始了短暂的繁荣。无论如何，这里在连通中间地区和图拉的贸易网络中还是占据着重要地位。

因为本章分区讨论的叙述结构，也因为考古学家对图拉和奇琴伊察在古典时代晚期和后古典时代初期一些事件的具体时间还很不确定，图拉的面貌在本章中还是如雾里看花。现在让我们注目这座伟大的城市吧。在阿兹特克人眼中，这座城市如此传奇，被视作人间天堂。

第十五章　图拉的崛起和其他古典时代末期的转变（公元900—1200年）

"在图拉……他们实在富有。食物一文不值……生长着不同颜色的棉花：辣椒红色、黄色、粉色……那里还栖息着所有……长着珍贵羽毛的鸟类……还有绿色的石头，黄金并不昂贵……还生长着可可……

他们的房屋里什么都不缺。那里从无饥馑。他们不吃生长不良的玉米，只用它当燃料加热蒸汽浴室。"（Sahagún 1978［1569］：13—14）

这段对失乐园的描述不是针对真正出产棉花和可可的热带城市，而是图拉，一个中部高地靠近奇奇梅克沙漠已经衰落的王国（图15.1）。故事接着讲到，很久很久以前，这片沙漠土地辽阔，富饶兴旺；但随后图拉之王托皮尔钦·克察尔科阿特尔被屈辱地放逐，图拉自此陷入混乱，走向衰落。

一、图拉和托尔特克文化

是否真的发生过促成半干旱的（现在的年降雨量为700毫米）图拉地区繁荣兴旺的环境变化呢？当然，在后古典时代早期，确实有农民在图拉聚集，这个时期也是美国西南部等更北部的其他干旱地区的人口高峰期。但实际上，公元700—1200年反倒是气候最干旱期（Metcalfe and Davies 2007）。该时期的环境压力可能促成了人口向可以实施灌溉等精耕农业措施的地区聚集（图15.2）。

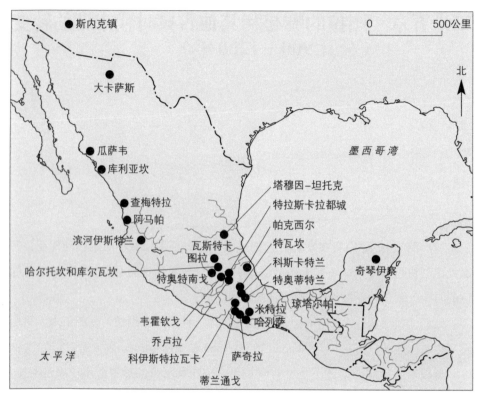

图15.1　第十五章涉及的美洲中部西侧后古典时代早期的区域和遗址

　　图拉河的几条支流为图拉地区提供了水利资源，这些支流最终汇入墨西哥湾低地北部的帕努科，也就是瓦斯特卡地区。图拉地势很高（海拔2135米），难以种植可可和棉花，但如果精心利用水源，可以为大量人口提供充足的食物。

　　古典时代晚期，图拉的人口包括原住民，也有新的外来者。很晚的记载称这些新移民为特奥奇奇梅克人，来自北方更干旱的地方；其实还有诺诺阿尔科人，来自琼塔尔帕地区（Davies 1977），但他们最初生活在受到图拉影响的瓦斯特克地区（Diehl 1983）。毫无疑问，还有特奥蒂瓦坎人，包括技艺高超的艺术家和雄心勃勃的行政、宗教官员，在他们的城市衰落之际，为他们的天赋寻找新的城市竞技场，图拉就成了合乎逻辑的选择。

图15.2　阿兹特克人在图拉盗掘了一些雕塑，并进行了仿制。典型图拉风格的亚特兰蒂斯式人像明显是这件小型雕像（高1.15米）的灵感之源。二者在服饰方面多有相似之处，比如蝴蝶形胸饰。这件雕像和其他四件是20世纪40年代在墨西哥城的阿兹特克"主神庙"区域发现的，可能表现的是五位神化的武士分别站立在宇宙的四方和中心（Matos and Solís 2002）

图拉：环境、布局、功能 | 在极盛期，即公元900—1150年（托良期），图拉的面积达到近16平方公里，城市人口约6万人，周边郊区人口还有6万人。其核心位置是仪式区，深受特奥蒂瓦坎的影响（Mastache and Cobean 2000）。图拉的建筑朝向为北偏东17°，这也是特奥蒂瓦坎建筑朝向的重要特征，与图拉早期即科约特拉特尔科期的"小图拉"建筑朝向完全不同。与特奥蒂瓦坎主要建筑沿死亡大道线形布局不同，图拉的仪式建筑围绕着一个长140、宽120米的长方形广场（图15.3）分布。这些重要建筑和广场在一个本身也是大型人工建筑的台基之上，台基有些部位的人工堆积有7—8米厚。

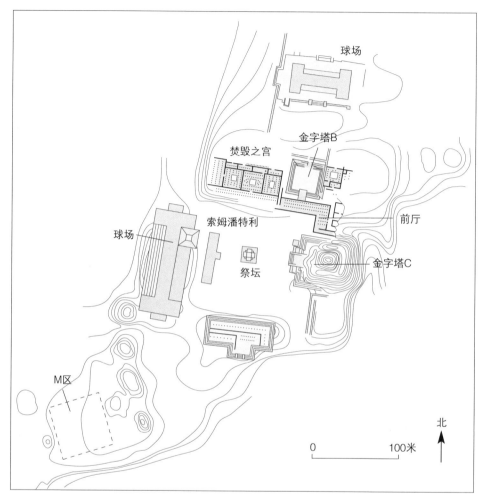

图15.3 图拉民政-仪式区是城市的核心。金字塔B和金字塔C在东北角,俯瞰此方形区域。金字塔B西侧的"焚毁之宫"是最大的建筑群,包括多个巨型柱廊建筑。西南部的M区是19世纪80年代法国考古学家夏内发掘过的托尔特卡宫殿区

专栏15.1 / 沉醉剂和迷幻剂

让思想达到超验通灵状态的方法有多种,最便捷的可能就是咽下或吸入酒和药物这种引发思维变化的助剂。在整个中美地区,这种超脱觉悟

和情绪释放的方法广受重视，有些药品被奉若神明。这些药品主要在仪式活动中使用，但阿兹特克的资料显示，普尔克和烟草在一般聚会中也经常使用，就是为了个人的愉悦。

中美地区"无疑是世界上土著社会使用迷幻剂种类最丰富的地区"（Schultes and Hofmann 1979: 27）。其中最主要的有佩约特仙人掌、各种蘑菇以及被纳瓦特尔人称作"奥洛柳基"（ololiuhqui）、被玛雅人叫作"睡莲"的各种藤蔓植物花籽（Emboden 1981）。这些东西会被人们用来进行个人占卜或公共心灵启示活动。普尔克用来让人牲在大型公共仪式中安静下来，以免出现有碍观瞻的反抗行为。阿兹特克控制人牲的人会将人牲灌醉，"这样在开膛破肚时，人牲就不会恐惧了"（Sahagún 1959 [1569]: 87—88）。

巧克力也被当作一种致幻剂，但仅限贵族饮用，因为对于一般人来说太过强烈。虽然化学成分复杂，但巧克力中含有的致幻成分并不多，其作用更多是心理上而非生理上的。能够致幻的发酵饮料有普尔克、被玛雅人称作"巴尔切"（balché）的蜂蜜以及玉米酿成的啤酒。

金字塔C和B | 金字塔C是图拉最大的建筑，它与金字塔B的关系就像特奥蒂瓦坎的太阳金字塔和月亮金字塔的关系，在相对位置、规模和朝向上都是如此，表明对前辈特奥蒂瓦坎的刻意模仿（Mastache, Cobean, and Healan 2002）。金字塔C遭到了阿兹特克人的大面积破坏以获得珍贵的托尔特克艺术品，现代只进行了局部发掘。

正如我们在第一章提到的，金字塔B与奇琴伊察的武士之庙金字塔相似，前面也有柱廊。金字塔B早已成为废墟，现在看到的是20世纪重建的，部分参考了武士之庙金字塔（Cobos 2006），所以在对比两者的细节时，要特别注意。金字塔B的雕刻主题是战争和人祭；顶部最显著的形象是亚特兰蒂斯武士的巨型雕他们身着托尔特克战衣，手持投矛器和盾牌，这都是墨西哥中部战士的装备。些雕像后面有四个雕像柱，可能表现的是图拉国王的形象，也具有风暴神特拉洛克、克察尔科阿特尔和特斯卡特利波卡的特征。这是最早的特斯卡特利波卡神的雕像，此神名字的意思是"烟雾镜"。在阿兹特克时期，特斯卡特利波卡是"众神之上可怕而任性之神"，是大法师，还是善于变形者，在人间以美洲豹形象出现（Nicholson 1971：444）。他还是聚餐、宴会以及武士和国王的守护神。

金字塔B的侧壁上有浅浮雕，表现的是潜行的美洲豹、美洲狼、捕食鸟和"一种兼具人、爬虫和鸟特征的复合动物"。这种动物被认为是"特拉维斯卡尔潘特库特利的形象，即克察尔科阿特尔化身为夜晚出现的金星的形象"（Mastache and Cobean 2000：105），这是另一种与战争相关的因素。特拉维斯卡尔潘特库特利可能正是柱子上雕刻的亚特兰蒂斯的武士。

1. 图拉宗教的历史和环境根源

后古典时代早期，中部高地为阿兹特克宗教奠定了基础，关于这一宗教还有非常好的文献记载。因此，有可能将某些仪式活动的模式和神祇的历史一直追溯到图拉时期甚至更早。瓦斯特卡似乎是图拉宗教的重要来源，为图拉的主要民族之一提供了神话起源的凭证。因此，我们在对图拉的讨论中会插入对该地区同时期事件的综述，然后再回到关于托尔特克人的讨论。

2. 托尔特克时期的墨西哥湾低地北部和中北部

墨西哥湾低地很明显是该时期文化交互滋养的源泉之地，因为该地区人口密集，族群多样，政治多元，有一系列相互竞争的小型中心并存。在南部的埃尔塔欣衰落之后，没有一个能够控制整个区域的城邦，出现了几个小型中心占据着防御要地的局面。其中典型代表是靠近米桑特拉的帕克西尔，其建筑特征是斜坡加飞檐的塔欣风格（Ruiz Gordillo 1999）。该城邦的仪式中心规模不大，位于两条河道之间的山脊上，有线形排列的平台和球场。

正是在此时期，墨西哥北部以南的墨西哥湾低地中北部地区的"瓦斯特卡"

因为讲一种与玛雅语相关语言的托托纳克人的迁入，开始被称为"托托纳卡潘"。在后古典时代晚期，托托纳卡潘对于阿兹特克人来说是"有食物之地"的意思，因为该地区总是丰收。在饥荒发生时，中部高地人群会逃荒到托托纳克人的土地上，自卖为奴以求生。

在瓦斯特卡期，塔穆因、坦托克和现在的坦皮科附近坦科尔等其他低地平原上的较大聚落仍然有人居住。在靠近奇奇梅克南部地区的东谢拉马德雷山脉地区，出现了布埃纳维斯塔-瓦斯卡马和巴尔孔-德蒙特祖马等小型聚落，它们都受到了当地以及来自更南部和西北的文化发展的影响。

瓦斯特卡是被后古典时代晚期墨西哥中部人群称之为"塔莫安钱"的地方，是"一个神话中的、如天堂般的起源之地"（Miller and Taube 1993：160；又见López Austin 1997）。有一个神话说，诸神在那里创造了现在的人类，然后又赐给了人类可以沉醉的普尔克，即龙舌兰汁液的发酵饮料。对于阿兹特克人来说，瓦斯特卡代表着丰饶和放纵，既充满诱惑又令人抗拒，很大程度上，就像现代美国人对他们臆想中的加利福尼亚南部丰饶而放纵的生活方式既妖魔化又模仿一样。对于托尔特克人来说，瓦斯特卡可能具有同样的功能，影响深厚，后来成为中部高地的信仰和实践的一部分。

3. 图拉的主要神祇

图拉城市中心的大型建筑上都有诸神的图像和符号，这是诸神受到崇敬的证据。特拉洛克，就是特奥蒂瓦坎有双环眼的风暴神翻版，连同克察尔科阿特尔和特斯卡特利波卡是仪式中最重要的主神。克察尔科阿特尔的化身风神伊埃卡特尔，在图拉的科拉尔有专属的圆形神庙。伊埃卡特尔信仰和供奉他的圆形神庙起源于瓦斯特卡；其他四位神祇也有很强的瓦斯特克渊源，他们是代表农业循环的剥皮神希佩·托特克和三个重要的女神：与性欲和纺织品生产相关的特拉索尔特奥特尔（除污秽之神）和霍奇克察尔（鲜花克察尔），以及源于塔莫安钱的死亡女神伊茨帕帕洛特尔（黑曜石蝴蝶）。在图拉出现了死亡女神最早的形象。

专栏15.2 / 诸女神

后古典时代城邦核心仪式区的主要神庙－金字塔是奉献给男性神祇的。女性神祇被放在其他神庙、神龛或者家里敬奉。因为女神监管着女性生命中的重要阶段和她们从事的重要活动，尤其得到女性的崇敬。但女神的法力可以遍及尊敬她们的所有人群，让他们获得慰藉和护佑。在典型的中美地区风尚中，这些神祇既有明显区别又有所重叠，就像人类生活的不同阶段也有重叠和混合一样，这些神祇也有融合之处。

霍奇克察尔｜后古典时代中部高地妇女们的主要守护神，被认为是古希腊－罗马神话中的阿佛洛狄忒（维纳斯）。霍奇克察尔主管的是女性性欲的各个方面：对性欲的渴望和产生的后果，表现为健康怀孕的生育能力、顺利生产和哺育婴儿。月经周期是女性繁殖力的保证，与月亮的周期相符，因此，霍奇克察尔也是月亮女神就不奇怪了（Milbrath 2000）。玛雅文明中与之对应的是伊克西克·卡布（《谢尔赫斯神表》I，见Miller and Taube 1993；Vail and Stone 2002），与伊斯切尔（阿卡·查克·切尔，《谢尔赫斯神表》O，Ardren 2006）有共同属性，是一位智慧的老年女神，也与特拉索尔特奥特尔有相同属性。

霍奇克察尔是几个重要神祇的配偶。在风暴神的天堂特拉洛坎，她是风暴神特拉洛克的伴侣；在另一个天堂之地塔莫安钱，她又与"烟雾镜"之神特斯卡特利波卡有联系。阿兹特克人并不推崇女性或男性乱交的性欲，因为如果放纵性欲，会引起人生的混乱和灾难。所以性欲是需要控制的，霍奇克察尔也就与一些可怕的女神有了联系，其中包括对纵欲者施加痛苦报复的齐齐米梅。

霍奇克察尔除了是一位受人爱戴的女神外，还具有很强的家居生活因

图15.4 《马格里亚贝奇亚诺手抄本》（16世纪中叶）中的女性神祇。霍奇克察尔鼓励未成年人饮用普尔克，然后进行热带海岸地区流行的"丑行和乱伦"（Codex Magliabechiano, Boone 1983: 197）。玛雅韦尔和希洛嫩二女神照看着龙舌兰和玉米生长，它们是为中部高地大多数居民提供热量的最重要的两种作物。慈祥的托西右手持金雀花，花茎和她的耳塞上都有无纺棉装饰，皮质发饰也以无纺棉为底座。西瓦科阿特尔的蛇裙被简化成了纺织品图案，她的骷髅头上立着两把燧石祭祀刀

素，是纺织工艺的守护神。中美地区妇女的典型生活包括生产和哺育孩子、纺织和其他家务活动，所以霍奇克察尔看顾着妇女生活中的大多数情形。

霍奇克察尔的形象是正值生育期的妇女，而特拉索尔特奥特尔的形象则是年长而智慧的妇女，仍然可以纺织，但有了新的角色，即忏悔者和治愈者。20世纪早期，特拉索尔特奥特尔曾被错误地认定为"生育女神"（Evans 2010b），但她实际扮演的是"吃掉污秽"的角色，即吸收罪恶及其物质表现粪便和疾病，让罪人获得赦免和解脱。虽然在崇拜仪式和职责方面，霍奇克察尔和特拉索尔特奥特尔有明显区别，但作为性别和纺织工艺的女性主宰者，她们是一个神体的不同方面（Sullivan 1982）。

阿兹特克的祖母神托西或特特欧因南与特拉索尔特奥特尔相似，作为蒸汽浴室之神，也有治愈和慰藉的能力。像特拉索尔特奥特尔一样，图像中她的嘴边也有黑色斑点，表明她是人类污秽的吞食者。托西有时被错误地与托南钦神（意为"圣母"）合并。托南钦是玉米女神，在后古典时代晚期，她的神龛就在特诺奇蒂特兰以北的特佩亚克山上。那里现在是墨西哥守护神"瓜达卢佩圣母"的罗马天主教堂。

奇科梅科阿特尔和希洛嫩 | 也是玉米女神，代表着成熟的玉米穗，也代表绿色的玉米。玛雅韦尔是龙舌兰类植物女神（有很多种普尔克之神，掌管这种龙舌兰发酵液）。在中部高地，龙舌兰"是玉米之外唯一有专门神祇的农作物"（Boone 1994：79）。

西瓦科阿特尔（蛇女） | 负责分娩的另一位女神。她是助产士的保护神，也是蒸汽浴室的守护者。蒸汽浴室是治疗设施，在那里人们可以舒缓劳动造成的伤痛，有些伤痛对妇女是致命性的，就如同男性在战场上的一样。事实上，西瓦科阿特尔是在分娩中死亡的妇女的特殊守护神。这些妇女被奉为神灵，成为西瓦泰特奥（妇女神），从中午到日落，一直伴随太阳，而在战斗中牺牲的男性的精灵则伴随太阳升起。她们被认为是令人害怕的诱拐幼儿者，是精神病的原因，是诱惑男人通奸的人。齐齐米梅是另一些与蒸汽浴

室相关的星宿女神（Robelo 1980），但没有与治愈相关的美德。她们被认为是夜空中的恶魔，是变坏的星体，可以攻击太阳和毁灭地球。

这些特征各异的神祇表明，至少在阿兹特克社会中，对女性力量的看法是充满矛盾的。但必须认识到，我们对这些女神的看法会蒙上16世纪记录这些神话同时也根除了异端邪说的西班牙神职人员的色彩。对于天主教传教士来说，助产士是最坏的敌人，因为她们鼓励在劳动和生育中感到痛苦和不安的妇女用传统方法获得舒适感（Klein 2000）。因此，将丰产女神和令他们想起的欧洲魔鬼、女巫和魔法的治愈者混淆起来，正是西班牙人的志趣所在。

家居诸神 | 一个原古时代的小陶像是中美地区已知最早的陶制品（参见图3.12）。从那时起，大多数文化中都发现小陶像。在家庭和个人的层面上，它们都与仪式活动密切相关。在对居址的发掘和调查中，陶像残片、陶器残片和黑曜石刃共存，组成了日常生活遗存。在图拉，陶像为特征鲜明的"姜饼人"类型（图15.5），明显是模制的，又经过细节再刻画，所以每件都不同。有轮动物塑像（图14.24）也是图拉的特色，在此时期得到广泛流行。正如第十四章提到的，这种塑像的起源地可能是瓦斯特卡。

图15.5 图拉的扁平陶塑表现了服装和饰物的平面细节，这些细节还因彩绘而得到加强。但大多数上面的彩绘只残存一些痕迹。这些陶塑残件是考古学家在中美地区房屋堆积中发现的典型遗物，完整的更多发现于墓葬中，例如墨西哥西部竖穴墓和玛雅地区的海纳依那墓地。一些陶塑可能是家庭的守护神，被焚香供奉。还有因特殊目的制作的，例如求雨和保护珍爱之人，或是在生孩子或战争中保护某人渡过难关

房间组合和家庭组 | 图拉的统治者可能占据了后世夏内所发掘的宫殿，或者民政 - 仪式中心的其他院落。不那么尊贵的市民住在不同类型的居址中。有限的发掘显示，在靠近中心的区域，一个家庭由若干围绕庭院的房间组合构成，每个组合有若干套房间。这与特奥蒂瓦坎相似，只是规模要小得多。这些房屋属于托良期的早段，可能居住着高等级家庭。

当城市发展到托良期的晚段，城市中心以外的居址不像早期房间组合这样正规。若干个家庭组成"家庭组"，在规模和布局上都更加灵活。民政 - 仪式中心东北1.3公里是卡纳尔地点（图15.6、15.7），有三个家庭组（Healan 2009）。根据后古典时代晚期相似的居址情况，再参考民族学资料，我们可以推测这三个家庭可能组成了一个扩展家庭。

这一组建筑的建设经历了相当长的时间，中间一组是最早的，西组最晚。此外，这些房间在质量、适用性和功能上都有区别。一些较小的房间内集中出土了与食物储藏和制备有关的遗物，可能是厨房。院子的角落也是准备食物、进行其他活动的空间。我们注意到，在中美地区，室外是主要的生活场所，家庭的日常工作主要是在居室围绕的院子或广场内完成的（就像热带地区发现的情况一样）。

一个普遍现象是，家庭中的每个成员相对于其他成员来说都有一个明确的地位。同样，组成扩展家庭的不同核心家庭相互间也有基于长幼、成就、运气和其他因素的等级之分。通过对比房间的大小、质量、装饰和朝向，可以在某种程度上区分扩展家庭内的身份差别。在中部高地寒冷的高海拔区，向西的房屋最高贵，因为可以获得下午太阳的温暖。

例如中组家庭院落东侧的Ⅵ号房明显地位较高，面向西，面积大，装饰精美，是唯一院落里都用白灰铺地的家庭（其他家庭院落只用土铺垫）。东组家庭中的Ⅹ号房屋也是一间高等级房屋。

相反，中组家庭的Ⅳ号和Ⅸ号房面积小、墙薄、泥土铺地且位置偏僻。它们是其他较大房屋完成并形成院落后加盖的。我们可以想象，该家庭中最新结婚的夫妇会住进这样的房间；以后，当年长者去世或丧偶，腾出了空间，新人可能会移入位置更好的房间，共享家庭组中各处生活设施。

第十五章　图拉的崛起和其他古典时代末期的转变（公元900—1200年） | 543

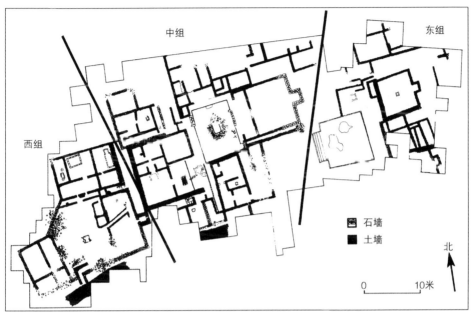

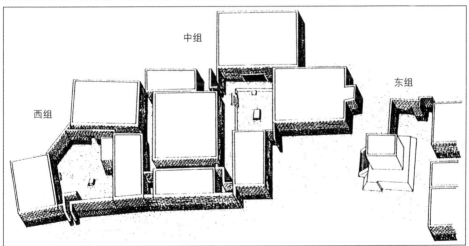

图15.6、15.7　图拉卡纳尔地点南墙将此居住区与城市街道分离开来。西组房屋院落的曲折入口保护了私密性。中组、东组房屋间的神庙应该是为这三组房屋服务的

图15.8 这件浅浮雕雕像具有托尔特克雕像典型的块状风格，强调军事主题

军人和商人 | 在图拉复杂的经济生活中，卡纳尔区域的平民是受民政-仪式中心的社会上层管理的工匠或一般劳动者。高等级成员会在焚毁之宫举行会议、宴饮和队列行进活动。这座宫殿由内有石榻、外有回廊的方形大屋组成，布局表明这里与真正用于居住的宫室不同，没有用于正常家居生活的空间，而是掌管国家及其经济的人员举行官方活动的理想场所。

在中美地区的高等级建筑上面，美洲豹和其他野兽列队行进是非常盛行的主题。在特奥蒂瓦坎（在阿特特尔科和其他院落）、奇琴伊察（梅尔卡多和鹰之神庙）、图拉和后面的特诺奇蒂特兰的壁画上都有发现。他们将军事恐吓与列队行进主题整合起来，也与对上述四个中心的经济都非常重要的重商主义联系密切。阿兹特克时期的资料显示，武士和长距离贸易者都以仪式性游行的方式庆祝取得的成果，而且正如我们在前面的讨论中注意到的，武装商人贸易队伍不仅维护了贸易网络，也建立了商业和政治联盟，扮演了具有外交能力的前哨部队的角色（图15.8）。

这些建筑组合功能的线索不仅来自其布局，也来自装饰长榻前面和上部墙体的浅浮雕。很多雕刻部件已经缺失，被阿兹特克人取走用于装饰自己的仪式中心了。阿兹特克人对图拉的欣赏引发他们将图拉的丰富宝藏挪用到自己都城的建设上，这实际上是对自己崇敬的遗址的损坏。"阿兹特克人的攫取如此彻底，导致图拉破败不堪，以至于一些学者坚持认为图拉达不到托尔特克人都城的壮丽程度！"（Diehl 1983：27）但残存的浮雕嵌板还是清楚地讲述了一个服务于受意识形态和经济利益驱使的仪式活动的政治强权的故事（Klein 1987；Kristin-Graham 1993）。

4. 本地和长距离经济

"托尔特克人技艺高超……他们真正创造出艺术品,展现了高超的技艺。说实话,他们发明了所有那些奇妙的、珍贵的和非凡的事物……他们中的很多人是书写者、宝石工匠、木匠、石匠、泥瓦匠、羽毛工匠……制陶者、纺线者、织布者。他们非常有知识……而且非常聪明。"(Sahagún 1961[1569]:167—168)

正如我们所看到的,在阿兹特克人眼中,托尔特克人放射着迷人的、理想主义的光芒,即使在已饱经岁月沧桑的状态下,图拉还是能够向我们展示在曾经的时光里,那里生活着具有天赋和创造力的艺术家。就像复杂社会都会有等级一样,工匠们也有高低等级之分,为社会上层制作奢侈品的工匠地位最高。与玛雅一样,书写者是受过教育而博学之人,被他人视为权威和掌握原典者。宝石工匠们通过切割和抛光,在首饰或工艺品上嵌入进口绿松石和翡翠等珍贵石料。羽毛工匠将从千百里外进口来的娇贵材料变为头饰和战旗,在微风中莹莹闪烁。

奢侈品经济处于原材料获取、物品生产和分配这座金字塔的顶端,为社会中最显赫的成员提供了等级标志和远超这些标志本身的东西。每个人都需要食物,图拉地区的大多数人都会参与农业生产。每个人都需要房屋,城市也需要标志性的大型建筑,因此建筑材料是另一种重要的产品和消费品。对于大多数平民房屋来说,建设活动本身可能是家庭行为,但在城市建设的层面上,肯定需要技能高超的设计者和工匠。

图拉的部分陶器如铅釉陶等制作精良,可能是进口的,但城市中使用的绝大多数器物为本地生产(图15.9)。托尔特克制陶者们从图拉河沿岸裸露的土层中获得陶土,加工成型并烧制出器物。一些仪式用品也是陶器,包括焚香器、火盆和小塑像等。西北方65公里外的帕丘卡出产的绿色黑曜石被特别珍视,城市中80%的黑曜石制品都是用这种原料制作的,另有10%的原料来自米却肯的乌卡雷奥。棱柱形石刃是最常见的工具类型,在城市东部的一个作坊里发现了加工非常好的圆柱状石核,石刃就是从这上面打击下来的。

图15.9 这件仪式用陶杯可能来自图拉，背景以羽蛇装饰。底部描绘了一场仪式：右侧人物在说话或歌唱，左侧人物手持一个和此器物一样的陶杯

5. 托尔特克对墨西哥西部、西北边境地带和北部干旱地带的影响

图拉的贸易网络将上述物品，以及墨西哥中部的生活方式和信仰体系带给了千百里外的人群。在墨西哥西部，特乌奇特兰传统衰落后，建筑变成中美地区风格，有长方形平台的建筑在广场中相向而立。对墨西哥西部的解释苦于缺少足够的发掘资料，但一方面该地区出现了一些遗址和新文化因素，另一方面，其他地区出现了墨西哥西部风格的金属制品以及像绿松石等通过墨西哥西部中转获得的珍稀原料，我们从中可以看出一些重要趋势。事实上，墨西哥西部对金属器制作的参与"无疑为获取和分配珍稀资源的贸易系统增添了全新的需求"（Weigand and Beekman 1998：51）。这种新需求可能颠覆了已有的贸易系统，促成了托尔特克时代新贸易网络的建立。

金属器制作 | 后古典时代早期，墨西哥西部的金属冶炼进入了技术发展新阶段，出现了青铜生产，包括铜锡合金和铜砷合金。也有部分铜银合金，但锡青铜和砷青铜成为标准的青铜。这一过程不仅表现出技术的进步，也体现了矿源获取

方面的进展,这些矿源分布在墨西哥西部、西北边境地带和格雷罗。

在旧大陆,青铜的出现与工具、武器设计的进步相关。在中美地区,功能方面的考虑是第二位的,审美才是第一位的——青铜可以提升铃铛和装饰品的美感,通过加工获得光芒闪烁的效果,如同金银器物一样,而金银制品因材质比较脆弱,不适于设计。此外,合金可以提高铃铛的声音质量。在很少的情况下,合金才用于生产投矛器头和缝纫用针等工具。中美地区金属工匠们最大的兴趣在于金属的审美特性,他们成功制作出对社会上层消费者具有吸引力的产品,这从铃铛等物品远销四方就可以看出来(Hosler 1994)。

滨河伊斯特兰 | 滨河伊斯特兰(又被称作托里拉斯)有很长的居住史,从公元1世纪就开始有人居住。该遗址是墨西哥西部少有的考古公园之一,现在看到的建筑绝大多数都是后古典时代的,包括平台、多柱建筑、墓地和I字形球场,覆盖面积约1平方公里(Weigand 2010:821)。遗址最吸引人的核心建筑是一座直径50米的圆形金字塔。20世纪40年代,曾经对金字塔进行了发掘,并进行了复原。当时,特乌奇特兰传统的圆形建筑还未发现,在没有先例可参考的情况下,出现了一种想法,认为圆形建筑是奉献给克察尔科阿特尔的风神化身伊埃卡特尔的。考虑到遗址的历史很长,合理的推测是,这种圆形建筑可能是特乌奇特兰传统的遗留,也可能是墨西哥中部因素的侵入。

阿兹塔特兰复合体 | 这个概念是殖民时代早期形成的,指的是在墨西哥西部和西北边境地带太平洋沿岸发现的文化群体。考古研究发现,阿兹塔特兰复合体的遗址是后古典时代早期出现的。这些遗址陶器的特征与后面要谈到的米斯特克风格非常相似,以致一些学者曾经推测阿兹塔特兰文化是米斯特卡-普埃布拉人来此殖民的结果。这些海岸和高地区域很明显是在当时分布广泛的贸易网络之内的,但阿兹塔特兰不仅仅是一个贸易中心,更是沿海岸分布的河谷中的当地社群,它依靠农业以及金属品、黑曜石器和陶器制作生活。

阿兹塔特兰复合体的贸易元素(图15.10、15.11)将墨西哥中部和北部干旱

图 15.10 此图标出了此时期活跃的贸易点和连接它们的贸易路线。瓜萨韦——最北部的海岸贸易点和乔卢拉的陆上距离约 1500 公里（Kelley 1986：85）

图 15.11 出自阿兹塔特兰的陶器，表现出和墨西哥中部、中南部高地的密切联系。施罗德遗址出土陶器图案的展开图（中间长条）和瓜萨韦出土陶器上的图案（下），都具有米斯特卡-普埃布拉手抄本风格。瓜萨韦陶器上三个圆圈中表现的可能是墨西哥中部的神祇。另外一对相似的图案中（上），左边的出自墨西哥盆地后古典时代早期阿兹特克 I 期陶器，右边的出自瓜萨韦陶器

地带联系了起来。在太平洋沿岸的平原地带，阿马帕、查梅特拉、库利亚坎和瓜萨韦组成重要的贸易线路，还有一条路线沿谢拉马德雷山脉东侧运输货物。在阿尔塔维斯塔和拉克马达等查尔奇维特斯文化中心衰落后，阿兹塔特兰文化似乎使这个地区的核心地带恢复了活力。

6. 北部干旱地带：中美地区和普韦布洛（"大房子"文化）

在后古典时代早期，阿兹塔特兰贸易路线使得西北边境地带与中美地区核心地带建立了未曾有过的最紧密的联系。阿兹塔特兰将中美地区的信仰系统带到了遥远的北方，同时带去了中美地区社会上层极为珍视的宝贵物质和符号。大卡萨斯（西班牙语意思为"大房子"）遗址是阿兹塔特兰系统和北美西南部古普韦布洛人或"大房子"文化的主要连接点。大卡萨斯是莫戈永传统最重要的遗址，该传统的分布范围包括美国亚利桑那州南部、新墨西哥州和墨西哥北中部。

莫戈永以西，有霍霍卡姆传统的诸遗址，其中斯内克镇遗址（公元450—1150年）有两个椭圆形球场，也发现了与中美地区交易铜铃铛和其他物品的证据。在莫戈永之南，塞罗-德特林切拉斯有霍霍卡姆修建台地的传统，但没有文化交流的物质证据（Fish and Fish 2004）。在霍霍卡姆之北，查科峡谷自公元950年开始出现古普韦布洛人传统的诸遗址，相当繁荣，直到1200年左右发生的干旱引发人口迁移和疏散。在其高峰时期，查科峡谷可能从新墨西哥州阿尔伯克基以北的塞里略斯矿藏通过贸易获得铜和绿松石，这些矿藏至今犹存。在最大的博尼图遗址的陶器中发现了巧克力残留物，表明该地区会从遥远的南方进口这种奢侈品（Crown and Hurst 2009）。

关于本地食人习俗的研究曾推测，在公元900年，中美地区的"特斯卡特利波卡-希佩·托特克诸神的武士崇拜者们"进入了本地区，威胁本地人民"缴纳沉重的贡赋，建设查科系统的大型房屋和道路，并为仪式活动提供人牲"（Turner and Turner 1999: 463）。这种看法高估了中美地区对本地区的影响，低估了世界各地人民想出克制他者方法的能力。实际上，很多学者非常相信"查科峡谷不是

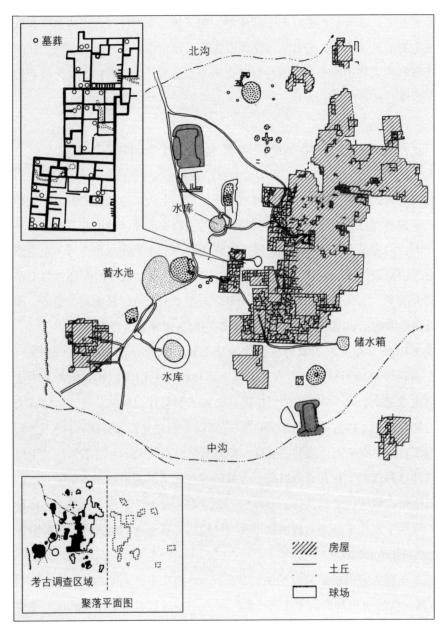

图15.12　大卡萨斯遗址房屋沿宽阔的院落线形排列，有一些特殊建筑，如高大的十字丘。该地区年降水量很低（300毫米），依靠山泉水的灌溉设施对维持居民生存的农业生产至关重要。正如此遗址平面图显示的，大卡萨斯中水道纵横，还有几处水库

大规模长距离交汇系统的北界,该地区与南方的交流关系也不具有改天换地的力量"(Renfrew 2001:16)。

大卡萨斯是长途贸易的主要中心,主要关注"与莫戈永的贸易,并将少量中美地区物品输入到阿纳萨齐(古普韦布洛人)"(McGuire 1989:56)。

大卡萨斯 | 公元1年开始有人居住,最发达的时期是1100—1450年。大卡萨斯是"绿洲美洲"地区最大的聚落(2000间房屋),该地区包括今美国西南部和墨西哥的北部,分布着普韦布洛村落居址(Di Pcso et al. 1974;López Austin and López Luján 2001;Schaafsma and Riley 1999)。与大多数普韦布洛不同,大卡萨斯有大型建筑,包括两个I字形球场和分布在周围30公里范围内的至少12个球场(图15.12)。这些球场应该是政治联合的证据(Whalen and Minnis 1996)。

大卡萨斯以与贸易相关的设施和物品最为知名,尤其是羽毛、贝壳、红铜,可能还有绿松石。遗址中发现了很多用于饲养鹦鹉和其他羽毛艳丽的鸟类的笼子,它们的羽毛是珍贵的装饰品和仪式用品,可能有妇女专门照看这些鸟类(VanPool and VanPool 2007:83)。发现有被砍头的鸟骨,是仪式中使用鸟类的证明。贝壳也是重要的贸易品,可鉴定出的种类超过20种。在两间储藏室里发现了400万个织纹螺的碎片,这是一种从300公里以外进口的加利福尼亚湾长10毫米的小海螺。1450年之后,大卡萨斯急剧衰落,可能是长距离贸易网络的变化引起的(Brown 1994),或者也与北方的普韦布洛传统的衰落和南方阿兹特克帝国的兴起造成的政局动荡相关。

7. 中美地区和密西西比诸文化

虽然大卡萨斯远在中美文化区边界之北,即使在南奇奇梅克沙漠最绿色的季节,但从很多方面来说,它也是具有相当多的中美地区风格的最北的遗址之一。正如我们已经看到的,在后古典时代早期,中美地区风格和物品已经到达北美地区,但长期以来,学者们对于密西西比诸文化(1100—1450年)与中美地区贸易网络、信仰系统联系的程度有不同看法。密西西比诸文化广泛分布在北美东南部，形成了众多以大遗址为中心的酋邦，有大型台状土丘，居民以玉米农业为生。

目前，密西西比遗址中发现的确凿无疑来自中美地区的物品只有一种，就是发现于俄克拉何马的斯皮罗丘遗址，用绿色帕丘卡黑曜石制作的刮削器。这是此类物品被大范围传播的生动例证，但不能被认定为直接接触的证据，甚至不能被认定为文化影响的证据。这件刮削器可能是通过一系列复杂的主要贸易网络之外的支线贸易或礼品交换到达斯皮罗丘的。在抵达斯皮罗丘时，这件刮削器可能仅仅因其独特的绿色被珍视，已经失去了与中美地区的任何联系。密西西比诸文化似乎明显是土著文化，其社会复杂化和大型建筑是自身文化发展轨迹的结果。

斯皮罗丘刮削器的长途旅行可能是从墨西哥西北部的阿兹塔特兰贸易网络开始的。阿兹塔特兰可能就是因为建立与托尔特克或奇奇梅克人的贸易伙伴关系走向了繁荣。这种贸易是通过在特定时间访问的模式完成的，访问时间根据太阳历和占卜历确定。这种令人渴望的物品和具有吸引力的信仰系统的商贸整合在我们现代世界也常见，颇具吸引力的自由市场资本主义就是例证。这种商贸体的衰落也很常见，有时是因为本地民众对被强加的外来标准的反抗，有时是因为外来者自己被家乡的麻烦所困扰。当信任消失时，衰落就开始了。

8. 神、英雄和反英雄

12世纪晚期，图拉的衰落是个失败的英雄的故事。学者们传统上将图拉与克察尔科阿特尔即羽蛇联系在一起。图拉不仅是久已被认定的羽蛇崇拜的起源地（我们已经看到丰富的证据），还被认定为塞·阿卡特尔·托皮尔钦·克察尔科阿特尔的王畿所在，他是托尔特克人的文化英雄，也是图拉后古典时代早期最后的王者（Nicholson 2001）。一些本地编年史学家还以他为图拉的第一王，但这可能是后人的追认，用于印证时间会强力循环的观念，即由托皮尔钦·克察尔科阿特尔终结的时间循环，也一定是认定他为起点的。

正如我们已经看到的，羽蛇在中美地区非常古老，根植于奥尔梅克文化，在特奥蒂瓦坎达到全盛。在图拉，这一神灵以最终遭到贬逐的文化英雄形象出现的故事有多个版本，有时相互矛盾，但基本结构相同。托皮尔钦·克察尔科阿特尔被诡计多端的扮成人类的特斯卡特利波卡设计而出丑，一些故事说他饮普尔克大醉，发生了下流的性行为，因此被放逐，在羞耻中抛弃了他的城市。他向东旅行，身着黑衣，满脸络腮胡，出现在好几个地方，包括乔卢拉和奇琴伊察（在那里他被称为库库尔坎）。很多人认为终有一天他会重新出现并收复他的王国。1519年，当埃尔南·科尔特斯正好在以克察尔科阿特尔命名之日抵达墨西哥湾海岸时，也是身着黑衣，络腮胡须，这个西班牙人真是踏上了征服者的完美福地。

保护神托皮尔钦·克察尔科阿特尔的离去和图拉的灾难同时发生。事实上，到1200年，图拉再也不是重要的都城了。可能一场影响深远的气候逆转给中美地区的某些地区带来了寒冷的天气，对宜农区边缘地带产生了不利影响（Gill 2000）。更可以确定的是，在图拉的繁荣时期，寻找更好生活的人群向图拉的迁移从没有停止。好斗的游动人群从大奇奇梅卡边界地区迁徙而来，随时准备从衰落的城邦获利，他们有的继续南下，其中包括阿兹特克人，直达他们命定兴起之地。

但图拉之影响远未结束。牢固的贸易路线从美国西南部一直延伸到哥斯达黎加。沿着这个道路系统，纳瓦语人群的世界扩张到了远远超过墨西哥中部的范围。信仰系统和货物通过这一互动的网络传播，羽蛇这一神灵和文化英雄的合体开始成为中美地区其他人群意识形态的一部分。图拉王朝被塑造成后古典世界最神圣的存在。对于墨西哥中部地区的土著贵族来说，即使在西班牙人征服之后，图拉王之后代一直是其合法性的最重要标准，技艺最高超的工匠和艺术家也一直被称作"托尔特卡"。

二、图拉的邻近地区

我们今天很难重现图拉的政治疆域。很明显，图拉地区是整个政体的中心，至少已经控制了毗邻的墨西哥盆地北半部。我们可以推测图拉对其基本地区实施了军事控制并征收赋税。图拉的城市规模和核心建筑之宏大表明有大量人口稳定地提供着原料、成品、劳动力和服务。但没有发现税单之类的遗物以说明哪些城邦与图拉结盟，以及是否出于自愿。殖民时代早期的本地历史记录称古代图拉是一个"帝国"的都城，并记载了其附属"城邦"的名字。这些文献多是殖民时代形成的，目的是在西班牙人的法庭上赞美某个奋力争取其权利或存在的社群或族群。实际情况很可能只是当地村落及其酋长，而不是城市和国王。

1. 米却肯、托卢卡和莫雷洛斯

图拉虽可能并非"帝国"，但肯定对毗邻地区有强大影响。公元800—1000年，米却肯向图拉提供乌卡雷奥黑曜石。公元900年，米却肯东北部的聚落形态发生改变，人口向易于防守的地点集中，直到后古典时代晚期塔拉斯坎帝国的出现（Pollard 1993）。在米却肯以东，托卢卡谷地的北部有被农业聚居点环绕的多个小型区域中心聚落，这里可能是图拉的控制范围。最重要的图拉人聚落是特奥特南戈（图15.13、15.14），位于该谷地南部，表现出与南部热带地区的互动，其早期遗存尤其表现出与霍奇卡尔科的联系。但是在莫雷洛斯谷地，后古典时代早期开始的时候，霍奇卡尔科的衰落造成了该地区人口的稀少。这一状况在几个世纪之后，随着来自北方移民的流入才发生转变。

特奥特南戈自古典时代晚期就有人居住，其民政-仪式中心最初兴建于后古典时代早期，是由特奥特南戈本地居民和从北方迁移而来的讲奥托米语的人群共同建造的。在这一时期，科约特拉特尔科陶器非常丰富（Piña Chan 2000; Sugiura 2005：116—123）。后古典时代早期之末，特奥特南戈随着马特拉钦卡人的迁入而兴旺起来；敬奉羽蛇神，还有记录重大事件的历法。

该遗址重要建筑所在的核心区周围分散着平民聚落（Piña Chan 1975）。他们开垦了平原，从出土的大量龙舌兰刮刀看，耐寒的龙舌兰成为重要食物，可以预防因霜冻造成的玉米减产。特奥特南戈海拔2754米，总体来说，托卢卡谷地的冲积平原是中部高地海拔最高的。

图15.13 特奥特南戈的"北部系统"由山坡上人工修筑的平台组成，使聚落具有防御性。建筑包括神庙、居址、一处市场和一个球场（照片中心向下略偏右）

图15.14 特奥特南戈与其他遗址一样，融入古典时代晚期和后古典时代早期的信仰系统中，这是当时的典型风尚，表现在其建筑和艺术品上，这些浅浮雕墙壁嵌板就是代表。左边这块表现的是一只戴项链的美洲豹，背上有"2兔"日标志。右边这块表现的是一只头为秃鹫的蝴蝶，并有"13爬虫"日标志

2. 墨西哥盆地

一些本地编年史家声称图拉与库尔瓦坎、"奥图姆巴"（奥托米人之地）共享权力。库尔瓦坎在墨西哥盆地西南部；在盆地北部，讲奥托米语人群的都城为哈尔托坎，在整个纳瓦特尔语地区是少数民族。特奥蒂瓦坎谷地现在的奥托姆巴镇在后古典时代早期只是个小村庄，在1400年的时候才成为奥托米人的中心。哈尔托坎才是当时的"奥图姆巴"，图拉的盟邦。随着新的、具有侵略性的人群在墨西哥盆地定居并建立日益强大的城邦，库尔瓦坎的政治权力迅速衰退，但与图拉的关系使之成为托尔特克伟大传统的继承者。1300年，墨西哥的阿兹特克人在建立他们的王朝时，选择了库尔瓦坎王族的一名成员为他们的统治者，以利用图拉的传奇声望。

特奥蒂瓦坎的核心区在后古典时代早期实际上已经衰亡，死亡大道两侧和居住区内只有零星居民。其主要残余居民聚居在城市周边的聚落里。后古典时代的特奥蒂瓦坎镇实际在古代特奥蒂瓦坎的西南部，在后古典时代晚期成为特奥蒂瓦坎谷地的中心城镇，一直延续到殖民地时期。在谷地的其他地区，小型农业社区散布在冲积平原边缘。古典时代晚期，随着人口的增长，这些小村庄成为枢纽性的聚落。

3. 普埃布拉/特拉斯卡拉和西南高地

当地关于后古典时代早期的历史记述中，移民史诗非常流行，这让我们不能不相信，从整体趋势看，该时期确实有小规模人群从奇奇梅克地区出发，一路向东南而去（参见专栏15.3）。如果把他们笼统地描述成狩猎采集人群的话，就忽略了他们的差异性。他们中很多人是失去土地的农民，习惯于定居的社区生活，寻找可以重新开始生产的地方。这些人群进入墨西哥盆地或普埃布拉谷地后，可能会在未被占据的土地上定居下来，或抢夺当地居民的土地，也可能与当地的地主们签订某种形式的契约。

4. 乔卢拉和普埃布拉谷地

事实上，在《托尔特卡-奇奇梅卡史》(*Historia Tolteca-Chichimeca*)中，奇科莫斯托克洞穴口的"托尔特卡"官员是在征募奇奇梅克人帮助自己将奥尔梅卡-希卡兰卡人从乔卢拉驱逐出去。这一行动的结果是形成了托尔特卡-奇奇梅卡集团，正是他们摧毁了奥尔梅卡-希卡兰卡人的中心城邦卡卡斯特拉。他们还摧毁了乔卢拉的大金字塔建筑群，捣毁金字塔南侧"祭坛广场"上的石雕像。"祭坛广场"建筑群表现出了乔卢拉融合各方的建筑风格，包括斜坡-立面式建筑、墨西哥湾低地卷曲图案和米斯特克手抄本风格的壁画。"正是在古典时代末期/后古典时代早期，乔卢拉成为米斯特卡-普埃布拉风格传统的熔铸之地"（McCafferty 2001：300）。

米斯特卡-普埃布拉风格 | 从公元10世纪起，相隔数百公里的普埃布拉和米斯卡拉开始传播一种独特引人的艺术风格，表现在陶器、壁画、首饰、雕刻，尤其是手抄本上。米斯特卡-普埃布拉风格（图15.15）也被称作"国际风格"，因为传播的地理范围非常广大。我们已经提到过，这种风格出现在阿兹塔特兰遗址的陶器上，在南方遥远的危地马拉高地也有发现。但此风格在其中心地区才占据统治地位，成为描述神灵和历法尤其是王朝记录的标准式样。发现此风格的地区如此众多，可以认为它如同一种通用语，"不是像萨波特克象形文字那样与语言对应"，而是"高度发达的视觉交流图像系统"（Pohl and Byland 1994：197）。

米斯特卡手抄本是上米斯特卡地区不同城邦记录王室宗谱和重要历史事件的基本文书，而米斯特卡-普埃布拉风格的乔卢拉陶器则分布广泛，是整个中部高地社会上层奉若至宝的食器。在特诺奇蒂特兰遗址的蒙特祖马二世宫殿发现的大量此类风格陶器的残片就是证明。

在整个中美地区文化史中，贵族们都会将精致陶器当作礼品交换，还会使用和展示这些陶器，以证明它们与重要盟邦和姻亲的联系。在后古典时代的中部高

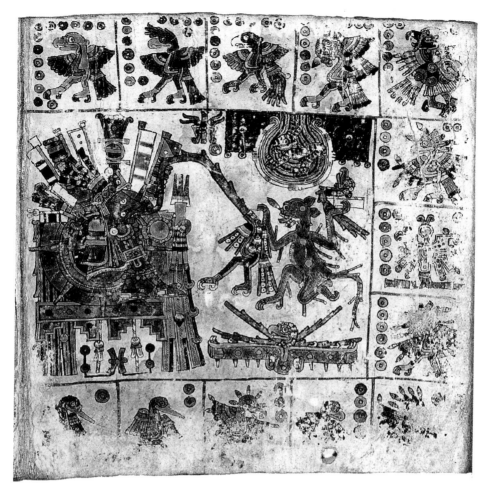

图 15.15 米斯特卡-普埃布拉风格具有特征鲜明和格式化的图像,以及厚重的、具有象征意义的色彩,易于识别。人物有模式化的姿势,比例超大的头部和夸张的动作,"类似现代漫画和迪士尼卡通风格"(Nicholson 1966:260)。《博尔吉亚手抄本》(1993 [c. 1500])是这种风格的典型代表。这一手卷是在兽皮上绘制的,出自普埃布拉南部或者上米斯特卡。内容是宗教性的,表现了260天的占卜历法和神祇。我们在这里看到,画面中央,太阳神端居左侧,右上方有一只月亮中的玉兔;周围是13只"星宿之鸟"——实际是12只鸟和1只蝴蝶——代表着13重天界(Byland 1993)

地,乔卢拉风格陶器是充满分裂和激烈竞争的城邦发展竞技场中政治合作建设的标志(Pohl 1999)。不同的王朝具有共同的文化历史,也在建筑和用品类型等方面有共享的物质文化特征。作为相互竞争的各方,他们也使用共同的图像语言表现自己的正统性和权力,并以此建立联盟(Brumfiel 1989)。

专栏15.3 / 移民和起源地

后古典时代晚期中部高地的族群将他们的祖先描述为移民,很多人在古典时代晚期或后古典时代早期从遥远的西北方的故乡迁徙而来,许多资料将那里称作阿兹特兰(白色之地或白鹭之地)。现代学者因此用"阿兹特克"称呼那些声称自己起源于该地的后古典时代人群。"阿兹特克"后来更主要被用来指称在墨西哥盆地建立了特诺奇蒂特兰-特拉特洛尔科并自称为"墨西卡"的人群。

此故乡的心脏是奇科莫斯托克洞穴,即"七瓣之洞"(图15.16)。在中美地区,洞穴一直被视为神圣之地,太阳金字塔下的洞穴也是多瓣状的。《托尔特卡-奇奇梅卡史》(1989 [after 1544])插图描绘了七对夫妻,他们是后古典时代晚期重要王系的祖先。事实上,在中部高地,这一源自奇

图15.16 很多本地历史文献都描绘了奇科莫斯托克洞穴("七瓣之洞")。这幅图出自《托尔特卡-奇奇梅卡史》,由殖民时代早期普埃布拉的本土艺术家绘制,是关于托尔特卡-奇奇梅卡祖先从西北而来、在图拉定居,随后征服乔卢拉的奥尔梅卡-希卡兰卡的历史的一部分

图15.17 《博图里尼手抄本》描述了墨西卡阿兹特克人从阿兹特兰到墨西哥盆地、征服图拉在该地的盟友库尔瓦坎、杀死其首领作为牺牲的历史。第一部分展现的是四名墨西卡"背神者"带领着八个族群展开征程。大约28年后,墨西卡人到达托兰(香蒲之地)并居住了19年。又过了116年,他们的漫长旅程接近结束,在查普尔特佩克(蚂蚱山)生活了20年

科莫斯托克的宗系是统治者拥有统治权的依据。

　　洞穴入口处是两个托尔特克人,正在准备征召从奇科莫斯托克洞中出现的奇奇梅克人。右侧的可能是克察尔特韦亚克(克察尔鸟唇边之羽),他的络腮胡须和黑色服装颇似托皮尔钦·克察尔科阿特尔。关于奇科莫斯托克的描述中提到了奇奇梅克的部落。各种说法提及的部落名字各不相同,其中最引人注目的是奇奇梅卡(中部高地所有居民的祖先),还有墨西卡、特帕内卡、霍奇米尔卡、奎特拉瓦卡、查尔卡和阿科尔瓦,都是墨西哥盆地各城邦的建立者。此外还有马特拉钦卡和马利纳尔卡(在莫雷洛斯),以及特拉斯卡尔特卡和韦霍钦戈(在特拉斯卡拉和普埃布拉)。米斯特克起源的记载中也提到了奇科莫斯托克(图15.17)。

　　阿兹特兰和奇科莫斯托克到底在什么地方?一些学者认为移民史诗可能是神话传说,例如墨西卡人虚构的故乡可能就是他们后来建立水上之城特诺奇蒂特兰-特拉特洛尔科的诸岛(Seler 1991 [1894])。另一些学者则由于一些重要原因,认为这些记载是颇为真实的。图拉地区、墨西哥西部和西北边境地区的人口数量在古典时代晚期和后古典时代早期出现波

动,有些地区被废弃,有些地区则开始衰落。环境压力可能迫使农民向南方迁徙去寻找耕地。我们提到过古典时代晚期和后古典时代早期的许多典型文化特征——包括查克穆尔雕像、头骨架、柱廊大厅和科约特拉特尔科风格陶器——都最早出现在中部高原的北部和西部(参见Kristan-Graham 2007)。查尔奇维特斯诸遗址、阿尔塔维斯塔和拉克马达的衰落,可能就是长时段人群扩散的戏剧性开始(Hers 2002)。

《博图里尼手抄本》 | 是墨西卡阿兹特克人记述他们在后古典时代早期从阿兹特兰迁徙旅程的文本之一。该书是在殖民时代早期完成的,却是在传统的无花果树皮纸上以本地形式绘制的,很可能是前哥伦布时代古本的复制品。书中讲述的是持续近200年不间断的旅程,包括23个居住时期,每个居住期4—28年不等。图5.17表现的是其中一个时期。左侧第一幅图画表现的是发生在"1燧石"(圆角方形内)年漫长旅程的开始。"在这部绘画版编年史中,阿兹特兰本身是长方形湖泊中的一个岛屿"(Boone 2000:214),我们要注意的是,它不是一个营地,而是一个有金字塔和居民区的城镇。

第一站是一个洞穴,一个戴着蜂鸟形面具的神谕者发出了一连串表示声音的弯曲符号,表明他给予迁徙人群很多指示。蜂鸟具有重大意义,名为维齐洛波奇特利,是墨西卡人的特殊守护神。再向右,我们看到八个几乎一样的图案,都由房屋、名称符号和说话人物组成。它们代表的是随墨西卡人迁出阿兹特兰的族群。房屋符号是有趣的方式,因为它不仅表示实体的居所,还像中世纪欧洲一样,以贵族"家屋"使血统概念化,形成以家族传承的世系,也包括亲族、结义亲属和盟友,具有政治和经济双重功能(Lévi-Strauss 1983)。在此抄本绘制时,图中涉及的族群已经成为持续数代的中部高地各重要城邦的统治者,他们建立的王朝和宫殿都符合贵族家屋的标准。

墨西卡人的代表是排队走在前面的四名"背神者"。这是一个墨西卡的故事,他们自然会骄傲地把自己放在移民群体排头的位置。每一位"背

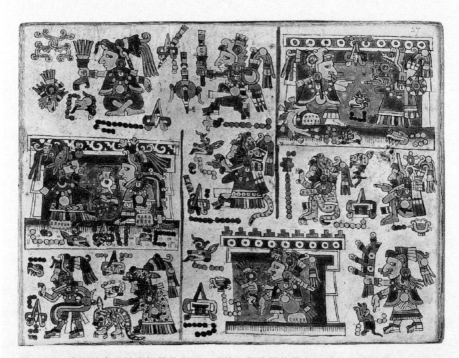

图15.18 米斯特克手抄本都是从右向左读的,具体是从最右栏的上面读到底部,再向左栏从底部往上读,如此继续,名为"牛耕式读法"。该系列中的《努塔尔手抄本》(1975 [preconquest])第26页讲述了米斯特克最著名的蒂兰通戈城邦统治者"8鹿王"的故事。该页右上角为宫殿场景,中央有一个由类似字母A和O的图形组成的米斯特克典型的纪年符号(Smith 1973),符号下有黑曜石刀装饰,上面有6个圆圈,表明该年为"6黑曜石"之年(1044年)。"8鹿王"的父亲"5鳄鱼王"(戴着风暴神特拉洛克的双环眼面具)正在举行婚礼(Byland and Pohl 1994:240)。页面下的图画是故事的发展,时间流逝,上面夫妻的三个孩子出现在画面里。在向左侧一栏转折处,是另一个左下方有A-O形装饰的宫殿,标出的年代是"10屋"之年(1061年),画面中的妇女是"5鳄鱼王"的第二个妻子,上面是她的三个儿子,第一位是"8鹿王",生于"12芦苇"之年(1063年)。此书的另一页表现了"8鹿王"即位仪式中刺穿鼻子的场面。仪式可能就发生在乔卢拉,"8鹿王"因此在1097或1098年成为蒂兰通戈之王。回到第26页,中偏左的宫殿是"13芦苇"之年(1103年)建立的,表现的是"8鹿王"结婚的场面。他的新娘献给他一杯起泡巧克力饮料。下面是他们的两个孩子

神者"的头上都有一个标示名称的符号。他们三男一女，都是仪式执行者，背上背着蜂鸟神维齐洛波奇特利和与其崇拜仪式有关的装备"圣包"。墨西卡人很快就与其他族群分道扬镳了，抄本的其余部分是程式化的重复的脚印，走向一个地点名和四个坐在一系列圆角方形纪年符号前的人物，告诉我们墨西卡人在每个地点停留了多少年。这种准确纪年是个好习惯，表明对精确的追求，但我们必须记住，每个人群的传说都是口传下来的，数值经常会被四舍五入。我们将不同编年史与考古资料进行比对来确立人群迁徙过程，其时间"对于墨西哥谷地人群来说在公元1200年左右，对周边谷地人群来说是1220年左右"（Smith 1996: 40），这就等于认定墨西卡人离开故乡的时间为公元11世纪，他们可能在图拉待了数十年，当时正值图拉的繁盛期。在民政-仪式中心扩建过程中，墨西卡人可能承担了建设工作。

米斯特克城邦和王朝 | 随着特奥蒂瓦坎和蒙特阿尔班的衰落，上米斯特卡地区的聚落形态发生改变，人们开始从山顶迁移到冲积平原生活，发展出后古典时代晚期的城邦。几个王朝之间的冲突似乎因"天国之争"而严重升级。根据米斯特克人神话和历史混杂的记录，这是自公元963年开始、持续数十年的王朝血腥搏斗，最终确定了各王朝对领地的权利。手抄本记录的历史信息比这还稍早些。

许多中美地区王室都声称自己是遥远的神性祖先的后代，米斯特卡王室则在此方面达到了极致。用他们自己的话说，他们是"伊亚"（iya），即神圣的，内部使用私密的伊亚语（Monaghan 1995）。他们的祖先是来自上米斯特卡的城镇阿波阿拉的圣树中。米斯特克社会等级森严，每个阶级都是同族通婚的。国王可以娶平民为妻，但王储的母亲必须为王室成员。王室对其神圣正统性的关注促成他们在手抄本中用大量篇幅记录宗谱（图15.18）。而玛雅石碑上的主要记事内容则是婚姻、授职典礼和战争胜利等。

在"8鹿王"统治期间，蒂兰通戈是上米斯特卡最重要的都城，其他城邦也相当有实力，他们在都城中派驻代表，因此城中有与联盟有关的建筑和仪式设施。科伊斯特拉瓦卡是另一座米斯特卡都城，位于上米斯特卡的东部边境，靠近一条流向特瓦坎谷地的河流，该谷地南端面对的是普埃布拉平原。在整个后古典时代，与上米斯特卡的其他城邦相比，科伊斯特拉瓦卡更加具有"世界性"，与很多遥远地区保持各种联系。据《托尔特卡-奇奇梅卡史》的记载，在后古典时代早期，科伊斯特拉瓦卡通过联姻与高廷昌地区的奇奇梅克部族建立了联盟。在后古典时代晚期，该城邦成为主要的贸易中心，其市场"是大量财富流通之地……人们交换黄金、羽毛、可可、精致的葫芦、布匹、胭脂虫……"（Durán 1994［1581］：182）1458年，阿兹特克的波奇特卡商人在该地被杀，特诺奇蒂特兰派出大军进行报复。此后，科伊斯特拉瓦卡和周围地区被纳入阿兹特克帝国的范围，向特诺奇蒂特兰进贡。

5. 普埃布拉、特拉斯卡拉、特瓦坎和瓦哈卡

向普埃布拉发展的趋势反映了后古典时代乔卢拉重要性的提高。在古典时代结束和后古典时代开始之时，乔卢拉地区被奥尔梅卡-希卡兰卡占据，经历了某种程度的衰落；进入12世纪，乔卢拉人重新控制该地区。这一复兴被信奉克察尔科阿特尔的托尔特卡-奇奇梅卡移民推向高潮，他们使乔卢拉成为后古典时代晚期克察尔科阿特尔崇拜最伟大的朝圣中心。

这一信仰系统的改变表现为大金字塔的废弃和克察尔科阿特尔金字塔的兴建。就像我们提到的，现代城市包围了乔卢拉古城，前哥伦布时代的建筑中，只有大金字塔如同孤岛，被笼罩在更高大的殖民时期教堂之下。至于克察尔科阿特尔金字塔，则没留下任何痕迹，我们只知道它位于现代城市广场的东侧。

乔卢拉可能是当时辽阔的普埃布拉、特拉斯卡拉和普埃布拉以南特瓦坎谷地北部平原上最大的城邦，但随着本地居民的增长和外来移民增加，其他城邦也开始发展。在特拉斯卡拉地区，最知名的四个城邦是特佩蒂克帕克、奥科特卢尔科、蒂萨特兰和基亚维斯特兰。他们都位于现代都市特拉斯卡拉的周边。早期殖民时代的编年史中，他们的重要性可能被夸大了。但是，在后古典时代晚期，特

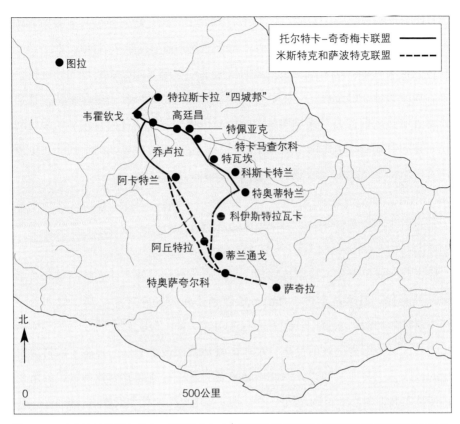

图15.19　中部高地的托尔特卡-奇奇梅卡与中南部高地的米斯特克和萨波特克间有长达300公里的"联盟走廊"。联姻使这些社群结成两个联盟，科伊斯特拉瓦卡是这两个系统的枢纽

拉斯卡拉地区在阿兹特克帝国版图中确实处于关键的割裂地带——正在墨西哥盆地的东边。对阿兹特克领土扩张的强力对抗，导致西班牙殖民者到来寻找盟友时，特拉斯卡拉扮演了重要角色。特拉斯卡拉诸城邦的国王们在促成西班牙人对特诺奇蒂特兰的征服中发挥了重要作用。

特瓦坎谷地本来如一潭死水般沉寂，只有小型聚落分布。纳瓦特尔对该地区的扩张催生了三个中心城邦：特瓦坎别霍、科斯卡特兰和特奥蒂特兰，成为托尔特卡-奇奇梅卡"联盟走廊"的重要组成部分。该走廊连接了北方的特拉斯卡拉诸遗址、韦霍钦戈和乔卢拉，并向东南延伸直达特瓦坎谷地，继续通往上米斯特卡边缘的科伊斯特拉瓦卡（Pohl and Byland 1994）。米斯特克-萨波特克联盟和贸易伙伴们则从科伊斯特拉瓦卡继续向西、向南进发，直至瓦哈卡谷地（图15.19）。

曾经强大的蒙特阿尔班在后古典时代成了一个毫无政治重要性的小社区。瓦哈卡谷地遍布独立的政体，包括萨奇拉这样的萨波特克城邦，也有米特拉这样的米斯特克城邦。后古典时代早期最大的中心是哈列萨，在古典时代早期蒙特阿尔班最兴盛的时候是谷地中两个次级中心之一。后古典时代早期的哈列萨在山顶和坡地上蔓延8平方公里，人口约1.6万人（Finsten 1995）。

6. 总　结

后古典时代早期是人口继续移动、定居人口增加、两个伟大的商贸和军事中心崛起的时代。但这两个中心都没有延续到公元1200年之后。从图拉和奇琴伊察两个遗址的相似因素看，二者无疑有密切的关系，但它们之间互动的实质目前还不清楚。可能因为气候的变化，农业扩张到原来过于干旱、不适于以村落农业为生的地区，中美地区的边界因此向北扩展。这一新地区成为贸易路线的重要枢纽，使其向北方的延伸范围超过了中美地区文化史中的任何时期。

至13世纪初，中美地区的北界又退缩到了古典时代早期的位置，与遥远北方的接触中断。文化和环境两方面的变化导致了这一脱钩现象。这些变化给整个中部高地和中南部高地本已经安定下来的族群及其聚落系统带来了新的人口和文化因素。这一动荡时期在中美地区造就了数百个城邦。在后古典时代晚期，其中一些蓄积了足够的力量，得以控制大多数其他城邦。

第五部分

后古典时代和阿兹特克人的崛起

后古典时代中期到殖民时代早期（1200—1600 年）

地区	后古典时代中期 1200	1300	后古典时代晚期 1400	殖民时代早期 1500	1600
北部干旱地区					
东南：东谢拉马德雷山脉	圣安东尼奥 – 洛斯安赫莱斯				
东南：塔毛利帕斯			洛斯安赫莱斯阶段		
西北边境	查尔奇维特斯文化				
		阿兹塔特兰组合			
米却肯		金祖赞阶段			
	萨卡普，瓦亚梅奥，帕茨夸罗			*金祖赞*	*金祖赞*
格雷罗		特拉斯索，特拉潘，锡瓦特兰			
莫雷洛斯		夸奥纳瓦克，瓦斯特佩克，尧佩克		库埃尔纳瓦卡	
墨西哥盆地		阿兹特克 III 期（奇马拉帕阶段）		阿兹特克 IV 期 特诺奇蒂特兰 – 墨西哥城	
	特斯科科，特纳尤卡，塔库巴（特拉科潘），特诺奇蒂特兰 – 特拉特洛尔科，哈尔托坎，库尔瓦坎，科约阿坎，奎特拉瓦克，米斯奎克，霍奇米尔科，查尔科				
图拉地区	富埃戈阶段		帕尔西阶段		
托卢卡		马特拉钦卡			
	托卢卡，特奥特南戈，卡利斯特拉瓦卡，特南辛戈				
普埃布拉		特拉斯卡拉阶段—乔卢拉			
特拉斯卡拉		特拉斯卡拉阶段—"四城邦"			
墨西哥湾低地北部		帕努科阶段			
墨西哥湾低地中北部		特阿约			
	森波阿拉，特阿约堡				
墨西哥湾低地中南部	森波阿拉 III 期		森波阿拉 IV 期		
	托奇特佩克，科塔斯特拉，瓦图斯科，献身岛				
特瓦坎谷地		本塔萨拉达晚期			
米斯特卡地区		纳蒂维达德晚期			
瓦哈卡和特万特佩克	*蒙特阿尔班，萨奇拉，米特拉*				
墨西哥湾地区南部		希卡兰科，夸察夸尔科			
恰帕斯内陆高原	苏恰帕阶段	图斯特拉阶段	乌尔维纳阶段	弗洛雷斯阶段	
		卡纳哈斯特，恰帕德科尔索			
恰帕斯和危地马拉海岸			原史阶段		
			索科努斯科		
危地马拉高地		奇瑠特拉阶段			
	伊希姆切，萨库莱乌，米斯科别霍，乌塔特兰				
玛雅低地北部	奥卡瓦阶段	塔赛斯阶段	奇金切尔阶段	查瓦卡阶段	
	玛雅潘		*科苏梅尔，图卢姆*		
玛雅低地南部	塔亚萨尔（弗洛雷斯）		尼托		
中美地区东南部			纳科		
中间地区				达里恩	

列举有代表性的期、阶段名称，遗址和事件用斜体表示

第十六章 后古典时代中期（1200—1430年）

后古典时代早期，成千上万的人向南迁移，其中就有图拉最后的几个国王之一韦马克。在墨西哥盆地，韦马克找到了避难所查普尔特佩克山，俯瞰山下的湖泊，特诺奇蒂特兰——即现在的墨西哥城——日后将在那里崛起（图16.1）。传说在查普尔特佩克山，韦马克深感绝望，1168年，他在山腰的一座洞穴中自杀。此事之后几年，查普尔特佩克山又成为一小群墨西卡阿兹特克人的避难所（参见图15.17）。他们被更强大的族群赶下山去，到了1420年又重返这个地区，并建立起特诺奇蒂特兰。随后他们将查普尔特佩克山变为一处更为精致的避难所，一

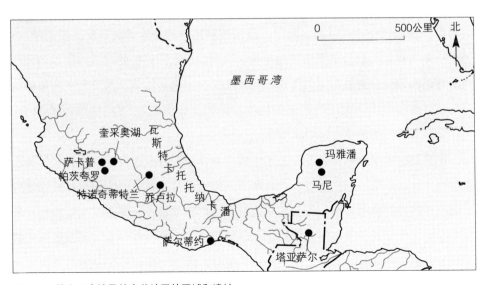

图16.1 第十六章涉及的中美地区的区域和遗址

处国王的休闲度假胜地,让他们从管理日益庞大的首都的重任中解脱出来,放松自己。一个世纪以后,即西班牙人征服阿兹特克帝国前夕,国王蒙特祖马神情沮丧地来到韦马克的洞穴。看到厄运的征兆,他走到山洞入口处,试图解脱前往天堂。洞穴守护者韦马克的灵魂令他回心转意,并面对自己的命运。

蒙特祖马的预感是正确的,不久,西班牙人征服了阿兹特克。他们一点也没耽误,马上就对谁可以获得阿兹特克皇室财产发生争吵,查普尔特佩克当然首当其冲。理所当然,这座山和它周围的一切成了总督的财产,毕竟他是西班牙国王在"新西班牙"的最高代理人。查普尔特佩克山在墨西哥国史中继续扮演着重要的角色——由总督修建的行宫后来被墨西哥皇帝马西米连诺一世占领。1867年,他被推翻之后,查普尔特佩克变成了一个军事学校,最终成为一座国家公园。如今,它是美洲最大城市里面最广阔的绿地。

查普尔特佩克山的故事源于各种资料:古代传说、民族志记载、考古遗存和现代事实。它就是中美地区转型的缩影,通过它,我们对中美地区的了解贯穿了后古典时代的最后几个世纪,直到现在。它的故事与本书最后五章的时间段重叠,从公元1200至1520年。在此期间,中美地区大多数群体,基于他们和特诺奇蒂特兰的墨西卡阿兹特克人的关系,转变为一系列不同的政治组织。1521年,西班牙人征服阿兹特克帝国,随即其政治控制迅速稳步地扩展到整个中美地区。通过任命西班牙人取代本土精英的统治、强制推行欧洲风格的建筑和服饰、使用西班牙语,以及压制原有宗教等重要的本土文化因素等措施,西班牙文化取得绝对的优势地位。由于大量的本土文化符号都具有宗教意义,为了祛除魔鬼崇拜,一些雕刻和彩色书籍等物品均被销毁。

中美地区大量凝聚了智慧和艺术的瑰宝被损毁,有时仅仅是为了获取一些珍贵材料,比如黄金。一些遗址在西班牙人入侵时已是废墟,但它们也被视作如同矿藏一样的投资机会,投机者会购买盗掘权,打隧道进入金字塔,在墓葬和窖藏坑中寻宝。然而,即使在文化毁灭最黑暗的日子里,仍然有一些人在拯救本土的书稿和有价值的物品。此外,随着时间的推移,西方的知识传统开始对非西方文化的发展产生兴趣。今天,通过现代考古学家、民族史学家和艺术史学家的研究工作，中美地区的文化历史得以广泛重建，其总体进程以及特殊的人和事能够为我们所知。

1. 后古典时代中期和晚期

后古典时代由过渡性的古典时代末期发展而来，此时发生了古典时代玛雅社会上层文化传统的急剧衰落，特奥蒂瓦坎的伟大力量已经消失了好几个世纪，奇琴伊察、图拉及其他后古典时代早期军事国家崛起。一些学者发现，将中美地区文化历史的最后三百多年——即1200—1521年——划分为后古典时代中期和后古典时代晚期很实用，因为阿兹特克人的崛起是史无前例的、影响了整个中美文化区的历史现象。

图16.2　这幅16世纪的画表现了绘制之前的半个世纪，阿兹特克皇帝蒙特祖马二世正为自己的雕像装扮。他的这幅肖像被雕刻于查普尔特佩克山崖断面之上，这里是统治特诺奇蒂特兰的阿兹特克皇帝们休闲之所，也是他们让自己的画像永垂不朽之处。蒙特祖马二世是阿兹特克皇帝、墨西卡贵族和特诺奇卡的统治者。这些及其他术语描述了后古典时代晚期重要的族群、语言和政治组织。表16.1中有详细的介绍和区分

因此"后古典时代中期"大致从1200年（奇琴伊察和图拉衰落）开始，一直延续到墨西卡阿兹特克人开始进行更大的文化扩张（图16.2）。1370年，墨西卡人建立了自己的王朝，但直到1430年才开始有效地统治别的国家。值得注意的是，仅仅九十年后，他们就控制了一个五六百万人的朝贡帝国（Sanders 1992）。因此，将大约1200年到1430年之间的中美世界作为一个阶段去认识是很合理的，此后，中美地区最成熟、最广泛的政治系统和与之同期的其他政治体发展起来了。

表16.1 阿兹特克及其他常用术语

阿兹特克	所有宣称祖先来自阿兹特兰的族群，阿兹特兰是一个半神话之地，是从西北迁移到中央高地的后古典时代移民的起源之所。这是一个现代词语，一些学者认为"纳瓦"更准确，并且根本就不应该使用"阿兹特克"这个词
纳瓦	大乌托-阿兹特克语系（中美地区最大的语系）的一个语言分支，主要有两种地方方言：纳瓦特（墨西哥湾低地地区和太平洋海岸南部使用）和纳瓦特尔。另外一种方言纳瓦尔，主要在中央高地西部使用
纳瓦特尔	后古典时代晚期墨西哥中央高地使用的纳瓦语的一种方言，是那时期中美地区商贸和政治通用语。纳瓦特尔语是1500年墨西哥盆地最重要的语言，也被称为"阿兹特克"或"墨西卡诺"
墨西卡	定居于特诺奇蒂特兰和特拉特洛尔科两座邻近岛屿之上的阿兹特克族群。他们是独立的社区，有自己的统治世系，但最终特诺奇蒂特兰战胜了特拉特洛尔科。在1519年，墨西卡人在中美地区具有强大的影响力，以至于他们的名字不仅用于命名自己的首都特诺奇蒂特兰-特拉特洛尔科（墨西哥城），在19世纪还被用来命名整个国家——墨西哥
特诺奇卡	建立特诺奇蒂特兰的墨西卡人群
阿科尔瓦	占据墨西哥盆地东部的阿兹特克族群，墨西卡人最强大的盟友。首都是特斯科科
特帕内卡	占据墨西哥盆地西部的阿兹特克族群，之前是墨西卡人的领主，直到大约1430年特帕内克战争爆发，双方政治地位反转，后来他们成为墨西卡人第二强大的盟友。首都是塔库巴/特拉科潘和阿斯卡波察尔科
三角联盟	墨西卡人、阿科尔瓦人和特帕内卡人之间的联盟
阿兹特克帝国	三角联盟统治的领土

注：表格列举了一系列常用、有时易混淆的术语，描述了后古典时代特别是墨西哥中央高地的族群、政治派系和语言

2. 后古典时代中期的分立国家

回溯到大约1200年，我们可以看到大量族群从中美地区的一个区域迁移到另一个区域，总体说来，这些人并非狩猎采集者——尽管晚期的记录者有时会强调这些因素，为他们祖先的活力而感到自豪。相反，大部分移民是流离失所的农民和工匠，他们习惯于生活在社区或附近，由普通人纳贡养活的精英阶层管理，这里有仪式建筑比如神庙-金字塔和球场，即使是规模再小的社区也有供货物交换、分配的市场。这些特征在复杂社会比如高级酋邦和国家是很常见的，而且像墨西卡人这样的群体已经习惯了生活在这样的社会环境中，所以他们找到新的定居所时，就迫不及待地建立类似的社区。

在后古典时代中期，整个中美地区大量独立的小型政治组织成立或重建起来。这些基本都是城邦国家，包括一个城市化的社区和围绕在周边的农村腹地。不管在什么区域，这些小国家都很相像，利用同样的资源，具有相同的政治和社会组织。王朝统治者自诩具有超越普通人的等级地位是这种政治系统的共同特点，但一个地区的众多统治家族却倾向于相互通婚，由此组成了超越领土政治界限的社会上层。

什么是小城邦的"分立"？这个概念是指他们在一个大的区域系统内各自扮演一个同质的组成部分，是独立的个体，即使在没有其他城邦的情况下依然可以生存。社会科学家将这样的系统比喻成"机械集成"——比如说，一堆金字塔状的橙子就是一个机械集成整体，其中每个橙子的角色都与其他橙子相同，它们相互邻近，依靠挤压和重力作用支撑起橙子堆。而橙子树则是一个"有机集成"的系统，因为树的每部分都紧密相连，且各自扮演了发挥整个有机体功能所必需的角色。

一个大型政治体系可能是"机械"或"有机"的。有机的系统会结合不同的地区，共同创造一个充满活力的多元经济和社会。机械的系统则会将若干彼此相似的个体组合到一起，强制形成一种虚拟的有机集合，通过给不同个体分配不同的角色，来强化维持此庞大系统的有利性和必要性。然而，由众多"割据"城邦组建的帝国具有天然的脆弱性，因为这些组成部分并不需要帝国就能生存。事实上，拥有一个霸主需要付出代价，而如果城邦可以独立，它们就能够获得最直接的劳动力和货品收益，没必要向更大的首都进贡。

后古典时代中期展示的情景是很多地区小城邦纷纷建立，几十甚至几百年来大体保持权力的平衡。在一些地区，比如墨西哥盆地，有几个城邦变得格外强大，以至于他们开始强行要求其他小城邦纳贡。我们已经看到，作为图拉盟友的库尔瓦坎和哈尔托坎在后古典时代早期就建立了这种政治模式。后来的朝贡帝国就是建立在这种小规模政体基础之上，形成了主要大国统治其他城邦并靠他们养活自己的政治结构。

中美地区最强大的国家当属阿兹特克帝国，首都为特诺奇蒂特兰，当然也有其他大国，最著名的是塔拉斯坎帝国，首都在金祖赞。阿兹特克和塔拉斯坎帝国都因西班牙人的征服而突然衰亡，某种程度上说竟获得一种不朽。对阿兹特克帝国的描述通常是一幅永恒的图像，似乎这个帝国长久地拥有广阔的疆域和政治复杂性。事实上，阿兹特克和塔拉斯坎帝国的政治体系都是从小城镇逐步扩展到广阔地区的，时间也不过百年；与欧洲人接触时的状态仅仅是一系列急速变迁过程中一幅文化快照而已。

一、地峡东部和墨西哥湾低地

在后古典时代中期，许多地区都经历了小城邦的发展，有时几个城邦会结成联盟试图征服其他城邦。古典时代晚期，尤卡坦半岛南部玛雅人口的大崩溃令这个广阔的区域荒无人烟，蒂卡尔和卡拉科尔的院落和神庙废墟甚至被热带丛林重新吞噬。佩滕-伊察湖附近的社区构成了伊察玛雅的核心聚落群——他们的首府是位于湖中弗洛雷斯岛上的塔亚萨尔，直到1697年才被西班牙人征服（Jones 1998）。玛雅文明在尤卡坦的长海岸、北部平原和危地马拉高地以及邻近的恰帕斯内陆高原地区仍然比较繁荣。在这些地区，分立城邦的形成和发展过程创造了政治竞争的生动景观。

1. 玛雅低地北部：玛雅潘的崛起和衰落

奇琴伊察的繁荣仅限于后古典时代早期，甚至有证据表明该遗址在13世纪时即被废弃。奇琴伊察衰落后，玛雅低地北部再也没有规模宏大的首都，相反却出现了一系列区域小城邦，我们将在第十九章中详细讨论。

学者们有时会将低地北部奇琴之后的后古典时代称为"衰败"时期，因为从单个庞大中心统治转变为各自分散的政治力量，似乎是一种政治复杂性的退化。到了1300年，奇琴恢复了一些人口，但是和特奥蒂瓦坎一样，已变为朝圣之地，本地人口是为了服务那些艰苦跋涉到此神圣遗址的人。因此，它一直存在于后古典时代晚期，直到殖民时代。政治权力已经转移到附近的玛雅潘，虽然它以奇琴为蓝本，但规模更小、建造更粗糙。

玛雅潘 | 在玛雅潘后古典时代早中期建筑下，发现了早至形成时代晚期的遗存。在13世纪奇琴伊察衰落之后，玛雅潘怀揣雄心，试图继承奇琴作为尤卡坦北部最强大城邦的角色，强势崛起（Milbrath and Peraza Lope 2003：24）。与奇琴对大广场情有独钟不同，玛雅潘的规划布局很狭窄、拥挤（图16.3、16.4），这可能是因为尤卡坦半岛北部此时正在进行争夺权力正统的战争。

玛雅潘的统治者是伊察人的一个分支——科科姆家族。有些学者通过对民族史资料证据的解释，发现科科姆家族会和其他城邦的统治家族一起多方联合执政（第十四章中已讨论），但实际上在玛雅潘，这似乎相当于扣押贵族人质。这种一个王朝扣押另一个王朝的重要人员作为人质的行为，在全世界的很多国家中都很常见。通常这种行为看起来亲切、热情，比如将附属国的继承人长期留在宗主国，是为了让他同本国的王室青年一起接受教育。但事实上，这瓦解了附属国王室试图反抗他们领主的能力，因为那样会祸及他们的王子。

科科姆家族对于控制王室对手是非常认真的，从他们雇用源自塔巴斯科的墨西哥士兵来强制执行纳贡政策就可知一二。金字塔正面墙上的石灰面浅浮雕就刻画了被斩首的士兵（Peraza Lope 1999）。1441年，在一场明显由休家族成员领导

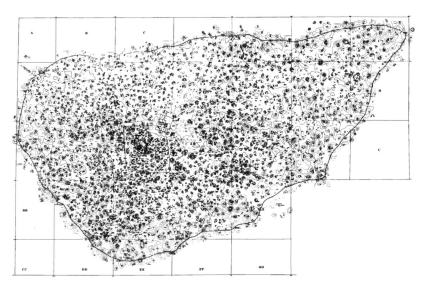

图16.3、16.4　玛雅潘的重要建筑模仿了奇琴伊察墨西卡建筑风格，不过规模更小且建造粗糙。"埃尔卡斯蒂略"金字塔（下图右上）就是雄伟的奇琴伊察羽蛇金字塔的缩小版复制品。玛雅潘的重要建筑包括了贵族行政-居住的宫殿，与奇琴伊察不同的是没有发现公共建筑，比如球场和汗蒸浴室。玛雅潘的城墙内面积有420万平方米，有4000多座建筑（上），大概90%用于居住（Andrews 1993），估计有1.2万人，以玛雅前所未有的人口密度居住于此

的起义中，科科姆家族统治者被暗杀，其恐吓和压迫的统治终于画上句号。玛雅潘被摧毁了。在距离古代乌斯马尔不远的地方，休家族修建了城市马尼，成为后古典时代晚期尤卡坦半岛北部最大王国的首都（图16.5）。

东南边境│中美地区的远东边境同西北边境一样，经历了类似的文化变迁。它并未受到中美地区文化的影响，并在区域范围内维持着酋邦层级的复杂政治局面。

2. 危地马拉高地

我们在第十四章中已经指出，尤卡坦低地南部玛雅文明的崩溃促使难民涌入邻近地区，包括危地马拉高地。考古证据显示从古典时代晚期到后古典时代早期，高地并不太平。聚落模式改变了，河谷遭到废弃，山顶上居所建立起来。这种现象暗示的敌对冲突可能有多方面的原因，比如高地本地定居人群内部的人口增长，以及难民群体的到来。另外一个因敌意造成分裂的标志是玛雅语言的分化，在大约1000年，玛雅语分化出基切、卡克奇凯尔和特楚图希尔等方言。语言当然是族群认同的重要组成部分，其区域变体的数量表明族群彼此分离的程度。这些族群将成为该地区后古典时代晚期重要的政治力量，我们将在第十九章详细讨论。

图16.5 玛雅潘1号纪念碑显示了神庙中的查克神（右侧），上方刻有若干方块作为屋顶，方块内雕刻了文字，现已磨损难以辨认。沿着"屋顶"下方边缘分布着一条带状的盘式装饰，是珍稀物品的象征

大约1250年，高地受到了来自普吞伊察玛雅人军队入侵的巨大压力，建筑表现出墨西哥影响的风格（四方台阶金字塔，I字形球场）。从某种意义上说，他们

是第二次"玛雅崩溃"的难民——奇琴衰落以后，普吞伊察人向南推进，在高地建立了几个遗址（包括查尔奇坦和崔蒂纳米特-阿蒂特兰遗址），其建筑均与奇琴相似。一些重要的本土文献，比如基切人的"圣经"《波波乌》，描述了入侵者的侵略行为，在书中他们追溯其来自托兰的祖先，试图使自己的行为合法化。因为我们知道，托兰这个名字指代了几个重要遗址，在此书中可能是奇琴。学者们并不赞同这种对民族史材料进行字面解释的行为，一些人认为从陶器类型连续性的证据来看，后古典时代的族群分裂实际上从高地更早时期就开始了。在13世纪甚至更早，几个玛雅族群宣称在高地拥有领土，他们在具有防御性山顶上建立分立城邦，基切玛雅人是其中之一。

3. 太平洋海岸平原南部和特万特佩克地峡

危地马拉和恰帕斯的海岸平原在这一时期并未留下太多记录，但在15世纪，基切人和阿兹特克人在这里进行了激烈的竞争，由此反推，这个地区的可可生产应该仍在继续，并且小型政治组织得到了发展，一般一个城镇周边会围绕许多小农业村庄，这些政治组织在后古典时代晚期变成了城邦。

后古典时代中期，沿着特万特佩克地峡的太平洋海岸迎来了该地区人口密度的最高峰，萨尔蒂约是最大的遗址，在1300年后被废弃。随着瓦哈卡谷地的萨波特克人迁入并占领邻近的特万特佩克地区，当地居民似乎在更小的定居点重建了自己的家园。

4. 墨西哥湾低地和中央高地南部

我们将视野北移到墨西哥湾低地南部，仅仅从考古发现来说，很难了解后古典时代中期这里的情况。但我们可以从后古典时代晚期的民族史记录反推并假设，在后古典时代中期，这里的人们生活在小型政治体中，以耕种、渔猎和种植可可为生。

在后古典时代中期早段，墨西哥湾低地中南部的物质文化遗存包括遗物组合和聚落布局都发生了剧变，表明其受到了来自中部高地可能是乔卢拉方向的影响。因为本地区后古典时代早期的考古记录并不丰富，上述剧变的原因并不清楚，可能体现了本地人群对外来风格的接受，这种接受可能是自愿的，也可能是军事入侵压力下的结果；还有一种可能是这种变迁体现了古典时代文化的崩溃，以及当地人群被外来者所取代（Stark 2010）。

其他的取代影响了墨西哥湾低地中北部。在后古典时代中期，托托纳克人到来并占领了北部。因物产丰富，阿兹特克人称此地为"托托纳卡潘"，意为"食物之地"。像占领墨西哥湾低地北部的瓦斯特克人一样，托托纳克人的语言也与玛雅语有关。后古典时代早期，可能由厄尔尼诺现象导致的干旱，迫使瓦斯特克人往南迁移（Wilkerson 2001：328）。

墨西哥湾低地西部 | 瓦斯特卡和托托纳卡潘均向西扩张到了中部高地的东部边境东谢拉马德雷山脉。于山脉的西侧，在这个"米斯特克、奥托米和瓦斯特克人群沿着地区边缘和废弃或被征服的奥尔梅卡-希卡兰卡中心移动的重要时期"（Plunket and Uruñuela 2001：615），位于该地区核心地带的普埃布拉和特拉斯卡拉正在经历变革。托尔特克-奇奇梅卡人在乔卢拉地区定居下来，这里出土的骨骼证据表明基因的变化，支持了民族史文献中关于移民到来的记录。

在西部的莫雷洛斯，同样来自北方的移民为该地区人口的恢复做出了贡献，他们建立的聚落群将成为后古典时代晚期重要的中心。再往南的米斯特卡地区，后古典时代早期就颇具影响力的城邦正持续发展，米斯特克人和萨波特克人占据了瓦哈卡谷地。

二、墨西哥西部：米却肯地区塔拉斯坎的崛起

墨西哥遥远的西部不再与中美地区直接接触。曾为托尔特克人服务的阿兹塔

特兰贸易线路已无法将奢侈品运到北美西南部，那里的普韦布洛大房屋系统已经衰落。在欧洲人到来之时，墨西哥西部太平洋沿岸聚落系统的人群完全不知道东部正在发生的大事件。

墨西哥西部内陆谷地和盆地成为在帕茨夸罗湖周围新发展起来的塔拉斯坎帝国的核心区域。整个米却肯地区日渐成为一个相对独立的、统一的政治实体，与墨西哥中部日益强大的力量同时成熟，并与之对立。到西班牙人征服美洲时，塔拉斯坎帝国已经控制了7.5万平方公里的领土，与阿兹特克人接壤的地方多次成为双方战争的主战场。尽管如此，塔拉斯坎帝国仍然免受阿兹特克人的侵略，部分原因是二者之间较远的距离，但塔拉斯坎帝国对于金属武器的使用也是一个应当考虑的因素。

在墨西哥中部，殖民时代的古米却肯编年史家也会谈及奇奇梅卡人、纳瓦语族人和瓦库塞查（鹰）人的移民，认为他们均是"塔拉斯坎王朝王室的祖先"（Pollard 1993：13）。塔拉斯坎帝国创建者的主神是库里考埃里，代表了太阳和地球之火，他作为猎人和勇士成为塔拉斯坎人特别是国王的守护神（图16.6）。塔拉斯坎地区认知体系从墨西哥中部独立出来的一个标志是，缺乏墨西哥中部信仰系统的很多基本因素。没有证据表明墨西哥中部有二元性原则，也没有发现重要神祇的男性或女性配偶，尽管他们有很多重要的女神，比如普雷佩查人的萨拉坦佳女神，在金祖赞和伊瓦奇奥地区，她和库里考埃里一起受到崇拜，在那里他们被"改造为丈夫（太阳）和妻子（月亮）"（Pollard 2008：225）。塔拉斯坎也没有与特拉洛克或羽蛇神相对应的神祇，地面的降雨由女神库埃劳阿佩里控制。

此外，尽管塔拉斯坎人知道墨西哥中部的文字系统，但没有发现塔拉斯坎前哥伦布时代的文字记录。他们同中美地区其他人民一样，也使用一种365天的日历，一年有18个月，每个月20天，外加另外的5天补足一个太阳年。但根据16世纪早期塔拉斯坎人的重要文献《米却肯记事》（1980［1541］）的记载，以日名来占卜并非塔拉斯坎人的常见行为。塔拉斯坎人的日历与他们东南方的邻居托卢卡地区的马特拉钦卡人最为接近（Pollard 1993）。

尽管如此，塔拉斯坎还是具有中美地区信仰系统的许多特征，包括自我牺牲

图 16.6 《米却肯记事》(1980[1541])中的插图,展示了塔拉斯坎国王精心设计的葬仪。护柩者抬着覆盖了皇家服饰的国王身体,中间是鼓乐者;右下方,王国的侍从正被杀掉,用于祭祀

和杀人祭祀,崇拜山脉、泉水和洞穴以及蛇和蝴蝶等。塔拉斯坎地区盛行球赛,但在金祖赞并未发现球场。烟草在塔拉斯坎的仪式中广泛使用,在仪式性遗址中发现了大量的烟斗残片。

奇奇梅卡-纳瓦移民在米却肯地区的文化和人口影响似乎比在墨西哥中部小得多,但这些后古典时代早期的移民建立了后古典时代晚期的统治王朝。塔拉斯坎语有时也称作普雷佩查语,通常被认为是独立存在的,一些学者认为其与苏尼语和盖丘亚语有联系,而另一些学者则提出它是很久以前从中美洲南部和南美洲北部的奇布查语系中衍生出来的。

考古证据表明,后古典时代早期到中期,人群会选择在防御性地点居住。本地社会上层似乎为了领土而竞争,早期一些重要遗址位于帕茨夸罗湖北部的萨卡普盆地内。萨卡普这个名字也让埃尔帕拉西奥-拉克鲁西塔遗址为人所知,因为它紧邻一个同样名为萨卡普的现代小镇。在后古典时代早期,这个遗址成为塔拉斯坎帝国早期统治者的都城,其人口最多达到2万人,面积大约1100万平方米(Michelet et al. 1989)。

塔拉斯坎第二任统治者在位时,将首都迁到了萨卡普和帕茨夸罗湖之间的瓦亚梅奥。这意味着塔拉斯坎人将经营重心转移到帕茨夸罗湖附近。湖区资源丰富,有肥沃的冲积平原,还拥有丰富的鱼类可捕捞。

后古典时代晚期王朝世系的建立者是塔里亚库里,他于14世纪初期统治了塔拉斯坎。一般认为,他是第一个统一后来的塔拉斯坎帝国核心区域的国王,首都设在湖泊南部平原上的帕茨夸罗。即使后来首都北移,帕茨夸罗始终是重要的区域中心。塔里亚库里死后,王国一分为三,他儿子统治了帕茨夸罗,另外两个首都伊瓦奇奥和金祖赞分别由他的两个侄子控制。

塔里亚库里和他的盟友进行了一系列征服活动,更准确地说是突袭掠夺,直到大约1440年,整个地区才有效地稳定下来。当然这种突袭也是有一定方法步骤的(图16.7),到1440年,塔里亚库里王朝的军事影响已经遍及帕茨夸罗湖地区,并向东北扩展至奎采奥地区。

对奎采奥地区的攻击主要来自伊瓦奇奥(图16.8)。这个复杂的中心城市自从后古典时代早期以来就居住着说纳瓦特尔语、与图拉有关系的人群。伊瓦奇奥带有城墙的核心范围南北长约1000、东西宽约470米,内部区域用墙分隔;有各式各样的建筑,其中一座圆形的可能是观象台,此外还有三座巨大的"亚卡塔斯"。亚卡塔斯是一种组合式建筑,有一长方形台基,台基前方有一个半圆形的凸出物。这种独特的塔拉斯坎建筑以金祖赞的最为著名,到15世纪中叶,它成为塔拉斯坎最重要的城市。而塔拉斯坎此时已经成为正在发展中的阿兹特克帝国最难缠的对手。

三、墨西哥盆地

在本章的开始,我们就说过托尔特克人韦马克在查普尔特佩克结束了自己的生命。韦马克和其他在查普尔特佩克避难的阿兹特克人一样,都是说纳瓦特尔语

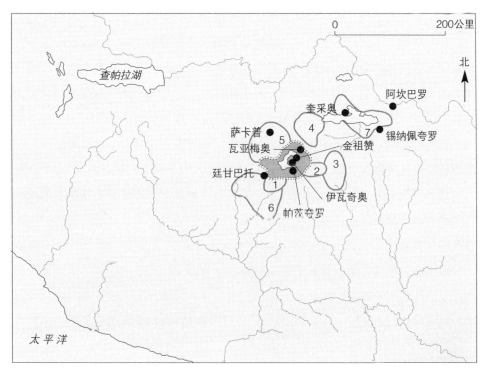

图16.7、16.8 后古典时代晚期塔拉斯坎帝国的核心地区,从14世纪到15世纪早期,塔里亚库里和他的王朝开始统一这里。上面的地图显示了湖泊附近区域被征服的顺序,从帕茨夸罗湖西南开始,然后沿着湖盆周围逆时针推进。最后,奎采奥湖附近区域也陷落。伊瓦奇奥曾经是塔拉斯坎帝国的首都之一。遗址中这些金字塔是用来奉献给塔拉斯坎帝国两位主神库里考埃里和萨拉坦佳的

的。从某种程度上说，通过对语言模式变迁的研究，我们可以了解后古典时代发生的移民状况。上文已述，语言是族群认同最重要的特征之一，通过追踪不断扩大的纳瓦语群体的范围，我们可以考察说纳瓦特尔语的阿兹特克人在后古典时代晚期的统治情况。这种语言是乌托-阿兹特克语系的一支，该语系是美洲人民使用最广泛的一系列本土语言。乌托-阿兹特克语系过去和现在仍然被北美西部的本土美洲人使用，包括派尤特人、肖肖尼人、霍皮人和皮马人。更南的墨西哥西北部，塔拉乌马拉人、亚奎人和维乔尔人也属于乌托-阿兹特克语系。

到了与欧洲人接触之时，纳瓦族群的语言已经遍布中部高地，其使用范围扩展到整个墨西哥西部，在墨西哥湾低地至美洲中部零散分布。纳瓦特尔语，一种纳瓦族群惯用的方言，在1519年成为墨西哥盆地的官方语言，也是整个中美地区的通用语。现在的墨西哥和中美洲遍布名字为纳瓦特尔语的城镇，前面通常加上一个圣徒名字的前缀，这种广泛传播的命名方式可能并非阿兹特克人统治的标志，而更可能是西班牙人在征服过程中，他的阿兹特克向导将当地名字翻译为纳瓦特尔语。

长久以来，语言历史学家相信中央高地纳瓦族群语言的分布与后古典时代的移民浪潮有关。我们并不知道特奥蒂瓦坎人说什么语言。一些学者认为特奥蒂瓦坎发现的字符与后古典时代晚期阿兹特克文字有相似之处，暗示了他们的语言也有连续性。然而，语言中词汇多样性分析表明，科约特拉特尔科文化才与纳瓦式语言向墨西哥盆地及其邻近地区传播相关（Kaufman 1976；Luckenbach and Levy 1980），而且很多学者相信托尔特克是这个地区最早使用纳瓦特尔语的强大政治体。

并非所有迁往中部高地的移民均是纳瓦特尔语的使用者，不同族群的社区以由领主统治的小城镇为中心，创建了一个个马赛克式交叉分布的有疆域的政体。我们已经知道图拉在墨西哥盆地拥有两个盟友库尔瓦坎和哈尔托坎，后者是奥托米语族群的中心遗址，这种语言是奥托曼格安语系的一支。从古典时代晚期到后古典时代早期，其他迁入盆地并为人口繁荣做出贡献的种族有来自南部的奥尔梅克人和希卡兰卡人，以及来自北部的托尔特克人和奇奇梅卡人。

阿兹特克人口 | 由于移民和人群自身的繁衍，后古典时代墨西哥盆地的人口显著增长。不过在后古典时代早期，人口甚至可能有所下降。大约在1200年，盆地内人口不到20万人；到了1519年，人口增加到大约100万人。所以从1200年到1500年，每150年人口就翻了一番，很大一部分原因在于移民。这个倍增率说明其平均年增长率仅0.5%，从现代标准来说看起来很低——我们目前全球人口的倍增率每年估计为1.5%—2%，大约每35或50年人口就翻一番——但别忘了，在现代医学出现以前，通常有将近一半的新生儿活不到5岁。中美地区即便相对来说远离传染病，小孩也容易遭受肠道炎等潜在致命疾病的侵扰；而且成年人辛勤劳作，有时食物不足，还要遭受比如战争之类的危险；古代中美地区人口构成中并没有多少老年人。

此外，这种增长率听起来很低，但根本上说，仍是不可持续的。没过几个世纪，人口增长就达到了环境承载能力的极限。这曾经发生在古典时代晚期的玛雅低地，其人口倍增率大致相同，最终结果是文化和人口的崩溃。正如我们将要看到，到了15世纪中期，农业产量低于正常水平，饥荒席卷了整个盆地的人群。

这种人口的剧烈增长是人群自身繁衍和移民的结果，通过语言学、民族史学和考古学的证据组合判断，移民潮爆发于1200年左右（Smith 1984）。这个关键时期的很多移民均来自干旱地区，他们已经学会了在水资源稀缺的土地上耕作，每天全靠龙舌兰汁液补充液体摄入。龙舌兰非常适合在盆地冲积平原上方的山前空置坡地种植，它可以帮助保持阶地的水土，以便栽种玉米、豆子和南瓜。一个种植龙舌兰的家庭农场，居住于沿阶地修建的房屋内，可以从自己6亩（大约4047平方米）的耕地上获取足够的食物、饮料，以及用于纺织和其他手工业生产的原材料（Evans 1990）。

在1200年左右的移民潮到来之前，那些山前坡地一直处于未开垦的状态。我们设想了一种情况，即那些迁移到中央高地的农业家庭涌入小城镇中，征求当地领主的同意在未开垦的土地上定居。这是一种双赢的局面。对于移民来说，这结束了他们的长途跋涉，重新定居在一片土地上开始生产生活；对于领主和他们的城镇来说，新来人口的涌入增大了税基，而且意味着主要食物和手工业品生产者的增多,以及消费者的增多。到了1519年,山麓地带被大片开发,梯田增多,托尔特克时代小型人口聚居点遍布其中。

我们把目光投向1200年的盆地,此时移民活动达到巅峰,我们会发现后古典时代晚期聚落模式的骨架已经形成(图16.9)。说奥托米语的哈尔托坎是最古老的政体,占据了一个小岛和湖泊系统北部的沼泽腹地(Brumfiel et al. 1994)。湖泊系统南部边缘则分布着其他比较繁华的城镇,如库尔瓦坎、奎特拉瓦克、米斯奎

图16.9 大约1200年的墨西哥盆地,展示了一些后来成为重要城邦首都的城镇,以及山前坡地上建立的农业村落。此图是《霍洛特尔手抄本》(1980 [1553—1569])的第一页,描绘了著名的移民领袖霍洛特尔令其家族成员分别统治墨西哥盆地内的众多城镇。在这幅地图中,上部是东方,黑色的曲带代表将盆地与特拉斯卡拉、普埃布拉隔开的山脉。霍洛特尔披着动物皮,带着弓箭,站在地图左下方的一座小山上,面向右侧(南)的泪滴形小岛哈尔托坎,它位于盆地中央湖泊系统的北部边缘。左上方有两座金字塔,代表特奥蒂瓦坎;霍洛特尔背后偏下的另一座金字塔就是图拉

克、霍奇米尔科和查尔科等。伟大的移民领袖霍洛特尔的故事在一本名为《霍洛特尔手抄本》的地图集中有详细记载，他带领部分移民定居于盆地西部（图16.9地图的下部边缘区域），首都位于特纳尤卡。

专栏16.1 / 生为阿兹特克人

古代中美地区人民将时间看作一系列循环，类似多个由大及小互相咬合转动的齿轮。其中一个计时齿轮就是260天的占卜历（卓尔金历或托纳尔波瓦利历），可能与人类孕期时间的长短有关。假如是这样，生日就是受孕日期的回应——夫妻应该优先在占卜历上的吉日同房。因此，受孕和作为其历法回应的生日，就是一个人对时间的第一印象，个人一般以生日来取一个名字，这个名字就标识了他人生的吉凶。

分娩时，产妇由女性亲戚和一名产婆照顾，当然如果她有钱，也可以多请几名。在孕期和分娩过程中，产妇都会洗汗蒸浴，产婆为她按摩以便让胎儿调整到合适的位置（Sahagún 1969：155，167）。用动植物煎熬的药剂可以有效诱发宫缩。分娩时超乎寻常的困难则会被视作产妇不忠的信号；但如果她死于分娩，地位就会提升，如同战场上牺牲的勇士一般，并且会变成西瓦泰特奥的一员，灵魂将在每天午后到日落时与太阳相伴。（参见图16.12）

顺利生产的产妇会被赞颂为凯旋归来的战士，她获取了"俘虏"——新生儿。新生儿的脐带会割下并保存起来——男孩的将会被士兵带到战场上填埋，象征着他将来会成为勇士；女孩的脐带则会被埋在灶边，因为女性的位置"只在房屋内，她没有必要去别的地方……她必须准备好饮品……食物，必须研磨、纺线、织布"（Sahagún 1969：173）。

在为新生儿清洗时，产婆会向水神查尔奇维特利库埃祈祷（图

图16.10 查尔奇维特利库埃是女水神,在她的披肩(名为"克奇凯米特尔")边缘装饰了连续的名为查尔奇维特尔斯的珍贵圆环,裙子上的图案是为了纪念穿蛇裙的大地女神科阿特利库埃

图16.11 "8死亡"或者"9鹿"这天出生的小孩比较可怜。人人都知道"8死亡"意味着"暴脾气……堕落和疯狂……被恶习和罪恶包围……放荡……专横,狂妄,厚颜无耻……"(Sahagún 1979:50)——这只是一长串贬义词的开始;但也仍希望:"读日名的占卜者可以改善历法日的性质……他们可以将仪式推迟安排到'10兔'日,在那天给小孩儿施洗并取一个名字。"(Sahagún 1979:50)但当遇到出生在"10兔"日的人时,人们可能会怀疑,或许会想"可能其真实身份是'8死亡',试图跨过厄运转变为'10兔'"。母亲和产婆照顾这个命途多舛的婴儿被视为厄运的征兆

图16.12 这尊西瓦特奥特尔的石雕刻画了一个从死去的产妇身体内冒出的女神。她头为骷髅,有四只手,这是献祭的象征

16.10),水神藏身于湖泊和水塘之中,也存在于用来清洗婴儿身体的水中。几天之后,婴儿会再次受洗。在精心准备的仪式上,婴儿的社会身份得以确立,并根据出生那天的占卜历法日名取一个名字,此外还会用其祖父母之名为他取一个私人名字。

占卜历法的日名并非只是称呼人的标准途径,它更是命运的预示。新生儿从出生那一刻起,就有了固定的身份,这种身份的形成原因不仅会受到每个新生儿的性别、健康状况、家庭和文化等因素的影响,还有生日那天本身所有的意义特征(图16.11)。

事实上,每个日子都预示了一个人特定的性格发展,比如小偷或醉鬼;但每个日子的影响是多样的,因此命运是复杂的。每个命名日有多种守护神,就像它所在的13日周期一样(Read 1998:115)。此外,如果生日那天完全是凶险的,阅读婴儿命运的占卜者就会挑选一个更吉利的日期举行正式的洗礼,所有这些因素将会中和这个日期的不祥象征。

霍洛特尔的部分追随者也在盆地东部安定下来，与这里原有的人群融合，建立了特斯科科。盆地东部的阿兹特克人最终以阿科尔瓦克人闻名于世。在欧洲人入侵之前的一个世纪，他们与特诺奇蒂特兰的墨西卡人共享权力。由于不断有其他族群到达并定居于特斯科科郊区或其他地方，王国范围内的种族构成变得愈发多元化。14世纪中期在位的基纳钦是霍洛特尔的曾孙，他邀请一支名为特莱洛特拉克的米斯特克人到特斯科科居住。这些人都是知识渊博的书写者和艺术家，他们的出现为特斯科科开启了城市成熟智慧的悠久传统。

当这些族群定居下来并与当地人群通婚之后，有的成为臣服者，有的成了统治者（迟早的事），盆地内所有可耕种的土地都被瓜分殆尽。所以，当移民潮的最后一批人——墨西卡阿兹特克人到来的时候，他们只能试图在查普尔特佩克山上建立自己的社区。墨西卡人受到部族神灵维齐洛波奇特利的启发，非常热衷于祭祀行为，这被其他定居于此的邻居视作一种威胁。相传一个名为科皮尔的墨西卡人由于被族人排挤，背叛并出卖了族群的位置，于是墨西卡人杀了他并将他的心脏扔到特斯科科湖西部的沼泽浅滩上。后来他们发现科皮尔的心脏已经发芽，那个地方的一块石头上长出一株仙人掌，上面站着一只口中衔蛇的老鹰，这后来成为墨西哥国旗的中心图案，而且这里也成为特诺奇蒂特兰/墨西哥城的中心（图16.13）。

1325年，这座城市正式被墨西卡人建成，在12世纪墨西卡人刚来到盆地时，它仅仅是一个小渔村，沼泽中的岛屿上已经有人群居住了。回到墨西卡人早期充满勇气但不受欢迎的传说故事，我们发现当他们被人从查普尔特佩克山赶走之后，投靠了库尔瓦坎并达成协议，居住到形成时代晚期曾经庇护过奎尔科的荒凉的火成岩地区。但他们将库尔瓦坎国王的女儿杀掉祭祀，激怒了他们的庇护者，遭到驱逐再次踏上迁徙、寻找家园的路途。特帕内卡人决定利用他们做雇佣兵，并将他们安置于特斯科科湖西部沼泽中的岛屿上，这里正是科皮尔心脏生根的地方。大约1325年，特诺奇蒂特兰正式建立起来，紧接着在14世纪中叶墨西卡人发生了分裂，部分墨西卡人迁移到特诺奇蒂特兰北部相邻的岛屿上，建立了特拉特洛尔科（Bray 1977）。

图16.13 这幅16世纪中期的画描绘了从科皮尔心脏中长出的仙人掌,这里将成为特诺奇蒂特兰的中心。现代墨西哥的国旗上就装饰了仙人掌-鹰蛇图

作为特帕内卡人的附属和雇佣兵,墨西卡人归顺了这个富有侵略性的联邦,他们正在打造一个纳贡城邦体系,到15世纪30年代,其范围已经包括墨西哥盆地中部和北部的大部分地区。从大约1380年到15世纪20年代末期,阿斯卡波察尔科的国王特索索莫克成为特帕内卡人的领袖,他"以罕见且残忍的天赋创建了帝国,后来他的墨西卡属臣从其继任者手中夺取并扩大了这个帝国"(Davies 1977:44)。

1. 墨西哥盆地的城邦国家和联邦

后古典时代中期,墨西哥盆地小城市附近的人口持续增长,他们由周边郊区的农村供养。每个城市都由一个贵族家庭统治,他们在盆地内形成了一个个潜在的独立政治体和族群(详见图17.18)。事实上,这些城邦通过统治者之间的婚配、共同的种群渊源,以及共同参与的商业体系和政治结盟,连接到一起;却在农业土地的生产力和农民的劳动力,以及由本地人口召集而成的军队规模等方面力量悬殊。这种城邦在纳瓦特尔语中为"阿尔特佩特尔",字面意思为"水-山",因为城市理想的地理环境应当包含这两种因素（Karttunen 1983：9）。

这些城邦之间的结盟或敌对关系一直在变。他们都加入了联邦来保护自己不受其他城邦的吞并，但经常会有一个城邦脱颖而出成为力量最强大的政治组织，因此连接这些城邦的组织框架就会发展到等级更森严的层次，而且最强势的城邦领主会变成一个最高统治者，他的行政机构将由其他城邦进贡的劳动力和物品来维持供养。

自愿合作和强制臣服之间的界限有时模糊不清。毕竟，对于统治者来说，在这种体系中变富的最有效途径可能是把其他领主变为自己的封臣，而且通常领主会适当地赏赐给封臣一部分贡品。有时没落的王朝会被消灭，但更多时候它会保持原样，其国王也获准继续统治——但从社会真正的生产者农夫、匠人们那里收取并上缴到纳贡系统中的财富，一部分将会被新的领主拿走。这就是特帕内卡人利用墨西卡人的原因，为了扩大收取贡赋的势力范围，让墨西卡人威胁那些独立的城邦臣服于自己。

专栏16.2 / 奇南帕

奇南帕就是浮园耕作法，即在湖泊沼泽地的淤泥中挖掘运河，并将挖出的淤泥堆积在一起，在运河之间形成小岛一样的农田。因此，奇南帕也是集约农业的一种土地使用形式，这种开垦沼泽地并将其改造为高产耕地的方法，后古典时代晚期之前好几个世纪在整个中美地区非常流行。形成时代晚期和古典时代早期，特奥蒂瓦坎峡谷下游的奇南帕田，可能养活了特奥蒂瓦坎数量庞大的人口。

后古典时代晚期墨西哥盆地南部湖泊系统的奇南帕，是该地区人口增长的重要基础。我们已经知道龙舌兰种植者如何利用盆地东北部和东部的山前坡地进行生产活动，将之前的荒地转化为房屋沿梯田分布的农业村落。

在多沼泽的浅水湖泊系统内，奇南帕田和运河的修建起到了类似的作用，将无人区变为盆地内最高产的土地，上面大多还建有房屋。

盆地湖泊系统南部奇南帕的发展、特诺奇蒂特兰-特拉特洛尔科的人口增长以及墨西卡人控制该地区的政治野心，三者之间是强烈相互影响、反馈的过程。奇南帕的运河为以船只运输供给蓬勃发展的特诺奇蒂特兰-特拉特洛尔科提供了高效的通道，让其变得更加都市化——行政管理、贸易和手工业生产更加专业化，因为南部的排水耕地区域提供了足够的粮食。假如在1520年，特诺奇蒂特兰-特拉特洛尔科拥有5万人或更多，那么，整个城市至少需要1万吨粮食来提供必需的热量。那时，查尔科-霍奇米尔科的奇南帕可以供应更多粮食（Parsons 1976）。建设这些奇南帕系统需要村落内每个家户提供1—2人的劳动力，"在20—40年内每年工作1—2个月"。这个年均工作时间大致与每个家户生产进贡的布匹所需时间相当（Arco and Abrams 2006）。

殖民时代的大量地图和绘画描绘了奇南帕及其运河。为了保持泥土的稳固，会沿着这些排水田边缘打桩，或以编织围栏嵌入其中。围栏可以起到类似筛网的作用，将泥土和有机沉淀物留下形成小岛，而让水流回运河

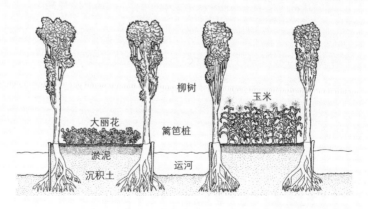

图16.14　图中这些树非常高大和修长，这样才能加固奇南帕田的边缘并保持最大限度的光照，运河内舀出的泥浆还为土壤提供了养分

图16.15　奇南帕在中美地区非常著名,它将高产土地与高效运输结合起来。墨西哥盆地湖泊的运河系统是非常繁忙的交通道路,到处都是运送物资供应特诺奇蒂特兰-特拉特洛尔科的船只

内。一旦小岛足够高且稳固时,就会沿其边缘种植树木,进一步巩固奇南帕(图16.14、16.15)。在这种小岛上进行农业生产的优势至关重要,其中包括更高的产量(一年可种三种作物)、土壤持续保持的水分、现成的湖泊淤泥形成的肥沃土壤、运河中唾手可得的鱼类和大量其他水产、用船只高效运输谷物到市场等。可能负载沉重的船只会引起人们的误解,以为奇南帕是"漂浮的花园"。恰恰相反,奇南帕根深蒂固,在后古典时代晚期维持了墨西哥盆地的发展和繁荣。

这样的联邦很容易拼凑到一起,并且通过奖励或惩罚就能维持其稳定性,但联邦组成部分的割裂本质是其天生的弱点。因为每个城邦都或多或少地复制着其他城邦的组织、功能和物产,独立或更换联盟总是不错的选项,一旦霸主衰落,各城邦就会跃跃欲试。

2. 特诺奇蒂特兰-特拉特洛尔科，墨西卡的非典型城邦国家

在岛上定居的墨西卡人代表了一种反常情况，因为他们没有以土地为基础的农业人口。在西班牙人到来前，最后一支在盆地内定居的人群只有最后的选择权，将特诺奇蒂特兰作为定居点面临几个严酷的限制，问题之一就是缺乏可耕种的土地，最终被奇南帕田解决。另外一个问题是缺乏干净的饮用水，仅有几眼小泉水。不过墨西卡人得到特帕内卡人的同意，将陆地上查普尔特佩克的泉水引入岛上。此外，这些岛反复受到洪水的威胁，这个问题最终被西班牙人解决，在盆地边缘的山脉间挖掘了一条沟渠，试图排干整个湖泊系统（正因如此，墨西哥城从那时起就一直在下沉）。

但特诺奇蒂特兰也有区位优势。首先，岛屿便于防御。其次，考虑到盆地的地形和内部城址分布，它比任何一个城邦都更居于中心。相对于城市的物资运输来说，湖泊比陆地更加方便快捷。一旦饮用水资源的供应问题被连接查普尔特佩克的长距离水渠所解决，食物供应受到丰产的奇南帕保证，并以小船运输供应，它就成为盆地内最具区位优势的城市。事实上，它的地理位置的确非常好，以至于科尔特斯反复游说，将其作为新西班牙的首都，因此特诺奇蒂特兰-特拉特洛尔科变成了墨西哥城——墨西卡人之城。

第十七章　阿兹特克：帝国的诞生（1430—1455年）

1519年的阿兹特克帝国由一系列城邦和其他类似的政治体构成，他们向墨西哥盆地的三个结盟首都——特诺奇蒂特兰（1473年吞并特拉特洛尔科）、特斯科科和塔库巴进献贡赋或固定的礼物。阿兹特克帝国的崛起是一部白手起家的传奇史诗：一个微小但勇敢的部落，作为墨西哥盆地的新来者，乞求一个容身之所；三百年后，他们控制了最奢侈的物品，其专横统治影响了数百万人的生活。同时，它也是一个文化演进的故事，将地方和区域政治系统转化为一个为阿兹特克统治者收敛财富和劳动力的庞大机器，并将适度的社会秩序扩展为以特诺奇蒂特兰君主为首的复杂等级体系（图17.1、17.2）。

这两个故事——族群历史和文化进化的案例——在世界文化历史上也属最迷人之列，得以流传至今，部分是因为全球互动意外摧毁了阿兹特克帝国。本来要寻找中国，欧洲人却误闯入美洲。由于发现了大量财富并且拥有军事上的优势（常规武器上略占技术优势，加上毁灭性的疾病这一不经意的生物武器），为了获取和巩固经济利益，他们打断了本土文化历史的发展。欧洲人的入侵摧毁了大量阿兹特克物质文化——殖民城镇叠压修建在后古典时代晚期的社区瓦砾之上，不过当地大量的文化习俗和政治组织被西班牙殖民者详细记录下来，目的在于让西班牙国王支持殖民过程。中部高地后古典时代晚期基本的文化发展脉络与墨西卡人的文化演进一致，均从建立王朝世系开始。以下四个主要时期都从稳步发展阶段开始，以危机降临结束。

一、14世纪70年代到15世纪20年代晚期：经过了为阿斯卡波察尔科数十年

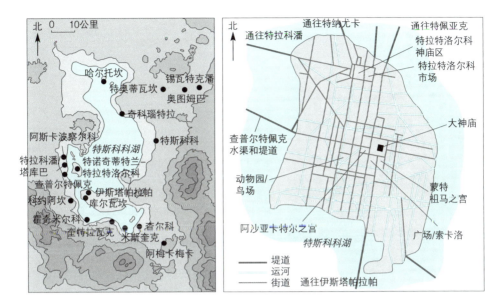

图17.1、17.2　后古典时代墨西哥盆地湖岸的冲积平原被已有城邦占领,所以墨西卡人只能在靠近湖泊西岸的沼泽岛屿上定居。特诺奇蒂特兰-特拉特洛尔科最终成为盆地内以及中美地区最大的城市,网格状的运河和堤道连接了仪式场所、王宫、公园、市场和平民区等区域

的服务之后,墨西卡人终于有了自己的纳贡城镇,但阿斯卡波察尔科的暴政威胁了墨西卡人的生存,逼迫他们进行武装反抗(特帕内克战争)。

二、大约1430年到1455年:以墨西卡人为首的新晋独立的三国同盟,在伊茨科阿特尔和他的继任者蒙特祖马一世的领导下,在大约二十年间始终稳步地扩展疆域;长达五年的粮食歉收和饥荒,稳定墨西哥盆地并向中部高地扩展的过程因此终止。

三、1455年到大约1486年:回归正常,社会又开始繁荣,在蒙特祖马一世和他的孙子阿哈亚卡特尔的领导下,帝国开启了长约二十年的发展时期。但在蒂索克统治的六年内,帝国停滞不前,且有内乱威胁。

四、1486年到1520年:1502年,伟大皇帝阿维索特尔的辉煌统治结束,紧接着的是蒙特祖马二世命途多舛的政权,即位时承诺美好,后来陷入最麻烦的危机:异族入侵(图17.3、17.4)。

图17.3 《门多萨手抄本》第一页中央的图案就是一枝仙人掌从一块巨石中长出,上面站着一只鹰,这描述了特诺奇蒂特兰(意为全身是刺的仙人掌从石头中长出的地方)的建立,也是现代墨西哥的标志。十字形运河将这个新城市分为四份,上述图案即位于运河交叉处。下方显示了墨西卡勇士征服了库尔瓦坎(左)和特纳尤卡(右)——每个城镇的名字下面均画着一座金字塔,上面矗立一座着火的神庙,这是中美人民表达政治征服的古老符号,尽管墨西卡人处于定居历史的早期,但他们并不想标新立异。这些事件发生的年份位于左上方,上面写着"2房屋"(大约1325年)。右下方的取火钻头标志,象征了每52年举行一次的新火仪式,本次举行的年份为"2芦苇"

图17.4 当墨西卡人开始成为中美地区大部分城邦的最高统治者时,阿兹特克贵族也形成了奢华和时尚的品位。《伊斯特利尔霍奇特尔手抄本》中这位贵族,长披风表明了其地位较高。他手持花束和箭,象征优雅的贵族殊荣,以及获得此殊荣的杰出军事才能

本章将带领我们经历第一和第二个时期。这时发生的事件，为我们了解阿兹特克的社会分层和重要的社会特征提供了背景。墨西卡人的雄心受到了在有限环境中不断壮大带来的压力，而他们对压力的回应则揭示了文化是如何进化的。第十八和十九章讲述了15世纪晚期帝国的崛起，以及西班牙入侵的开始。在第二十章，我们将考察欧洲人如何压制本土政府，以及中美地区文化历史是如何保存下来并通过现代考古学和民族史重建的，能够让作为现代人的我们理解古代中美地区人民的生活。

一、墨西哥盆地

14世纪的墨西哥盆地，城邦联盟继续发展。在东南部，查尔卡人组成了一个松散的联盟，以抵抗势力不断壮大的阿斯卡波察尔科的特帕内克城。到14世纪晚期，阿斯卡波察尔科已成为盆地霸主，收取贡赋。14世纪早期，墨西卡人对成为阿斯卡波察尔科的附属仍然心存感激，但一个世纪以后，在15世纪20年代晚期，墨西卡人通过特帕内卡战争获得了独立，立即接管了阿斯卡波察尔科的贡赋系统。

1. 墨西卡人在特诺奇蒂特兰–特拉特洛尔科的早期岁月

当墨西卡人在后来建成特诺奇蒂特兰–特拉特洛尔科的岛屿上定居时，他们还是阿斯卡波察尔科领导的特帕内卡人的附庸（参见图17.1）。14世纪早期的墨西卡人领袖并非贵族统治者，他们可能是社区长者，或守护神维齐洛波奇特利神龛的护卫者，以及有血缘关系的家族集团的首领而已。

卡尔普伊组织 | 上述家族集团构成了阿兹特克的基本社会单元，卡尔普伊（复数为卡尔普廷）纳瓦特尔语意为"大房子"。"卡尔普伊"没有对应的英文名词，而且某种程度上说含义是模糊不清的。有位早期编年史家将其描述为"相互

认识人群的一个聚居区，或者从很早以前就拥有土地和边界的古老宗族的聚居地"（Zorita 1994 [1566—1570]: 105）。确实，卡尔普伊的主要目的在于协调它所拥有的公共土地，它是一个松散的血缘集团联盟，有自己的教育、仪式、纳贡义务和军事力量等，有时有各自专长的手工业生产和原料加工。卡尔普伊的首领（有时为女性）负责监督确保上述功能和义务、仲裁争端、接待客人和保管标注每个家庭土地范围的地图，必要时重新分配土地。容易混淆的是，卡尔普伊还用于描述社会政治系统中不同的层级：一个超级卡尔普伊，比如特诺奇蒂特兰的四个区之一，包含了若干个小型卡尔普伊。

当我们追寻墨西卡人从发迹到实现帝国抱负的历史时，会发现卡尔普伊在特诺奇蒂特兰-特拉特洛尔科统治中的作用越来越小，但它仍然是帝国乃至整个中部高地最基本的社区单元。墨西卡人卡尔普伊政治力量衰减的部分原因，要归结于特诺奇蒂特兰-特拉特洛尔科前所未有的城市化进程，这与它统治的其余村落形成鲜明对比。

其他都市的规模和居民人口密度也明显小于这座墨西卡城市，更依赖于外部的土地。由于阿兹特克社会发展带来的重要影响，墨西卡人未被城市化的基本土地已经很有限了，因为卡尔普伊在其他同类乡村范围内，不能占有土地和生产食物，统治者并未从地方农业经济的微薄剩余中获得多大的收益，他们是在征服带来的贸易和纳贡中获得了自身的繁荣。

墨西卡贵族统治者：特拉托阿尼 | 到14世纪晚期，特诺奇蒂特兰-特拉特洛尔科已经是一个建设得很好的城镇，墨西卡人认为他们已经准备好拥有自己的贵族统治者了。在墨西哥盆地，统治者的称号是"特拉托阿尼"（复数为"特拉托克"），意为"演说者"。这表明雄辩和说服力在统治中的重要作用；为了胜任公职，一个人必须不仅仅要出身高贵、精通仪式（即使不是高等级祭司）和战功显赫，还要在辩论艺术方面有令人瞩目的能力。通常特拉托阿尼和他最亲近的顾问会协商，并做出重要决定，然后咨询封臣的意见，后者又会与他们的卡尔普伊领主们协商。大家最好别对这个新生的看似民主社会评价过高——在这个社会中，贵族控制了重要的资源并决定如何使用。对华丽辞藻和宫廷的重视创造了一套制

度，按照此制度，君主发表演讲，显示他对大量演说的记忆力和有创造力的新作品。尽管演讲精彩纷呈，但阿兹特克统治者有时也会不顾其他意见，制定并实施灾难性决定，这表明虽然有所掣肘，但他们仍然是独裁统治。

为了提高威望，特诺奇卡人找到图拉国王的一名后裔作为特拉托阿尼，他有着库尔瓦坎本地统治者的血统。库尔瓦坎特拉托阿尼的女儿嫁给了一名高等级的墨西卡人，这桩门当户对的婚姻为他们的儿子阿卡马皮奇特利留下了一份完美的遗产。他于14世纪70年代中期继位，一直统治到1396年，建立了最终被西班牙人毁灭的王朝（表17.1）。特拉特洛尔科人也找到了自己的特拉托阿尼，不过他是特帕内卡的君主特索索莫克，他成为一名韦特拉托阿尼，即其联盟内管理各城邦特拉托阿尼的最高统治者。他将原来本城邦的特拉托阿尼的位置传给了自己的一个儿子。

14世纪晚期，在特索索莫克的领导下，阿斯卡波察尔科的特帕内克人在墨西哥盆地建立起一个新生的帝国。特帕内克人从自己的家园（盆地的西部和西北部）向外扩张，他们使用墨西卡人为雇佣兵，开始吞并西南和东北部地区。有迹象显示，后来墨西卡人开始发动战争。1375—1387年，墨西卡人不断侵略查尔卡人在盆地东南部拥有的那片广袤肥沃的土地。

鲜花战争及后果 | 这些战争最后胜负未定，但可能提供了一种名为"鲜花战争"的军事行动的早期范式（Hassig 1988）。鲜花战争是由两个敌对的政权组织预先安排的竞赛，目的在于测试对方的实力并抓俘虏祭祀，而非为了战场上的屠杀，是"军队的消遣和神灵的愉悦及食物"（Durán 1994［1581］：402）。假如军官被俘虏，他们会相互交换，而普通士兵则会被杀掉祭祀，这逐渐成为一种传统。

与此同时，后果更严重的竞赛也在进行。1383年，在与特帕内克人相邻的边境地区，墨西卡人攻击并占领了南部湖泊城市霍奇米尔科、米斯奎克和奎特拉瓦克。南部湖泊由较浅的淡水大致连到一起，从盆地的南部边缘，流向西北部注入咸水湖特斯科科湖。这里的城市位于地面较高的岛屿之上，或沿湖岸分布，开阔的水域地区逐渐减少，被用来开垦围绕着新建城镇的奇南帕系统（参见专栏16.2）。

表17.1 特诺奇蒂特兰和特斯科科国王世袭

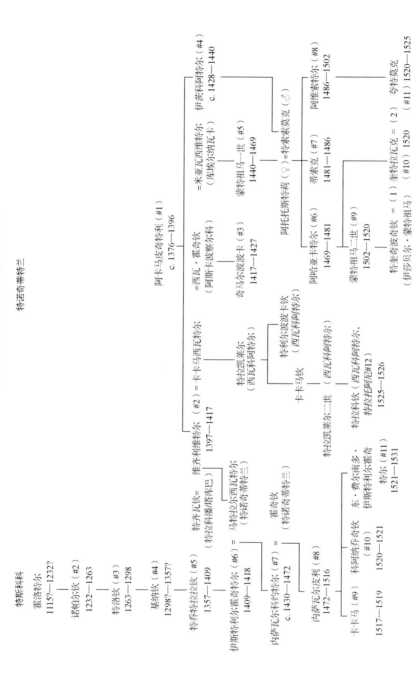

特诺奇蒂特兰的国王们（表格右侧），从王朝建立到被西班牙人入侵，所有国王都是男性近亲，而王位由兄弟和叔侄相传任王朝世系上占绝对优势。这似乎暗示了一些非常重要的继承世系同样异常简单。其王朝建立者霍洛特尔，至少在执政王室的长者之间——而非王朝独断牧阿的人生还包括了令人印象深刻的117年的统治生涯。这一长寿的表现今人回想起《圣经》里的长寿，是奇梅兄,据说,霍奇特尔最早的部落领袖,据说,他孙统治了数十年。到基纳钦统治时期,民族史记录开始不那么神秘,而有了更多历史的意味。请注意,霍洛特尔和他的每个子和叔侄传任王朝世85年,而同时期的特诺奇蒂特兰则经历了六任君主。还有,至少从伊斯科阿特尔统治时期开始,特斯科科人就皮相对而言,特诺奇蒂特兰相传的头号号盟友特斯科科的继承世系则异常异常简单。其王朝建立者霍洛特尔,通过联姻与特诺奇蒂特兰的统治王朝结盟,从那以后双方有了血缘关系

专栏17.1 / 阿兹特克大神庙

特诺奇蒂特兰的阿兹特克大神庙最早建于特诺奇卡/墨西卡人在岛屿上建立家园时。最早的建筑被压在阿卡马皮奇特利在1390年改建的完整建筑（第Ⅱ层）下，后者同样被后期的重建建筑所掩埋。最外层建筑就是西班牙人在1519年见到的大神庙（图17.5）。

这座朝西的大神庙占据了城市的中央仪式区域。到1519年，这个方形区域边长达到约500米。从这里开始，堤道向四方辐射，将城市四等分，将神庙及周边区域象征性地放置在连接世俗和超自然世界的神圣轴心上。仪式区内密布神庙、屋舍和会议厅，还有一个球场和一个巨大的骷髅架，据科尔特斯的两个士兵说，他们亲眼所见，上面挂了13.6万颗人头（Tapia 1963 [c. 1534]）。即使是修改后的数据——6万颗（Ortiz de Montellano 1983），

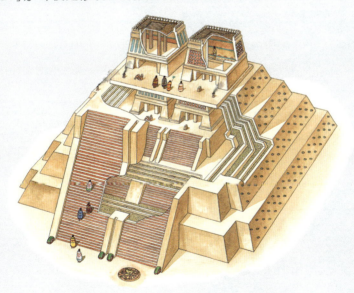

图17.5 最早的大神庙经过六次改建，已深埋底层，最终形成一个宏大、壮观的实心建筑，如同特诺奇蒂特兰自身逐渐发展成为古代墨西哥最大的首都一般

图17.6 科约尔沙赫基计划对抗维齐洛波奇特利,反而被他摧毁。石雕细节显示她被俘获并被砍掉手臂。因为她的画像被刻在圆盘之上,有时也被称作月亮女神

图17.7 修建第四层(期)建筑时,这些真人大小的君主雕像被当作祭品,紧靠着第三层(期)台阶放置

也足以构成一幅令人震惊的画面。

最早阶段的金字塔和神庙已经具备了阿兹特克仪式建筑的典型特征：双台阶分别通向两个分开的神庙。在特诺奇蒂特兰，神庙是用来供奉最重要神祇特拉洛克（农业和丰产之神）和维齐洛波奇特利的，后者是墨西卡族之主神，启示他们不断开展领土扩张的军事行动和实行血祭。因此，神庙敬奉的是特诺奇卡繁荣的两大经济基础——赖以生存的农业，贡品和长距离贸易物品的流通。

阿兹特克君主们将大神庙的反复改建和扩大视作奉献给神灵的祭品。这就是神山的象征，在它的后面穿过盆地，耸立着高大的山峰，包括海拔5469米的波波卡特佩特山、5234米的伊斯塔西瓦特尔山和4124米的特拉洛克山。每次改建都要在建筑内部埋藏珍贵的材料，这些都是献给顶部神庙内供奉的神灵的祭品，还要献上最珍贵的祭品——活人。比如，第四层是在干旱期间建造的，在献祭特拉洛克的一侧贡品中发现了婴儿骸骨，这可能表达了对雨神的祈求——婴儿即将牺牲时的眼泪是可以引起降雨的"通感巫术"的通灵之物。大约在同时，祭祀维齐洛波奇特利的神庙台阶底部镶嵌了雕刻被肢解的科约尔沙赫基形象的巨大石盘，她是维齐洛波奇特利的姐姐，但背叛了他。她的象征性命运就是成为崇拜维齐洛波奇特利人群的擦脚石。（图17.6）

除了献给神灵的纪念性建筑外，大神庙还是阿兹特克力量和组织修建各个阶段建筑的君主们的丰碑（图17.7）。每次重建时，材料和工人都要从盆地内的附属城镇中征用，这也是需要控制盆地南部的另外一个原因，那里的石料和木材可以通过独木舟直接运到神庙（图17.8，表17.2）。金字塔由外包石和填充物层层垒成；上面的神庙和其他建筑还需要木材，稳定金字塔周边的区域也需要木桩。金字塔巨大的重量使它会陷入岛上海绵般的土壤，而木桩及时打入地下，周边填充多孔浮石，以自身更轻的重量提供支撑。

庆祝改建的献祭仪式既奢华又昂贵，在人的生命方面尤其如此。据说，阿维索特尔统治时期的第六次改建使用了80400名人牲（Durán 1994：

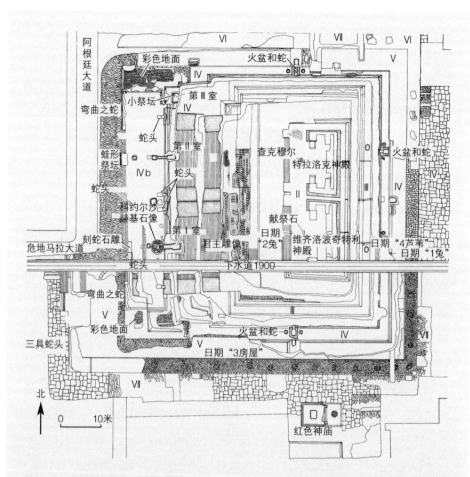

图17.8 大神庙的七个修建阶段将其从一个渔村中的小神社变为帝国的巨型纪念碑。第二层（期）在周围改建建筑的内部深处，是完整的带双神庙的金字塔，游客今天还可以见到。第七层（期）是欧洲人入侵时期的金字塔

339）。现代学者一般认为这个数字夸大其词，但即使修正后也有大约2万人（同上：Note2），仍然是宏大而血腥的场面，许多重要的客人见证了这一场景。有些客人实际上是敌国君主，他们被带到城市的隐蔽处，安置在远离公众视野的检阅台上，可能是保护他们免受本国人民的敌视。人民如果见到他们可能会对统治者失去信心，因为他们是如此虚伪，劝说军队投

表 17.2　大神庙的修建和改建

建筑阶段	年代	尺寸	遗迹
第一层（期）	1325年或更早	底部：东—西<17米，南—北<34米	可能有一座夯土台基和一座由易毁材料建成的神庙
第二层	大约1390年	底部：东—西17米，南—北34米	外包切割石，内混杂填充砾石和湖泊淤泥
第三层	大约1431年	底部：东—西40米，南—北45米	君主石雕像斜靠台阶，这是修建第四层时供奉的祭品
第四层	大约1454年和大约1469年	底部：东—西55米，南—北60米	科约尔沙赫基的雕像被嵌在台阶下部
第五层	15世纪80年代早期	几乎无保存	
第六层	1487年落成仪式	底部：75米见方	
第七层	16世纪早期改建	底部：东—西83.5米，南—北76米；最高30.7米	最高的台基有113级台阶，横跨44米，上有双神庙

第三层（期）是修建真正的大型建筑的第一次伟大尝试，当时墨西卡人已独立并拥有了一些藩国

入战斗，而当自己的士兵和平民被杀戮时，他们却在胜利的宴飨中吃喝。

1521年特诺奇蒂特兰被征服后，神庙被拆除，表面的切割石被用来建造早期殖民时代的城市。盗掘者拆开内部建筑，寻找有珍贵物品的窖藏。但是，金字塔仍然笼罩着城市及其西侧建于古老仪式区域内的大教堂。不过它最终被侵蚀为一个高约5米的土丘，被称为"狗山"，因为当城市被洪水淹没时，所有的流浪动物就会占据这个最大的高地。随着时间的推移，遗址逐渐被平整，然后上面修建了大量房屋。

19世纪晚期发掘了一些探沟，发现了大神庙的基础部分；直到1978年，工人施工时刚好在这个区域挖到巨型的科约尔沙赫基雕刻后，大神庙的准确位置才被揭示出来（Matos 1994）。从那以后，大神庙一直是深入发掘和研究的对象，现在已成为世界最迷人的考古公园之一，至今仍然是它所在城市的中心。

墨西卡人的侵略野心和他们对自己岛屿城市的自豪一样与日俱增。1390年，特诺奇蒂特兰的神庙第一次被改建。"第二层"神庙被后来的改建完全覆盖住，是现在的大神庙所能见到的最古老的修建阶段。

在神庙第一次改建之后不久，阿卡马皮奇特利就去世了，王位传给了他的儿子维齐利维特尔。维齐利维特尔和特索索莫克的女儿西瓦·霍奇钦成婚，她是一名著名手绘本画家（Boone 2006：21）。他们的儿子奇马尔波波卡深受特帕内卡外祖父的喜爱。特拉特洛尔科的君主是特索索莫克的儿子，通过这些家庭关系的纽带，墨西卡人和阿斯卡波察尔科之间的关系变得愈发亲昵。事实上，特诺奇蒂特兰向特帕内克人的进贡，在很大程度上仅是一种象征。墨西卡人继续帮助特帕内卡人扩张势力范围，1395年，墨西卡人和特帕内卡人征服了哈尔托坎，这是一座位于墨西哥盆地北部的城邦，由奥托米人统治，这次征服也宣告了奥托米人作为独立政治实体的终结。如此，这对联盟继续向东，朝着阿科尔瓦的势力范围——墨西哥盆地东部联邦推进。

2. 特帕内卡和墨西卡征服阿科尔瓦的领土

奥托米难民向东逃往特奥蒂瓦坎山谷上游，他们获准在那里的城镇定居，从那以后，该城镇被称作奥图姆巴。特奥蒂瓦坎山谷是阿科尔瓦联邦最北部的区域，联邦统治者是霍洛特尔的后代。14世纪早期，在被特帕内卡赶出特纳尤卡后，阿科尔瓦人在特斯科科建立了自己的首都，与特诺奇蒂特兰隔着特斯科科湖相望。

阿科尔瓦的统治成为盆地内阻止特帕内克扩张的最大障碍，但阿科尔瓦人没有能力解决剩下的独立城邦而统一联盟。盆地东部的一些城邦更愿意与特帕内卡结盟，特别是那些获得承诺将成为阿科尔瓦城邦新君主的贵族。特索索莫克派出间谍，在阿科尔瓦内部测试人民对特帕内卡人的拥护程度，他们问七岁甚至更小的孩子，关于其父母的政治忠诚度。间谍们认为小孩子不会撒谎（Alva Ixtlilxóchitl 1985：Ⅱ：50），这是了解阿兹特克人关于教育孩子成长的有趣视角（专栏17.2）。

1409年，伊斯特利尔霍奇特尔成为阿科尔瓦的国王。他天生就是墨西卡人的盟友：他的妻子是一名特诺奇卡（"特诺奇蒂特兰的"）公主，与国王维齐利维特尔和他的正妻特齐瓦钦（来自特帕内克小城邦塔库巴）有亲属关系。不过伊斯特利尔霍奇特尔仍然对阿斯卡波察尔科表现出一种挑衅的姿态，特别是宣称自己是霍洛特尔建立的奇奇梅克血统的最高等级统治者。同样宣称自己是霍洛特尔后代的特索索莫克将大量棉花送到特斯科科作为回应，他命令阿科尔瓦将这些棉花纺线并织成披风。伊斯特利尔霍奇特尔服从了，但特索索莫克又送去两船棉花。1414年，最终被激怒的伊斯特利尔霍奇特尔拒绝了纳贡请求，并自封为"宇宙之主"。

专栏17.2 / 在阿兹特克长大

当特帕内卡间谍从七岁孩子口中寻求真相时，他们表达了一种普遍的看法，即不同年龄的孩子会如何表现。《门多萨手抄本》（书中第58和60折页插图）以及其他资料告诉我们小孩是如何社会化的：他们被教导了什么，如果不愿意学习会受到什么样的惩罚。还有资料提供了有关阿兹特克儿童和育儿的更多视角。

儿童在很小的时候就接受训练，完成那些对家庭有利的任务，也有助于自己成年后的生计（图17.9）。注意在这些插图中，年幼的孩子都是寸头，却穿着成人服装的缩减版——男孩们穿斗篷但不缠腰带，女孩们都有一件维皮尔外套，不过最年幼的不穿裙子。

四到七岁的孩子会组成一种类似"同龄人"或"年龄群"的组织，一起参加某些仪式（Clendinnen 1991）。萨阿贡的线人讲述了每四个太阳年就要举行的一个盛大节日，这个节日在一年的最后一个月"伊兹卡利"（相当于我们的一月）举行，"他们会托着脖子把所有的小孩抬起来……这样小孩就能很快长高"（Sahagún 1981：165—166）。每四年一次的频率，可

图17.9　女孩在三到七岁时学习纺线，六岁就能用纺锤纺织原料纤维（图中是棉花，在她左手中），纺锤下方是旋转的小轮盘，置于织席之上。男孩四岁就要打水，五岁就要用自己的披风作背包负重，六岁要清扫市场（大的圆形标志）以寻找掉在地上的玉米、豆子等粮食，七岁要学习用网捕鱼。图中的椭圆形即代表每餐可食用的玉米饼数量

图17.10 对于那些超过八岁却叛逆懒惰令父母失望的孩子来说，严厉的爱即将到来。这些孩子因为恐惧、疼痛或悔恨而放声大哭。在自我献祭中用来刺血表达虔诚的龙舌兰刺，也被用作惩罚工具。十一岁还任性的孩子将被燃烧辣椒的烟雾熏烤。那些淘气的十二岁小孩将会被安排夜间活动，如果是男孩就会被扒光衣服捆绑起来丢到潮湿的泥土上，而女孩则要仅靠星光清理打扫院落。十几岁的女孩需要磨玉米和织布，男孩则需要用背带背负或驾驶独木舟运输货物，还要捕鱼

能涉及太阳历校正后的闰年宴饮。无论如何，它一定是一场令人筋疲力尽而又难忘的仪式，有特殊的食物，人们唱歌、跳舞和喝酒，非常年幼的孩子都可以喝普尔克。小孩还会被带到卡尔梅卡克，这是一种祭司学校，培养年轻人的特殊技能，如历法和修辞学。在那里，年幼孩子的耳朵第一次被刺穿。接着，在赞助人的庭院内举行的仪式和宴会上，这些孩子会备受关注，并首次在伟大的伊兹卡利舞蹈中表演。

从八岁开始，孩子们要适应更加严厉的训练（图17.10），被灌输阿兹特克人的核心价值观，即对家庭和君主谦逊、顺从，并坚决完成任务。阿兹特克人推崇温和的举止行为。他们认为世界是一个"打滑"的地方（Sahagún 1969：228），人的生命就像一条沿着山脊向上的小路，四面八方的危险会令他失去平衡（Burkhart 1989：58）。不节制的行为——懒惰、唠叨、浪费、赌博和酗酒会导致意外和不幸，为家庭、社区和社会生活带来混乱。

年轻人会在不同类型的学校中学习，有些学校可能功能重合。最普遍的学校叫作"特尔波奇卡利"，意为"年轻人之家"，十几岁的孩子和青年人将在这里学习如何成为战士和在社区内服务。似乎每个村落和市区都有一个特尔波奇卡利——在15世纪中期，蒙特祖马一世下令建立这种制度，以进行足够的军事训练。

卡尔梅卡克则更加专业，主要是将男孩培养为祭司，以及诸如黄金和羽毛工人等贵族工匠。卡尔梅卡克在贵族孩子中挑选学生，但如果出身卑微的孩子品质足够优秀，也可以入校学习。因为阿兹特克高等级政治官员通常在祭司职位和市政官僚工作中历练过，社会各个方面的精英应当彼此熟稔。因此，大城市的卡尔梅卡克可能会提供与现代预科学校和大学类似的个人关系网。然而，在这种机构中学习必须两方面（宗教和世俗）兼顾，《门多萨手抄本》中描述了见习祭司为维护神庙所做的各种卑微工作，懒惰者会受到肉体惩罚。

一些职业似乎严格限制在特定的族群或家族成员之中，或者特定的社区居民中——二者是一个意思,因为在传统社会中,邻里之间一般会有较强的族群和血缘关系认同。羽毛工人的子孙应该从小就会学习制作类似的手工业产品,而波奇特卡商人的后代则被期望继承家族生意。

墨西卡和特帕内克人侵扰了阿科尔瓦人,反过来阿科尔瓦人则攻击了阿斯卡波察尔科。编年史家记载城市被摧毁,但后来的事件表明这些"被摧毁"的城市似乎仍然正常运作,并且还有能力侵略其他城市。大约在1417年,奇马尔波波卡开始统治特诺奇蒂特兰。他是特索索莫克最喜欢的外孙,也是伊斯特利尔霍奇特尔的姐夫——墨西卡人在冲突双方中都有近亲。1418年,特索索莫克下令暗杀伊斯特利尔霍奇特尔。

伊斯特利尔霍奇特尔和他的特诺奇卡妻子育有一子。在大约17岁时,他目睹了父亲的死亡后逃走。这个年轻人就是"斋戒土狼"内萨瓦尔科约特尔——"古代墨西哥历史上最有趣的人,如果他的名字不是那么拗口的话,会被提及更多"(Nuttall 1925:459)。内萨瓦尔科约特尔流亡归来,继承了王位并统治40余年,他是著名的政治家、诗人、建筑师、水利工程师、园林设计师、教育和艺术的赞助者、杰出的政治斗士。从特帕内克接管阿科尔瓦的统治到内萨瓦尔科约特尔重回特斯科科,或许正是这数十年的等待锻造了他人格中的伟大品质。特帕内克人把特斯科科奖励给了墨西卡人,使得墨西卡人成为自己联邦的首领,不过仍然将特索索莫克奉为霸主。阿科尔瓦的统治将永远在墨西卡人的权力阴影之下,甚至在特帕内卡被推翻、内萨瓦尔科约特尔恢复在特斯科科的统治之后也是如此。内萨瓦尔科约特尔和他儿子小心翼翼地保证特诺奇蒂特兰的墨西卡人在中美地区政治群中独一无二的伟大地位,由此,阿科尔瓦才获得了相当的自治权。

15世纪20年代早期,内萨瓦尔科约特尔流亡在外,起初在乔卢拉附近的韦霍钦戈,在特索索莫克允许他回到墨西哥盆地后,又到了特诺奇蒂特兰。他被软禁,但因为是国王奇马尔波波卡的侄子,仅被圈禁于王宫中,很明显有着相当的人身自由。在此期间,他开始在查普尔特佩克山上为特诺奇卡王室设计行宫和大型花园，也设计了一条水渠将水从查普尔特佩克引到特诺奇蒂特兰。从查普尔特佩克山顶，他可以望向东北大约5公里的特诺奇蒂特兰，在其背后，几乎一条直线上，可以看到25公里外的特斯科科，再往后5公里就是特斯科钦戈山，那里有他自己家庭的避难处，他最终将其重新设计为自己的行宫。中美地区人民总是从平衡的二元中寻找精神力量，因此，两个首都城市的空间对称性和王室行宫的位置中，天然地蕴含了力量（Evans 2002）。

3. 15世纪20年代晚期的危机和冲突：特帕内卡战争

1426年前后，特索索莫克去世，他的特帕内卡联邦已经发展得如此之大，以至于阿斯卡波察尔科人想要继承并守住都非常困难。特索索莫克指定了他的一个儿子作为继承人，墨西卡人也支持这个选择，却被他另一个儿子马斯特拉篡夺了王位。据说，最早奇马尔波波卡曾建议新君主杀掉马斯特拉。马斯特拉反戈一击，同时宣告反对奇马尔波波卡和特拉特洛尔科国王（特索索莫克的另一个儿子）；两人不久后都死了。

马斯特拉可能下令暗杀了奇马尔波波卡，但一些编年史家认为暗杀事件是奇马尔波波卡自己的人安排的，他们更愿意让其叔叔伊茨科阿特尔当国王，因为他对阿斯卡波察尔科的特帕内卡人更强硬。自从伊茨科阿特尔即位后，特诺奇卡政治组织持续发展，并变得更加多元。伊茨科阿特尔的特诺奇卡王朝扩展势力的措施之一是，设立了世袭的政治职位：西瓦科阿特尔（蛇女），他是国王最亲密的顾问。第一任西瓦科阿特尔是伊茨科阿特尔的侄子特拉凯莱尔，接着是特拉凯莱尔的儿子、孙子和曾孙——最后一位在殖民时代早期的1525至1526年间，成为墨西卡人的特拉托阿尼（参见表17.1）。用这种方法，特诺奇卡的统治世系扩展为两条王朝血脉。

对于维护特诺奇蒂特兰和特拉特洛尔科这两座姐妹城市与日俱增的规模来说，加强行政管理很有必要。在早期时候，特拉特洛尔科的商人就非常活跃，他们的市场中甚至出现一些贵族物品，比如羽毛和珍贵玉石。由于岛屿上泉水有限，大神庙附近出水口提供的水量很小，于是特诺奇卡人对特帕内卡人施压，要求永远使用查普尔特佩克山上的泉水。这个要求被同意了，但当墨西卡人再要求他们提供修建水渠的材料时，阿斯卡波察尔科人拒绝了和特诺奇卡人的协商，并试图通过封锁特诺奇蒂特兰-特拉特洛尔科来抑制墨西卡人越来越渴望更多独立的胃口。伊茨科阿特尔号召人民同马斯特拉及阿斯卡波察尔科人开战，但根据16世纪编年史家的记载，战争的残酷面貌吓坏了平民，他们不愿意自己被特帕内卡毁灭。但社会上层希望在战争中获得荣耀，并得到征服阿斯卡波察尔科带来的奖赏。据记载，伊茨科阿特尔向普通民众发表了如下演讲："我们如果得不到想要的，就会将自己交到你们手中，我们的血肉就是你们的食物，这样你们就可以复仇了。你们可以把我们放在破裂肮脏的盘碟中享用，这样我们和我们的肉体就完全失去了尊严。"据说，人民回应道："如果你们赢得了胜利，我们将侍奉你们并为你们耕种土地，向你们纳贡，为你们修建房屋，当你们的奴仆。我们将把自己

图17.11 图中的内萨瓦尔科约特尔身着戎装战斗，他的外套全用羽毛装饰，其舞动的效果给人一种充满活力的感觉。外套下可能是轻便的棉质盔甲。他右手持一柄边缘镶嵌黑曜石的木剑，名曰"马夸维特尔"。后背背着一面鼓，用来发信号指挥军队

的女儿、姐妹和侄女们献给你们欢愉。而且，当你们奔赴战场时，我们将为你们背负行李，并一路侍奉你们。总而言之，我们将把我们的人和物都给你们，永远为你们服务。"（Durán 1994：78）

这一社会契约当然是事情过后很久才传播出来的，而且墨西卡人热衷于重写历史——烧掉旧书并将老的记载换成新的。暂且不提故事的真实性，它在这个时期出现在历史记载中，就是特诺奇卡社会转变的重要信号。要知道，一个世纪以前，他们刚刚把特诺奇蒂特兰的第一座永久性建筑立起来；50年前，他们才获准建立他们自己源于托尔特克的王朝。而现在，统治者们已经积极地推动更深入的社会分层，将自己和其他贵族从对卡尔普伊普通人民的义务中解脱出来。

特帕内克战争和三国同盟 ｜ 15世纪20年代晚期（不同资料对时间的记载差异很大），特帕内克战争爆发，特诺奇蒂特兰-特拉特洛尔科与内萨瓦尔科约特尔及其阿科尔瓦追随者结盟（图17.11），还有特帕内克城市塔库巴，它位于特诺奇蒂特兰西部堤道在陆上的尽头，距离阿斯卡波察尔科仅数公里。内萨瓦尔科约特尔的母亲是特诺奇卡和塔库巴王朝的后代，所以这些联盟成员均来自相互关联的特诺奇蒂特兰、特斯科科和塔库巴王朝。这个"三国同盟"攻入阿斯卡波察尔科，发现国王马斯特拉躲在一个汗蒸浴室内。三国同盟接管了特帕内克人建立的贡赋系统，并且在接下来的90年内不断扩大，直到西班牙人将其夺走。

早期的三国同盟努力占领了墨西哥盆地西部和内萨瓦尔科约特尔统治的阿科尔瓦人的范围。在他侄子蒙特祖马和侄外孙内萨瓦尔科约特尔的支持下，伊茨科阿特尔领导了几场战役，联军攻取并保卫了墨西哥盆地西北和靠近图拉地区的夸奥蒂特兰以及其他特帕内克城镇。在特诺奇蒂特兰南部，联盟获得了包括库尔瓦坎在内的四个独立小城的效忠。这些小城可以俯瞰南部湖泊流入特斯科科湖的交汇处，是战略要地；这些湖泊水产丰富，并且有一条经莫雷洛斯东部通往墨西哥湾低地的主要交通路线。因此，征服南部湖泊城镇霍奇米尔科、奎特拉瓦克和米斯奎克就很有必要。但盟军垂涎的盆地东南角的大部分地区，均是敌人查尔卡人的领土，它将继续保持独立50年。

三国同盟几位征服者的地位均类似皇帝。与其他城邦不同，联盟中三个首都的特拉托阿尼级变成了韦特拉托阿尼，地位高于其他城邦的首领。三国同盟的首都瓜分战利品，但并不公平，特诺奇蒂特兰和特斯科科获得了丰厚的份额，可怜的塔库巴只得到小部分贡赋。

这次冒险也让特诺奇卡统治者伊茨科阿特尔和特拉凯莱尔变成了最大的土地拥有者。他们从阿斯卡波察尔科平民手中夺取土地，并从中收租作为个人收入。在特诺奇蒂特兰西南的另一个地区出现了如这幅"龙舌兰规划图"（图17.12）中所示的奇南帕田由平民家庭耕种并居住的区域，但土地"归阿兹特克贵族成员拥有，他们要求将高达50%的收成作为地租"（Calnek 1972：114）。这些土地的部分租金用来支持卡尔普伊的神庙，但绝大部分财富被特诺奇卡的大领主拿走，他们似乎已经理解并运用了私有财产的原则。

私有财产 | 在现代世界，私有财产是自由人的基本权利。然而古代中美地区私有财产的存在与否及其程度如何，一直是学者们争论的问题。过去的农业社会并不总是承认个人对实质性财富的所有权，相反可能会宣扬从根本上说所有财产都是国家的，且由统治者分配。我们可以假设中美地区人民一般"拥有"他们日常使用的衣服、工具和家庭用品，从某种意义上说，如果没有报偿，别人不能随便取得。但普通人对土地的权利，一般是通过卡尔普伊公有的，而且对土地和劳动力的"所有权"深深地嵌入社会结构中。也就是说，阿兹特克平民耕种卡尔普伊和其他的土地，来供养宗教庙宇和市政机构人员，比如特拉托阿尼和卡尔皮西奎。这种模式可能在中部高地广泛传播（Carballo 2011）。如果一个平民家户不复存在——它的成员死亡或与别的家户结婚，其土地将在其他卡尔普伊家户中进行分配，但不能买卖。买卖土地的做法一般是将土地定义为一种商品，可以通过市场从一个人转移到另一个人手中，经济学家会说，如果土地被视为商品而非社会结构中不可分割的一部分，那么资本主义最根本的一部分工作就已到位。

殖民时代早期的文献证据表明，后古典时代晚期的经济已经处于资本主义

图17.12 "龙舌兰规划图"的细节描绘了特诺奇蒂特兰附近的一个区域（Calnek 1973），这些农场是特诺奇蒂特兰从阿斯卡波察尔科手中夺取的特帕内克战争的战利品。每个家户（有人像和名字）搭配6—7条奇南帕，表明这些均是农场而非市内花园。图中上方中心位置的大房屋是保卫两条运河交叉区域的神庙。脚印指的是沿着运河的堤道。这幅"龙舌兰规划图"尺寸为238厘米×168厘米，绘制于无花果树皮纸而非龙舌兰纸之上

进程之中，土地、劳动力和物品越来越被视作可以出售获利的商品。虽然这些物品交换的很大比例（特别是物品和劳动力）仍然处于集中分配（在卡尔普伊中）、以物易物或市场交换，或礼物和纳贡等阶段，但有证据表明重要资源的私人所有权已经得到牢固的确定。有一则史料记载，如果领主的土地（皮利亚伊）没人继承，那就可以出售；另外一条史料引用内萨瓦尔科约特尔的法律，说一个人不能两次出售同一块土地，萨阿贡的线人和迭戈·杜兰修士均提供了土地可以当作个人赌注的事例（Hicks 1986）。

历史上有大量个人通过机构（包括政府、宗教组织或公司）获利，然后保留部分财富的记录。中美文化史可能充斥着这样的例子，关于私人财产的出现是个人投机主义结果的最好证据来自阿兹特克人。特帕内卡战争后，特诺奇卡君主占用了卡尔普伊的土地，这些土地与阿斯卡波察尔科平民有指定的社会关系，不过被剥离掉了。这些土地变成皮利亚伊（贵族土地），农民从公共土地持有者变为佃农；与此同时，特诺奇卡的平民则被剥夺了战利品，他们逐渐变成了贫穷的城市工匠和服务人员。

图 17.13、17.14 《佛罗伦萨手抄本》（Sahagún 1959 and 1961 [1569]）中的插图。（左）羽毛加工者和他的工具及产品，包括类似图 17.11 中的盾牌。（右上）勤劳的农民，包括右侧穿欧式衣服那位。（右下）懒惰的农民和他的木锹

4. 阿兹特克人的社会阶层

阿兹特克的统治者们热衷于深化社会分层。后古典时代晚期见证了中美地区最复杂的社会和最精心设计、最宏大的国家发展历程。这一进化过程被文化历史记录清楚地显示出来，包括阿兹特克帝国的扩张、日益复杂的社会阶层等级，以及贵族与平民之间逐渐扩大的鸿沟。（图 17.13—17.15）

世袭贵族 | 随着时间的推移，阿兹特克社会变得越来越层级化，形成了如图 17.16 所示的社会结构。做出所有重要决定的最高阶层，是韦特拉托阿尼和他的直系亲属。在他们之下，是他们的远亲——世袭贵族皮皮尔廷。再往下就是平民，他们和世袭贵族之间有巨大差异。但在 15 世纪早中期，当阿兹特克领土迅速扩张

时，这条鸿沟仍然是可以跨越的。鲁莽或倒霉的世袭贵族会因为酗酒或赌博丢掉他们的爵位，普通人也可以获得相当的权力和威望，下文将详细讨论。

贵族女性的政治角色和贵族的婚配模式｜政治职位一般由男性掌握；但女性在社会各个阶层都有极大的影响力，并且有权利表达自己，包括在法律案件中，比如从不幸的婚姻中脱身并占有财产。一些资料表明，至少有一名女性（阿托托斯特莉，见表17.1和第18章）可能曾经担任特诺查的韦特拉托阿尼；而且在所有政治选举例子中，男性候选人母亲和妻子（通常地位更高）的声望和家族人脉会影响到选举的过程，当然女性自身也参与政治决策（Gillespie 1989）。女性可以担任皇室级别以下的管理者，在较低的级别尤其常见。在一些城邦的首府，有几位女性担任特拉托阿尼；在地方，女性在人口名册上被列为户主，是其家庭纳贡事宜的官方代表（Williams and Harvey 1997：201）。

图17.15 特瓦坎山谷科斯卡特兰遗址出土的这件雕刻表现了完美的年轻男性形象，身着披风、腰带和围裙。他的双手被设计来握住旗帜或武器，眼睛和嘴巴中仍然镶嵌着贝壳和黑曜石，头发或头饰附着在沿发际线的穿孔上

阿兹特克社会的婚配原则十分灵活，这有利于统治者，他们可以选择正妻，来获得诸如财富和政治人脉等让自己拥有传统美誉。事实上，阿兹特克社会的重要男性倾向于"高攀"，寻找比自己地位更高的妻子，新娘家庭也认可这样的行为。这种婚姻结合下的子女将会继承父亲的最高职位，同时宣称自己属于更有声望的母亲家族的一员。到1519年，几代特诺奇卡贵族女性都成了其他城邦国王的正妻，因此她们的孩子都继承了王位，从而以血缘关系和政治臣服与特诺奇蒂特兰紧密联系到一起（Carrasco 1984）。这种模式在社会政治金字塔中反复出现，婚姻在宗主国和属国之间建立了紧密的同盟关系。

上层中产阶级｜15世纪，两种平民群体获得了向上的社会流动优势：被韦特拉托阿尼授予贵族头衔的平民和波奇特卡商人。普通士兵因军功卓著或其市政服务生涯可被封为"夸乌皮皮尔廷"。他们有时与世袭贵族通婚，甚至能当上特拉托阿尼，只是这种情况一般都是通过与没有男性继承人的家族通婚来保留并延续王朝世系。当这样为王朝服务时，他们仍拥有全部权力，只是不能使用某些高等级物品——比如不能头戴王冠。但应当指出的是，招赘一名普通男性并非解决缺乏男性继承人问题的唯一途径，如前文提到的，贵族女性有时会自任特拉托阿尼。

更典型的做法是授予新兴贵族卡尔普西奎的职位，这是韦特拉托阿尼的管家，一般统治一个没有王朝的城镇，该城镇所在城邦降级导致王朝被废，就像内萨瓦尔科约特尔重组特奥蒂瓦坎山谷一样。到了16世纪初期，

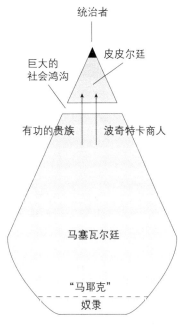

图17.16　阿兹特克社会结构的水滴状模型显示了平民构成大部分人口的结构。他们被少部分贵族统治，而社会底层则是数量相对较少的奴隶

一夫多妻制的数代贵族生养了众多需要职位的世袭贵族，以至于夸乌皮皮尔廷或多或少都被蒙特祖马二世废除了，这样就切断了普通人试图弥合他们与贵族之间社会差距的重要通道。

其他背井离乡又能留在王宫永久生活的平民均为女性，面容姣好或在娱乐、工艺方面的技能足以令她们有资格成为皇室或贵族家庭的次妻或妾。严格来说，她们的社会地位并没有改变，但实际上只要得到家庭主人的宠爱，她们就能被尊敬地对待，并且过着相对奢侈的生活。她们子女的地位取决于很多因素，包括墨西卡人之间社会分层日益加深的历史进程。例如，伊茨科阿特尔的母亲并非他父亲阿卡马皮奇特利的正妻，她曾是阿斯卡波察尔科市场的菜贩。她肯定属于国王的低等级妾室之一，但显然，她和她的儿子在王宫中设法取得了重要的地位。

伊茨科阿特尔的故事——王室私生子成长为伟大的阿兹特克国王之一——

看起来激励着底层的梦想，但这并不可复制。国王们仍然可以获得几乎任何吸引他们的女性，不过当伊茨科阿特尔为阿兹特克帝国巨额财富奠定了基础，王权的利益就变得如此之高，以至于从合法或不那么合法的后代中选择继承人时，不能仅仅考虑诸如个人品质优点等因素。在确定谁的后代将成为下一任国王时，王室之间的联姻在其中扮演了关键的角色，妾室的子女无法保证其拥有来自宫廷的庇护。

波奇特卡 | 商人通过长距离贸易来获得并维持财富和权力，这样的角色使得他们对于帝国的扩张至关重要，因为他们同外部的接触带有外交和军队先锋的性质。在后古典时代晚期，盆地内数十个城镇都设有波奇特卡大本营，他们是特拉特洛尔科最重要的组织。甚至当三国同盟和查尔科敌对时，双方首都的波奇特卡仍然保持联系，而且同敌方国王也互有往来。波奇特卡的家庭与所在首都关系密切，但他们形成了一个跨区域组织，来保证所有人在内部通婚，并将财富藏匿于公众视线之外。作为一个重要的军事侦察网络，他们在墨西卡政府中扮演了关键的角色（Sahagún 1959［1569］）。这种显而易见的力量引起了特诺奇卡统治者的警惕，所以当1473年特诺奇蒂特兰接管特拉特洛尔科之后，特诺奇卡人对波奇特卡的控制更加严厉。贪婪的国王往往觊觎普通商人的财富，二者之间的矛盾也是同时期欧洲政治的主题之一。

劳工阶层平民 | "马塞瓦尔廷"是典型的农民-工匠，其身份为有土地基础的卡尔普伊成员。乡村卡尔普伊为有耕地的农业村落，城市卡尔普伊则是工匠和一些农民的居住区。卡尔普伊层面的生活主要与社区事务、仪式和社会事件相关。首领可能是来自某个卡尔普伊家庭的长者，或当地特拉托阿尼家族内的某个低等级贵族。首领保持了贵族高攀婚姻的习俗，其正妻也是一名贵族，很可能来自首领所在的卡尔普伊要向其缴纳贡赋的城邦的某个家族，这完全是在模仿城邦国王的高攀婚姻模式。出于政治需要，统治者会迎娶其辖区内富裕家庭的女儿为次妻，因此一个特拉托阿尼会从其城邦的众多家庭中挑选次妻，而一个卡尔普伊

首领则会寻求自己区域内重要家庭的女儿。我们再一次看到了穿过社会障碍的两性结合事例，但这种结合的后代不能自动获得贵族身份。

一些马塞瓦尔廷可能通过辛勤工作和好运获得相对较高的社会地位。居住于城市的工匠如果得到贵族的肯定，地位可能会得到提升。但更多人依赖于合适的时机——经济状况和统治者自身的天性。特斯科科的内萨瓦尔科约特尔似乎就曾经遍寻才能出众者。他在王宫附近修建了一个教学场所，进行从修辞学到工艺技巧等所有技能的培训。这是由他支持庇护的，而且他个人才华出众且涉猎广泛，他就希望这个教学场所离自己近一点，这样他就可以和那些专家一起工作并向他们学习，包括贵族艺术家和技艺娴熟的普通人。

下层劳工阶层 | 平民在若干情况下地位可能会下降。如果一个农业卡尔普伊的马塞瓦尔廷在城邦间的战争中被俘，其组织身份就会失去。在特帕内卡战争后，伊茨科阿特尔夺取了阿斯卡波察尔科的土地，如上文所述，这些资产似乎就私有化了，因此那些马塞瓦尔廷不再拥有土地的公共所有权，地位降低。一些学者使用"马耶克"一词来形容这类农民，但这个词在纳瓦特尔语中并不常见。这些有技能的农民需要将收成的一部分作为地租上缴给贵族地主。他们没有这些土地的公共所有权，没有类似公社神庙或特尔波奇卡利的互助合作组织，很可能也没有首领。

社会最底层 | 奴隶（特拉科廷）地位最低，但他们的生活并不一定是痛苦的，一些奴隶如果有足够的钱也可以买到自由。在阿兹特克社会，变为奴隶是因为个人运气不佳而非阶级压迫——事实上并没有真正的"奴隶阶层"，而是相对一小部分人由于犯罪、欠债或战争被俘等原因不幸沦为"奴隶"，这在任何时候都有。如果是战俘，他们将被迫从家乡背负战利品或贡赋到胜利者的城市，可能在接下来的大规模祭祀中被杀掉。

奴隶可以在市场中买卖，而且阿斯卡波察尔科的市场就有专门卖奴隶的场所。他们被买来提供劳动力，同时也用于祭祀。一个买主或购买群体可能希望通过赞助一场杀牲祭祀仪式,来纪念某个事件或致敬某个特别的神祇,他会出于这样的目的购买一名奴隶。因此,如果你是"市场上"待售的奴隶,你的生命就有危险了。好的一面是,如果你长相出众,可能被买来扮演神灵,在一整年中过着男神或女神的生活,直到在仪式中作为容貌演员献祭给那个神祇。当然,结局都是一样的:你仍在跳动的心脏将离开你的身体,你的右腿将被精心烹制,作为接下来宴飨的神圣食物而被享用。

5. 阿兹特克人社会分层的过程

本书大量文化进化的案例都显示了一个常见的结果,即权力和财富集中到少数人手中。统治者随即会制定政策将权力和财富进一步集中,拉大与被统治者之间的社会阶层差异。通常在社会或环境的压力之下,会产生社会阶层分化。这种压力可能是人口增长突破可用资源的极限或集约农业需要更复杂地动员劳动力,结果便是土地对于所有者更加珍贵。还有一些压力可能来自战争或族群冲突,或者其他任何改变派系或阶层关系的情况。在这些压力下,物质环境已经处于恶化的边缘,而那些已经取得优势地位的人将会从他人的绝望中获得更多利益。

社会和环境的压力促成了机制的变革(Flannery 1972)。一些职位或机构被"升级",这样一来,该职位上的人就被提拔到阶层更高的级别,也会获得比以往更多的职能。阿兹特克的一个例子就是将特诺奇卡统治者的职位提升为特拉托阿尼,阿卡马皮奇特利即第一任特拉托阿尼。当社会和政治组织愈发复杂,最高统治者就喜欢将命令流水般向下传达,而在阿兹特克社会中表现为贡赋逐层向上流动。这个"线性化"过程通过去除一些中间机构让信息和商品的流通更顺畅,就像特索索莫克下令杀掉特斯科科的君主伊斯特利尔霍奇特尔那样。接着另外一位君主被册立统治特斯科科,他和以前各领主不同,是一位韦特拉托阿尼,并且要向特索索莫克纳贡。

这是一个明显的"插手"事件,即一个政府干涉另一个政府的事务。特索索莫克还干预了墨西哥盆地最后一个奥托米城邦哈尔托坎的自治,夺取了哈尔托坎王朝的权力和特权,还有哈尔托坎人民的土地和房屋,这些人被迫放弃城镇另寻避难之所。这种政府干涉和重塑外部政体的战略导致决策权力的集中化,财富也集中到少数人手中。该过程是15世纪20年代到16世纪20年代阿兹特克政治历史的特征,因为特诺奇蒂特兰的墨西卡人控制了大部分经济产出和中美地区越来越多城邦的政治决策。

与此同时,阿兹特克的政府内部变得更加多元化。试想一下从延伸至整个次大陆的被征服省份中征收和记录贡赋的官僚体系的复杂性:在艰难的征服事业完成之后,还得在被征服的省份扶植顺从的领主,这些地区的财富也必须重新估计,以便尽可能高的比例来收取贡赋,但又不至于摧毁当地经济。当贡品抵达特诺奇蒂特兰时,必须登录造册、储藏和维护,还可能转入下一步使用,如作为王室礼物被分配、供王室家族使用等。所有这些都需要诸如记账员、仓库保管员和动物管理员等。招聘、培训、支付和管理这些人员还需要更多的管理者。

本书之前详述的整个文化历史明确揭示了这些阶层分化的过程以及引发这一过程的各项政策,接下来的章节还会提到更显著的例子。至于这些现象在现代世界的体现,我们在任何报纸的头条或商业版面都可以看到大量案例。帝国兴起于局部,最终形成三国同盟,这意味着特帕内卡领土、其西部及北部的邻近城邦以及东部的阿科尔瓦领土被整合为一体。

6. 15世纪30年代内萨瓦尔科约特尔和阿科尔瓦领土的巩固

1431年,在墨西卡人的支持下,内萨瓦尔科约特尔在特斯科科建立了自己的统治。这发生于三国同盟赢得特帕内卡战争的数年之后——为什么花这么长的时间才为这位凯旋的王子加冕呢?答案就在于阿科尔瓦领土内族群和政治的多样性,它是一个托尔特克-奇奇梅卡人混杂的联邦,有着对特帕内卡强烈的同情心和大量来自米斯特卡地区的移民。阿科尔瓦本身也是充满个人私利的混乱城邦。由于内萨瓦尔科约特尔是一名技艺高超的市政工程师,同时在设计宫殿和沟渠方

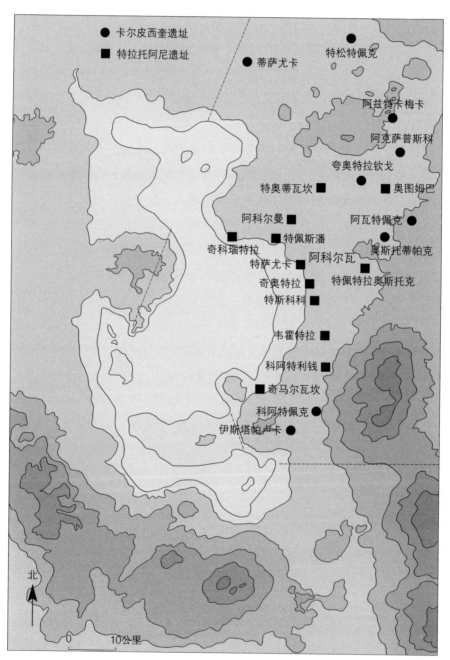

图17.17 阿科尔瓦的领土（虚线范围内）覆盖了墨西哥盆地东部和东北部。这张地图显示了1519年阿科尔瓦统治范围内可能存在的主要城邦首都

面颇有天赋，因此他能够将盆地东部的大部分地区融为一体。他也采取了一些策略，巧妙地克服了由相似城邦组成的联盟政治体系的天生弱点。

阿科尔瓦的疆域上至特奥蒂瓦坎谷地上游的东北边缘，下到东南部与查尔卡城邦交界的边境（图17.17）。内萨瓦尔科约特尔首先除掉了那些曾投靠特帕内克人的地方特拉托阿尼，但大多数情况下保留了当地王朝的统治，这稳定和巩固了当地统治者的忠诚（Gibson 1971）。不过一部分特拉托阿尼并未被当地王朝其他贵族所取代，特斯科科政府的管理人员卡尔皮西奎直接接管了这些城邦，他们负责从卡尔普伊中收取贡赋，并一路上交到特斯科科的内萨瓦尔科约特尔手里。这些卡尔皮西奎城镇均沿着阿科尔瓦边境的战略要地分布，位于特奥蒂瓦坎谷地上游与查尔科的边界沿线。

特奥蒂瓦坎谷地对特帕内克人尤其忠诚。内萨瓦尔科约特尔特意安排各城邦征收离自己首都较远而离其他城邦更近的村落的贡赋（Gibson 1964），从而促进了各地区的整合。如此，没有哪个城邦胆敢宣布从联邦中独立，因为它无法获得周边纳贡村落人民的支持（图17.18），可能只有奥图姆巴例外。因此，内萨瓦尔科约特尔将他的联邦锻造成一个更稳定的"有机"系统，而非一般人预想中"机械"的城邦组织。实际上，阿科尔瓦的领土完整地保持了85年，直到大约1515年，争夺继承权的王朝战争导致其分裂。

7. 盆地之外：15世纪30年代三国同盟征服史

15世纪早期，随着社会阶层分化和政治发展进程的持续，三国同盟已准备继续收取盆地内的贡赋，此时人口大约有40万人。1431年，特诺奇卡人再次改建大神庙，这一次，他们封闭了日后主要仪式场所所在区域。三国同盟占领并稳定了除查尔科以外的整个盆地之后，开始向北、向西扩张，进入沿墨西哥盆地西侧山区边缘展开的图拉地区，然后，向东南进入位于莫雷洛斯的夸奥纳瓦克及邻近的瓦斯特佩克地区。更远的南部——约160公里以南，三国同盟开始控制格雷罗地区东部，这里一直是莫雷洛斯西部亲密的文化同盟。三国同盟发动的战争保

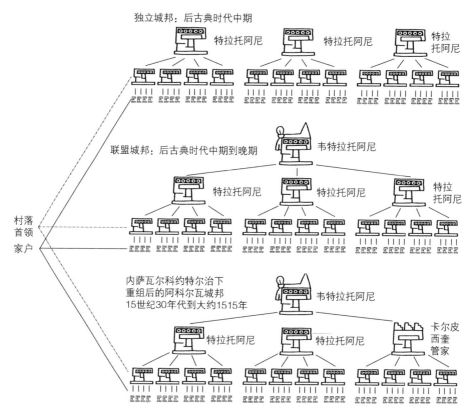

图17.18 墨西哥盆地政治系统的分级可以用此聚类树状图表示。底部是农夫工匠的个体家户，这里用阿兹特克文字中"房屋"的符号来表示。上一级是当地村落，用"领主房屋"的符号表示。这些当地的领主都是城邦君主特拉托阿尼的低等级亲属。最高一级是超级领主"韦特拉托阿尼"，其城市是与其他城邦组成的联邦的首都。这个聚类图中，韦特拉托阿尼的符号上是阿兹特克语"领主"的标志科皮尔头饰。15世纪30年代早期，内萨瓦尔科约特尔改革了体系，有时王室总管卡尔皮西奎可以取代一名特拉托阿尼的位置

障了主要道路的畅通，并开始染指资源丰富的地区。他们的目标包括巩固不断延续的、已经扩张至盆地之外的城邦区域，开始形成一条安全的藩国防御带。这些行动构筑起了堡垒，对抗西部的塔拉斯坎和东北部的梅茨蒂特兰，尤其是特拉斯卡拉。

图拉地区和邻近城邦 | 盆地西部和北部安定之后，墨西卡人向更远的西北进

发，回到了他们在12世纪的老家图拉。图拉地区位于墨西哥盆地西北部，散布着大量各有属地的城邦都城。尽管图拉在13世纪急剧衰落，但仍然有人居住，其民政-仪式中心是墨西卡人重要的朝圣之地和盗掘之所，他们把一些艺术雕刻品搬到特诺奇蒂特兰并置于自己的神圣场所，也建立了自己的王朝世系来统治这个古老的托兰之地。

对图拉地区的征伐始于结盟的伊茨科阿特尔和内萨瓦尔科约特尔，当伊茨科阿特尔死后，继任的蒙特祖马一世、阿哈亚卡特尔和阿维索特尔等继续采取行动（详见图18.2、18.3）。该地区的三个省——恰潘、阿托托尼尔科-德佩德拉萨和西洛特佩克——向北和向西拓展了三国同盟墨西哥盆地外的边界（Smith and Berdan 1996：267）。

莫雷洛斯 | 这些北部省份的臣服确保了一个资源有限但可靠的广大区域。如果想获得统治者需要用来显示声望的异域贡品，比如热带产品棉花和可可，就必须要向南和向东扩张。莫雷洛斯与墨西哥盆地城镇有着相互交流的悠久历史。库埃尔纳瓦卡（纳瓦特尔语：夸奥纳瓦克）北距特诺奇蒂特兰/墨西哥城仅60公里，但因610米的海拔较低，气候温暖潮湿而非干燥寒冷。夸奥纳瓦克位于肥沃的莫雷洛斯谷地的山坡上，是获取谷地财富的门户。附近特奥潘索尔科的金字塔拥有典型的阿兹特克双台阶，可以追溯至后古典时代中期。

15世纪早期，夸奥纳瓦克统治了其他城邦，城市中心也迁移到现在的位置。这个后来被科尔特斯占领并重建的新王宫，可能就是维齐利维特尔在妻子（特索索莫克女儿）死后爱上库埃尔纳瓦卡的公主的地方。这位公主一直藏在自己王宫房间内，维齐利维特尔从她院落的墙外扔给她一块珍贵的宝石，由此勾搭上她。她吞下宝石，就怀了蒙特祖马一世。维齐利维特尔和公主结婚，这是阿兹特克统治者为了巩固领土的主权所采用的常用手段之一（详见专栏18.2）。无论是出于浪漫还是贪婪，墨西卡人都将他们的王朝与夸奥纳瓦克联结到一起，1438年，他们合并了这个已宣示主权的富裕省份。所以在1440年，当蒙特祖马一世继承了伊茨科阿特尔的王位后，墨西卡人对夸奥纳瓦克的主权宣示就有了一个合理的王朝基础。

墨西哥盆地和莫雷洛斯地区在气候和农业产能方面有巨大的差异，但也有很多共同之处。从后古典时代中期到晚期，二者经历了类似的历史发展。两个地区内说纳瓦特尔语的阿兹特克人均属于统治族群，人口增长主要集中在人口密度较高的大城镇系统内，其居民的社会经济阶层、族群认同和职业专业化方向均非常多元。这些城镇均为城邦的首都，由农业聚落系统内的村落负责供养，这一系统由坡地上几乎不间断的台地式农场构成（Smith and Price 1994）。在平原上，灌溉系统促进了棉花等珍贵热带作物的集约化生产。由于维齐利维特尔的婚姻，特诺奇卡人开始获得持续供应的棉布，比龙舌兰制成的粗麻布更加柔软、坚韧。有权有钱的人都身穿棉服，命令他人为自己织布——就像特索索莫克对伊斯特利尔霍奇特尔做的那样。墨西卡人对财富和权力充满渴望，需要棉花的供应来标志崇高的地位并享受舒适所带来的奢侈感。

在莫雷洛斯夸奥纳瓦克省东部，瓦斯特佩克省同样拥有山前坡地和冲积平原，在伊茨科阿特尔在位时和蒙特祖马一世统治早期，它也被征服了。该省由五个不同的城邦构成，包括等级最高的瓦斯特佩克、特波斯特兰、在山腰上修建普尔克神庙的特波斯特科（图17.19），以及尧特佩克等。尧特佩克始建于后古典时代，到西班牙人入侵时，城市面积已增长至大约200万平方米，人口达1.3万人。周边种植棉花，另外一种产品就是用野生无花果树皮制成的纸，用于写字以及做仪式道具——吸掉自我牺牲时从伤口流出的血液，随后被作为祭品烧掉。

尧特佩克因其考古和民族史资料而引人注意。它是唯一既发掘了部分宫殿也揭露了几座城市居住院落的阿兹特克城邦遗址（Smith et al. 1999）。尧特佩克有一个区，名为莫洛特拉，一份殖民时代（1540年）人口调查文件记录了西班牙人入侵前这里就已存在的家户组织模式（Carrasco 1976）。这个调查显示了阿兹特克共居群组的灵活性。这个区内共有128个多户家庭（共1056人），绝大多数通过男性亲属血缘关系维系在一起。只有少数男性有多名妻子，他们均是有着"特库特利"称号的贵族或其他高等级官员。莫洛特拉的人口调查证明了将多户家庭作为一个工作单元的价值：土地被置于家户首领的名下，但所有成员必须协作生产用于纳贡和家庭所需的物品。这一模式深深植根于中美地区。

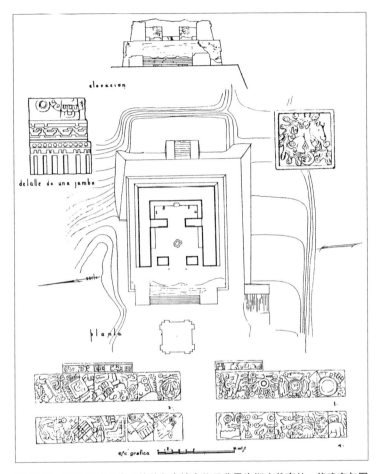

图17.19 特波斯特兰发现的普尔克神庙位于莫雷洛斯山谷高处，修建有与图拉类似的长榻；此外，特诺奇蒂特兰和其他后古典时代晚期城邦的首都，均模仿图拉修建了专供贵族集会的房间。这种布局用在举行仪式宴饮的房间里，在那里，普尔克和其他致醉食品用米引发一种超自然状态（正面、平面图和浅浮雕图案均引自 Marquina 1999：217，Lám. 62）

格雷罗 | 莫雷洛斯山谷从尧特佩克和夸奥纳瓦克向西南延伸约50公里直到格雷罗东北边界的一条山脉结束——另一侧是大峡谷的高处，形成了中美地区第三大河流系统巴尔萨斯河的东部流域。格雷罗的地形比莫雷洛斯更崎岖，与莫雷洛斯有着很深的文化联系，除了如棉花和可可等热带作物以外，矿物资源及其产品

图17.20 伊茨科阿特尔是墨西卡人第四位特拉托阿尼,他是人民的解放者,也是第一个配得上独立领主的绿松石王冠的人

也非常丰富。加工好的黄金和红铜饰品,以及如梅斯卡拉风格面具等石雕物品均在特诺奇蒂特兰大神庙的建造过程中被放置到珍稀品窖藏坑内。后古典时代晚期的格雷罗养活了很多小型城邦,他们均加入了由少数大城镇领导的联邦。对于三国同盟来说,保卫这个区域的安全非常重要,因为塔拉斯坎人在14世纪70年代已经逐渐控制了巴尔萨斯流域西部,一旦他们将流域东部也吞并,就可以直逼莫雷洛斯,并开始包围墨西哥盆地。

在格雷罗东部,伊茨科阿特尔征服了特佩科阿奎尔科,这是一个占据了山谷上游的重镇(图17.20)。特佩科阿奎尔科的广大区域包括阿拉维斯特兰,是格雷罗东部最重要的制盐小镇。今天的盐价格低廉,随处可得,以至于我们会觉得它有点单调;而且现代化学品也取代了盐的古老功能,比如保存食物和染布。然而，在全世界的传统社会中，能够获得质量上乘的盐，是一种高级优先权，其重要程度与黄金和白银一般。

峡谷上游山上的城镇特拉奇科和伊瓜拉也俯首称臣。向南，蒙特祖马一世和内萨瓦尔科约特尔分别征服了基奥特奥潘和特拉科绍蒂特兰。在更远的东南部，阿兹特克军队经过包括蒙特祖马一世统治时期在内的多次征讨后，最终征服了特拉潘（Gutiérrez 2003）。

伊茨科阿特尔去世于1440年，三国同盟将其最初的征服事业继续推进：早期的领土扩展持续了将近二十年，从独立到特诺奇卡新的特拉托阿尼蒙特祖马一世统治的第一个十年。在内萨瓦尔科约特尔的协助下，蒙特祖马一世继续实施巩固边境和对抗塔拉斯坎的计划，有时也重新征讨城镇（如特佩科阿奎尔科），确保他们继续效忠三国同盟。直到15世纪40年代末，国内问题才导致三国同盟暂停其征服行动。

8. 15世纪50年代：墨西哥盆地的灾难和发展

问题始于湖泊水位上涨淹没了特诺奇蒂特兰和其奇南帕农场。因为盆地的湖泊系统就像一个碗，所有径流均汇入其中，盐分集中在最大最深的地方：中央湖泊特斯科科湖。有时盐湖上升，污染周边淡水湖泊和沼泽，并淹没特诺奇蒂特兰－特拉特洛尔科的沼泽岛屿。湖泊内大量生物死亡，它们本来是人群重要的蛋白质来源。这些事件发生于1449年和1450年，代价不仅包括城市的重建，也包括奇南帕系统的重建，并要保护整个西部潟湖地区（包括奇南帕田、城市和周围小城镇）免受下一场同类灾难的侵袭。

堤坝系统保证了安全。其中大部分（图17.21）是在内萨瓦尔科约特尔和蒙特祖马一世的监督下，于1450年设计建造的。堤坝南北长14公里，约8米宽、4米高（Lombardo de Ruiz 1973：116），封闭了整个特斯科科湖西部（详见图19.10）。这不仅保护了城市，也使得受损的奇南帕得以修复，还可以开垦新的奇南帕。

洪水的影响刚勉强清除，又出现了一场新灾难，连续四年异常寒冷的天气导

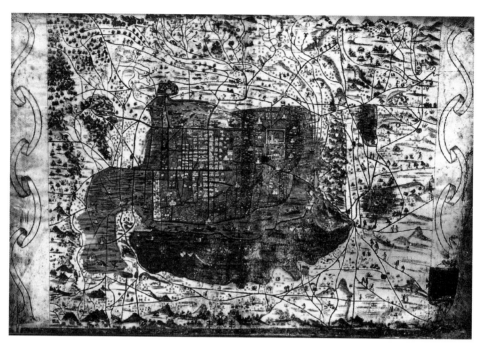

图17.21 1550年的墨西哥地图（也叫乌普萨拉地图或圣克鲁斯地图）显示"内萨瓦尔科约特尔堤坝"仍然在使用，在建成一个世纪后，它还在保护殖民时代早期的墨西哥城。在这幅地图中，右侧是北方，中心的浅灰色区域就是墨西哥城。其下方的深灰色就是特斯科科湖，中间的堤坝将二者分开。堤坝的建设与奇南帕类似，在合适的位置放置柳条编制的框架，里面填充压实的泥土和石块。考虑到阿兹特克人能够使用的基本原料和简单工具，这种堤坝真是兼具功能性和耐用性的杰作

致1452年粮食歉收。饥荒迅速蔓延，以至于1454年，阿兹特克历法中的1兔年，作为饥荒的代名词被编入词典中："人民遭受1兔……玉米停止生长。"（Annals of Cuauhtitlan 1992 [*c.* 1570]: 107）文化与其生态之间的互动总是因压力增大而增强。后古典时代晚期盆地人口的稳步增长，很大程度上归因于奇南帕水田等项目发展所提供的粮食增产。

连续多年的作物歉收使盆地西部和南部许多人不断遭受饥饿，因而，15世纪50年代成为墨西哥盆地饥荒和悲伤的传奇时期。墨西哥盆地的气候改变可能是由距离遥远的火山活动引起或加剧，比如1446年哥斯达黎加阿雷纳火山爆发，1450年和1451年印度尼西亚克卢德火山爆发（Gill and Keating 2002）。盆地北部和东

部种植龙舌兰的农民生活得相对较好，因为无论天气多么恶劣，龙舌兰都可以持续产生汁液。食用由它制作的营养较低、微薄的饮食，也远超盆地南部农民的热量摄入。

饥荒通常是由生态和社会因素共同造成的（Hassig 1986），而在这个案例中，主要原因是环境——非季节性霜冻在作物成熟之前就已经将其冻死。国王打开了粮仓，但随着时间的推移，应急物资也消耗殆尽。导致灾难的社会因素则是前哥伦布时代的运输技术。那些无法离开盆地的人因为没有食物而陷入绝境；而前往墨西哥湾低地"食物之乡"托托纳卡潘的人，将自己和家人卖作奴隶，以求生存。

9. 为帝国奠定基础

大约在1455年，墨西哥盆地重归繁荣，开启了一个持续到16世纪的政治扩张的新时期。三国同盟的王朝愈发富裕。战争、建设和装饰雄伟的建筑，都需要大量的材料、人员和食物，包括供给工人的主食和贵族宴飨的美味。这些都需要更多的收入和征伐。

第十八章　阿兹特克帝国的发展（1455—1486年）

1455年，大饥荒终于结束了，阿兹特克人举行他们的新火仪式（New Fire Ceremony），迎接一个新年轮循环的到来。这一仪式每52年即4个13年组合举行一次，使用四捆木柴，每捆代表13年，以1兔年之结束作为旧循环的结束，以2芦苇年的开始作为新循环的开始。新旧循环交接之时，世界处于关键节点，太阳是否升起再赐恩惠于人类，取决于人们的虔诚度和祭司的水平。库尔瓦坎附近的塞罗-德拉埃斯特雷亚山（又译"星山"）上的祭司就会举行此仪式。全国各地的人们都将炉火熄灭，在黑夜中等待祭司点燃新火。一旦点燃，祭司就会将人牲还在跳动的心脏丢入火中，以飨火焰。他们手持火炬，将点燃的新火送至神庙，新火将从神庙出发，重新点燃全国各地其他的炉火。阿兹特克人期待新的繁荣和挑战时期，但等到1507年的新火仪式时，外来入侵者将闯入他们的世界（图18.1）。

随着重归繁荣，三国同盟继续扩张，一直持续到15世纪80年代，贯穿整个蒙特祖马一世（在位最后一年是1469年）和他外孙阿哈亚卡特尔的统治时期，后者在位期间有效地增强了三国同盟的势力。但当阿哈亚卡特尔的兄弟蒂索克（1481—1486年在位）继位后，领土扩张停了下来，庞大的贡赋系统面临瘫痪。帝国的盟友和敌人嗅到了其衰落的气息，趁机反叛。直到蒂索克死去，其第三个兄弟阿维索特尔继位，危机才被解决，三国同盟扩张的活力又恢复了（详见第十九章）。三个兄弟的母亲即蒙特祖马一世的女儿阿托托斯特莉，她在父亲死后，即使没当国王，可能也立即垂帘听政了。

图18.1　1831年，神庙（特奥卡利）石被发现于墨西哥城蒙特祖马二世的宫殿区域，可能是他的王座。高123厘米，雕刻于1507年，以神庙的形式表现大量紧凑的图案，包括日期（如图所示"台阶"两侧）、人物和符号等（Pasztory 1983）

1. 大饥荒过后

15世纪中期的生态危机造成了一些重要的文化后果。它促使纳瓦特尔文化进入墨西哥湾低地，开始是因为饱受饥荒折磨的中部高地难民逃至此地，后来是因为三国同盟控制了通往墨西哥湾地区的重要城镇。三国同盟的君主似乎决心避免另一场至少对他们及其家庭来说性命攸关的食物短缺危机，而墨西哥湾低地的领土在未来必要时可作为避难所。同时，三国同盟继续巩固与塔拉斯坎接壤的西部边境，以及瓦哈卡山谷和上米斯特卡地区附属城镇的安定。但即便阿兹特克人雄心勃勃地派军队出征，很明显，并非所有人都望风而降。在西边，塔拉斯坎人竖立了一道不可逾越的障碍，阻止了三国同盟扩张的脚步。其他稍微弱小者仍需要反复"征服"，因为他们拒绝接受沦为墨西哥盆地超级大国财富和人牲来源地的命运。

大饥荒的另一个文化后果是特诺奇蒂特兰城市的更新，其他城市可能也是如此。在15世纪50年代早期，蒙特祖马一世通过集中分配王室粮仓中的食物换取劳动力，开始了几项雄伟的公共建筑工程。其中一项是大神庙的第三次改建工程（第四层，参见专栏17.1），这次改建在台阶底部镶嵌了科约尔沙赫基的雕

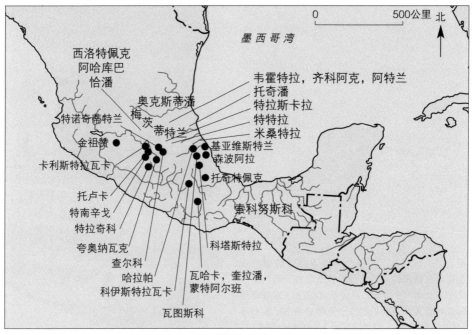

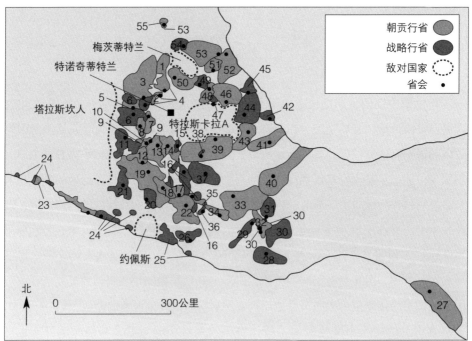

图18.2、18.3 1521年的阿兹特克帝国在很大程度上没有连续成片的疆土,帝国看上去像在三国同盟控制下的马赛克式区域。"朝贡行省"(下列名单)定期向三国同盟纳贡,"战略行省"则要向三国同盟提供各种援助,但这种责任是双方同意后才建立的。方括号内表示该行省是在哪位皇帝统治下被征服的[伊茨科阿特尔(Ⅰ),蒙特祖马一世(M1),阿哈亚卡特尔(Ax),蒂索克(T),阿维索特尔(Ah),蒙特祖马二世(M2)](根据Carrasco 1999; Gerhard 1993; Hassig 1988; Smith and Berdan 1996)。下列名单是看懂图18.3的关键

阿卡特兰 [M1] (37)
阿瓦特兰 (38)
阿特兰 * [Ax, M2] (51)
阿托托尼尔科-德佩德拉萨 * [M1] (2)
大阿托托尼尔科 * [M1/ Nezcoy,M2] (50)
阿哈库巴 * [M1] (1)
阿约特拉 (25)
恰潘 [I, M1, Ah] (4)
奇奥特兰 (16)
锡瓦特兰 * [Ah, M2] (23)
科伊斯特拉瓦卡 * [M1, T, Ah, M2] (33)
科塔斯特拉 * [M1/ Nezcoy, Ax, Ah] (41)
夸瓦坎 * [I, Ah] (7)
夸奥奇南科 [M1/Nezcoy] (19)
夸奥纳瓦克 * [H,I, M1, Ax] (13)
奎拉潘 * [M1, Ah, M2] (32)
瓦图斯科 * [M1/ Nezcoy, Ax, M2] (43)
瓦斯特佩克 * [I, M1] (14)
韦霍特拉 [Ah, M2] (54)
伊斯特佩西 [M2] (31)
伊斯特瓦卡 [M1, Ax, Ah, M2] (6)
马里纳尔科 * [Ax] (10)
米亚瓦特兰 [M1, M2] (28)
米桑特拉 [Ax/Nezpil] (45)
奥奎兰 * [Ax] (9)
奥奎图科 [M2] (15)
奥梅特佩克 [Ah] (26)
奥克斯蒂潘 * (55)

基奥特奥潘 * [M1] (17)
索科努斯科 * [Ah, M2] (27)
特科迈斯特拉瓦坎 [M2] (36)
特克潘特佩克 [Ah, M2] (24)
特马斯卡尔特佩克 [Ax] (11)
特奥萨夸尔科 [M2] (29)
特奥萨波特兰 [Ah] (30)
特佩阿卡 * [M1, Ax] (39)
特佩科阿奎尔科 * [I, M1] (19)
滨河特特拉 [Ax, Ah] (21)
特特拉 (47)
特拉奇科 * [M1, Ax] (12)
特拉科绍蒂兰 * [I, M1, Ax, M2] (18)
特拉帕科扬 * [M1] (48)
特拉潘 * [T, Ah, M2] (22)
特拉陶基特佩克 * [M1/ Nezcoy] (46)
特拉希亚科 * [Ah, M2] (34)
托奇潘 * [M1/ Nezcoy Ax, T, M2] (52)
托奇特佩克 * [M1/ Nezcoy, Ax] (40)
托卢卡 * [Ax, T, M2] (8)
齐科阿克 * [M1/ Nezcoy, Ax, T, Ah, M2] (53)
哈拉帕 [Ah, M2] (44)
西洛特佩克 * [M1, Ax, Ah] (3)
霍科蒂特拉 * [Ax] (5)
约尔特佩克 * [M1] (35)
森波阿拉 [M1, Ax, M2] (42)
松潘科 (20)

像（图17.6），并在改建工程中，于第三层台阶放置了君主石雕作为贡品掩埋起来（图17.7）。在内萨瓦尔科约特尔的带领下，新扩大的水渠和堤道开始从查普尔特佩克山向特诺奇蒂特兰供水。蒙特祖马一世亲往查普尔特佩克山，在山崖上雕刻自己的肖像，这成为以后特诺奇卡国王的惯例。

2. 宫殿和政府

另一项工程是扩建王室宫殿。蒙特祖马一世居住在伊茨科阿特尔住过的宫殿内。它占据了大神庙范围西侧的一大片街区，面积大约180米×190米，这可能是第一座位于神庙范围外的王室居住和行政场所,第一代统治者可能居住在最早神庙周围的小型建筑内。

随着这个朝贡帝国财富的增长和社会复杂程度的提高,宫殿规模开始增大,设计也日益精巧。纳瓦特尔语表示宫殿的词是"特克潘卡利"——"国王之地的房屋"——通常缩写为特克潘。虽然"宫殿"这个单词来源于罗马的帕拉蒂诺山,皇帝奥古斯都就住在那里,但纳瓦特尔语"特克潘"的字面意思就是领主所在的地方,这个词最常见的用法是指行政-居住宫殿、地方政府所在地,以及领主及其家庭的住宅。但它同样用来表达行宫,甚至形容阿兹特克国王们在军事行动或朝圣时的临时营地。

特克潘具有反映阿兹特克人政治风格的独特布局。从市镇广场进来,你会进入一个大庭院,穿过院子会看到一间具有高大台基的房间,统治者及其近臣就在这里上朝议事(详见专栏18.1)。贵族和侍从们聚集在庭院内,上层人士的特权之一就是每天到朝会与其他贵族交流,参加宴饮,享受音乐家、杂技演员和小丑带来的欢乐,以及当行政议题被提上议事日程时,聆听演讲或发表一些意见。

专栏18.1 / 阿兹特克宫殿

1519年,科尔特斯第一次来到特诺奇蒂特兰,被蒙特祖马二世安顿在其祖父蒙特祖马一世曾经居住过的宫殿中:"这是一座非常漂亮的大房子,为接待我们经过了精心布置。他领我穿过院子,来到一个大房间,然后让我坐上一个非常珍贵的王座……"(Cortés 1986[1519—1526]: 85)

科尔特斯还描述了穿过庭院来到议事厅的经过,在那里,他被邀请坐在阿兹特克领主的特权位置上。蒙特祖马随后退居到自己的特克潘(宫殿),那是附近一座更大的建筑。关于阿兹特克的韦特克潘(大宫殿),我们所知考古证据相对较少;事实上,它们深埋在现代城市之下,如蒙特祖马二世的宫殿如今就埋在墨西哥城索卡洛广场（大广场）东部的墨西哥国家皇宫之下。

科尔特斯和他的部下作为蒙特祖马二世的客人，在一座名为"阿哈亚卡特尔皇宫"的宫殿中居住了几个月，这座宫殿本来属于蒙特祖马一世，然后阿哈亚卡特尔也在此居住过。西班牙人描述了这些皇家住宅无与伦比的高大和奢侈。"阿哈亚卡特尔皇宫"足以容纳300名西班牙士兵，还有大量空余的房间，包括"（蒙特祖马二世）收藏大量神像的祈祷室，以及一个放置从他父亲阿哈亚卡特尔那里继承的金条和珠宝的密室，他从未开封使用过"（Díaz del Castillo 1956：194）。蒙特祖马真应该在拥有这些财富时尽情享用它们，因为西班牙人到来后不久，就发现了这扇刚用石膏封住的门，破门而入并将宝藏洗劫一空。

内萨瓦尔科约特尔的宫殿位于特斯科科，占地面积近100万平方米（821.5米×1037米[Alva Ixtillx-Chitl 1985：II：93]）。特斯科科人口密度比特诺奇蒂特兰低得多，其建筑群包括一个球场，以及占据最大庭院的城镇集市。年代早至1541年的基纳钦地图显示了在一个大庭院内，集合了内萨瓦尔科约特尔治下的所有特拉托阿尼和卡尔皮西奎官员（图18.4）。

墨西哥盆地城邦中心大约有50座特克潘，大多规模较小，根据少量考古记录，它们边长50米左右（Evans 2004）。特奥蒂瓦坎谷地奇科瑙特拉遗址发掘揭示出的大量居住房屋，是宫殿的一部分（Vaillant and Sanders 2000）。此外，在盆地的大型农业村落中还发现了300—500座行宫，它们负责周边小村落的行政管理事务。在特奥蒂瓦坎谷地上游锡瓦特克潘遗址的一个龙舌兰种植村落中发现了一座居住房屋，面积约25米×25米，平面规划与宫殿常见布局一致（图18.5、18.6）。尽管与大城市的宫殿相比微不足道，但它的面积是村落中第二大房屋的三倍。房屋的面积和布局表明这里是执行整个社区功能的场所，同时表明存在首领一夫多妻制的大家庭。除了四套居住房屋外，在建筑的入口处还有一个小厨房。带围墙的后院中

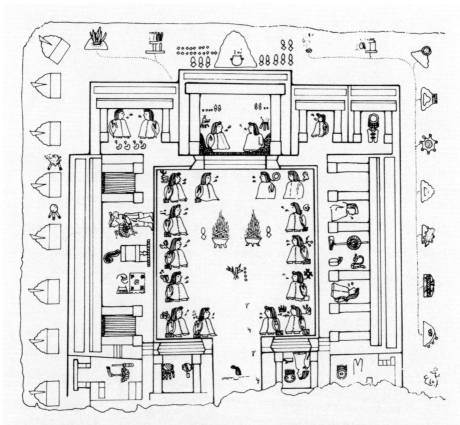

图18.4 在内萨瓦尔科约特尔的特克潘里面,内萨瓦尔科约特尔与他儿子内萨瓦尔皮利(左侧)对坐于议事厅。他的领主们则端坐于主庭院中,四周房屋的功能以注释标明,并用符号表示这些房屋是审判室、来访贵族的住所、乐器室和武库

修建了两个汗蒸浴池,在那里发现的霍奇克察尔塑像碎片表明,妇女们在浴池中缓解因分娩造成的疼痛时,会向这位生育女神祈祷。霍奇克察尔的另一个主管领域是纺织艺术,建筑内发现了大量纺轮可为佐证,这些纺轮都是用来纺织棉花和龙舌兰的(Evans 1991)。

阿兹特克人各级宫殿显示出惊人的相似性,反映了在统治者解决问题时,演讲交流的社会价值。在各个层级,统治者都在宫殿中主广场上方的议事厅内会见议事者,在那里,统治者的地位体现在建筑形式中。当然,

图 18.5、18.6　墨西哥盆地唯一发掘过的完整特克潘宫殿遗址是阿兹特克特克潘中最小的，位于特奥蒂瓦坎谷地上游的锡瓦特克潘村。平面图和复原图显示主庭院周围有一组房间，议事厅正对建筑入口，生活服务庭院位于建筑后方

议事者的角色同样是建筑的一部分，集中在院落中听讲是他们作为"演讲者"听众的基本要求，他们有时也充当演讲者。

一、蒙特祖马·伊尔维卡米纳，第二部分：1455—1469年

蒙特祖马一世（蒙特祖马·伊尔维卡米纳）是伊茨科阿特尔最得力的指挥官之一，他还延续着伊茨科阿特尔建立阿兹特克帝国的工作："如果说伊茨科阿特尔建立了阿兹特克帝国并统治墨西哥谷地，那么他的继任者赋予帝国以统治范

围。"(Boone 1994：49)1455年后，蒙特祖马一世确立了朝贡帝国的扩张模式，这成为后来阿兹特克历史的标准。他派使者到莫雷洛斯山谷的城镇和南方的格雷罗东部邻近地区，要求他们帮助修建特诺奇蒂特兰大型建筑。要求遭到拒绝时，信使一般也都会被残忍地杀害，阿兹特克人于是觉得派出军队征服这些顽抗的潜在纳贡者是师出有名的。蒙特祖马一世随后向南进军，在三国同盟扩大在莫雷洛斯和格雷罗的征伐活动之前，征服了托卢卡山谷南部。

墨西卡人的征服史是一个令人稍感困惑的故事，因为大部分地区都需要重新征讨，而殖民时代早期的编年史对于某个特定地区何时以及到底是如何被征服的，有时记录并不一致。我们知道，墨西卡人热衷于书写他们自己的历史来为某位统治者及其成就歌功颂德，而那些被征服的城邦经常会对墨西卡人的记录提出质疑，因为在殖民时代早期他们希望向新来的西班牙统治者强调自己的权力，以及对抗墨西卡人的共同意愿。

到1521年，阿兹特克帝国的行省已经扩大到现代墨西哥的大部分地区（参见图18.2、18.3）。一些学者注意到三国同盟的朝贡帝国中包括两种不同类型，二者有一定的差异。《门多萨手抄本》和其他原始资料罗列了一些三国同盟统治的城镇，他们被称作"朝贡行省"；其他被征服已久的结盟行省并不在朝贡名册上，它们被称为"战略行省"（Berdan et al. 1996：110）。朝贡行省需要上缴固定的货物和服务（来自卡尔普伊的劳动力和士兵）。战略行省同样需要输送士兵，但它们送出的货物被定义为"礼物"而非进贡义务（Hicks 1984），在附属人群眼中看来，这并非一种责任过重的关系，或许他们自愿选择依附，乐于见到阿兹特克军队报复性地摧毁邻国。

在接下来的章节中，我们将不再遵循本书惯例，即基于形成中美地区大地理分区——特万特佩克地峡及其东部和地峡西部的小区域，依序进行讨论。相反，我们将根据阿兹特克帝国的扩张史，对区域进行讨论。因此，我们从蒙特祖马一世对墨西哥盆地北部的征服开始，然后向南移动，进入莫雷洛斯和格雷罗东部，向东进入墨西哥湾低地，接着再向南，进入米斯特卡地区和瓦哈卡谷地。

在盆地北部和东部，征服阿哈库巴镇和大阿托托尼尔科镇为三国同盟在这个重要的战略地区增加了力量，这里涉及许多三国同盟控制的城镇和要塞。保住这个地区作为朝贡帝国的一部分，使由可靠盟友和朝贡者构成的围护着新生帝国的边境防线得以继续延伸，并确保帝国在帕丘卡地区获得中美地区最重要的黑曜石资源。尽管附近有三国同盟的死敌特拉斯卡拉和梅茨蒂特兰，但通往海湾低地北部的道路依然存在。上述两个地区和塔拉斯坎帝国从未臣服于阿兹特克人，但三国同盟数十年一直努力遏制这些宿敌国家，以臣服的行省与之为邻甚至包围他们。

1. 宏伟的花园：内萨瓦尔科约特尔的特斯科钦戈，蒙特祖马的瓦斯特佩克

帝国的行动并非都是战略或军事的。萨阿贡的线人将花园的建造列为帝国高度重视的一项贵族消遣活动（Sahagún 1979：29）。在特斯科钦戈，内萨瓦尔科约特尔为他雄伟的王朝休闲园举行了落成仪式，而蒙特祖马一世决定在莫雷洛斯的瓦斯特佩克为自己修建一处乐园，可能是为了纵容贵族之间以炫耀性消费的方式展开地位竞争（Evans 2000）。特斯科钦戈拥有以岩石切割的圆形浴池，围绕着无与伦比的墨西哥盆地美景（图18.7、18.8），只是它毕竟地处高海拔环境中，能够种植并且在寒冷冬季存活的植物种类有限。但瓦斯特佩克则是热带气候，蒙特祖马可以收集大量的栽培植物将花园装点得格外美丽，以至于一名西班牙士兵不禁感慨它是"我这一生中见过最好的花园，连我们的科尔特斯也这样说"（Díaz 1956［1560s］）。阿兹特克花园是这个文化最美丽的成果，尽管大量花园被西班牙人描述和占据，但没有一座的规划资料被保留下来。我们从纳瓦特尔语中大量有关园艺和花卉的词语可知，阿兹特克人在园艺学方面的兴趣是狂热的，如今，中美地区最早驯化的装饰植物，随便举例如万寿菊、大丽花、秋英，已经成为世界性美丽源泉的一部分。

阿兹特克的统治者们珍视美丽的植物，甚至为此颁布禁奢法，一些品种不许平民种植。专业园丁都是技艺高超、受人尊敬的工匠。蒙特祖马一世要求进贡特殊植物时，这些植物就会被送到特诺奇蒂特兰，"大量还有泥土附着在根上、用精美的

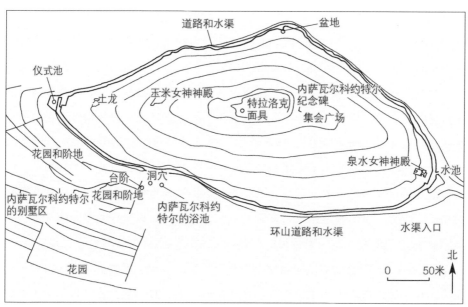

图 18.7、18.8 特斯科钦戈是内萨瓦尔科约特尔的皇家休闲园,占据了墨西哥盆地特斯科科以东 5 公里的整座山丘,设计非常精妙,以至于蒙特祖马一世不得不在莫雷洛斯谷地的瓦斯特佩克建造一座巨大的花园来媲美。特斯科钦戈山(照片左侧)经过改造,那些供王室访客使用的设施如住所、会议室、神庙、浴室均开凿于崖壁之上;其中部分绘制于下方的平面图中。崖壁上的浅浮雕讲述着内萨瓦尔科约特尔的疆域及其境内所有生灵的地理人文故事。遍布整个山丘的雕刻和建筑杰作与引水设施结合,如同喷泉水景。该设施为在将近 50 米高的地方修建的一条长约 8 公里的坚固引水渠,将周边山脉高处的泉水引到小山顶部附近的地方。水通过一组巧妙的水槽从山上冲下来,形成一个个瀑布,填满三个开凿于岩石上的圆形浴池,浇灌长满奇花异草的花园,并最终滋养山下的农耕梯田

布匹包裹",然后"带到瓦斯特佩克并在泉水周围种植"(Durán 1994:244—245)。从经济角度来说,更重要的是药用植物。中美地区人民编纂了一部庞大而有效的药典,内容为由动物、矿物特别是植物调制而成的配方(Sahagún 1963[1569];Cruz 1991[1552])。西班牙人认识到这些药物的经济价值。1570年,受菲利普二世的委派,伟大的自然历史学家弗朗西斯科·埃尔南德斯访问了瓦斯特佩克,他研究了当地的资源并保护了珍贵植物(Hernández 1888[1571])。阿兹特克人因为发明了世界第一座植物园而应该受到赞誉,园内展示了各种各样的植物。旧大陆也有很多漂亮的花园,但是欧洲最早的植物园建于16世纪40年代的意大利,很可能就是受到阿兹特克花园原型的启发。

2. 阿兹特克新的扩张时期:向东至墨西哥湾低地

饥荒过去若干年后,三国同盟重新扩张朝贡帝国。他们向北进军,抵达墨西哥湾低地中北部,然后往南,进入上米斯特卡地区和瓦哈卡谷地。在这些军事行动中,阿兹特克商人的被害往往是文饰侵略的诱因。波奇特卡商人的活动范围一直很广,他们不仅是货物的运输和保护者,也是外交谈判、间谍甚至未来阿兹特克接管者的先头部队。这些超出商业范畴的工作性质已是常识,并为与他们接触的人群所知。很可能波奇特卡商人被杀害已成为阿兹特克军事行动的惯用借口,因此商人们一定很担心会被自己同胞中的煽动者杀掉,成为帝国的借口。

瓦哈卡谷地东北山地间有一条道路,可以直达墨西哥湾低地中南部和重要的贸易中心托奇特佩克。这是最重要的城镇,人口密集,盛产纳贡需要的棉花、可可、橡胶,以及诸如黄金、绿石和羽毛等贵族物品。特斯科科编年史家认为内萨瓦尔科约特尔征服了托奇特佩克,而特诺奇卡文献则认为应当归功于蒙特祖马一世。

另外一个墨西哥湾低地中南部的行省被纳入帝国版图,其首府位于科塔斯特拉,距离托奇特佩克北部92公里(Ohnersorgen 2006)。似乎特斯科科和特诺奇卡的军队在这次胜利中都扮演了关键角色。反叛被阿哈亚卡特尔镇压,蒙特祖马二世在那里安插了一位名为特尼尔钦的卡尔皮西奎，后来他遇到了科尔特斯。该地区的食物（包括农作物和动物）以及棉花、可可和贵族装饰品等贡品非常丰富。考古和民族史证据均表明在整个后古典时代，这里密布居住聚落（见 e.g., Garraty and Stark 2002），但 16 世纪欧洲入侵者带来的疾病导致人口数量急剧下降。

托托纳卡潘 | 在中美地区文化史的大部分时间内，墨西哥湾低地中南部和中北部之间民族差异明显，地理上被奇孔基亚科山隔开，该山脉从东谢拉马德雷山一直延伸至大海。在后古典时代晚期，奇孔基亚科山脉及两侧的海湾低地被称作托托纳卡潘，因为从后古典时代早期以来就居住于此的托托纳克人统治了这片区域。

托托纳卡潘向北延伸至卡索内斯河，囊括了古典时代晚期至后古典时代早期埃尔塔欣统治的区域。托托纳卡潘的南界仍然存在争议，一些学者认为应当包括墨西哥湾低地中南部大部分地区（Medellín Zenil 1960；Solís 1993），其他人则认为只包含由安提瓜河开始的北部。整个地区的考古遗存表明，尽管托托纳克人占多数，但总体人口密集且族群多元化。陶器组合是托托纳克风格和米斯特卡-普埃布拉风格的混合，后者反映了后古典时代从普埃布拉和特拉斯卡拉地区流入的纳瓦语移民（Daneels 1997）。

墨西哥湾低地中南部的行省将财富送至阿兹特克帝国。这是一片食物资源丰富的土地，同时出产棉产品、羽毛、橡胶、黄金、烟草和可可（Smith and Berdan 1996：285—287）。此处还是阿兹特克皇帝珍视的热带植物产地，产品用于装点花园或作为奢侈品观赏。香草就是热带新大陆培育的，直到 19 世纪才蔓延至其他地方。值得赞扬的是，托托纳克人知道了用香草制作香味剂的秘密，作为唯一有果实的兰科植物，香草的豆子发酵产生了独特的、如今广为人知的味道。

森波阿拉 | 森波阿拉是托托纳克人最重要的中心城市，在西班牙人入侵时，其面积达 800 万平方米，人口约 3 万人（Solanes and Vela 1993）。遗址的民政-仪式中心占地 7.5 万平方米，周边环绕带垛口的围墙，将行政建筑和一座大金字塔

封闭起来（Báez-Jorge and Vásquez 2011）。

森波阿拉是阿兹特克人的征服目标，首先是蒙特祖马一世，接着是蒙特祖马二世。这个省被视为"战略"而非"朝贡"的事实反映了它与阿兹特克帝国不稳定的关系，这可能是阿兹特克的仇敌特拉斯卡拉人怂恿的。在科尔特斯与森波阿拉的"胖卡西克"（卡西克是加勒比海阿拉瓦克人对酋长的称呼，被西班牙人借用）的谈话中，托托纳克人对阿兹特克人及其苛刻要求的愤怒显露无遗。这表明西班牙人在与阿兹特克人的对抗过程中，可能会与当地一些集团建立重要的盟友关系，而托托纳克人就是他们的第一个盟友。

森波阿拉以北大约30公里是一个名为基业维斯特兰的附属遗址，这是一个防御性遗址，位于陡峭的山腰上，俯瞰大海。基亚维斯特兰的重要性在于其防御位置，但大量形态像房屋的小型石室墓也引起了考古学家的兴趣。这类墓葬只在这一地区流行，一些研究者将其年代定为殖民时代早期，也有人认为墓葬最早已进入后古典时代晚期。

米桑特拉 | 这个行省横跨海湾低地中北部南侧，包含了多种区域环境，从多树的山麓，经过热带农田，直到海岸。内萨瓦尔皮利和阿哈亚卡特尔的军队征服了这里，但其上缴的贡赋微乎其微，没有出现在朝贡名册上。

特拉陶基特佩克 | 这是包围特拉斯卡拉的另一个行省。它被内萨瓦尔科约特尔和蒙特祖马一世征服，其贡赋包括棉纺织品和其他产品。特拉陶基特佩克的首府出现过一位阿兹特克军事将领，表明了这个托托纳克行省并不稳定。

特特拉 | 面积不大的特特拉位于东谢拉马德雷山脉的高处，是环特拉斯卡拉行省封锁线的另一个节点。其统治者均是大约1200年迁来的奇奇梅卡人的后裔，民众主要说纳瓦特尔语。特特拉似乎很享受和阿兹特克首都的友好关系，墨西卡人将特特拉人武装起来，对抗被他们视作敌人的特拉斯卡拉人。

图18.9 位于瓦图斯科的阿兹特克神庙和特阿约堡（详见图18.10）是现存同类建筑中保存不错的。瓦斯图克的金字塔只是包含大量建筑的遗迹组的一部分，此外还有台基和房屋，所有这些可能构成了一个贵族居住院落。整个院落被封闭且被防御性的墙围住

瓦图斯科 | 瓦图斯科位于东谢拉马德雷山脉东侧，距离森波阿拉西南约75公里，特斯科科和特诺奇蒂特兰联合征服了这个朝贡行省。其贡品为棉花和可可。瓦图斯科遗址颇具防御性，有一座金字塔（图18.9）和行政特克潘建于小山之上（Medellín Zenil 1952）。

瓦图斯科也是阿兹特克帝国封锁特拉斯卡拉的一系列行省之一，领土包括普埃布拉平原北部的大片区域。特拉斯卡拉和普埃布拉将在第十九章深入讨论。特拉斯卡拉是毗邻墨西哥盆地最大、最难以征服的地区，阿兹特克人控制墨西哥湾低地则要付出更高的代价，因为必须绕过这个巨大的空隙，而且还要消弭特拉斯卡拉人破坏其行省忠诚的企图，至少安抚已征服的省份。

哈拉帕 | 哈拉帕位于东谢拉马德雷山脉森波阿拉以西，是阿兹特克封锁特拉

斯卡拉链条上的另一个节点，但其形成年代较晚，直到阿维索特尔和蒙特祖马二世统治时才出现。哈拉帕是帝国的"战略"行省之一，说纳瓦特尔语的人群和托托纳克人混居于此（Smith and Berdan 1996）。它承认阿兹特克人的权力并定期赠送礼物，但并不在朝贡名册之上。其统治范围从山脉往西北方向延伸，抵达墨西哥湾低地中北部。

托奇潘 | 这个朝贡行省从山脉向下延伸至墨西哥湾低地中北部的岸边，绝大部分地区为热带土地，盛产棉花、可可、粮食和鱼。棉纺织品是重要的贡品，此外还有绿石、羽毛和黄金。托奇潘位于海岸，这里有一个汇集波奇卡商人的重要市场。对该省的征服活动从内萨瓦尔科约特尔和蒙特祖马一世统治时期就开始了，一直持续到阿哈亚卡特尔和蒙特祖马二世。阿兹特克军事将领和驻军的存在表明这个地区并不稳定。

在墨西哥盆地发生大饥荒的年月，墨西哥湾低地是阿兹特克难民的避难所，一些资料表明来自盆地的移民在那里定居了下来，特阿约堡可能就是这种移民城市之一（图18.10）。这个位于托奇潘省的城市建于后古典时代早期，而且是"统治区域内唯一的全部物质遗存与阿兹特克相关的地方——建筑、雕刻，似乎还有陶器"（Umberger 1996：178）。这里发现的大量雕刻都是本地制造，但由阿兹特克人设计，表现的是君主以及诸如羽蛇神和剥皮神（希佩·托特克）等神祇的形象。

阿特兰 | 这个位于谢拉马德雷山脉东侧坡地的内陆行省居住着瓦斯特克族群，此外还有少量的说奥托米语、纳瓦特尔语和托托纳克语的人群。阿哈亚卡特尔和蒙特祖马二世的征服活动必定需要设置驻军和军事将领来支持。

齐科阿克 | 这个朝贡行省从谢拉马德雷山脉延伸至热带地区，内萨瓦尔科约特尔和蒙特祖马一世征服了这片属于瓦斯特克的地区，后来阿哈亚卡特尔、蒂索克、阿维索特尔和蒙特祖马二世继续努力巩固势力。齐科阿克向帝国供应棉花原

图18.10 特阿约堡的金字塔显示了阿兹特克这种大型建筑的典型比例,尽管风格粗糙,和遗址中的许多雕刻一样(Umberger 1996:164—165)。该遗址可能是由来自墨西哥盆地遭受饥荒的难民于1454年建造的

料和纺织品及其他物品。它被反复征服的历史和距离墨西哥盆地遥远的距离,加上中间隔着未被征服的梅茨蒂特兰地区,表明帝国对其整合仍然相对薄弱。

韦霍特拉 | 战略行省韦霍特拉位于梅茨蒂特兰的北部边界。这也是一个领土沿山脉东部坡地延伸的行省,包含了大量适合棉花生长的热带土地,部分棉花会被送至阿兹特克帝国。关于该行省是否被阿兹特克人征服的记录并不清楚,学者们认为阿维索特尔和蒙特祖马二世为与其保持友好关系做出了努力。

奥克斯蒂潘 | 奥克斯蒂潘是阿兹特克帝国最北的边境行省,一个刚好位于韦霍特拉北部的孤立小区域,作为朝贡行省却没有太多被征服的记录。人群为瓦斯特克人,进贡物品包括棉纺织品和活鹰。

3. 阿兹特克统治下的米斯特卡和瓦哈卡

蒙特祖马对盆地南部更远地区的征服,已进入了米斯特克人和萨波特克人的古老家园(图18.11)。

米斯特卡地区 | 1458年,在上米斯特卡地区东北边缘的一座名为科伊斯特拉瓦卡的城市中,正在做生意的若干波奇特卡商人被谋杀。作为抗议,墨西卡人派出一支号称20万人的军队南征。大军征服了该城,并在15世纪晚期到16世纪向西扩张了一大片区域。科伊斯特拉瓦卡是一个著名的贸易中心,也是从普埃布拉和特瓦坎谷地到米斯特卡的门户。作为一个阿兹特克朝贡行省的首都,其职责

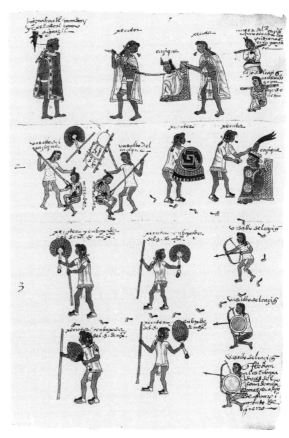

图18.11 《门多萨手抄本》中这一页显示了阿兹特克人和他们邻居之间关系恶化的三种途径。最上面一排讲述了这样的故事:中间的人物为一个行省的头领,他被墨西卡士兵在左侧指挥官的命令下羁押。头领的妻子和儿子(右侧)也被捆绑起来。中间一排人物表现了阿兹特克商人(头顶有商人的包裹)被谋杀,右侧为当地的卡西克,因默许这一行为而被宣布有罪。在底部,三名弓箭手因为用箭瞄准四名阿兹特克外交官而自讨苦吃

在于向特诺奇蒂特兰输送昂贵和消耗劳力的物品，比如战士精美的铠甲、绿石串珠、金粉和胭脂虫染料。

胭脂虫并不是一种讨人喜欢的财富来源。这种蚧壳生物生长于胭脂仙人掌上，是一种在荒凉干旱环境下生长的多刺植物上点染着的白色昆虫。然而，这些小虫产生的深红色染料是早期殖民时代出口西班牙的最重要产品之一（Donkin 1977）。将胭脂虫转变为染料是一个费时耗力的过程，因此，胭脂虫染料和其他纳贡物品一样，为了满足阿兹特克君主们的奢侈品位，消耗了米斯特克人的劳动力。

米斯特克城邦具有数量相当可观的人口。科伊斯特拉瓦卡及其附属城镇大约有1.2万人，此外，特拉希亚科、扬维特兰和特波斯科卢拉人口甚至更多（Lind 2000）。首府一般位于山顶，建有宏大而精致的宫殿、神庙和作为市场的大广场。平民居住于城市下方坡地的小房屋中，可能拥有类似卡尔普伊的本地组织。

正如我们先前所讨论的，米斯特克城邦具有古老的王权传统。西班牙人将这些王国称为"卡西卡斯戈斯"，是阿拉瓦克语"卡西克"的西班牙语化（Marcus and Zeitlin 1994）。统治精英们小心地维护他们的历史，用一系列手抄本来记录历法。这些幸存的书籍包括《博尔吉亚手抄本》（Borgia 1993）和《努塔尔手抄本》（Nuttall 1975），年代早至1500年，包含了在此之前数百年的信息，是现存前哥伦布时代仅有的文本资料（Kellogg 2010：241）。宗谱显眼地展示于宫殿内，"沿着君主的房间悬挂在集会中供人瞻仰和参考"（Burgoa 1934：210），还被用作贵族集会中的戏剧表演脚本（Pohl 1994a, 1994b）。

米斯特卡地区与普埃布拉的手抄本、陶器、珠宝和其他产品具有浓厚的米斯特卡-普埃布拉风格，它们代表了前哥伦布时代中美地区最精致的产品，阿兹特克人一直在米斯特卡地区进行征服活动就不足为奇了。米斯特克工匠们也受到了奖励，特斯科科人安排了其中一群人搬到特斯科科，希望他们永久居住在那里，为阿科尔瓦社会贡献精湛的技艺，并让特斯科科成为著名的学习中心。作为写作和工艺方面的专家，他们经常负责书写工作，这是具有影响力的职位，因为可以保存并解释那些记录。

瓦哈卡 | 在蒙特祖马一世的军队到达瓦哈卡谷地，并开始将其纳入自己的行省之前两百年，米斯特克人已经在瓦哈卡谷地的萨波特克人中站稳了脚跟。阿兹特克人在这里的军事行动一直持续到蒙特祖马二世统治时期。瓦哈卡谷地在政治上被"巴尔干化"，分裂成若干小国，在后古典时代，众多族群因为人口增长而争夺领土，米斯特克人和萨波特克人就是其中之二，但他们处于统治地位（Marcus and Flannery 2000）。

蒙特阿尔班是瓦哈卡谷地内最大的城市，人口1.4万人（Blanton 2010），但它和其他任何城市都不是该地区的首都。蒙特阿尔班主要的王宫区已经废弃了，只是萨波特克人的大墓被米斯特克贵族重新使用，比如7号大墓中发现了随葬品丰富的墓葬。

在阿兹特克人征服瓦哈卡谷地的过程中，阿兹特克商人们在这里被谋杀以后，阿兹特克人在瓦哈卡镇设置了一支驻军。编年史家描述，阿兹特克人因为这些商人被杀而实施的惩罚是非常彻底的，以至于当地人口都被清除了。特拉凯莱尔认为瓦哈卡市应当由来自墨西哥盆地的人群占据，"再次于此定居的人群应当来自所有行省。让内萨瓦尔科约特尔从他的行省中抽调60对夫妇以及他们的孩子到这里来"，其他各个行省的领主也是如此，这样就从特诺奇蒂特兰迁来600个家庭，每个家庭"将得到一块土地作为奖励"，他们将接受来自特诺奇蒂特兰王朝王室成员的统治（Durán 1994：236）。需要注意的是，有的研究者将这次征服的年代推迟至15世纪稍晚时期，即阿维索特尔统治时期。这反映了学者对资料记录缺乏共识；当地人为推翻阿兹特克人统治进行的持续反抗也使得反复征服很有必要。

如果说瓦哈卡是阿兹特克人的指挥部，那么奎拉潘就是贡赋行省的首要城市，是纺织布匹、玉米和豆子、金片以及胭脂虫染料的汇集之地。另一个重要的城镇是特奥萨波特兰（萨奇拉），在后古典时代早期和中期，瓦哈卡谷地的其他许多领主都承认该城统治者是整个地区的最高权威。然而，在15世纪晚期，萨波特克统治者决定完全放弃瓦哈卡谷地，将他的朝廷和数千名臣民迁移到太平洋海岸附近地峡地区的特万特佩克镇（Zeitlin 2001）。萨波特克人的迁移将地峡当地的

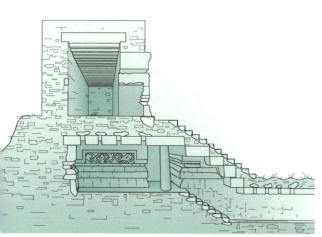
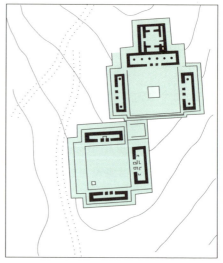

图 18.12—18.14 米特拉廊柱院落的正面为我们了解后古典时代晚期宫殿的形态提供了标本。它和米特拉其他院落建筑上的回纹石雕装饰是石质工艺的杰作，这些纹饰"模仿编织图案，让人们认识到纺织作为一种经济财富形式的重要性"（Pohl 1999：184）。院落的平面图（右下）显示大型隐蔽庭院非常适合宴饮。在米特拉，宴饮的目的就是要让人酩酊大醉，直到参与其中的贵族感觉到自己可以和祖先沟通为止，他们的祖先安葬于房间之下的墓葬内（左下建筑剖视图）

族群（例如索克人和米塞人）挤压到该地区的边缘地带。

萨奇拉是谷地内最负盛名的家族所在地，世俗宫殿建筑群四周都是平民的房屋和田地。萨奇拉的国王们将另一个中心米特拉作为咨询萨波特克最高祭司的场所，同时也解决贵族间的争端，还用作墓地。米特拉是纳瓦特尔语"米克克特兰"的变体，意为"死者之地"，它的萨波特克名字也有类似的含义。正如我们之前对萨波特克人和米斯特克人的讨论那样，死者是家庭的一部分，住在位于房屋下面的墓葬中。米特拉的五座贵族院落始建于古典时代，但后古典时代的居住者留下了前哥伦布时代文化的主要遗存。该城镇直到今天都有人群居住，古代遗存非常精彩，让人身临其境（图18.12—18.14）。

二、阿哈亚卡特尔的统治，1469—1481年

大约1469年，蒙特祖马一世去世，特诺奇卡统治者血统的合法世系转移到他女儿阿托托斯特莉身上，后来又转移给她的三个儿子。阿哈亚卡特尔第一个继位（大约1469—1481年在位）；然后是蒂索克；接着大约在1486年，阿维索特尔登基，一直统治到大约1502年。

在阿哈亚卡特尔的统治下，特诺奇蒂特兰接管了姐妹城市特拉特洛尔科，并将其市场和贸易收入据为己有。随后，特诺奇蒂特兰将注意力转移到西方，在那里遭遇了劲敌塔拉斯坎，从此阿兹特克人再也没有和他们发生大的冲突。

15世纪60年代，塔拉斯坎人袭击了托卢卡，那是马特拉钦卡族群的重要中心。塔拉斯坎人没有成功，但必须考虑到他们行动过程中的后勤问题：托卢卡距离塔拉斯坎首都金祖赞直线距离大约200公里。另一方面，托卢卡距离特诺奇蒂特兰仅有大约50公里，对阿兹特克人来说，塔拉斯坎人长途跋涉的进攻已是强弩之末。

15世纪70年代早期，托卢卡和邻近城市特南辛戈之间就收贡权发生争执，结果后者的国王请求阿哈亚卡特尔帮忙解决争端。这是第十七章讨论的"干涉"和

"篡权"的一个很好的例子。阿兹特克人受到邀请，最终篡夺了当地政权，并将托卢卡、特南辛戈、卡利斯特拉瓦卡、特奥特南戈和其他社区并入帝国版图之中，加强了中部高地的政治集权。事实上在几年前，阿哈亚卡特尔就已经对该地区施加了一定的压力，比如介入马利纳尔科的王朝事务并册立了国王（Carrasco 1999：259）。

卡利斯特拉瓦卡｜被征服的城镇中有一个名为卡利斯特拉瓦卡，在阿兹特克人干预以前，一些资料将其称为"卡贝塞拉"（西班牙语意为首脑城镇）。卡利斯特拉瓦卡有人群居住的时间很长，从形成时代开始贯穿整个古典时代，并延续到后古典时代大约1200年马特拉钦卡人在此定居后（García Payón 1974，1979）。15世纪70年代，被阿哈亚卡特尔的阿兹特克帝国征服时，这里还有几座雄伟的建筑（图18.15），除了大量居住院落外，还有一座圆形的神庙，供奉伊埃卡特尔形象的克察尔科阿特尔，即风神（图18.16）。

1. 宫廷丑闻和死亡

阿哈亚卡特尔继位时非常年轻，在他统治初期，伟大的特斯科科君主内萨瓦尔科约特尔去世了。新君主是一名小男孩，长大以后与他父亲具有一样的影响力，但即位时政治权力出现空虚和失衡。内萨瓦尔科约特尔是一位非常务实的战略家，是特拉特洛尔科君主莫奎维斯的密友，后者也是蒙特祖马一世很喜欢的君主。若干年后，蒙特祖马一世和内萨瓦尔科约特尔相继死亡，加上特拉特洛尔科远程贸易系统日渐凸显的重要性，促使莫奎维斯制订计划反抗特诺奇蒂特兰的统治。这必将破坏特诺奇蒂特兰获取特拉特洛尔科远程贸易网络的权力，而且会让特诺奇蒂特兰从正在扩大的朝贡战争中分心。然而，阿哈亚卡特尔干涉特拉特洛尔科的借口却集中在"家庭观念"的琐碎事务上：他的妹妹，莫奎维斯的正妻在婚姻生活中并不快乐。1473年，阿哈亚卡特尔（和阿兹特克军队）出手维护她的荣誉。

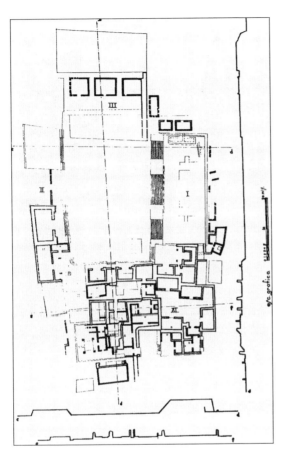 

图18.15 卡利斯特拉瓦卡最大的建筑内部以一个大型庭院为中心,其东北侧的台阶通往平台。这座与后古典时代晚期宫殿相关的建筑,其规划特点是君主的议事厅可以俯瞰内部庭院,周围围绕各种大小的房屋。这座建筑有时也被称为"卡尔梅卡克",即祭司学校,但学校建筑的布局一般更紧密

图18.16 这座真人大小的雕像发现于卡利斯特拉瓦卡的圆形神庙中,表现了一个身着缠腰布、脚穿拖鞋、戴鸭嘴面具的年轻人。它具有克察尔科阿特尔神的特征,以风神伊埃卡特尔的装束打扮自己

莫奎维斯因冷落妻子遭到她及其家族的指控,更恶劣的是,他"与其他女性关系混乱……令所有人受辱"(Annals of Cuauhtitlan 1992 [*c.* 1570]: 113)。资料并没有明确记载,莫奎维斯的罪行是总和嫔妃厮混,还是在王朝行政总署宫殿内公开淫乱。一名编年史家注意到,在那些保守、迂腐的阿兹特克人看来,"死亡

图18.17 《博尔吉亚手抄本》中描绘了两个女性中间的男性（就如莫奎维斯一样）。该图的左侧，这名男性被一位穿着端庄的尊贵女性抓住，而他则伸手享用一名几乎全裸的纵欲对象。该图右侧的夫妇正享受更加和谐的婚姻

是对丑闻的惩戒"（Zorita 1994［1566—1570］：131）。总之，阿哈亚卡特尔迫使莫奎维斯自杀，并永久地剥夺了特拉特洛尔科占有领土和设置军事政府的权力。而其利润颇高的远程贸易网络也成为特诺奇蒂特兰的财产（图18.17）。

2. 塔拉斯坎帝国和金祖赞

15世纪70年代中晚期，阿哈亚卡特尔的注意力开始转移到西方，因为1475—1476年，阿兹特克军队进入了托卢卡谷地，下一年又从托卢卡向南进军，并在1477—1478年开始向北挺进（Hassig 1988）。阿兹特克人认为塔拉斯坎人正向东推进到托卢卡地区，并试图与他们在战场上交锋。这对阿兹特克人完全是个灾难。

要理解阿兹特克人为什么会采取这样的军事路线，我们必须要考虑塔拉斯坎帝国统治的变迁。在15世纪中叶，塔拉斯坎的主要首都已经迁到金祖赞（图18.18、18.19），明显与帕茨夸罗和伊瓦奇奥平分权力，形成类似三国同盟的格局。金祖赞是塔拉斯坎君主们的居住地，直到1530年最后一位国王坦加苏安二世被西班牙人杀掉，后者从1522年就开始侵略这个地区。金祖赞后来成为现代城镇所在地，

图18.18、18.19 如今,金祖赞遗址是一个大型的考古景点,因主建筑平台前方的一排半圆形"亚卡塔斯"而闻名。这些亚卡塔斯是献给库里考埃里和他的四个兄弟的。库里考埃里是塔拉斯坎的守护者太阳神,其四个兄弟代表了地面的四个方向——连同库里考埃里一起,这些亚卡塔斯扮演了"五方……某种意义上这使得帕茨夸罗湖盆地成为塔拉斯坎世界的宇宙中心"(Pollard 1993:135)。塔拉斯坎首都朝北面向湖泊(平面图),形成一个广阔的Y字形。西北方向带有亚卡塔斯的台基尺寸为450米×250米,用于举行仪式活动,包括埋葬贵族和杀牲祭祀——平台上曾经矗立着一个骷髅架和祭石

因此晚期建筑破坏了大部分遗址区域，据估计整个遗址大约700万平方米，居住人口2.5万—3万人。城市位于一条往北流向帕茨夸罗湖的小河旁。

金祖赞不同的地段被分为40个区，每区25户。绝大多数人口为平民，居住于小房屋内，使用一些朴素的工具和简单的器皿。塔拉斯坎平民耕种与高地其他地区一样的作物如玉米、豆子、龙舌兰等，也在家庭作坊内制造最基本的消费品。市场的位置尚未确定，但资料显示市集每天都有，和阿兹特克市场一样，有本地和外来货物。

考古调查分辨出几个不同的贵族区，城市中的贵族大约有5000人。社会金字塔的顶端是国王及其直系亲属，有3000多名侍从和数十位工匠为他们服务，满足其需求。宫殿区被埋在1525—1526年修建的天主教堂之下，除了作为国王一家的居住场所外，毫无疑问还具有行政功能，因为城市内似乎没有单独的机构场所用于处理诸如维持和扩大塔拉斯坎领土内的朝贡网络和军事行动等行政事务。国王个人的仓库收集了羽毛和珍贵金属，其他仓库则用于放置上缴国家的贡赋，比如棉布和粮食。国王在宫殿区附近建有豢养野兽和鸟类的动物园。

贵族住所中的物质文化遗存包括大量陶器，其中许多装饰精美；尽管平民也使用带有贵族符号的器皿，但这些陶器是从市场上购买的（Hirshman 2008：307）。此外，当平民还在使用来自米却肯的锡纳佩夸罗-乌卡雷奥的灰色曜石时，贵族们已经使用稀有的红色、绿色曜石了。他们的饰品有耳环和唇钉。相对于阿兹特克腹地来说，金属在米却肯扮演了更重要的角色，它是贵族地位的标志（Pollard 1987）。

萨阿贡的阿兹特克线人高度评价塔拉斯坎人的工艺，包括棉纺织、刺绣和皮革加工，但认为他们的"缺点［就是］……没有穿臀围，赤身露体，仅以坎肩包裹身体。女人只穿一条裙子，连件换的衣物都没有"（Sahagún 1961：189）。

裸体虽令阿兹特克人震惊和着迷，但他们对军事扩张更感兴趣，觉得塔拉斯坎是"最难缠的敌人"（Durán 1994：347），可能是因为塔拉斯坎人同他们自己一样，也统治着广阔的领土，并极具侵略性。在第十六章中，我们就注意到最早的塔拉斯坎国王是如何在帕茨夸罗湖周围一步一步发动袭击，然后向奎采奥湖区进发的。从1440年到1500年，他们统一了一个广大的区域（图18.20）。

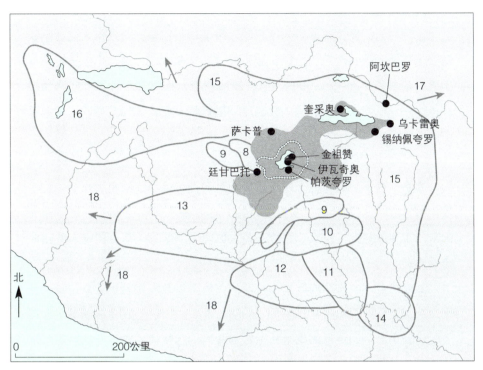

图18.20　1500年的塔拉斯坎帝国拥有一片广阔的领土，巅峰时期东西达350、南北长200公里。帕茨夸罗湖周边的阴影部分是塔拉斯坎军队早期占领的疆域（参见图16.7）。在这里，我们可以看到下一个阶段，塔拉斯坎人从湖泊西部地区开始，向南和向东移动，进入巴尔萨斯河流域及格雷罗地区。之后，通往托卢卡的东部地区、北部莱尔马河流域和更西的山谷成为下一个袭击目标。扩张者努力向东北和西南方向推进

 专栏18.2／阿兹特克人的性和婚姻

　　我们在前文提到，阿兹特克儿童很早就接受关于成人责任的教导，并接受训练、劝诫，获得有用的生活经验。男孩在家庭和特殊学校里接受培训，一些女孩也进入宗教学校学习。大城市的仪式区都有妇女从事宗教服务的修道院。由于纺织品在经济中的重要性，大多数女孩都接受了成为受人尊敬的家庭主妇的技能培训，同时获得了养活自己的能力。

年轻的男子需要在战争中俘获敌人来证明自己是一个成年人。这是获得个人荣耀和公共尊严的途径，因为在这一义务完成之前，男性不能剪成年男人的发型（Joyce 2000）。男性服饰的差别提供了一种更加明确的等级语言——从男人披风的样式和长度、唇钉和发型，人们就可以知道他俘虏敌人的数量。在达到成人标准后，他就可以准备结婚了。

婚姻 | 对于阿兹特克人来说，婚姻是晋升为成年人的最后一个社会阶段。男人20岁左右结婚，女性则大约15岁。王室成员之间的联姻是治理国家的重要政策，平民也认真地对待家庭之间的联姻，双方的媒人会就此进行协商。

阿兹特克人的婚姻原则是很灵活的，但有少数规定禁止近亲结婚，乱伦的结合是极其罪恶的（Burkhart 1989：155）。婚礼日期是占卜师根据占卜历法确定的。即便是婚姻也会有它的命运，选择良辰吉日开始婚后生活的历程是合理的。

婚礼在新娘父母家举行，宴会尽可能地喜庆，富裕的家庭布置大量奢侈品，如巧克力、鲜花、烟草和塔马里（玉米粽子）（Sahagún 1969）。客人给新婚夫妇送礼，并致辞强调责任和孝顺的重要性。接着宴会转移到新郎家，二人的衣服结在一起（图18.21）。在第一个孩子出生以前，他们都和父母一起居住，通常是男方的父母。

性 | 阿兹特克人乐于把性作为婚姻的一部分来讨论，他们认为好色是走向毁灭的途径之一，并且对那些犯了通奸、鸡奸或乱伦罪的人处以极刑。年轻人应当保持贞洁，因为婚前性行为会导致男性阳痿、女性贪婪（Ortíz de Montellano 1990）。女性如果在结婚时不是处女，将会令她的家族蒙羞。

尽管阿兹特克人会因违规而受到严厉的惩罚，但他们依然享受性爱。他们对性的态度是"泥土般的、朴实的"（earthy），部分原因是纳瓦特尔

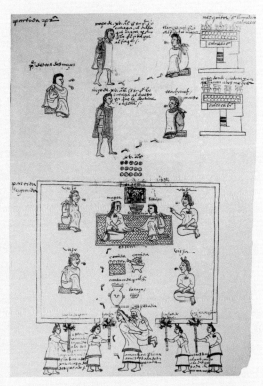

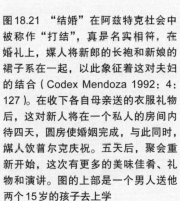

图18.21 "结婚"在阿兹特克社会中被称作"打结",真是名实相符,在婚礼上,媒人将新郎的长袍和新娘的裙子系在一起,以此象征着这对夫妇的结合(Codex Mendoza 1992:4:127)。在收下各自母亲送的衣服礼物后,这对新人将在一个私人的房间内待四天,圆房使婚姻完成,与此同时,媒人饮普尔克庆祝。五天后,聚会重新开始,这次有更多的美味佳肴、礼物和演讲。图的上部是一个男人送他两个15岁的孩子去上学

语中"性"这个词的意思是"地表之物",即性也是大地生长之物(López Austin 1993:67)。性爱的欢愉由纳瓦特尔语动词"耶考阿"表示,意为"体验、品尝食物或饮料,与某人交合"(Karttunen 1983:337),即性爱如美食。阿兹特克人对春药的使用更直观地强调了食物和性的联系:比如为了把握某人的心,在给他的巧克力中加入碾碎的"着魔"玉米粒(Ruíz de Alarcón 1984[1629])。但与此同时,两种宝贵的资源——时间和可可豆——都被用来享乐了,在阿兹特克人看来这是一种浪费。纳瓦特尔语中有很多描述欢愉的词,在表达自我享受的同时也都有浪费时间的意思。对于阿兹特克人来说,性行为频繁的一个大问题是它分散了原来可以更有效(和安全)地花在更严肃事业上的精力。

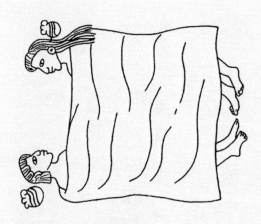

图18.22 对通奸者的惩罚十分严厉——用石头砸死（Codex Mendoza 1992：4：147）。这对情人头部旁边的符号代表石头。小偷和醉鬼也会被判处用石头砸死的刑罚。老年人则被准许饮普尔克作乐，酩酊大醉也不用害怕受到惩罚

守护神监管着性活动。霍奇克察尔和特拉索尔特奥特尔分别代表了年轻和有生育能力的女性，以及衰老和智慧的女性（参见专栏15.2）。马奎尔克索奇特尔/霍奇皮利是宫廷人员的守护神，因此也是与宫廷生活相关的宴饮、赌博、鲜花和致幻剂的守护神。在崇拜他时必须禁欲，如果宫廷人员触犯了这条规则，那么他会"让他们……生痔疮，生殖器流脓，腹股沟生病"（Sahagún 1970：31）。

一些特斯科科的史料记录了对轻浮行为极为严厉的惩罚——特斯科科国王内萨瓦尔皮利的女儿因为和一个男孩说话而被判死刑，他的儿子因为与一名王室成员的妻子发生性关系（或可能仅是开玩笑）而被处决（图18.22）。这是一个关于解释民族史记录问题的有趣案例，因为这些看似独立的记录其实是同源的，几乎是同一个故事的不同变体。这些道德故事似乎表明那些忽视道德滑坡危险的阿兹特克人受到了残酷的压迫，但仔细看这些记录，会发现它们大量重复，且都来自16世纪晚期特斯科科帝国一户衰亡贵族家庭中最后几位老人的讲述，而他们看起来像是在臆造，以此缅怀自己年轻时帝国严格的道德规范（Karttunen and Lockhart 1987：10）。

因此，那些从这些极端例子中推导证明阿兹特克社会是专制的清教徒式的社会甚至厌恶女性的学者，可能没有注意到早期殖民时代许多图片和

义字记录所提供的社会总体情况,这些记录表现出阿兹特克社会对享乐主义行为合理的容忍,以及公共社会中妇女的自由。当然,适度和慎重仍然得到高度评价,因此婚后的性生活是成年人最享受的。

将托卢卡谷地一大片地区并入被征服的行省,让阿兹特克人拥有了对抗塔拉斯坎人的缓冲区域和攻击跳板,1478年他们调集2.4万人的军队抵达边境地区并发动进攻。不幸的是,塔拉斯坎人拥有一支4万人的军队,"结果这场战争成为阿兹特克帝国在前西班牙时代最惨痛的灾难"(Smith 1996:139)。阿哈亚卡特尔带着2500名幸存士兵逃回墨西哥盆地,从此阿兹特克人再也不敢正面对抗塔拉斯坎人了。然而,他们确实保持了对托卢卡谷地的控制。谷地内的重要城市如托卢卡、特奥特南戈、特南辛戈和卡利斯特拉瓦卡成为阿兹特克人的纳贡者。此外,墨西哥盆地内的城镇领主们控制了托卢卡谷地的土地。

回到特诺奇蒂特兰,阿哈亚卡特尔因击败查尔卡人而稍感欣慰 | 被塔拉斯坎人打败后,阿哈亚卡特尔回到了特诺奇蒂特兰,此时的他仍然是一个伟大帝国的皇帝。来自墨西哥盆地东南部查尔卡王国之人举行的娱乐活动分散了阿哈亚卡特尔对政治问题的注意力。在他的上一任也就是其祖父蒙特祖马一世的统治下,查尔卡人终于臣服了。阿兹特克人废黜了查尔卡25个国王(Gibson 1964),索要巨额赔偿,包括将查尔卡女性作为征服奖赏(Schroeder 1991),以及让查尔卡提供材料和工匠扩建特诺奇蒂特兰的宫殿。因此,这些被征服的人民,基本上都是特诺奇蒂特兰统治者的奴隶,他们将成为宫殿内众多仆人的一部分,而经过一段时间后,他们中的一些人凭借特殊的才华和运气,就可以从奴仆擢升到王室管家的地位,与统治者的妻妾甚至统治者本人(如果他期望的话)产生亲昵关系。阿哈亚卡特尔在王宫内长大,熟悉这个庞大的家庭,无疑受到仆人的宠溺。当他成为统治者时,王宫内的查尔卡籍妃嫔们可能生下了蒙特祖马和其他高级贵族的孩子。这些都是古代农耕国家皇室家庭生活的馈赠。

图 18.23 舞蹈是阿兹特克人仪式和节日的一部分。如图所示,男人和女人们排成精心设计的队形跳舞

1479年的一天，宫殿中的阿哈亚卡特尔被乐舞之声吸引到了主庭院（图18.23）。这种活动经常举行，用来娱乐整天待在王宫院落内的贵族和仆人。然而这一次，查尔卡音乐家的歌声引起了国王的注意，他也加入，载歌载舞。歌曲为《查尔卡女兵之歌》，歌颂了阿哈亚卡特尔作为情人的勇猛，鼓励他"雄起，让我成为一个女人……把它放进去，放进去"等（Léon-Portilla 1984：240—243）。

这些歌词显然温柔地打趣了特诺奇卡人对查尔卡人的征服，暗示军事征服其实可以由阿哈亚卡特尔在床上完成。这首歌成功地奉承了阿哈亚卡特尔，他将这些查尔卡音乐家召入家中。然而，这并没有改变阿哈亚卡特尔对查尔卡的态度，墨西卡人占领了更多的土地（Hodge 1984）。直到15世纪80年代中期，也就是1481年阿哈亚卡特尔去世后几年，查尔卡王朝才得以恢复。阿哈亚卡特尔真的非常会纵欲欢愉，因为他去世时还很年轻。他在统治时期维持并扩张了其祖父和内萨瓦尔科约特尔建立的广阔帝国。当然，他也遇到了一些不可逾越的界线，但随着阿兹特克帝国不断发展，其继任者会继续扩张领土。1481年，他的兄弟蒂索克继承了王位。

三、蒂索克，1481—1486年

蒂索克在特诺奇蒂特兰的正式加冕仪式符合帝国盛世气象的标准。特斯科科国王内萨瓦尔皮利为他戴上"镶嵌绿石的金冠"，接着又奉上玉片状鼻饰和管状耳饰、带金铃的金手镯和脚镯，并让他坐在王座上，此座名曰"鹰座"和"美洲豹座"，因为上面装饰了鹰羽和美洲豹皮（Durán 1994：297）。然后，内萨瓦尔皮利劝诫蒂索克要敬神，要帮助自己子民中那些弱者和穷人，特别要优待"鹰和美洲豹武士，他们是有胆识的、勇敢的人……是你土地的屏障和守护者"（同上：298）。

1. 鹰武士和美洲豹武士

鹰和美洲豹是古代尚武精神的象征，被视作军事社会的图腾。我们注意到在

图18.24　阿兹特克人通过服饰来展示等级和成就。这在军人中表现得最为明显：战士们在战场上表现出色，从而赢得各种服饰、装备，甚至理某种特定发型的权利。《门多萨手抄本》第67页显示了经验丰富的战士及其俘虏。战士们携带边缘嵌黑曜石叶的长矛和独特的盾牌。每个人衣服背后都有一个附属设备——这个清晰可见的徽章可以帮助战士们寻找他们的部队在哪里作战

一些早期文化中，比如在霍奇卡尔科、埃尔塔欣和图拉的一些特别建筑上就发现了鹰和美洲豹图案，表明这些文化已经出现了阿兹特克那样的精英战士社会。

世界各地和各个历史阶段的人都会通过服饰、妆容和发型来显示自己的社会和经济地位。阿兹特克人则将此变为一项高端艺术，其最大的改进在于制定了成功的军队资深战士的着装和相关法律（图18.24）。阿兹特克人必须服兵役，而且实际上从15岁开始，如果一个阿兹特克男人没有至少参与俘虏过一个敌人，那么他将不能理发。如此明显的缺乏对国家贡献的标志，毫无疑问会引起羞耻感，以

至于大量年轻人渴望抹去童年的印记，从而激发了战斗的热情。蒙特祖马一世在所有的卡尔普伊中都建立了特尔波奇卡利学校，所以到蒂索克统治时期，阿兹特克人已经有了固定的军事训练项目，而那些雄心勃勃的平民则将军事上的成功视作提升社会地位的途径。

除了特定的服饰和发型特征外，尊贵的勇士还被赋予额外的权益，比如穿着棉衣，在仪式宴饮上吃人牲的肉，公开畅饮普尔克，参加宫廷宴会以及纳妾（Hassig 1986）。事实上，就算是国王的儿子，只要他逃避兵役，就不能"接受烟草，不能喝巧克力，不能享受美食"（Durán 1971：42）。平民因为在战场上有所服务可被提升至贵族的地位，并且可以和尊贵的世袭贵族一起进入鹰武士和美洲豹武士的行列（图18.25、18.26）。如果对国家的贡献显著，他们可以得到从农场土地收取地租的奖赏。平民升格为贵族可以"免于贡税和交费。他会得到土地和财产。[被允许]参加皇宫内的宴会，得到他的食物。每当有舞会和庆典时，他可以和领主一起跳舞。总而言之，这些人获得了新的血统，他们的孩子也能享受特权，称自己为武士"（Durán 1971：199—200）。

在军队中荣立战功尤其具有吸引力——可以将整个家庭提升到贵族阶层。难怪阿兹特克人如此迅速地扩张了他们的帝国。然而，这种策略也埋下了自身毁灭的种子，因为一夫多妻制的贵族家庭的子女比一夫一妻制的平民夫妇的要多得多，每代平民要供养的不劳而获的贵族比例都相当大。到蒙特祖马二世时，贵族阶层的数量已经远远超过了平民所能供养的极限，因此有必要限制贵族门槛，甚至废黜一些贵族。

农业社会的战争一般安排在冬季，这样的话，军队中占多数的农民和工匠可以参战，而不会打断春末或秋初重要的种植、培育和收割任务。在农闲季节，平民在掌管特尔波奇卡利学校的战争祭司的监督下训练，编制成队，组成阿兹特克军队。男人们在自己本地旗帜下参战，军队的组织和训练都是在这些以地方为单位的基础上进行。阿兹特克军队没有现代军队中通行的指挥等级链——将领制定战略，战士直接执行，英勇的武士在战场上因其服饰和勇气一眼可辨。但战斗的进行非常程式化，以至于军队几乎不可能灵活应对战争变化。

图18.25 这尊高1.8米的鹰形人,是鹰武士大厅石座上的一对陶塑之一。雕像的特征和这座建筑高度仪式化的功能表明这座雕像可能代表了一个人格化的神祇——正在升起的太阳——而非一位真正的鹰武士（Matos 2002）

图18.26 在特诺奇蒂特兰的大神庙区域,鹰武士大厅是精英军事部队的专门集会场所(López Luján 2006)。房间内的石座表面雕刻了士兵队伍,就像图拉的"焚毁之宫"发现的那样

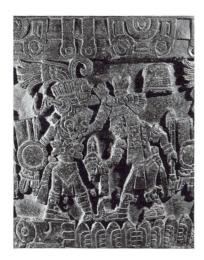

图18.27、18.28 蒂索克的石雕,刻于其作为韦特拉托阿尼统治期间,这表明即使是碌碌无为的君主也可以拥有华丽的纪念碑。这座纪念碑直径近2.7米,上面雕刻了15幅蒂索克作为战士的形象,旁边还分别配有一个俘虏代表与蒂索克打仗的城市。这种场景是米斯特卡–普埃布拉风格,而非托尔特克式(Pasztory 1983:147)。顶部是太阳盘,可能是人祭的平台

阿兹特克人并不重视以战场杀敌为目标的现代战争理念，尽管有时他们也会为了报复而屠杀，有时也会被他们的敌人消灭。更常见的是，阿兹特克人为祭祀仪式抓俘虏。正是阿兹特克人这种滞缓的杀敌率和缺乏层级下达的明确命令，使得西班牙军队在士兵数量远不如阿兹特克军队的情况下，占尽优势。西班牙人专门杀戮那些旗手和穿着最华丽的士兵，他们都是经验丰富的老兵。他们被杀死后，其余的阿兹特克士兵就不知所措了。

战争中的蒂索克 | 阿兹特克的其他敌人也根本不以抓俘虏作为战争目标，而是更想给特诺奇卡及其盟友致命一击。塔拉斯坎人重创阿兹特克军队及其荣誉，蒂索克无法取得决定性和可炫耀的胜利。他的统治始于对梅茨蒂特兰徒劳无功的征伐。这是一个糟糕的选择。尽管这个地区离墨西哥盆地并不算远，但地形异常险峻、支离破碎。虽然当地人口不多，但人民英勇善战足以保卫领土。据记载，蒂索克抓获的俘虏还没有阿兹特克伤亡的士兵多。

阿兹特克帝国只有在不断取得重大征服胜利的前提下，才能保持扩张和稳定。这种征服不仅扩大了帝国的领土和朝贡基地，而且降低了已征服地区发生叛乱的可能性。但显然，从征服目录中反复出现的名字来看，即使是在军队取得成功时，各个朝贡行省从未停止推卸纳贡责任、争取独立的步伐。对阿兹特克皇帝失去信心会像流行病一样蔓延，导致整个帝国爆发叛乱，阿兹特克军队不得不把注意力分散到广大地区。看来，帝国的覆灭和蒂索克的死亡之间必须二选其一（图18.27、18.28）。他的贵族同僚们，"因他的软弱，以及缺乏扩张和使阿兹特克帝国获得荣耀的雄心而愤怒，最后毒死了他"（Durán 1994：307）。

第十九章 阿兹特克帝国的鼎盛（1486—1519年）

一、阿维索特尔（1486—1502年）

担任特诺奇蒂特兰的韦特拉托阿尼的人需要坚强，深知任何错误都是致命的，最后一击会来自亲信重臣和至亲。新君主阿维索特尔直面挑战，成功使帝国获得新生。他是一位异常优秀的军事指挥官，其坚忍和激情时刻激发着军队的战斗豪情。篇幅所限，我们不能回顾他征服和再征服的细节，他辉煌战绩的明证，就是在统治时期，有效保持了帝国的贡赋体系并将范围扩张到最大。阿维索特尔的最初的一些战役发生在即位前，这是阿兹特克君主的惯例。他征战的足迹西达塔拉斯坎，东至墨西哥湾。15世纪90年代初，他征服的范围扩张到太平洋沿岸，深入塔拉斯坎帝国南部腹地的西侧。在锡瓦特兰地区，阿兹特克获得了盐、金子和可可；15世纪90年代中期，他的军队向更东南地区进发，与特万特佩克建立了牢固的外交关系；15世纪90年代晚期，索科努斯科被纳入三国同盟的控制之下。在其统治的最后时期，阿维索特尔被特诺奇蒂特兰脆弱的生态系统击败了（图19.1）。

阿维索特尔为阿兹特克的辉煌时代做出了其他贡献。他非常热衷于将特诺奇蒂特兰建设成耀眼的都城，进行了两次大规模更新建设。第二次对特诺奇蒂特兰公共建筑和园林的扩建发生在他统治的最末期，因洪水破坏引起。第一次扩建在1487年，是从对大庙的重修开始的。这座都城总是游人如织，他们很可能被那里前哥伦布时代中美地区最盛大的仪式活动所吸引。为了抹去对蒂索克黯淡无光的

图 19.1　美洲中部征服时期和殖民时期的地区和遗址

统治的记忆，树立自己的光辉形象，阿维索特尔对城市进行了美化并盛大展示了特诺奇卡之威力。他在伊茨科阿特尔于1431年兴建的大神庙三期的基础上完成了第六期工程，台基规模达到原来的三倍，并使用了上千名人牲奠基。

1. 大神庙重建：人殉和食人

正如我们看到的（参见专栏17.1），特诺奇蒂特兰的大神庙共有七个时期，经过六次改建。倒数第二期即第六期，是最主要的扩建，使之基本达到1519年西班牙人见到的第七期的规模。第六期完成于1487年，其落成仪式无疑是中美地区最盛大的。所有纳贡省份的统治者，包括敌对的特拉斯卡拉、乔卢拉、梅茨蒂特兰和塔拉斯坎的米却肯等城邦，都来见证这一奇观。他们带来了礼物，包括奴隶和战俘、用作献祭的人牲，以敬奉给崭新的金字塔和神庙。

迭戈·杜兰修士认为人牲的数量为80400人（Durán 1994：335），但长期以来人们对这个数字都有争论，认为远远超出了实际数量。其实通过简单的逻辑思考就能知道，如此大量等待被杀的奴隶以及守卫和进献他们的贵族，这些人的

图19.2、19.3 正如《马格里亚贝奇亚诺手抄本》中这幅插图所示,1487年大庙落成仪式中的数千人牲是以挖心献祭的方式被杀死的。祭司抓住人牲的四肢,献祭大祭司(国王就是合格的大祭司)用大燧石或黑曜石刀切开人牲胸口,掏出仍在跳动的心脏献给神祇。献祭刀本身也是神圣的,大神庙的祭品中就包括装饰精美的燧石刀(上)

食宿会耗尽整个墨西哥盆地的税赋。杜兰还说，人牲们列成4队向大神庙前进，每队长5公里。如果按4队一共20公里长计算，最多只可以排列4万人，如果考虑到奴隶们还带着防止逃跑的械具，实际排列的人更会少得多。

即使只有2万人（《特列里亚诺－雷曼西斯手抄本》39页就是这样记载的）艰难地爬上大神庙陡峭险峻的台阶，在祭坛上被拽开四肢杀死，这也是在一次事件中夺取人类生命的可怕数字了（图19.2、19.3）。以人为牺牲在中美地区有很长的历史，本书研究的很多文化都信仰人类和他们居住的世界是神经过自我牺牲创造的，因此人类对神有还不完的债，要永远奉献表达感恩，尽可能推迟现存世界不可避免的毁灭。作为个人，中美地区人民的常规虔敬仪式中包括自我牺牲（图19.4），即从自己的胳膊、腿、耳垂、生殖器和舌头上刺出鲜血，滴到纸上；再把简易的刺血工具（如龙舌兰刺）用草球包起来。这些纸和草球会被焚烧，像柯巴树液制作的香料一样，是作用强大的敬神之物。

化身为神、人牲、变体和食人 | 中美地区人民认为周围世界充满强大的生灵之力，轻灵摇曳，形式各异。神灵的代表可以是穿戴传统神灵标志性服装的塑像或雕像；也可以是神灵附体的人。有时，一个人可以整年都以神的身份生活，被供奉各种奢侈品，享有各种特权，直到在仪式活动中成为祭品。

这在观众眼中是典型而生动的变体：人变为神，作为祭品被杀死后，这些男

图19.4　这件雕刻石板（21厘米×32厘米）来自一个用于存放自我牺牲用品的石匣。这些用品包括刺血用的龙舌兰刺和黄貂鱼刺。此件雕刻中的战士正在用一件锋利的人骨从耳朵上刺出鲜血。他背后是修科阿特尔（火焰蛇），蛇尾（右侧）形成一个梯形加光芒的纪年符号

神或女神成为神的食物，在很多情况下，也是特权阶层的食物。以其他人的尸体为食被称作"食人主义"。毫无疑问，阿兹特克的社会上层是有食人行为的，中美地区其他文化中很可能也有此行为。但是，人们不是简单地去市场买来一块人的大腿肉做美食。食用人牲是神圣行为，因为死者的尸体已经通过仪式被圣洁化，而且在被杀之前曾被当作神灵附体者敬奉。死者的灵魂被认为进入了来世，享受尊崇。只有贵族才能参加食用人牲的大餐（图19.5）。如果人牲是俘虏，他身体最有价值的部分——右大腿会奖励给俘获他的武士（Durán 1971［1579］: 216）。大餐之后，大腿骨会用纸包起来，在胜利者与朋友、家庭庆祝的场合，作为"被俘之神"的物证展示（Sahagún 1981: 60）。

西班牙人发现这种仪式烹调行为时感到万分厌恶，自然是意料之中的事。当他们努力让阿兹特克人皈依天主教时，阿兹特克人从字面上对一些教义核心概念的"精准"理解更让他们震惊。例如，在圣餐礼或弥撒中，将面包和葡萄酒当作耶稣的身体和血只是一种仪式性的圣体转换，对圣餐的虔诚参与有赖于对这种转

图19.5　大神庙区内有陈列人牲头骨的骷髅架，也有表现骷髅架的雕刻，这个索姆潘特利就是其中一件

换的信仰。阿兹特克人久已养成感受超自然之力从一种形式转变为另一种形式的传统，自然认为这种圣体转换是完全可以理解的，正如他们信仰体系中享用人牲。一些人甚至试图将人钉上十字架作为新的献祭方式，这一狂热行为很快被扑灭。

2. 征服危地马拉太平洋沿岸地区和恰帕斯

阿维索特尔最震撼的帝国扩张行动是占领了太平洋沿岸玛雅地区的索科努斯科平原。阿兹特克甚至出现在恰帕斯高地，但那里不是他们继续扩张的兴趣所在。我们知道，阿兹特克波奇特卡商人扩展活动范围时，海岸地区是贸易活动的首要目标。早在形成时代，海岸地区的可可就是被青睐的物品，危地马拉高地的绿咬鹃羽毛、珍贵玉料等重要奢侈品也会流入平原地区。阿兹特克的长距离商人们经常讨价还价，艰苦的谈判是衡量目标地区对融入阿兹特克帝国抗拒程度的手段之一。此外，到了15世纪晚期，大量贡赋涌入特诺奇蒂特兰，君主的管家们会将贡品再分配给波奇特卡商人用于贸易。请注意，君主多么善于使他的物品流转起来，尽力追求物品的流动，去除多余者，获得价值更高者，并且自信地以廉价获得。

很自然，高端消费品的供应者们会憎恨在这种不平等的贸易关系中所处的位置，整个恰帕斯海岸地区的抵抗活动此起彼伏。这些抵抗发生在阿维索特尔统治后期，即1500年左右。据记载，波奇特卡商人们在索科努斯科地区遭到四面楚歌式的伏击。这种情况持续了四年，阿维索特尔亲率阿兹特克大军镇压，才将这个地区纳入帝国控制范围（图19.6、19.7）。索科努斯科平原上的八个城镇成为阿兹特克的纳贡者，此前他们可能都是独立的城邦（Voorhies 1989）。这里距离特诺奇蒂特兰的道路约1300公里，是帝国最遥远的贡赋地区，与阿兹特克其他地区之间有未征服地区相隔。如同人类历史上很多征服一样，获得珍贵物品的稳定供应这一经济动力发挥了强大作用（表19.1）。这些贡品还有附加值，这就是运输物品的劳力们，他们可能会成为人牲。

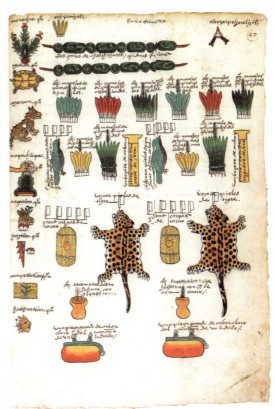

图19.6 索科努斯科是阿兹特克帝国最远的贡赋省份,向特诺奇蒂特兰输送高级奢侈品。它们被绘制在《门多萨手抄本》(1544)的第47页。书中提到索科努斯科每六个月进贡一次。图左侧为城镇名,进贡种类和表示数量的符号绘满页面。旗子(立在每张美洲豹皮上和装可可的篮子上)代表20,羽毛(每捆羽毛上面)代表400。在充满智慧的阿兹特克经济中,每件物品都被换算成一个交换值,棉披肩是常用的交换等价物

图19.7 雕刻在一块重达12吨巨石上的大地之神,手脚都有爪,鲜血从它的骷髅口中流出。这件石雕在阿维索特尔死后不久被安放在大神庙附近

表19.1 索科努斯科贡赋及其交换价值

物品	数量	每件物品的交换价值,以披肩为单位		年度总交换值,披肩总数
		每六个月	全年	
可可豆	200篮	100	200	40000
葫芦制巧克力饮料杯	800	2	4	3200
美洲豹皮	40	20	40	1600
蓝鸟皮	160	3	6	960
绿咬鹃羽毛	800把	2	4	3200
红羽毛	800把	3	6	4800
黄羽毛	800把	0.4	0.8	640
绿羽毛	800把	0.5	1	800
蓝羽毛	800把	约1.5	约3	2400
查尔奇维特尔绿石	2串	600	1200	2400
琥珀或金唇塞	2	25	50	100
砖大小的琥珀块	2	100	200	400
				总数60500

注:(根据Gasco and Voorhies 1989:77)此表表现的是索科努斯科贡品在市场上交换时,价值多少披肩(曼塔,相当于四块2.8平方米的布)。制作一件棉披肩,从棉花加工到纺织大约需要100个人工作一天,纺织工作主要由妇女承担(Hicks 1994:92)。

3. 特诺奇蒂特兰的水利问题和阿维索特尔的应对

特诺奇蒂特兰建设在特斯科科湖西部沼泽浅滩的多个岛屿上,在15世纪末已经成为大规模的城市。城市中间渠道纵横,有堤道连接陆地,形成规划良好的连通城市各个部分的陆路和水路系统。查普尔特佩克的水源被引水渠引来,再经过一个堤道,为城市提供了充足的饮用水。但有时在干旱的年份,湖泊周围的水位会降到很低,渠道中缺水难以行船。

为了解决这个问题,阿维索特尔采取了经典的墨西卡式应对:侵占必备资源。他命令附近的科约阿坎的国王予以配合,将两条溪流改道,引入特诺奇蒂

图19.8　内萨瓦尔皮利在1472—1516年统治特斯科科。这幅肖像来自16世纪80年代成书的《伊斯特利尔霍奇特尔手抄本》。他着装威严，长披肩和凉鞋都彰示其高贵身份。他左手如所有宫廷贵族一样执一束花，右手执羽毛制作的拂蝇器（Gruzinski 1992）

特兰，满足其水利需要。这位国王表示同意，但同时提醒，这两条溪流水量不稳定，需要小心管理。不幸的是，他一心想着对阿维索特尔提出警告，却没有对这位伟大的韦特拉托阿尼表示足够的敬意。阿维索特尔为此勃然大怒，将国王勒杀以惩罚其鲁莽无礼。

劳力和物资从墨西哥盆地各城邦汇集起来，从溪流引水的运河建设顺利开始并很快完成。阿维索特尔下令举行通常以儿童为祭品的水神祭祀，水开始在渠道中流淌。特诺奇蒂特兰的渠道再次波光粼粼，树木得到润泽而翠绿。可是，水位持续上涨，40天后，城市周围的奇南帕田被毁。建造引水渠的人员被召回，控制已经开始蔓延到城市的大水。宫殿和普通民居中的人都被迫疏散。

最后，特斯科科的内萨瓦尔皮利开始干涉此事，指责阿维索特尔的傲慢和坏脾气使城市变为荒芜的废墟，如此行径难以维护阿兹特克在盟邦和敌人心目中战无不胜的形象。内萨瓦尔皮利建议让溪流恢复原始状态，用人牲和祭品安抚水神（图19.8）。

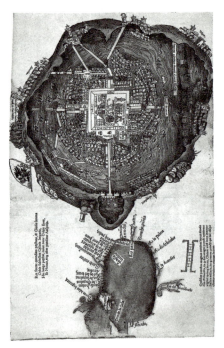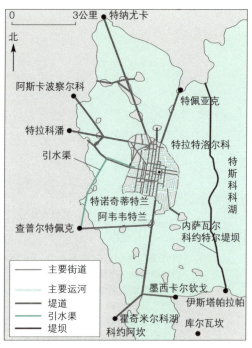

图 19.9、19.10　两幅特诺奇蒂特兰及其郊区图。右图是特诺奇蒂特兰和周围环境的现代复原图。左图是 1524 年绘制的努伦布尔格地图,在欧洲和科尔特斯的第二封信一起出版。这幅地图符合欧洲人描述城市的传统,包括用固定的符号表示建筑,但图中表现出的城市特征与阿兹特克首都的布局相符

特诺奇蒂特兰复兴 | 内萨瓦尔皮利的计划得到施行,阿维索特尔以支付重建城市费用的方式向他的人民赔罪,或者至少是用征收贡品的形式支持了遍及整个城市的建筑工程。"就是用这种方式,特诺奇蒂特兰开始变得秩序井然,充满活力,整修完美,房屋建筑精良而宏大,到处是园林和庭院等可以休闲的空间"(Durán 1994:373)。

阿维索特尔重建的城市基本上就是让西班牙目不暇接的那个城市。1519 年的特诺奇蒂特兰比当时西班牙的任何一座城市都庞大(图 19.9、19.10)。对其人口的估算各不相同,但在面积 12—15 平方公里的特诺奇蒂特兰-特拉特洛尔科范围内,应该有约 5 万居民。城市周围是散布在奇南帕田上的聚落,附近陆地上则挤满了小型城邦和农村。

作为都城，特诺奇蒂特兰是阿兹特克社会最富有家庭的家园，到处是宫殿和别墅。大神庙西侧是皇室区建筑，被称作阿哈亚卡特尔之宫。各纳贡城邦都有高大的使馆，很多身居高位的贵族也会建造自己的豪宅。这些建筑集中在市中心，也分布在主要运河岸边，形成令人印象深刻的绿色长带。最受青睐的树种是耐水的柏树，它是红杉树的近亲，生长迅速，可高达60米。此树被称作"阿韦韦特尔"，在谚语中代表英俊而威武的国王。

想象一下这座城市吧：运河两岸巨树耸立，宫殿粉刷一新，花园中种满阿韦韦特尔和柳树，绿意盎然。参加征服的西班牙人大多来自埃斯特雷马杜拉地区，那里的森林已经遭受了几个世纪的破坏。映入他们眼帘的这座庞大都市，以巨大的金字塔为中心，运河向各方向辐射，汇入蔚蓝色的湖泊，到处绿树成荫。这对西班牙人

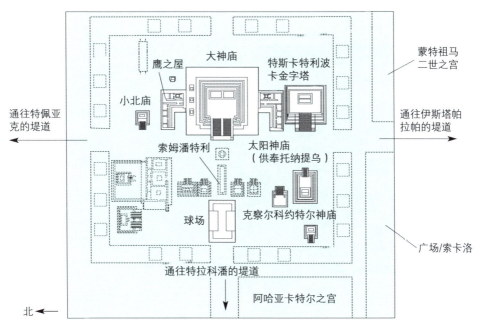

图19.11 在此幅表现特诺奇蒂特兰大神庙区的图中，左侧为北，与萨阿贡的《第一备忘录》描绘（图19.12）方向相同。此区被大神庙金字塔统摄，按照萨阿贡的说法，区内共有70多座建筑，这里只标出了很少的一部分。本区域的边界被称作"蛇墙"，是高约30米的宽台子，顶部有神龛（Matos 2003）。这样的设计与特奥蒂瓦坎的羽蛇神金字塔相似，可能是受其启发而来，因此阿兹特克人视特奥蒂瓦坎为朝圣之地

来说，就像进入了那个时代特别流行、他们也非常热衷的英雄浪漫小说中的梦幻世界。这是一座花园之城，除了宫殿的花园，阿维索特尔和其他韦特拉托阿尼还为自己建造了特殊的娱乐园林。有些园林在岛上，比如阿韦韦特兰，就在城市的西南，在1524年的地图上被标注为"蒙特祖马行宫"。这里在夜晚一定非常美丽，火炬映照在水中，波光荡漾，国王的乐师们弹奏起来，音乐在夜色中飘荡（图19.11）。

阿兹特克人建设了很多有精神内涵的项目。因此，并不让人意外的是，特诺奇蒂特兰最具雄心的娱乐园林是一个主题公园式的动物园。水禽从帝国各地征集，悠闲地生活在自然环境中。鸟的种类很多，"在这些鸟栖息的池塘边，建起了漂亮的水榭回廊，蒙特祖马常在此观察鸟类，乐此不疲……这座建筑中还有一间屋子专门展示生来就有白色的脸和身体以及白色头发、眉毛和睫毛的男人、女人和孩子"（Cortés 1986：110）。这明显是想再现"白色之宫"。在阿兹

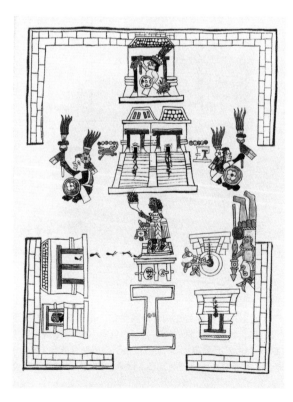

图19.12 《第一备忘录》之图（Sahagún 1993 [1559—1561]），表现了特诺奇蒂特兰的大神庙区，并用速写的方法展示了众多仪式活动。例如在中心人物之下，是一个双头索姆潘特利，再下面是一个中心有环形石雕的I字形球场

特克神话中,那里曾是他们的起源之地,现在他们又在帝国的都城重现这座建筑(图19.12)。

二、蒙特祖马二世(1502—1520年)

特诺奇蒂特兰被重建得花团锦簇后不久,阿维索特尔就死去了。他的遗骸被埋入大神庙附近的大地之神石雕板之下(参见图19.7)。阿维索特尔死去时并不知道,新大陆人民自旧石器时代开始的与世隔绝的状态已经终结,哥伦布在1492年踏上了加勒比海的伊斯帕尼奥拉岛。新旧大陆的人民和文化开始成为全球命运共同体的一部分。在初次登陆新大陆到科尔特斯与蒙特祖马会面之间的27年中,欧洲的入侵缓慢但稳定,即将发生文化冲突的预感不可避免地在西班牙人入侵特诺奇蒂特兰很久之前就已经弥漫开来。

1502年,蒙特祖马二世成为君主(图19.13)。同一年,令人不安的预兆抵达墨西哥,有消息说外来文化已经在加勒比海岛屿上落脚。加勒比海与中美地区人民之间很少有文化接触,但即使是最细微的信号也不会被对周围世界的预言之力非常警惕的阿兹特克人忽略。想一想洋流是如何搬运沉船的废弃和漂浮物的。任何出现在墨西哥湾海岸的奇怪东西都会经过仔细检视,交给当地长官,再送到特诺奇蒂特兰。君主的贡品管家和占卜师又会把它们交给蒙特祖马。其中有一个装有衣物和一把剑的木箱。蒙特祖马与他的亲信盟邦塔库巴和特斯科科的国王分享了这些物品,表明将共同面对这些异邦奇物带来的命运与挑战。

16世纪初期,正是西班牙人在加勒比海地区安定下来的时间,他们向阿兹特克人发出的预兆像那个木箱一样可以触摸,又像一位不知藏身何处的妇女悲号的挽歌一样不可捕捉,也像镜中出现的骑鹿飞驰男子的幻影(这幻影可以在大神鸟头上戴的镜子中看到)一般转瞬即逝。一颗彗星在天空出现,一分为三,蒙特祖马满腹狐疑,预言师们——包括当时最著名的魔法师特斯科科国王内萨瓦尔皮利——给出的都是不祥的答案。蒙特祖马继续着他的统治,西班牙人也在继续扩

图19.13 这幅雕刻是为了纪念蒙特祖马二世的加冕礼而制作的,表现的是五个创世记以及它们是如何被毁灭的(参见专栏1.2)。中心图像是阿兹特克所在的第五创世记的标志,毁于地震。右下是第一创世记,毁于美洲豹。右上,为风神伊埃卡特尔,代表该创世记毁于大风。左上为风暴之神特拉洛克,代表第三创世记毁于暴雨。左下是水之女神的头,象征第四创世记毁于洪水。上边中部是一条鳄鱼,可能表示蒙特祖马加冕典礼的日期

张他们探险的范围。1519年11月8日,西班牙人终于抵达特诺奇蒂特兰,蒙特祖马最恐惧的事终于发生了。

1. 西班牙人发现的中间地带

1508年以前,西班牙探险者涉足的美洲大陆只是远在阿兹特克帝国以南的地区。那一年,西班牙政府发布了后来成为巴拿马地区的探险和开发章程。最初的探险是灾难性的,但后援军中有瓦斯科·努涅斯·德巴尔沃亚,他第一次带领欧洲人在美洲看到了太平洋,名声大振。在瓦斯科的建议下,巴拿马的达里恩被选为定居之地,成为美洲大陆上的第一个欧洲人社区(Parry and Keith 1984:Ⅲ:5)。在瓦斯科的领导下,这个聚落生存下来,并和当地酋邦建立了良好关系。这与西班牙人在加勒比海地区的经历形成了鲜明对比。西班牙人没有向当地居民征税,因为从当地"丰富的黄金"(Balboa 1984[1513])中就可轻易获得利润。

当时的巴拿马由30多个发展得相当成熟的酋邦组成。一般而言,每个酋邦占据一个河谷。这些河谷从巴拿马地峡的高山之脊直下大海,提供了不同高度的资源

（Helms 1979）。巴拿马人既种植一些作物也从事渔猎，讲与南美洲语言有联系的奇布查语。他们的社会存在等级分化，有世袭贵族、精英武士阶层和平民。平民生活在普通、分散的居址里，酋长们则生活在大量建筑聚集的被西班牙人称为"城镇"的聚落中。一个这样的聚落可以达到长138、宽73米的规模，建筑用木材和石料建成，不仅有居室，还有为居民服务的食物储藏设施。16世纪的巴拿马从某些方面来说与公元前16世纪并无二致，同样是混合经济和等级社会；但也有少量可与中美地区联系起来的因素，比如填充棉花的战斗软甲、驯化火鸡和类似的球赛。

向西北，我们看到的是中美地区与下中美洲文化因素马赛克式混杂的现象。在太平洋沿岸，中美地区因素向南深入到很远的地区，这是我们在第十四章中讨论锡瓦坦时提到的、后古典时代早期讲纳瓦特尔语的皮皮尔人开展贸易，建立殖民点的结果。锡瓦坦在后古典时代晚期就被废弃了，但皮皮尔人的其他飞地在今天的萨尔瓦多保存下来。这一地区包括洪都拉斯东部和尼加拉瓜中部和北部，存在简朴的土著文化，不受中美地区影响。但在更南部的地区，比如哥斯达黎加，也可以发现阿兹特克殖民地的线索。该殖民地建立于15世纪晚期或16世纪早期。

当西班牙人从巴拿马沿加勒比海岸向西北进发时，他们发现了越来越充分的存在更复杂社会的证据，比如将黄金从巴拿马运往中美地区的长距离贸易网络的前哨。巴拿马西北的加勒比海沿岸地区是一种前沿地带，有里奥克拉罗这样的遗址，在尤卡坦半岛以东约330公里，有与中美地区联系的明确证据。里奥克拉罗可能是皮皮尔纳瓦特尔人的贸易飞地，也许就是科尔特斯在1525年提到的"帕帕耶卡"社群。该遗址在阿关河谷内，距离加勒比海只有几公里，遗址中心有广场和远比周围一般居址高大的台形土丘，其中位居最中心、最高大的有7米高。该遗址有一条壕沟作为防御设施，现在竟然还深达2.5米（Healy 1992）。里奥克拉罗是边陲社区的代表，有社会等级和公众仪式复杂化的明确表现，但也具有显著的地方性特征。

2. 中美地区东南部

后古典时代晚期，洪都拉斯的绝大部分地区只有小型城镇式聚落，可能是地方酋邦中心所在地。只有西部古典时代的玛雅地区例外。在查梅莱孔河谷，纳科和别霍布里萨斯-德尔瓦列是两处中心聚落，相距9公里，彼此在政治上是独立的。纳科占据贸易要津：查梅莱孔河上游与莫塔瓜河流域的科潘河谷地接近，纳科正处在乌卢阿谷地河流交汇的上游，那里是向南通往太平洋的要道。纳科地区是可可的主要生长地，在接触时期对商人如磁石一般充满吸引力。纳科的名声还来自科尔特斯在1524年和1525年洪都拉斯之行的访问，及其在长距离贸易中的重要性。证明其重要地位的人工遗物有红铜和黑曜石制品，在建筑上可以看到来自墨西哥的影响，比如遗址中规模适度的大型建筑的代表I字形球场（Henderson et al. 1979）。纳科附近有另一座城镇基米斯坦，考古学家在那里发现了基米斯坦铃铛洞穴。之所以这样命名是因为该洞穴中出土了800多件红铜铃铛，有些直径近7厘米，许多为动物造型，同时发现的还有1件绿松石镶嵌的伊埃卡特尔·克察尔科阿特尔面具（Stone 1972）。

这一货物窖藏引起了关于此地和中美其他偏僻地区的贸易开展方式、贸易者如何行事以及如何被对待的猜想。贸易者们具有关于他们访问过的地区的观念和文化风格的知识，在整个玛雅及其以西、以南地区发现的"墨西哥化"的例证不只是军事活动的结果，甚至也不是组织严密的普吞或波奇特卡商业探险的结果，而可能是跨境贸易者们频繁交流形成的。在世界的这个角落，这种贸易是更冒险和更艰苦的事业。对于那些携带奢侈物品的贸易者来说，找一个又方便又保密的地方将绝大多数物品存放起来是非常重要的，然后再派人到附近的城镇探明情况，商议价格。带着这些铃铛和一件神徽的贸易者也是把货物存在了这个洞穴，但由于某些原因，他们再也没能取走货物。

3. 后古典时代晚期的玛雅世界东南部

好几条大河都是从危地马拉高地东部起源，一路向东北流入加勒比海。古典时代被基里瓜控制的莫塔瓜河是通向危地马拉高地最便捷的通道。莫塔瓜河谷以北与之平行的波洛奇克河，经过危地马拉最大的湖泊伊萨瓦尔湖，注入加勒比海。低地南部古典时代玛雅文明的哀落似乎造成了后古典时代早期这些谷地人口的减少。但到后古典时代晚期，这里出现了相当有实力的城镇，由此证明此地是长盛不衰的重要贸易通道，将高地的玉石、绿咬鹃羽毛和黑曜石等奢侈品运往加勒比海沿岸的贸易中心。此外，谷地下游盛产的可可永远是换取外方异物的贵重物品。

中美地区居民与西班牙人的最初接触发生在1502年。当时哥伦布在洪都拉斯湾碰到了一艘大型贸易独木舟（参见图14.13），可能来自该地区加勒比海沿岸最大的城镇尼托。科尔特斯曾经问询过一个有尼托背景的普吞商人，几十年后，他在著述中提到，尼托是一个贸易中心，与该区域所有地方和阿卡兰地区的普吞玛雅商人有密切贸易往来，并在尤卡坦半岛西海岸"有自己的区域"（Cortés 1986 [1525]: 383）。尼托可能是基里瓜的继承者，控制着高地的奢侈品在港口地区的贸易（Sharer 1984）。西班牙人在16世纪20年代占领了尼托，他们的暴行很快造成以该城镇为中心的贸易网络的终结。

4. 西班牙人和尤卡坦沿岸地区的玛雅人

"当西班牙人发现这片土地，他们问印第安人酋长：'本地何名？'印第安人不明白他们在说什么，就说'uic athan'，意思是'你们在说什么？我们不明白'。因此，西班牙人说'他们称此地为尤卡坦……'"（Ciudad Real 1993 [1586]: Ⅱ: 320）

1508年，一支西班牙探险队从巴拿马西北抵达尤卡坦半岛水域，又折返西班牙在加勒比海的基地。这些西班牙人决定将这片新土地作为探险的目标。但他们第一次登陆尤卡坦缘于一次偶然事故（Landa 1978 [1566]: 4）。1511年，瓦尔迪维亚的船在尤卡坦海岸失事，少量人员挣扎登岸。其中一些人，包括瓦尔迪维亚，被玛雅人当作人牲杀死，并在宴飨中食用；还有一些人因病而亡。只有赫罗尼莫·德阿吉拉尔和贡萨洛·格雷罗两人生存下来，成了玛雅人的奴隶。他们二人在随之揭幕的接触时期扮演了重要但相反的角色。1518年，德阿吉拉尔被科尔特斯赎买，摆脱奴隶身份，获得了自由。德阿吉拉尔学会了玛雅语，可以做西班牙人和玛雅人的翻译，成为征服行动的重要工具。获得科尔特斯的赎金后，德阿吉拉尔赎回自由，前去寻找格雷罗。但格雷罗已经成为玛雅人中的重要人物，不愿意离开。他对德阿吉拉尔说："我已经结婚并有了三个孩子（这些孩子是中美地区最早的混血儿）……我的脸上已经有文身，耳朵已经穿孔，西班牙人看到我现在的装束会怎么说？"（Díaz 1956：43）格雷罗西班牙语意为"武士"，人如其名，他后来成为玛雅的战斗指挥官，从1517年开始，领导了反抗科尔多巴率领的、第二次登陆尤卡坦半岛的西班牙人远征军的战斗，直至1530年。

科尔多巴远征之时，西班牙人才真正了解到尤卡坦半岛之辽阔（Restall 1998）。从海上，他们就看到了半岛东北角的埃卡布城，将其命名为"大开罗"。这真是浪漫的想象，因为1500年时，开罗是人口50万的大都会，而埃卡布只有几千人。但埃卡布白灰粉刷的建筑在阳光下熠熠生辉，对于远征军成员来说，正如传说中东方名都的远方幻影，会给他们带来财富。

科苏梅尔岛 | 西班牙人对尤卡坦的第三次远征是由胡安·德格里哈尔瓦率领的，于1518年在科苏梅尔岛登陆，并宣布该岛归西班牙所有。这可能只是敷衍马虎的"征服"，因为1519年科尔特斯又宣布了一次该岛归属西班牙。科苏梅尔岛距离尤卡坦东岸16公里，面积约400平方公里。形成时代晚期就有人在此居住，但直到古典时代晚期才日益重要起来。当时普吞玛雅人在此设立贸易据点，意图构建环绕尤卡坦海岸的贸易网络圈。

科苏梅尔在后古典时代晚期繁荣起来，成为贸易中心，也成为朝圣之地（Freidel and Sabloff 1984；Sabloff and Rathje 1975）。16世纪的文献记载此地有一座生育女神的重要圣祠，至今未被发现，但岛上发现了其他有生育图像的圣祠。该岛位于尤卡坦东岸，赋予万物生命的太阳每天都会在这里升起，自然成为生育崇拜的理想之地。学者们注意到，科苏梅尔与尤卡坦西岸的海纳岛如镜像般对应。海纳岛上也有活跃的贸易人群。东方和西方在玛雅观念中都是临界之地，代表着进入生界和沉入冥界之关键过渡地带。16世纪，西班牙人带着病菌一起到来，破坏了贸易路线，科苏梅尔不再是丰产中心，而成为死亡之地。

岛上有30多处遗址，大多是沿海神龛，圣火常燃，也起到灯塔的作用。沿尤卡坦半岛海岸航行的商船会在科苏梅尔岛的某处据点停泊，卸下货物，通过陆路运达岛上最大、结构最复杂的后古典时代晚期聚落圣赫瓦西奥。该聚落的社会上层居址与玛雅潘和图卢姆相似。大体而言，聚落中商贸和仪式功能和谐并存：商人带来朝圣者，朝圣者又会利用朝拜的机会来一次小型购物，买得不同寻常之货物，就像今天世界各地的朝圣者一样。

普吞玛雅商人们的势力在后古典时代晚期达到顶点。他们使用大型独木舟在墨西哥湾南部低地东缘的阿兹特克港口西卡兰科穿梭，绕尤卡坦半岛，再抵达尼托和更远地区。他们意图获得内陆地区的物品。尤卡坦地区居民种植基本谷物以保证当地人群的需要；在条件允许地区，也种棉花和可可，用于本地社会上层之消费，也用于长距离贸易。盐是海岸地区的产品，网获的鱼被风干保存，二者都是广泛贸易的商品。产自林区的珍贵物品有柯巴香和宴饮时的发酵饮料"巴尔切"等。普吞人在尼托、科苏梅尔岛和与该岛对应的图卢姆等常用据点应该有仓储设施。

图卢姆 | 很多后古典时代晚期的尤卡坦城邦都覆盖在现代城镇之下，很难获得其布局和结构资料；图卢姆是埃卡布地区的一个小型商贸据点，保存相当好，成为一个例外。此外，该遗址靠近现代度假胜地坎昆，因而得以修复加固，引来众多游客（图19.14、19.15）。图卢姆位于临海的悬崖之上，还有城墙防御。遗址中的建筑有独具特征的"潜水神"雕刻。该神因其向下潜游的姿势而得名。壁画中有玛雅雨神查克，还有众女神形象。壁画风格与米斯特克手抄本风格最相似，表现出沿岸地区活跃的物品，可能还包括手卷的贸易。相似的主题在更南面的圣丽塔-科罗萨尔也有发现。该遗址在后古典时代晚期可能是切图马尔湾的切图马尔城邦之都城（Chase and Chase 1988）。

5. 玛雅低地北部

奇琴伊察在13世纪衰落，玛雅潘随后在15世纪中叶衰落。此后，玛雅低地

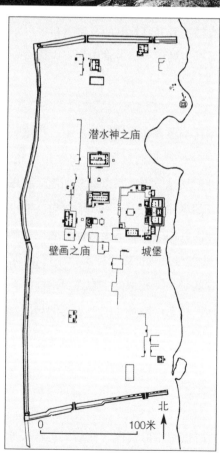

潜水神之庙

壁画之庙　城堡

北　0　100米

图19.14、19.15 俯瞰着加勒比海岸的壮丽风景，图卢姆的城堡图片是旅游推销的流行图片，就像上面这幅向南面海岸拍摄的照片一样。图卢姆的城堡和其他建筑规模不大，施工质量也差。如下面这幅平面图所示，这个有城墙环绕的长方形遗址只有350米长、150米宽

北部再没能出现控制本区域其他城邦的政体。后古典时代晚期的玛雅低地呈现出不同的政治格局,发展出16个独立的"省区"(图19.16)。有些省区只是小城镇的松散联盟;有些则形成了组织完备的城邦,小型社群要向由王朝控制的都城纳贡。对于玛雅人来说,小型家族社群是大型社会的基础。这种小社群被称作"卡"(cah),与阿兹特克人的卡尔普伊一样,既是基本地方社群,又是更大的社

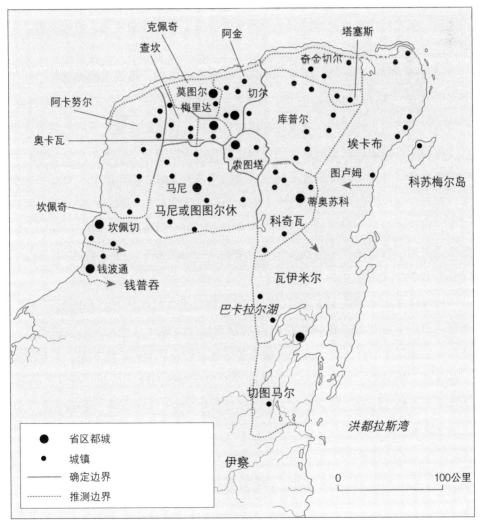

图19.16　1500年左右的玛雅低地北部有60万—100万人口,分为16个政体

会组织的单元。赋税支付、土地分配和纠纷仲裁都是以此社会结构为基础的。在玛雅语中，"卡"有几个意思，包括住宅和生存本身（Restall 1998）。

亲属关系是婚姻择偶的重要基础，一个人不能选择同姓为配偶。这种关系也形成了以血缘为纽带的社会组织结构。在伊察，每人有两个姓，第一个来自母亲，第二个来自父亲，再加上历法中的日名或者取的名字（Jones 1998）。玛雅人对姓的使用可以让我们对古典时代玛雅国王们实行的社会组织规则有深刻认识。很明显，父系后代在血统延续和王位继承中扮演了领导性的角色，但母系似乎在解决王位继承方面也非常重要。

城邦的首领被称作"巴塔布"（batab），在众首领中，最强大的被称作"阿拉奇·维尼克"（halach uinic，意为"真人"，即君主、王），居等级权力结构之首，控制着次级巴塔布的活动。就像在古典时代一样，首领们决定省区间的联盟或敌对等政治安排；还控制着城镇中的市场，这些市场比高地地区的小而且简单，还会跟长距离贸易商人讨价还价。社会上层经常一夫多妻，他们的家户妻妾子女众多，花费颇多；但也颇为划算，因为妇女们可以制作和加工棉布。在所有等级社会中，玛雅妇女是"勤劳的工人和优秀的主妇，承担了最重要和最辛苦的工作，如维修房屋、教育子女、缴纳赋税等，有时……栽培耕种……出售她们的产品"（Landa 1975［1566］：91—92）。

写下这些文字的迭戈·德兰达是殖民时期最重要的玛雅习俗和历史记录者。他是一名天主教牧师，在16世纪60年代用西班牙文做了这些记录；后被指控以异端邪说和偶像崇拜为借口残酷迫害土著居民而被夺职召回。事实上，他焚毁了大量玛雅人的书籍，只有很少玛雅手抄本因为早被作为珍玩送到欧洲幸存下来。这些手抄本的书写者是社会上层人士，担任历史学家、谱系学家、历法和天文知识的保管者（图19.17）。

6. 恰帕斯东南部高地和危地马拉

后古典时代晚期恰帕斯内陆高原和危地马拉高地的聚落明显具有防御性。我

图19.1 / 只有极少的前哥伦布时代玛雅手抄本被保留下来，有《巴黎手抄本》《德累斯顿手抄本》《马德里（或科尔特斯）手抄本》，可能还有《格罗里埃手抄本》。"它们源自尤卡坦，因为该地语言对研究书中文字最有帮助"（Paxton 2001: 8）。图为《马德里手抄本》第72页，是占卜年历的一部分（Bricker 1997）

们可以看到熟悉的画面：小型城邦林立，内部结构复杂，由王朝统治，不断对抗邻邦的入侵。在更西部，恰帕德科尔索持续繁荣，并且在西班牙殖民后，成为殖民社群，现在又成为现代城镇，在中美地区文化史中是延续历史最长的聚落之一。

恰帕斯地区的其他聚落则相对短命。非常靠近危地马拉边境的卡纳哈斯特遗址就只存在于后古典时代晚期，建成于13世纪初，和危地马拉高地的很多遗址一样，也有防御城墙。城内面积2.5万平方米，密集分布着一个小型仪式中心和200座房屋（Blake 2010a）。遗址中发现有铜铃和海贝等外来物品，表明该地区是贸易路线的组成部分。但是，战争的证据也很明显：建筑有反复被焚烧的迹象，在

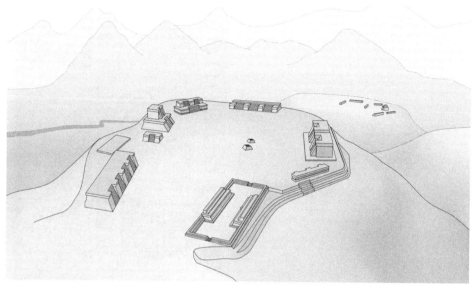

图19.18、19.19 后古典时代晚期,米斯科别霍发展得最大,包括至少12组由神庙、宫殿和球场等民政-仪式建筑组成的建筑群,分布在被陡峭的沟壑隔开的山顶上。如复原图所示,这种布局颇具戏剧性,广场建筑群如同飘在危地马拉的高地山峰之间。该城邦在古典时代晚期就有人居住。后古典时代晚期的人口大约为2000人或略少,1525年被西班牙人征服

西班牙人到来之前，遗址就已遭到废弃了。

这些都是后古典时代晚期恰帕斯暴力频仍的有力证据。在危地马拉高地，对这种局面的记载更加详细。来自尤卡坦西部和北部的玛雅人于13世纪入侵此地，建立据点，介入当地联系松散、相互敌对的部族纷争。基切人和卡克奇凯尔人是该地区最强大的政治势力，他们的都城在伊希姆切，1524年被佩德罗·德阿尔瓦拉多率领的西班牙人征服。其他玛雅群体包括在米斯科别霍的山顶建都的波科马姆人（图19.18、19.19）和在都城崔蒂纳米特建有双道阶梯金字塔的楚图希尔人。还有马姆人，他们的中心萨库莱乌规模不大但令人印象深刻，曾经被基切人攻占，又在1525年向德阿尔瓦拉多的军队投降。

基切人是最具攻击性的部族。他们于1400年在乌塔特兰建立了中心都城（Carmack 1981）。基切人以父系血缘为基础的统治家族控制不同等级的纳贡社群，在16世纪20年代被西班牙人征服时，人口有十万之众。他们代表了后古典时代晚期与阿兹特克相似的区域文化进化模式，即中心城邦威胁其他城邦缴纳贡赋以维系一个中央政府。

基切人将他们的控制区域扩张到危地马拉太平洋沿岸平原。从形成时代开始，从特万特佩克地峡到萨尔瓦多的海岸地区就是重要的货物运输、人群迁徙和思想交流的走廊。更重要的是，这一平原地带本身就非常富庶，是中美地区某些最优质的可可的产地。占领了危地马拉的海岸平原地区后，基切人发现他们要面对已进入索科努斯科地区的阿兹特克帝国了。

7. 墨西哥湾沿岸地区

当阿兹特克帝国被索科努斯科的物产和进口的价值所吸引，试图将这一遥远地区纳入版图时，也正是哥伦布在洪都拉斯湾遇到满载货物的独木舟之时，这使他意识到新世界的财富和复杂程度远远超过加勒比海地区。但直到科尔多巴和格里哈尔瓦远征之时，西班牙人才先向西北再南下环绕尤卡坦半岛行进，抵达墨西哥湾，随后开始探索曲折延伸的墨西哥湾平原地带，发现了通往中部高地的门户。贝尔纳尔·迪亚斯·卡斯蒂略（Castillo 1956）写下了格里哈尔瓦远征生动的第一手记录，他后来跟随科尔特斯，并像科尔特斯（Cortés 1986）一样撰写了自己的征服故事。

8. 坎佩切 + 塔巴斯科 = 阿卡兰

1518年5月26日，格里哈尔瓦的远征军在尤卡坦西岸的钱波通附近登陆。这是另一个商贸中心，也是普吞玛雅的一个古代都城（参见第十四章），其准确地点不明。西班牙人和玛雅人发生了小规模冲突，双方都有所牺牲。西班牙人击退攻击，继续沿海岸向南和向西前进。在尤卡坦半岛西侧湾口，他们来到一个巨大的封闭港湾，这就是特米诺斯潟湖。在那里他们见到了琼塔尔玛雅人的商贸中心之一希卡兰科，但并没有靠近。他们进入阿卡兰，那里是托尔特克化的玛雅商人的故乡，这些人也曾被当成琼塔尔人、普吞人和普吞伊察人。阿卡兰的统治者是位于沿坎德拉里亚河内陆的伊察姆卡纳克的商贸首领（Sharerwith Traxler 2006：528），那里距希卡兰科约130公里。

希卡兰科是墨西哥中部的波奇特卡商人最远的贸易点之一。在1500年左右，他们一直为阿卡兰统治者带来优质物品。严格说来，这些贸易不是商业性的，而是礼品交换。阿维索特尔皇帝派出波奇特卡商人携带着非常特殊的、为最高统治者设计的布匹、黄金制品和珠宝，还有"王室女成员所用之物，比如金纺锤、金或水晶耳塞"（Sahagún 1959 [1569]：18）。波奇特卡商人也交易日常用品，比如黑曜石、胭脂虫染料、草药和奴隶。作为回报，从事贸易的"阿纳瓦克（对沿海炎热地区居民的通称）、希卡兰科、锡马特兰和夸察夸尔科的统治者也会礼尚往来"（Sahagún 1959 [1569]：18），赠给波奇特卡商人们珍贵的绿石、漂亮的海贝、羽毛和美洲豹皮，让他们带回给阿兹特克皇帝。这种贸易对波奇特卡商人们来说相当危险，因为他们必须穿过广阔的敌对地区，但是对希卡兰科的探险是开拓索科努斯科的初步努力中最令人津津乐道的行动。在这种颇具侵略性的模式下，阿卡兰即将成为阿兹特克帝国的下一个纳贡省份。

马林切 | 格里哈尔瓦远征军沿海岸前进，不到一年，科尔特斯的远征军重走此路。在希卡兰科以西，科尔特斯和随从们在塔巴斯科海岸的一个名叫波通钱的小镇停了下来。该地的首领送给他们21个女奴作为礼物，其中一个叫马林切（也被称作玛丽娜伊或玛丽娜）。名义上是送给科尔特斯的奴隶，但明显是赠给他的性伴侣，但马林切很快成为科尔特斯不可缺少的伙伴，因为她会说纳瓦特尔语和玛雅语，又学会了西班牙语。阿兹特克人和西班牙人的交流都要通过她。

据后来流传的一个关于她的故事说，她的父母分别是塔巴斯科地区两个部族的首领。她的父亲去世后，母亲和另一个部族的首领结婚并生有一子。她母亲想统一这三个部族，让儿子成为首领，马林切就成了障碍。她母亲将她卖与阿卡兰的商人，这最终成了她母亲与西班牙人敌对的证据之一。马林切的家庭史可能是为了提高她的社会地位而虚构的（Townsend 2006），但这个故事还是可以让我们窥见后古典时代晚期的文化形势。墨西哥湾低地地区此时期的考古资料很少，而且因为该地区从未被纳入阿兹特克帝国之内，所以文化组织的特征也未被很好地记录下来。然而马林切的故事提供的细节表明，当时该地区的政治系统可能是由形成松散联盟的小型城邦构成的。西班牙远征军报道，在海岸地区看到很多城镇，可可是主要的作物。海岸地区位居夸察夸尔科斯河-乌斯帕纳帕河三角洲的夸察夸尔科是重要的贸易中心，并且投入了与最近的阿兹特克帝国省份——墨西哥湾低地中南部的托奇特佩克的战斗。

9. 墨西哥湾低地中南部

本地区覆盖了南起图斯特拉山、北到奇孔基亚科山之间的海岸地区。阿兹特克帝国占据了本区的很大一部分，包括托奇特佩克和科塔斯特拉两个省。本区的正中位置是今天的墨西哥最重要的城市之一——韦拉克鲁斯。1518年，在格里哈尔瓦远征中，西班牙人从现在的韦拉克鲁斯对面岛屿登陆，命名此岛为"献身岛"。他们发现了几座神庙，沿神庙台阶而上，看到了几个祭坛，上面有"体貌邪恶的偶像，而且正在登陆那晚，5个印第安人在他们眼前被献祭；这些人牲的胸口被切开，胳膊和大腿被割下，墙体被鲜血染红"（Díaz 1956［1560s］: 26）。献身岛只有4万平方米大，是一个重要的仪式活动地点。就像海纳一样，这个岛上也有一个墓地。就是在这里，西班牙人目睹了一场献祭仪式。考古发掘揭示，该岛在整个后古典时代都有人居住，有供奉羽蛇神的白灰粉刷建筑（Medellín Zenil 1955）。

科尔特斯远征军于1519年的复活节周在靠近今韦拉克鲁斯市的地点登陆，开始了深入内陆的冒险，并将获得最大奖赏——整个阿兹特克帝国。在登陆之后，他们首先到了阿兹特克的科塔斯特拉省（他们已经航行通过了托奇特佩克省沿岸）。每当遇到土著居民，西班牙人都使用组合式的平息策略——赠予礼品和恐吓。恐吓的方式有展示马术和火器，也有真正的军事打击行动，有时会造成双方人员丧生。西班牙人很快就了解到中美地区人民以绿色的石头为价值最高之物品，就用玻璃珠作为主要礼物。他们反复向土著居民强调想获得黄金，当土著居民有时拿来的只是与黄金相似的红铜合金时，就会大失所望。

科尔特斯受到科塔斯特拉城统治者的欢迎。这位统治者是阿兹特克皇帝蒙特祖马二世的管事大臣，名叫特尼尔钦。他"随身带来一些聪明的画师……并命令他们如实绘画科尔特斯及其军官们的面貌和身体……船、帆和马……并将这些画带给他的主人蒙特祖马"（Díaz 1956: 72）。正如上面提到的，阿兹特克在蒙特祖马一世和内萨瓦尔科约特尔时期首先征服了科塔斯特拉。当时城镇的管理者是特拉托阿尼们。随后发生了叛乱，需要再次征服并设置军事管理者，特诺奇蒂特兰就派来了像特尼尔钦这样的管家。特尼尔钦是热情的主人，大约一个星期后，一个使团从特诺奇蒂特兰抵达，由100名搬运工带来了各种礼物，包括一个巨大的黄金浮雕盘、一个浮雕银盘，还有其他精致的装饰品及30担棉布。

西班牙人又来到森波阿拉，见到了"胖酋长"——"他太胖了，我们得这么称呼他"（Díaz 1956: 88）。很可能肥胖是高级地位的标志，在墨西哥湾低地尤其如此，是丰产土地上富有的代表。整个中美地区都发现有一个肥胖男性的形象，虽然没有发现有组织地崇拜他的证据，考古学家还是将其称作"胖神"。在今天的美国，肥胖已经成为全国性的健康问题，在贫困人口中，发生率远远高于富裕人群。这反映出发达国家易于获得便宜的高卡路里食物。但我们要记住，在前现代时期，饥饿至少是不时发生的严重问题，就像阿兹特克在15世纪中叶遇到的饥荒一样。在此情况下，肥胖就是无限财富的象征。

这位肥胖酋长并不快乐。他"悲愤地抱怨蒙特祖马及其管理者们，说他近来深受束缚：黄金珠宝被尽数夺走，他和他的人民受到痛苦的压迫，以致没有蒙特祖马的指令，不敢做任何事情"（Díaz 1956：88）。就像要证明这种情况一样，几天之后，一些土著人跑到森波阿拉，报警说墨西卡人征税官就要来了。一阵匆忙之下，房屋和食物给他们准备停当，"还有可可，是他们必须要喝的最好的饮料"（Díaz 1956：88）。五位身着华服的征税官和他们的随从"来到了我们的住所……以最大的戒备和傲慢向我们走来，没有和科尔特斯或我们任何一个人交谈，径直从我们面前走过"（Díaz 1956：89）。你必须钦佩这几个墨西卡人的自信，他们在自己所在的人群中最早接触到外来入侵者，仍然可以镇定自若，视若无物。当然，他们随后将胖酋长召去开会，训斥他事先未请示蒙特祖马便招待西班牙人。他们要求提供20个人牲，用于举行战胜入侵者的相关仪式，并以确切无疑的口气告诉胖酋长，西班牙人将成为墨西卡人的奴隶。

科尔特斯对此事的回应奠定了整个征服行动的基调。他关押了这些征税官，随后又单提出其中两人，向他们保证西班牙人对墨西卡人的友好态度，希望他们回去向蒙特祖马转达此意。他派人护送两人到森波阿拉边界之外，然后释放了他们。其他三人也被友好对待并被释放。所有这些都是在未告知森波阿拉人的情况下进行的。对于森波阿拉人，科尔特斯承诺，西班牙人会与他们结盟，共同对付蒙特祖马，他们不必再以他为皇帝。这是瓦解蒙特祖马帝国的大量外交策略的开始，为西班牙人一方获得了千百盟友。没有这些盟友，征服是不可能获得胜利的。

第二十章　征服墨西哥及其余波

"天佑勇者"是科尔特斯最喜欢的座右铭。在这种精神的鼓舞下，他的部队在1519年8月中旬离开森波阿拉，开始向阿兹特克首都进发。蒙特祖马二世对西班牙人来说是绝佳的皇帝，得到西班牙行动的消息后，他觉得厄运降临，忧心忡忡；各种预兆显现之后，他的反应是绝望而非反抗。如果阿维索特尔仍然在位，西班牙人应当面对更为强大的抵抗。

一些传说坚称墨西哥人认为科尔特斯是归来的羽蛇神克察尔科阿特尔，甚至是维齐洛波奇特利。实际上，在科尔特斯书信等第一手文献中，关于这种说法的证据是模糊不清的。这种传说似乎是在16世纪中叶开始流行的，当时的史学家莫托里尼亚和萨阿贡对此都有记录（Thomas 1995）。当然，墨西卡人确实认为西班牙人拥有令人敬畏的力量，科尔特斯时刻利用各种巧合证明自己有令阿兹特克人恐惧的力量。另一方面，阿兹特克人对这些陌生敌人的"超自然"力量也有某种心理预期，时刻寻找证据，因为他们一直就是用这样的阐释方式理解世界的。不过，阿兹特克人也是注重实际的，从他们应对西班牙人的不同策略上，我们可以看出最终导致阿兹特克倾覆的是特诺奇蒂特兰政治领袖们之间的分歧。蒙特祖马二世连续向西班牙人派出携带礼物的使者，却意在告诉他们不要来特诺奇蒂特兰，不要相信其"盟友"告诉他们的有关墨西卡人强权而残酷的故事。当时其他特诺奇卡和特斯科科领袖力主消灭侵略者，可惜，他们对姑息策略的强烈反对和对灾难的准确预言对蒙特祖马毫无影响。

一、西班牙人纠集盟友

西班牙人扑向特诺奇蒂特兰时，经过了两个重要地区：特拉斯卡拉和普埃布拉（图20.1、20.2）。普埃布拉的一部分已经成为阿兹特克帝国的省份，但该地区最重要的城邦乔卢拉还保持着独立，也没有招致三国同盟的敌意。乔卢拉北面的特拉斯卡拉则与墨西卡人强烈敌对。该城邦被阿兹特克省份包围，处于被封锁的位置，一些必需品被禁运，形成文化孤立，并在边界随时保持着备战状态。因此，西班牙人和特拉斯卡拉人有了共同的目标。

1. 特拉斯卡拉

特拉斯卡拉通过阿帕姆平原与北部的墨西哥盆地连接起来，这个处于连接地带的平原地区地势高，气候寒冷而干燥。此外，在后古典时代，该地的纳瓦特

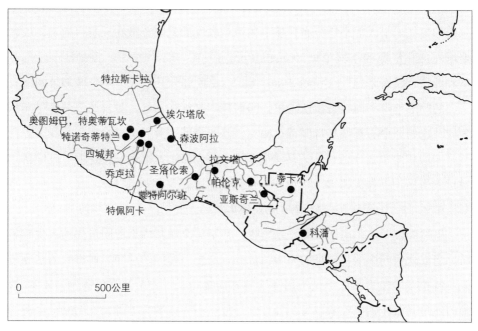

图20.1　第二十章涉及的美洲中部的区域和遗址

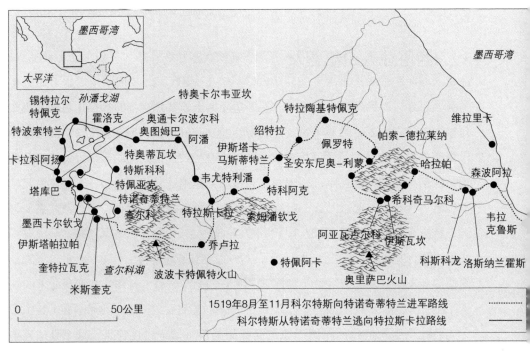

图20.2　科尔特斯行进路线和沿途遗址

尔语和奥托米语人群平均分布，从事龙舌兰农业的家庭分散在丘陵台地上，或者聚居在冲积平原的小城镇里（García Cook 1981；Snow 1996），该地区"全部开垦和种植，没有荒地"（Cortés 1986：68）。在大部分其他地区中，城邦之间都有一定的间隔地带，而在特拉斯卡拉，四城邦却聚集在一起，各自的疆域都是向后延伸。这四个中心都城是特佩蒂克帕克、基亚维斯特兰、奥科特卢尔科和蒂萨特兰。四城相距很近，西班牙人认为它们是一个城市，"如此庞大巍峨……比格兰纳达大得多，也强大得多……物产丰富，供给充足"（Cortés 1986：67）。科尔特斯还描述了一个大市场，每天有3万人聚集贸易，提供品种丰富的物品和服务。

虽然看似一体，但四城邦关系紧张，甚至每个城邦内部不同世代的人也有矛盾。造成这些问题的是常见的原因：贪婪、情爱引发的妒忌和怨恨难解的亲族仇杀。特拉斯卡拉贵族们提供了用宴饮的方式缓和紧张关系的有趣案例，或者说，他们通过宴饮让紧张关系以另一种方式释放。因为宴饮会进行到人们酩酊大醉的阶段，然后在暴力中结束（Motolinía 1950）。

宴饮中吞下致幻剂直至进入杀气腾腾的狂暴状态，是为了与祖先之灵接触，这种沟通在超常状态下才能实现（Pohl 1998）。宴饮屋的装饰壁画揭示了如何实施引导性致幻以与祖先相会。考古工作部分揭露了蒂萨特兰的特拉托阿尼、四城邦中地位最高的老希科滕卡特尔的宫殿。其中一间房屋内有米斯特卡-普埃布拉风格的多彩装饰画，描绘的是齐齐米梅和特斯卡特利波卡等恶神和头骨、心脏等，以及与死亡和毁灭有关的画面。

特拉斯卡拉–西班牙联盟 | 西班牙人于1519年9月抵达四城邦之地。其中有些波折，他们遭到了小希科滕卡特尔的伏击。但在与老希科滕卡特尔举行的谋求和平的调停会上，双方都把这个小摩擦置之脑后。老希科滕卡特尔欢迎西班牙人的到来，还派出搬运工帮助他们运送大炮，向乔卢拉挺进。这一老一小希科滕卡特尔在一年之后再次因如何对待西班牙人的问题发生争吵。那时科尔特斯带着部队逃离墨西哥盆地，九死一生，在去墨西哥湾基地的路上，路过特拉斯卡拉，寻求庇护。小希科滕卡特尔建议杀死西班牙人，夺取财产。他的父亲对此大发雷霆，并"在获知儿子的阴谋和叛变行为之后将其处死"（Díaz 1956：325）。西班牙人获得了庇护。

 专栏20.1 / **阿兹特克宴饮**

正如我们所看到的，宴饮在整个中美地区文化史上都是社会生活的基本组成部分。与今天的派对聚会一样，宴饮在古代社会中提供了标榜社会稳定、交换信息和礼物的重要机会，也是主人炫耀统筹和分配高品质的食物、聚会装饰品和品位的机会，也是参与者们超越凡常生活、娱乐自己（他们都期望如此）的机会。

在这些动机的驱使下，很明显，宴饮有时是发生在伟大帝国宫殿重要庭院内的壮观事件，有几百人参加（包括宾客和侍者）；有时又会处于权力

图20.3 就像《佛罗伦萨手抄本》中这些插图表现的那样,阿兹特克宴饮中,会向客人献上鲜花、装满烟草的圆管状烟斗和食物。舞蹈和音乐是成功集会之高潮

和财富的另一极端,只是几个穷人在有限的资源条件下尽其所能,谨慎恭敬地举行一场重要仪式。在《佛罗伦萨手抄本》和《新西班牙印第安人历史》(The History of the Indies of New Spain)等文献里(Durán 1994〔1581〕)有很多关于在宫廷或波奇特卡商人们的庭院内举行最豪华的宴饮的描述。

《佛罗伦萨手抄本》中有关于洗礼宴饮的描述(Sahagún 1979:117—119),"介绍了举行此类宴饮的方式",让我们得以窥见这种相当普通的、人们会一次次参加的宴饮活动的具体内容。客人到来后,先要在恰当的位置落座。客人坐定之后,马上会提供烟草并点燃吸食,司花者会献上花冠和花环。在富裕人家,还会有礼物如烟草、鲜花和衣物,然后才奉上食物(图20.3)。

食物制备是家庭主妇的职责,她们会花费大量时间设计菜单和准备餐具。塔马里在中美地区很多地方是节日的主要食物,过去和现在都是如此。汤是由火鸡、狗肉和西红柿等加辣椒炖成的。与主菜搭配的是玉米饼和一种与现代美国很受欢迎的番茄酱相似的调料。

在用餐之前,每个客人都要把少

量食物撒在地上，口中祷告，当作向特拉尔特库特立（大地之神）的奉献（Coe 1994：77）。如果主人富有的话，餐后会奉上巧克力。可可豆必须从墨西哥湾低地和太平洋沿岸的热带地区进口（Coe and Coe 1996）。可可豆在市场上整粒售卖；也可以买到一杯可可饮料，由可可粉加水制成，还可以根据需要添加辣椒、蜂蜜或香草等调料。

巧克力消费是受限制的，一方面是因为昂贵，另一方面是人们通常认为对于初次饮用者太过刺激。阿兹特克皇帝每天都喝巧克力，而很多人一生只喝过几杯。但似乎绝大多数成年人都品尝过巧克力，因为按照习俗，厨房工人们可以吃掉宴会残余的食物。很多贵族之家的仆人来自农业乡村，以服役代替税赋。

巧克力因其高价和刺激性而成为身份的象征，而贵族们饮用普尔克

图20.4　在普尔克宴会上（《马格里亚贝奇亚诺手抄本》），普尔克神的扮演者在用一根吸管饮酒。他对面有一位妇女，她的声音螺旋由一些点组成，可能表现的是酩酊大醉后已经说不出整话了

不只是因为它产量大且易得,也因为它可以令人喝醉。不是所有致醉之物都是令人厌恶的,阿哈亚卡特尔就曾下令将有致幻作用的蘑菇列为贡品(de la Garza 1990:63)。领主和富有的商人们在宴饮中食用这些蘑菇,此后"不再进食,只是通宵喝巧克力",舞蹈并看到幻象(Sahagún 1959:39)。这类聚会中的中毒状态是正当的,因为这是为了达到更高的目标:踏上通向未来之路,看到自己的命运。而一般性的酩酊大醉则是可鄙的,那些醉鬼被认为是混乱制造者,可能会毁灭整个家庭(图20.4)。

对于很多普尔克的日常饮用者来说,他们会经常被警告饮酒的严重恶果。龙舌兰在中部高地种植,农户们以其汁液当作日常饮料。新鲜汁液几天内就会发酵,只要想要,这些家庭不可能得不到可以日常饮用的天然啤酒。而且普尔克因其药用价值被珍视,被当作很多药的基本原料。所以几乎每个在漫长的整天劳作后感到疲倦或疼痛的人,都可以用一碗普尔克解乏,这是回报自己的传统方式。

虽然痛恨公众酗酒行为,阿兹特克人仍深知饮用酒精饮料可以活跃聚会气氛。在洗礼宴饮中,如果负责普尔克的人"看到喝过酒的人开始沉醉……但还只是坐在那儿瞪着眼和扮鬼脸",他就会再给大家送上一轮酒。当酒开始发生作用时,人们开始歌唱,随后充满感情地互致问候。节庆气氛会越来越浓,人们开始"大笑并妙语连珠,引得别人哄堂大笑……(直到他们)笑得筋疲力尽,再次坐下来"(Sahagún 1979:119)。很多宴饮中还要奏乐和起舞。

一些聚会通宵达旦。阿兹特克人似乎特别看重一成不变的节制,但当决定要变得无节制时,他们会尽情享受完全的放纵。事实上,如果某人在聚会中没有尽兴,按照风俗,主人会邀请他们第二天再来,再尽地主之谊,求得一个欢乐的结尾。

与特拉斯卡拉人的联盟对于征服墨西卡人至关重要，1519年的访问为这一伙伴关系开了个好头。希科滕卡特尔描述了特诺奇蒂特兰，指出特诺奇卡人如何通过破坏部分堤道以封闭城市，避免入侵；也指出城内的房屋有内部庭院和高高的外墙，易守难攻。特拉斯卡拉人怂恿西班牙人通过韦霍钦戈向特诺奇蒂特兰进发。因为这是一个与墨西卡人强烈敌对的城邦。但是，虽然希科滕卡特尔警告过，乔卢拉的"居民是最奸诈的"（Díaz 1956：157），科尔特斯还是选择了经过乔卢拉的路线。

2. 普埃布拉

　　普埃布拉平原从北部的特拉斯卡拉一直延伸到上米斯特卡和特瓦坎河谷系统的边缘。在1519年，该区域的南部被阿兹特克控制，阿瓦特兰这个具有战略意义的小省区，被辽阔的西连莫雷洛斯、东接科塔斯特拉的特佩阿卡贡赋省包围。特佩阿卡省自蒙特祖马一世时期开始就被多次征服，而且一直与特拉斯卡拉、韦霍钦戈和乔卢拉冲突不断（Smith and Berdan 1996：285）。

　　乔卢拉与邻邦和阿兹特克的关系都很复杂：有时建立联盟，随后又解体；旧仇念念不忘，又会被忽略。按照特拉斯卡拉人的说法，乔卢拉人刚刚结束了他们和阿兹特克的敌意。按照现实政治规则，他们已经成为特拉斯卡拉人的敌人。

　　乔卢拉拥有肥沃且有良好灌溉设施的农田。科尔特斯注意到，该地区是西班牙人在墨西哥见到的第一个适于放牛的地方。养牛是新西班牙殖民时代早期最重要的产业，找到牧场是非常重要的。乔卢拉城本身与旧大陆城市形成对比。该城市是个伟大的朝圣中心，莫托里尼亚称之为"另一个罗马，有数不清的异教恶魔的神庙"。实际上，这里至少有300座神庙金字塔，而且"每个省区在该城都有自己的厅堂和公寓，在举行宴饮活动时，当作歇脚的地方"（Motolinía 1951：123）。在后古典时代晚期，乔卢拉是整个中美地区羽蛇信仰的主要崇拜中心，但其金字塔后来被摧毁了。大金字塔现在仍然是中美地区最大的建筑，但后古典时代晚期就被废弃了。

　　乔卢拉是座大城市，其主要市场以售卖著名的米斯特卡-普埃布拉风格陶器而知名。蒙特祖马在他的宫殿里就使用这种陶器（图20.5）。西班牙人还看到了

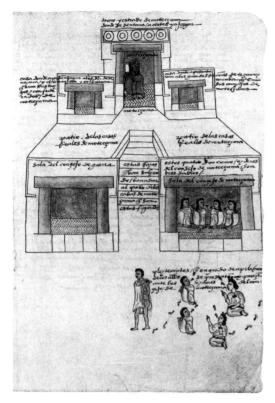

图20.5 对蒙特祖马二世在特诺奇蒂特兰的宫殿里最完整的描绘来自《门多萨手抄本》中的插图。这位韦特拉托阿尼在顶层房屋中,那可能是他的议事厅。王庭其他成员在低一层的屋中。外面的庭院中,两男两女在交谈,可能在争论法律问题,国王的法官们将做出判决

复杂社会城市生活的另一个典型特征:贫困。科尔特斯注意到,"那里居住人口众多,每一寸土地都被开垦了……但是在很多地方,人们忍饥挨饿,缺少食物。有很多乞丐在街上向富人乞讨,就像在西班牙和其他文明之地一样"(Cortés 1986:75)。

乞丐和理性之民 | 科尔特斯描述的乞丐和高度复杂社会并存的现象,促使我们关注他是如何表达他西班牙母语中"文明"这个概念的。他用的词是"理性之民",也就是这些人的文化在很多方面与科尔特斯自己的文化是相同的,与加勒比群岛的土著文化不同。用本书回顾的社会结构的文化进化性演变观念看,"理性之民"可能包含的意思是"那些做出理性的经济决定的人"。平等社会甚至阶等社会(rank societies)都受到习俗的约束,即在社会管理和经济分配中以亲属

关系为基础，家庭或个人能够积累财富的程度是被严格限制的。但在分层社会（stratified societies）中，虽然整个社会在很多基本功能上还要依靠家庭关系，但因为社会规模扩大，已经不可能依赖亲属关系来处理人群之间的关系。对获得过多财富的限制经常是富人们自己决定的，他们一般都不情愿地让自己受到点儿损失，以好歹做得像"理性之民"。

因此，正是贫穷和社会复杂化、乞丐和富饶之地的并存使科尔特斯相信，他在古代墨西哥发现了与他自己的西班牙重要的相似性。这里和他的生长之地一样，有强大的国王、诡计多端的朝臣、精于算计的官僚、纳税的农民和贫困的乞丐。这里有大都市，市场繁忙而复杂，宗教性建筑林立。中美地区确实没有金属技术，也因为没有用于牵引的畜力而失去了发展有轮交通工具的动力，但这些差别反倒凸显了这个地区在社会结构上与旧大陆的相似性。文化进化并不是简单的、受到技术发展激发的一成不变的程序。"理性之民"从以亲属关系为基础的分级社会诞生，具体境况是相当复杂的，但都依赖于某些必备条件（参见专栏1.1），当这些条件具备时，不管在世界的哪个角落，乞丐和国王就会产生。

乔卢拉人的诡计 | 虽然一开始被迎接入城，但几天之后，西班牙人就开始感到不安。主人不再提供食物，似乎也不愿意和他们这些客人交谈。街道出现路障，房顶堆起了石块。最后，他们获知一个阴谋：俘获他们送给蒙特祖马二世当作礼物。西班牙人和他们的特拉斯卡拉支持者对乔卢拉实施了反击：数千人被屠杀，其他人被俘获送往特拉斯卡拉，可能会被用作人牲。乔卢拉被洗劫，部分被烧毁。暴行持续几天之后，科尔特斯决定释放残余的贵族，让他们发誓未来与西班牙人合作。

在此同时，蒙特祖马二世持续向科尔特斯送来礼物，也传达了措辞严厉的劝阻之语，总的意思是："不要来特诺奇蒂特兰。"皇帝身体不适，道路难以通行，没有食物，动物园的野兽会吃掉西班牙人。就像其他历史背景下的那些姑息政策一样，这些行为只会激起入侵者的食欲。1519年的11月初，科尔特斯和他的随从们从乔卢拉出发，穿越伊斯塔西瓦特尔火山和波波卡特佩特火山间的高地，直下墨西哥盆地。

二、蒙特祖马：恐惧的囚徒

蒙特祖马二世是承担见证帝国倾覆恶名的命中注定之人。不管他在18年的统治中（1502—1520年）获得了多少成就，不管他曾以出色的军事胜利和获得统治权的足智多谋而享有的盛誉，也不管欧洲人的入侵和文化控制多么不可逆转，蒙特祖马二世的最后几个月还是为他永远打上了软弱而优柔寡断的烙印。他未能像1521年西班牙人围城期间那么多特诺奇卡人一样，鼓足勇气，拼死搏杀。

相反，他选择向西班牙人靠拢。在西班牙人进入墨西哥盆地后，他设法确保他们在旅程中受到接待和欢迎。西班牙人至少有300人（具体数字各种记载不一样），还有大约1000名特拉斯卡拉随从。在查尔科，科尔特斯"与自称为蒙特祖马属臣的领主和一些贵族对话。这些人私下对科尔特斯抱怨……蒙特祖马横征暴敛的恶行"（Tapia 1963 [*c*. 1534]: 37）。这已经成为科尔特斯熟悉的话题，他非常愿意利用这些矛盾。

科尔特斯和随从们离特诺奇蒂特兰越来越近，他们在远处已经感受到这座伟大都市的宏伟和美丽。在抵达特诺奇蒂特兰之前，这队人马在伊斯塔帕拉帕的一些接近竣工的宫殿内驻扎。这里是蒙特祖马的兄弟奎特拉瓦克的领地，就是他在1520年继位为特诺奇蒂特兰的韦特拉托阿尼，随后被欧洲人带入新世界的瘟疫、天花击垮。在1519年的11月初，奎特拉瓦克正骄傲地进行他新家的收尾工作，那些宫殿"……就和西班牙的一样好；也就是说，在石匠和木匠工艺的规模和技艺方面，在地板和各种功能的家具陈设方面都是如此……有很多高低错落的房屋和清凉的花园，有很多树木和芬芳的花朵，还有清澈的池塘，建造得非常精致，台阶直达底部。他的房屋边有一个非常大的果菜园，上面有一条由美丽的走廊和房间组成的长廊，可以俯瞰整个园子。园中有石砌大水池，工艺精湛。周边环绕着精心铺设的宽阔步道，可以四个人并肩而行。水池400步见方，也就是周长1600步。步道之外和园墙之间，是藤条编织的网格，里面种植着各种灌木和芳香的草药。池中有各种鱼和水鸟……"（Cortés 1986：82—83）迪亚斯同样印象深刻，说道："大型独木舟可以通过一个入口从湖里驶入园子，所以园子的主人可以通过水路抵达，不必登陆……我再次声明，当时站在那里，看着眼前的景象，我想世界上永远不会有其他地方如同此地一般……所有我当时见到的奇迹今天已经被彻底摧毁，消失殆尽，荡然无存"（Díaz 1956［1560s］: 191）。

在这里引用科尔特斯和迪亚斯的记述是值得的，不仅是因为他们对奎特拉瓦克之宫殿的描述是他们自己内容最丰富的记录，也因为他们的描述中反映的复杂社会组织机构。由一个个清水池塘组成的美丽景观因为与辽阔的特斯科科湖连接更令人惊叹，但我们也关注到这些工程实际是在不同层次上为国家建设服务的。劳动大军是以服劳役的形式建造宫室、挖掘池塘、粉刷泥灰，并运来石料、木材及植物的。所有这些辉煌工程都是阿兹特克帝国支付的。宫殿的设计揭示出阿兹特克统治者们是如何保持对国家事务的管理的——运河可以让独木舟直达宫殿（蒙特祖马二世在特诺奇蒂特兰的新宫殿也有专门的运河抵达），就像今天的豪华轿车和直升飞机将企业和政府的行政官员从一个重要会议运送到另一个重要会议一样。

第二天，1519年11月8日，科尔特斯和随从们走上特诺奇蒂特兰的堤道，蒙特祖马二世亲自迎接（图20.6）。几百名阿兹特克领主前来欢迎科尔特斯。他和蒙特祖马二世互换礼物，随后皇帝领着科尔特斯来到阿哈亚卡特尔之宫，这里已经为西班牙人的到来收拾停当。蒙特祖马二世让科尔特斯坐在议事厅的王座上，并给了他更多礼物。

大约一周之后，科尔特斯告诉蒙特祖马二世，他听说西班牙人和阿兹特克军队在墨西哥湾沿岸地区发生了小冲突，深感震惊，必须要将蒙特祖马二世置于保护性监管之下，"直到查清真相并且证明蒙特祖马二世是清白的"（Cortés 1986: 89）。蒙特祖马二世最终被这一番狡猾的言辞说服，和他的随从们搬入阿哈亚卡特尔之宫。当墨西哥湾地区动乱的行凶者被带到特诺奇蒂特兰伏诛后，科尔特斯也将蒙特祖马二世监禁起来，但后来又释放了他。

科尔特斯在此期间的行动表明他是位心理控制大师，对蒙特祖马二世奉承、恐吓和迷惑兼施。他保证蒙特祖马二世的安全和舒适，需要这个被驯服的皇帝保护西班牙人的利益，以利于暗中破坏并最终取代阿兹特克帝国。科尔特斯坚持说"我多次给他自由……每一次他都告诉我……他不愿意离开"（Cortés

图20.6　科尔特斯会见蒙特祖马二世，马林切就在他身后。蒙特祖马二世身后是他的贵族们。本图引自《特拉斯卡拉画册》（又译《特拉斯卡拉史志》，1979 [c. 1550] ）一书，该书于1550年由特拉斯卡拉人制作，为的是提醒西班牙殖民者特拉斯卡拉在征服中发挥的重要作用。艺术家混合运用了本土和欧洲风格，画面有透视，人物姿势也是西方式的，因此也造成了细节错误，如图中两位主人公的欧洲式座椅

1986：91）。这主要是因为蒙特祖马二世不愿面对那些试图说服他抵抗西班牙人的领主。

就这样，蒙特祖马二世和科尔特斯相当愉快地度过了数周。自1519年11月到1520年5月，西班牙人和墨西卡人共享着双方都熟悉的宫廷生活，把时间用在宴饮、享受女人、远足狩猎和赌博上。蒙特祖马二世在赠予礼品方面相当慷慨，面对西班牙人的贪婪和颜悦色。一次玩赌博游戏时，阿尔瓦拉多一直作弊以保科尔特斯分数领先，蒙特祖马二世只是一笑置之，支付了赌金（Díaz 1956：235）。西班牙人逛遍了特诺奇蒂特兰－特拉特洛尔科，被特拉特洛尔科的市场所折服，那里每天有6万名买家和卖家交换来自墨西哥各地的物品。

专栏20.2／特诺奇蒂特兰住了多少人？

古代城市留下了建筑遗迹和分布范围这样的物质遗存，但除非有可靠的人口统计记录保留下来，否则只能粗略估计其人口规模。考古学家们一般会用聚落面积乘以人口密度值来估算人口。这个密度值多从建筑风格和家户规模与之相似的文化中得知。

在现代对阿兹特克的描述中，特诺奇蒂特兰的人口规模经常被估算为数十万人。一些学者甚至认为该城市的人口至少达到50万人。这一估计（Vaillant 1966：134）是从几个16世纪的文献中得来的，而这些文献并不总是准确。

那特诺奇蒂特兰人口规模的合理估算是多少呢？我们知道，特诺奇蒂特兰–特拉特洛尔科的面积大约为14平方公里。阿兹特克建筑都是独栋的，大多高低错落有好几层，高层房屋建在环绕低层院落的台基之上，但目前还没有发现两栋（或多栋）房屋连在一起的情况。

按照14平方公里居住着50万人的估算，人口密度接近每平方公里3.7万人。现代曼哈顿的人口密度仅为每平方公里2.6万人（图20.7），而那些同样有摩天大厦和大片居住区的低人口密度城市，每平方公里的人口数也远远低于这个值；旧金山的人口密度仅略超过每平方公里0.5万人，洛杉矶的人口密度约为每平方公里0.3万人。

如果参照这些人口密度值估算的话，我们看到特诺奇蒂特兰的人口应在3.5万到7.5万人之间。这些估算也大有改进的必要。对特诺奇蒂特兰人口的可靠估算需要仔细分析地图（需要依赖于利用考古资料和《墨西哥地图》[*Mape de México*，1550]等民族志资料进行复原性绘制）；还需要对阿兹特克家庭的人口进行估算。就目前的资料看，比较合理的数据是城区人口为5万人，尽管仍然略高了一些。如果加上邻近的城镇，人口可能达到10万人。

图20.7　按照一些资料对阿兹特克都城人口规模的估计，现代曼哈顿的人口密度也没有特诺奇蒂特兰高

科尔特斯和随从爬到最高的金字塔的顶端，被满地血污的恶臭熏得心生厌恶。他们对蒙特祖马二世宣讲以人为牺牲的邪恶，但遭到激烈反对。他们不能压制其观念，意识到很多墨西卡贵族是想要西班牙人性命的。从金字塔的顶端，西班牙人俯瞰湖泊环绕的城市，以及彼此连接的运河和桥梁。从随后发生的事件看，很明显，此时西班牙人已经开始评估这座城市的防御体系并谋划着发动进攻的最佳方式。同样明显的是，从征服刚刚完成后科尔特斯及其随从就将各种财产

划入自己名下的情况看，在他们赞美蒙特祖马二世的华丽宫殿时，就已经盯上它们，想据为己有了。

科尔特斯认定只能从湖上攻取特诺奇蒂特兰，必须提前建造好帆船。他告知墨西哥湾的西班牙人招募工匠，筹备材料，很快就有两艘船可以下水了。蒙特祖马二世听到这两艘船首航的消息，提议用它们运送自己及其领主们到伊斯塔帕拉帕附近的特佩普尔科岛上的狩猎苑。他们很快抵达了，"蒙特祖马二世猎杀了所有想要的猎物，包括鹿和兔子，心满意足地回到了都城"（Díaz 1956：239）。

和平破裂 | 田野牧歌式的生活难以长久。西班牙人闯入宝库的传言开始扩散，阿兹特克人对软禁蒙特祖马二世的抵触情绪开始高涨。而且，蒙特祖马二世与墨西哥湾的西班牙人建立了秘密联系。科尔特斯的副手纳瓦埃斯对蒙特祖马二世放出消息，说科尔特斯和其他人"是坏人和小偷，从卡斯提尔逃亡至此，未得到西班牙国王的许可"（Díaz 1956：257），待自己获得许可后，会释放蒙特祖马二世，关押科尔特斯。当然，纳瓦埃斯的意图是确保自己成为西班牙征服者的领袖。但是双方采取这种暗中操作的方式，表明实施这样的阴谋还是有相当风险的。

科尔特斯听说了纳瓦埃斯的反叛行为，率领部分西班牙人回到墨西哥湾，留下阿尔瓦拉多代行其职。在祭拜维齐洛波奇特利的重要节日托斯卡特尔节上，墨西卡人和他们西班牙客人日益恶化的关系终于爆发。阿尔瓦拉多批准了节日的举行，但禁止使用人牲。关于这最后一次伟大的特诺奇卡节庆的记载有诸多版本。阿尔瓦拉多声称，西班牙人的食物供应被中断，蒙特祖马二世和他的随从武装起来要推翻西班牙人，而且墨西卡人一心想用人祭祀，包括用西班牙人。

在仪式活动区，"当黎明来临，宴饮之日开始……人们开始歌唱，开始旋舞"（Sahagún 1975：53），有数百特诺奇卡贵族参加。阿尔瓦拉多和他的队伍封锁了该区域，屠杀了数百名阿兹特克领主，他们都是政府和军队的首脑。西班牙人回到阿哈亚卡特尔之宫，杀死了蒙特祖马二世身边的一些阿兹特克人，在宫殿内构筑了防御设施。他们让蒙特祖马二世出面，命令他的人民平静下来，但这位皇帝再也得不到特诺奇蒂特兰人民的尊敬了。同时，整座城市都在服丧，反抗西班牙

图20.8 《特拉斯卡拉画册》中的一幅插图，表现的是特拉斯卡拉和西班牙军队驻扎在四个城镇，围困着孤岛之城特诺奇蒂特兰。中间环绕包围着神庙的漩涡纹在墨西哥中部地区是水的标志，水中有四条独木舟，上面有拿着具有黑曜石刃棍棒的士兵

人的怒火熊熊燃烧。阿兹特克人摧毁了西班牙人建造的船只，全城进入备战状态（图20.8、20.9）。

这就是科尔特斯返回时面临的局面。西班牙人开了枪，试图表现出自信。科尔特斯和他的队伍骑行经塔库巴进入特诺奇蒂特兰，而没有选择易受攻击的长长的伊斯塔帕拉帕堤道。这座城市一片死寂，科尔特斯等毫发无伤地抵达阿哈亚卡特尔之宫。但西班牙人只要一探头，就会从附近建筑上飞来密如雨下的投石，逼得他们不得不防护，离开阿哈亚卡特尔之宫成为必然的选择。6月下旬，科尔特

图20.9 这两幅图画来自《阿斯卡蒂特兰手抄本》(16世纪晚期)。左图表现的是科尔特斯和马林切向特诺奇蒂特兰进发,带领着一队全副武装、举着圣灵旗的西班牙士兵。在最左边,有一些土著搬运工。右图表现的是蒙特祖马二世之死,他面朝下倒在台阶边,旁边有阿兹特克人在击鼓,还有一人举着圣灵旗

斯下令制作可以移动的木头堡垒,以确保西班牙人守住宫殿周围区域。但同时,有迹象表明墨西卡人已经推选出新的韦特拉托阿尼,他就是蒙特祖马二世的兄弟奎特拉瓦克。当蒙特祖马二世登上房顶向特诺奇蒂特兰人民发表讲话时,被飞石击中,很快丧命。西班牙人杀死了数十名仍追随他的领主,将他们的尸体悬挂在宫殿外。因一时心血来潮影响了百万人命运的蒙特祖马二世被草草掩埋,没有任何仪式(图20.10)。

悲伤之夜和决战 | 食物日渐匮乏,饮水所剩无多,围墙越来越残破,外面愤怒的民众越来越多。西班牙人准备逃离这座伟大的都城,科尔特斯原来准备将它毫发无伤地献给西班牙国王查理五世呢。科尔特斯的占星家告诉他,再耽搁一天就会全军覆没。西班牙人决定夜晚撤离,因为阿兹特克人不愿意晚上作战。于是,1520年7月1日,西班牙人和他们的马匹开始向塔库巴撤退。但他们的行动被发现了,战鼓很快在金字塔顶敲响,特诺奇蒂特兰人冲向西班牙人,阻止他们逃离。

战船很快布满湖面,堤道也被轻松破坏,仍有那么多西班牙人得以逃生真是个奇迹,尽管还是有数百人在这场大溃退中死亡,这一晚后来被称为"悲伤之

图20.10 蒙特祖马二世可能是在阿尔瓦拉多对阿兹特克贵族进行屠杀后,试图平息阿兹特克人的愤怒时被自己的人民杀死的。西班牙人把他和另一位贵族的尸体放到了阿哈亚卡特尔之宫外,阿兹特克人抬走他的尸体进行了火葬。尸体被焚烧时,臣民们对他"只是满怀愤怒,没有良好愿望,……他们说:'这个傻瓜!他让世界变得恐怖……这个人啊,任何人冒犯他一点点,他也会马上报复。'"(Sahagún 1975:66)

夜"(La Noche Triste)。他们的马匹驮着蒙特祖马二世的黄金,但绝大部分没有逃离,军火也没能带出来。这些衣衫褴褛的西班牙幸存者和特拉斯卡拉盟友向墨西哥盆地东北方的特拉斯卡拉边界前进,希望在那里获得庇护。

在特奥蒂瓦坎谷地的上游,奥图姆巴城附近,阿兹特克军队阻击了逃亡的西班牙人。此时西班牙军有440人和20匹马(Davies 1977),还有一些特拉斯卡拉盟友。正是在奥图姆巴之战中,阿兹特克人的战法暴露出致命的弱点(图20.11)。西班牙人砍倒了阿兹特克军队的战旗和队列武士们,令整个军队土崩瓦解。公平地说,阿兹特克人在不久前的托斯卡特尔节屠杀中刚刚损失了近千名高级领主,参加奥图姆巴野战的军队是在仓促之间组建的。

尽管如此,西班牙人成功转移到东部,抵达特拉斯卡拉。他们的老朋友老希科滕卡特尔提供了庇护。同时,更多的西班牙人不断到来,多是听说关于蒙特祖马二世大量财富的传闻而赶来的寻金者。在随后的九个月中,科尔特斯在特佩阿卡建立基地,准备对特诺奇蒂特兰再次发动进攻。这次准备采取从湖上围困的策略,科尔特斯的造船匠在特拉斯卡拉督造了双桅帆船的部件,并运到墨西哥盆地。

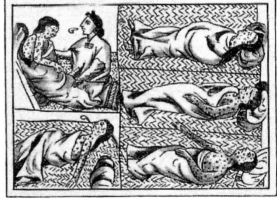

图 20.11　就像《佛罗伦萨手抄本》中这幅插图表现的一样（左上），到达特诺奇蒂特兰之后，西班牙人开始炫耀他们的大炮。不幸的是，他们在"悲伤之夜"仓皇撤退时（右上），损失了这些武器，在奥图姆巴之战中，只能用剑和长矛与阿兹特克人战斗（左下）。学者们一直在争论西方技术——金属工具和武器、大炮和枪等机械装置——到底在多大程度上帮助了西班牙人战胜阿兹特克人。阿兹特克人在数量上占绝对优势，并有很强的应变能力，这表明"大多数技术并未起到决定性作用"（Hassig 1992：164）。马匹一开始着实令墨西卡人惊恐，但很快他们就发现马其实易受攻击。战犬确实是凶残有效的威胁，但影响征服的头奖要颁给瘟疫，比如天花（右下）。传染病没有特意被用作武器，但它夺去的土著居民的生命要远远多于任何常规武器

此时，墨西卡人也整修了城市，把活捉的西班牙人和特拉斯卡拉人用为人牲祭祀，庆祝敌人退却，危险结束。但到了夏末，西班牙人的病毒间谍天花已经扩散到查尔科，10月下旬席卷特诺奇蒂特兰（Thomas 1995）。奎特拉瓦克染上天花死去，特诺奇蒂特兰人推举阿维索特尔的儿子夸特莫克为韦特拉托阿尼。

天花此时在墨西哥的流行开启了持续整个16世纪的人口下降，旧大陆的传染病接连横扫没有抵抗力的新大陆人民。因为他们没有在小时候得过比较温和的病而获得的免疫力，也没有从天花遗传下来的抗病毒基因。这些新引入的传染病迅速侵袭了各年龄段的人群，一个社群一个社群地传播，没有健康人能够照顾病人。其心理影响更是毁灭性的。这是一些以警惕之心观察周围世界，不放过任何一个到处弥漫神秘之力信号的人，他们一定认为因为西班牙人的入侵，以前眷顾的旧神向他的人民降下了灾难。

科尔特斯利用灾难获取利益。他将越来越多的地区变为盟友，这经常是在特拉斯卡拉人的帮助下、在其解决宿怨的过程中完成的。科尔特斯向特拉斯卡拉人许诺，如果他们继续帮助西班牙人对抗墨西卡人，将会获得意想不到的奖赏，在墨西哥的后征服时代统治中，会享有免税的伙伴关系。西班牙人当然永远不会允许这样的事发生，但这样的许诺让特拉斯卡拉人挽救了科尔特斯的冒险并使之获得了最终的胜利。瘟疫从一个地区蔓延到另一个地区，还破坏了政治组织。科尔特斯设法确保新的统治者都是他的盟友。在特诺奇蒂特兰屈服于西班牙人之前，科尔特斯就已经巧妙地使自己——也就是西班牙当局——进入了墨西卡人权力等级系统。

特诺奇蒂特兰之围 | 西班牙人在1521年初回到了墨西哥盆地。他们有了新的盟友，包括特诺奇蒂特兰的传统亲密伙伴特斯科科，并且以该城为他们在盆地军事行动的首个基地。西班牙人在为进攻特诺奇蒂特兰进行的后勤和作战准备中结合了欧洲方法和墨西卡方法。双桅帆船的使用就是欧洲方法，这种帆船在西班牙工匠的指导下由西班牙人和特拉斯卡拉人共同建造。其部件由8000名特拉斯卡拉搬运工从特拉斯卡拉翻越高山运到了特斯科科，途中还有2000名搬运工驮着食物，形成了一条长9.7公里的队伍，在2月15日抵达特斯科科（Thomas 1995）。

挖掘从特斯科科到大湖的运河以便让帆船下水则动用了更多人力。

墨西卡人在绝望中也试图恳求盟友帮助，但他们给人留下的傲慢苛求的印象仍十分鲜明，几乎没有城邦支持他们。西班牙人先对大湖周边发起突袭。绝大多数城镇在科尔特斯军队的攻击下弃城而逃，也有墨西卡军队进行小规模抵抗。到了1521年夏天，特诺奇蒂特兰已经开始感受到帝国瓦解的先兆：不仅失去了赋税，连必需的普通食物的供给也中断了。夸特莫克做好了战争准备，但没有想到西班牙人会用超出墨西卡人意料的办法，比如在夏季发动进攻。在墨西卡人的观念中，夏季是农业季，冬季才是战争季。

西班牙军队有大约1000名骑兵和步兵，他们的本地联军有数万人。一些资料说联军总数达到20万甚至50万，但这肯定是因为军队之外的辅助人员数量极其庞大而被夸大了描述。6月1日，12艘双桅帆船从特斯科科出发，驶向特诺奇蒂特兰周围。战局很快就明朗了：和平协商已经毫无可能，这座城市会在特诺奇蒂特兰人被战争和饥饿拖得筋疲力尽的时刻陷落，他们将无力战斗，建筑被摧毁之后，他们也无处可守（图20.12）。

这是一个痛苦而漫长的过程。阿兹特克人白天要保卫他们的城市，进行争夺每一处房屋的巷战，晚上还要通宵修筑工事，疏通被西班牙人填埋的河道。在科尔特斯、迪亚斯·卡斯蒂略和阿兹特克贵族变节者萨阿贡的记录里，都强调了特诺奇蒂特兰人在城市防守中的坚韧不拔。在被盟友抛弃的局面下，特诺奇蒂特兰人一定从他们的伟大使命感中获得了力量，即使饮水被投盐污染，只能以杂草为食，他们仍然奋战不息。1521年8月13日，阿兹特克人放弃了他们的城市和帝国，二者在科尔特斯的猛攻之下都已被摧毁。城市实际上已经基本被夷为平地。夸特莫克被活捉后投降。

三、殖民时代早期的新西班牙

西班牙人又用了数十年的时间才完成对整个中美地区的征服。危地马拉北部

图20.12 西班牙人从远处回望,看到他们被俘的同伴"被强行拖上(一座金字塔的)台阶……我们看到阿兹特克人在他们头顶插上羽毛,强迫他们跳舞。跳完舞后,阿兹特克人立即将他们仰面放置,用石刀剖开胸膛,掏出他们仍在悸动的心脏献给神像,然后将尸体踢下台阶"(Díaz 1956:436)。西班牙人和马匹的头颅被陈列在骷髅架上

低地佩滕伊察湖中的小岛塔亚萨尔是伊察玛雅人最后的堡垒,于1697年被西班牙人征服。西班牙实际上已经成为一个帝国,中美地区成为她吞并的第一个伟大文明。

比起西班牙人极其疯狂的征服墨西哥计划,横扫大地的瘟疫对于简化复杂的社会和民族格局发挥了更大的作用。至1621年,墨西哥盆地的人口从1519年的大约100万人下降到大约25万人(Sanders 1992:179;另见 Lovell 1992;Whitmore 1992),跌至后古典时代开始时期的人口规模。新西班牙的其他地方情况更糟,整个墨西哥湾低地已成为无人区。殖民时代早期,西班牙人基本没有改变阿兹特克的政治等级结构,只是把自己置于此结构的顶端。整个阿兹特克社会

等于降级了，"对较低等级来说，地位变得更低；对统治阶级来说，变化更是翻天覆地，因为他们从统治阶层变成了从属阶层"（Gibson 1960：169）。人口数量只是原来的一小部分，这不仅因为瘟疫，也因为征服期间的奴役行为以及征服后开矿和重建工程强征了大量劳力。西班牙人在此情况下仍然试图加税，造成情况恶化。

人口减少使得西班牙人更容易强制推行他们的举措。在中部高地的很多地方，家庭农场是经济的基本组成部分，梯田上种植玉米，周围有龙舌兰环绕，规划整齐。农户有效组织劳力保证了生产（Evans 2005）。当人口减少，牛被引入，这种小农经济被畜牧业代替，最终被务农家庭放弃。西班牙人通过强令分散人口"集合"到城镇的方式造成了乡村的废弃。大种植园和大牧场覆盖了以前的农田，牛的数量与土著居民数量形成了反向增长："15个月内，牲畜数量几乎翻倍；因为看管不善，它们在乡间四处横行，摧毁了印第安人的玉米。"（Chevalier 1970：93）

所有这些结果都帮助西班牙人根除"恶魔崇拜"本土文化，这些行动意在将美洲中部重铸成西班牙的模样。我们将视线转到重要资源时，会发现将尽可能多的财富尽快向欧洲转移被高度重视的充分证据。但除了征服者和他们暴力而贪婪之行径，还有矢志拯救灵魂的传教士们。土著人群庞大的数量和根深蒂固的传统信仰令人惊骇，但传教士们仍然义无反顾。他们的任务是让土著人民尽快皈依天主教。很明显，绝大多数这样的转化是以大规模集会的形式完成的，参与者对此转化并不理解。

转化的长期任务是对基督教教义的解释，让人们能够理解并自愿接受这一新的信仰。这一方法被用在转化阿兹特克年轻贵族上，因为他们被视为下一代的意见领袖。这一措施在征服后很快就开始实施了，方济会传教士们充当了先锋，其中包括佩德罗·德甘特修士。他本是一名人道主义者，采取将新的信仰以一些当地旧有形式表达的策略。因此，土著民众在欧洲式教堂庭院里的"露天礼拜堂"参加一些仪式（McAndrew 1965）。

教堂经常是建筑在被削平的本地金字塔上面的。金字塔——也就是现在的教

图20.13 劝服土著居民改变宗教信仰的西班牙神职人员试图以阿兹特克人认为神圣的方式宣扬基督教教义。羽毛制品对于阿兹特克人来说,属于价值最高的物品之列,这幅基督像就是以羽毛拼接而成的,是本土文化和欧洲价值观的融合。文字是俄罗斯的古斯拉夫语,其深意还未被破解

堂西面的仪式区——就成了"露天礼拜堂"。中美地区文化中的多数公共仪式都是在室外举行的,或者在神庙的庭院内,或者在国王宫室的庭院内,因此,传教士就利用这些建筑空间,迎合土著居民固有的在宫殿庭院或金字塔下的广场内倾听布道的习惯来传教(图20.13)。

土著宗教和基督教有一些自然结合点。它们都有神职人员团体,都有程式化的祷告陈词,都有人生重要时刻如出生、成年、成婚、忏悔和死亡的神圣典礼。两种宗教都把献祭牺牲者的身体和鲜血当作最根本的圣礼。这些相似性使得西班牙人新传入的宗教颇容易被理解,但也增加了以与基督教相似之仪式进行"恶魔崇拜"的可能性。

音乐、诗歌和舞蹈是传教士们用来传播新宗教的其他的土著仪式活动形式。但这种将基督教教义和土著信仰系统结合的努力受到了更保守的天主教神职人员的批评。他们认为应该彻底根除土著宗教。我们知道,中美地区人民认为生活和世界中充满万物之灵,因此抹去土著信仰系统的所有痕迹是不可能的。当然,中美地区宗教中太扎眼的内容——祭司集团、神庙设施、杀人祭祀、陈设典册和雕

图 20.14、20.15　在大神庙上的维齐洛波奇特利神庙第二期下发现了一个黑曜石的骨灰罐。除了烧成灰的人骨和香料外,里面还有这些小护身符。左边的银制猴头戴着蛇形耳饰,右边的金铃铛上有表示"运转"的纹饰

像以及佩戴各种护身符(图20.14、20.15)等——对于警觉的传教士们来说过于明显,难以存留。对于那些不愿皈依者,西班牙宗教法庭有更严厉的措施。在强制净化心灵方面,他们惩罚异端的可怕手段造成的痛苦与土著自我牺牲仪式不相上下。

但如何才能根除深深扎根的信仰系统呢?又如何抹去与精神信仰相关的重要景观呢,比如那些作为历法坐标的山峰?如何说服被征服的人民,在他们因征服者带来的瘟疫大量死亡、农田被西班牙引进的牛羊践踏的情况下仍然相信,新的神会爱他们?如何让他们相信,不必佩戴特拉洛克和霍奇克察尔雕像护身符?打造新的"混血文化"过程中的一个重要步骤是逐渐用基督教的形象和崇高替代旧神。保护神们被特征相似的保护圣徒所取代,旧的偶像被摧毁后,新偶像也能抚慰心灵。

1. 充满惊奇之世界

将西班牙殖民者带入新世界的大发现时代是欧洲文艺复兴的一部分,探险者们的报道促进了西方对世界认知的改变。欧洲的商贸企业与亚洲之间的奢侈品贸

易已经持续了很多个世纪,但美洲的发现、更重要的是在那里发现的文明,导致了全球共享的经济和政治系统的创立。"现代"就是那个时候形成的,现代的问题和观点都可以从大发现时代的民族主义、企业家精神以及欧洲之外的世界资源为欧洲统治者和资本投资者所用的追求中找到根源。

事实上,统治者(旧王朝的继承人,追慕以前的权力)和资本家之间的冲突在欧洲的很多国家已经结束。在荷兰和英格兰,企业家精神被允许服务于政府,造成的整体结果是个人投资者自愿承担相当大的风险从事探险和开发。这种对个人权利的强调也正是文艺复兴运动中人道主义主张的一部分,这最终导致了像美国这样的现代共和国的成立。

西班牙在探索和对新世界大部分领土宣示主权的先锋角色中为她的统治者带来了不可估量的财富,却也有效地阻碍了她发展成现代国家的进程。但西班牙国王可以反击说,他们在欧洲其他国家失败的方面取得了胜利:他们在共和主义风起云涌之际保持了强大的独裁统治,他们在被视为异端邪说的宗教改革铺天盖地之时坚守了纯正的天主教信仰,他们征服了伟大的文明并在摧毁高度发达的土著文化传统方面取得了辉煌胜利。

这些态度从科尔特斯送回西班牙的奇妙之物的命运上就可以看出来。早在1520年8月,西班牙人到达特诺奇蒂特兰仅仅九个月后,墨西哥奢侈品就被运回展示了,德国著名画家和雕刻家阿尔布雷特·丢勒在他的日记里就其所见做了记录:"这些新的黄金之地的物品被带回,献给国王……我一生中从未见过让我的心如此欢喜的东西。我从中看到了奇妙的艺术,我被外邦之地精细而富有创造力的人们震动了。"(Honour 1975:28)

不幸的是,对于古代墨西哥的文化遗产来说,查理五世对黄金比对金器更感兴趣,他很快就将这些珍宝熔成了可以交易的金块(Braun 1993:22)。欧洲一些国家博物馆内保存至今、奉为珍品的金器大多数是西班牙国王送给在欧洲其他国都的他的王室亲戚的礼物。这些国王因受到人文主义的影响,也因自身在古董鉴赏方面的修养,设立了外来艺术品的收藏——"珍奇屋",成为自然历史和艺术博物馆的萌芽(图20.16)。

图20.16 这件阿兹特克皇室头饰现收藏于维也纳人类文化博物馆（Völkerkunde Museum），以长而闪亮的绿咬鹃羽毛制成。自形成时代以来，这种羽毛是统治地位的典型标志。这是极稀有的保存下来的16世纪早期来自墨西哥的珍宝之一

这种对奇异之物的兴趣是古物学的重要基础。该学问通过研究外来古代艺术品及其出土遗址来研究古物。古物学本身就是对古罗马和希腊的古典世界产生兴趣的副产品，是文艺复兴的主要知识主题之一（Bernal 1980；Willey and Sabloff 1974）。这也是人们看待自己、地球和宇宙之间关系的方式变化。16世纪早期带来了阿兹特克和印加文明的发现；1543年，哥白尼提出了太阳系的中心是太阳，即地球并非宇宙中心。17世纪，伽利略、开普勒、牛顿及数不清的观测者和创造者将以《圣经》为基础的行星史变成了人类占主导地位的历史。人们越来越认识到，以《圣经》为基础对世界的学术分析与经验中的常识相左，这对几个世纪以来习惯性顺从神职人员和国王指令的欧洲人来说，是很大的震动，因为他们深知，这些对宗教和政治极权的挑战意味着什么。

美洲和其他以前未知人群聚居点的发现也对《圣经》中关于人类历史和差异性的解释提出了挑战。与新发现的人群有关的棘手问题，就是他们是否属于人类。如果美洲土著不是人类，可以待之如牲畜，用他们充当劳力，想杀就杀，这倒是对政府的经济利益非常有利。但如果他们是人类，那么他们就有灵魂，就必须将他们转变为天主教的真诚信仰者，远离邪恶信仰。这正是巴托洛梅·德拉斯·卡萨斯的想法，他是恰帕斯教区的主教，1551年在查理五世关于印第安人的御前内阁会议上，捍卫了美洲土著人的人权。

"造物主并没有鄙视新世界的人民、让他们缺少理性、把他们创造得如同畜生……相反，他们温顺而体面，超过整个世界的其他民族，极其适合并且准备放弃偶像崇拜，接受……上帝的教诲"（de Las Casas 1974［1550］: 28）。

卡萨斯的据理力争获得了胜利。虽然土著居民仍然被认为在精神上低于西班牙人，因此不能被任命为牧师，但是卡萨斯和其他很多人的人文主义对盲目信仰造成打击，因为如果这个世界到处都是不同的人类，《圣经》中关于人的严格定义怎么能准确呢？这些问题以及系统回答这些问题的努力最终在17和18世纪发展成为科学思辨质询观，对现代技术创新发挥了根本性作用。

科学和宗教，科学和艺术 | 科学和宗教都是信仰系统，但它们基于不同的前提。宗教基于笃信，将问题归结于被说成是上帝赐予的真理的教义。科学的动力则是怀疑，是能够形成可验证假说的问题。科学要求研究者的实验可以被重复，就是说任何一名研究者在同样的实验条件下能够得到同样的结果。

必须可以验证是科学的特征，这使得它不只与宗教也与艺术截然不同。伟大的科学发现和伟大的艺术品都出自各自领域中有创造力、技艺超群的大师，但一件艺术品的现代价值更在于它是毋庸置疑的个人天赋的明证。事实上，如果对一件艺术品是否为令人敬仰的艺术家的真迹出现怀疑，该艺术品的价值就会一落千丈。

在中世纪的欧洲，所有艺术都是为宗教服务的，每一个人都坚信根深蒂固的、体系完备的宗教教义，即基督教。文化是具有强制同一性的（着魔式地追求大一统），这对阿兹特克和其他中美地区人民来说并不陌生。怀疑被整个社会奉为神圣的信仰就等于怀疑者宣布自己是疯子，并会被以疯子对待。如果统治者想获得奢侈品，他们会通过与"圣洁"的特殊关系（"国王的神圣权力"在中世纪的欧洲和古代中美地区都是一条基本准则）或者通过扮演民众和社会资源的管理者身份获得。

文艺复兴和大发现时代欧洲发生的改变一直塑造着西方社会，直到21世纪，个人选择生活方式的权利成为需要武装捍卫的基本自由。在美国，很少有人终其一生都生活在共同劳作、有同样宗教信仰的依靠血缘和亲属关系构成的社群中。对于我们当中的绝大多数人来说，与他人的关系是特定的，我们在学校、在工作中、在宗教活动中、在娱乐活动中、在服兵役中结识的人以及我们的家庭成员很少有交集。当我们考虑五百年前（现在很多地区还有）覆盖全世界的文化同一社会时，现代西方人认为那些社会具有压迫性和侵略性。这些社会否认个人有选择一生的工作、婚姻对象的权利，也否认个人具有在不受社会舆论干扰的情况下做出这些选择的隐私权。

将今天的世界与五百年前的世界进行对比很有用，让自那时开始发生的变化有了前因后果。这些变化对新英格兰的影响比对新西班牙要大得多，因为西班牙国王在他们的新领土内坚守着最保守的皇家权力，他们的臣民有两部分：一是西班牙人的后代，对这套能够保证他们在殖民地过上好日子的制度感恩戴德；二是土著人和混血儿，面对此制度别无选择。

2. 土著乌托邦：方济会的视角

1524—1564年，土著人民在16世纪经历的无尽严寒在某种程度上得到了缓解，因为劝导他们皈依基督教的任务落在了方济会手里。方济会成员是理想主义者，他们在新西班牙的使命就像在未受欧洲堕落生活影响的人群中创造出新的乌托邦一样。方济会坚守保持清贫的誓言，明确投身于民众福利的信念，不懈地为民众利益服务，这些品格都与贪得无厌、追求贵族式奢华生活的西班牙征服者和殖民者迥然有别，因此赢得了土著居民的信任（Baudot 1995：87）。

方济会在征服刚刚结束之后就开始了对阿兹特克人的教育。佩德罗·德甘特于1523年在特斯科科建立了学校，1525年又在特诺奇蒂特兰建立了另一所学校。德甘特住在特斯科科的皇宫里，看到卡尔梅卡克学校的学生都是在院子里学习的。他在特斯科科随后又在特诺奇蒂特兰按照阿兹特克宫室的建筑模式建造了方济会学校。1536年，方济会在特拉特洛尔科建立了圣十字学院（Colegio de Santa Cruz），这是招收土著青年的高等教育学府，强烈表明方济会坚信土著居民有能力为新西班牙做出贡献。学院设置了很多门基础课程，用拉丁语和纳瓦特尔语教学。

他们的工作获得了重要成果，学院成为出品土著文化文字和图画记录的工作坊。萨阿贡的伟大著作《佛罗伦萨手抄本》原名为《新西班牙诸事通史》，学院的学生们是这部12卷巨著的素材提供者。该著作被称为世界首部民族志，按照文艺复兴风格，开篇先描述超自然现象（神祇、预言），再顺"伟大存在之链"（Great Chain of Being）而下，描写贵族、富裕商人、普通人，以及植物和动物。该时期的其他作者对各地区进行了记录，例如，烧毁了大量玛雅文书的迭戈·德兰达（Landa 1975）对玛雅文化也做了梳理和记录。16世纪晚期，西班牙政府资助了一个雄心勃勃的资产调查，完成《地理录》（*Relaciones Geográficas*）一书（Moreno 1968；Mundy 1996），是了解征服前和殖民时代早期中美地区最重要的信息来源之一。

除了记录土著居民生活，对于古代废墟和建造它们的古代文化的兴趣也在增长。在16世纪晚期，科潘被记述；17世纪，蒂卡尔和亚斯奇兰被发现，保护古代墨西哥文献的重要先驱卡洛斯·德西根萨-贡戈拉对特奥蒂瓦坎进行了考察。殖民时代早期，西班牙将新西班牙与世隔绝，但到了18世纪，欧洲学术界的调查访古之风开始影响西班牙人。1748年，意大利那不勒斯附近的庞贝遗址被发现，此后不久，查理三世便下令对帕伦克展开探查。

独立与对土著文化的再发现 | 1803年，亚历山大·冯·洪堡来到新西班牙，恰逢欧洲和美洲知识界对自然历史的兴趣暴涨的时期。1810年，他的著作《科迪勒拉山及古迹大观》（*Vues des cordillères et monuments*）出版，同年，墨西哥开始争取独立。墨西哥和中美洲其他国家争取独立的努力和广大公众对前哥伦布时代过往的兴趣产生了彼此促进的作用。那是一个拥有精美插图的游记纷纷出版的时代，其中斯蒂芬斯和卡瑟伍德的《中美、恰帕斯和尤卡坦纪行》（*Incidents of Travel in Central America, Chiapas and Yucatan*）（Stephens and Catherwood 1843）尤其激发了人们对玛雅的兴趣（图20.17）。

19世纪晚期，现代考古学诞生，阿尔弗雷德·莫兹利对玛雅地区进行了考察

图20.17　弗雷德里克·卡瑟伍德描绘的奇琴伊察城堡金字塔。19世纪30年代,他和约翰·劳埃德·斯蒂芬斯游历了玛雅地区。他们的著作帮助了中美地区古典文化的传播

(Graham 1998),莱奥波尔多·巴特雷斯则开始了对特奥蒂瓦坎的发掘。这些都是对遗址展开系统探索以尽可能获得全面信息的努力。考古学开始职业化,墨西哥政府成立了专门机构,并颁布了研究和保护文化遗产的法律。

　　1911年,墨西哥开始了新的独立战争,墨西哥和中美洲大众化的民族主义使得在本土文化中获得力量成为宣传热点。发掘和重建特奥蒂瓦坎太阳金字塔的驱动力就来自墨西哥革命百年庆典。我们可以看到,在20世纪20至40年代墨西哥文化复兴运动中,这一对本土文化的振兴得以有效完成。在戴维·西基耶罗斯、何塞·克莱门特·奥罗斯科和迭戈·里韦拉的壁画作品中,土著图像获得新的欣赏,被征服者得到同情;弗里达·卡洛则在她的作品中使用土著民族符号。当时的墨西哥极力推行全覆盖的公立教育。这一运动普及了古代的知识,促进了国家的一体化认同,但也造成了土著文化的丧失。因为公立教育是以西班牙语进行的,导致流畅使用土著语言技能的退化,影响了土著文化活动的延续。

20世纪20年代到40年代发现了很多重要遗址，包括奥尔梅克文化的拉文塔和圣洛伦索等。20世纪40年代，很多学者已经接受奥尔梅克是早于玛雅的中美地区第一个伟大复杂社会的观点。在墨西哥湾更北部地区，埃尔塔欣等遗址在20世纪30年代和40年代进行了探查。在瓦哈卡谷地，蒙特阿尔班的发掘工作于1931年开始。对玛雅低地的研究持续进行，在墨西哥西海岸和西北边境地区的工作也开始起步。在墨西哥盆地，原古时代和形成时代早期遗址在20世纪20年代到50年代被连续发现，奎奎尔科金字塔在20年代中期得到发掘。

20世纪晚期和21世纪早期 | 20世纪50年代，碳十四测年技术的发明，使人们对人类过往的研究取得了革命性的进展。在碳十四年代测定出现之前和之后，还出现过若干测定器物制作和使用的绝对年代的方法，但没有一种像碳十四测年法一样既可广泛应用又可靠。年代学是所有历史描述和分析的支柱，可将遗物、遗址和文化按照年代序列排列极大增强了考古学家描述和理解过去的能力（Freter 2010）。

年代学新纪元的首要伟大目标是把所有遗存按照年代早晚排列起来；第二项目标是认识曾经发生的重要变化的过程，并解释变化的原因。这些目标让考古学家、民族学家、艺术史学家在过去的五十年中专注于古代中美地区文化的物质遗存和文献资料，不断为持续进行的研究提供新的焦点。同时，大量考古学文化方面的研究成果出版；大量文物在几十个博物馆中展陈（Gonlin 2010）；墨西哥和中美洲的很多考古遗址变成了考古遗址公园，成为世界上最壮观、最吸引人的旅游胜地（图20.18）。

3. 源远流长

本书描述的文化历史是从那些发掘遗址、绘制广大地区的聚落形态、分析骨骼和其他物质文化遗存、破译古代文字和符号系统的学者们的研究中获取的。我们现在有丰富的资料来理解中美地区的文化进化，可以欣赏居住在美洲中部的古

图20.18　参观中美地区考古遗址的游客既寻求对古代文化的了解，还探寻着古代智慧。每当春分之日，会有成千上万游客来到奇琴伊察，观看城堡金字塔台阶侧壁上形成的蛇形阴影。通过参加每年一度的新岁仪式，游客也获得了精神力量

代人民的生活和劳作，欣赏他们应付对人类的基本挑战、发展出充满智慧的解决方案的独创性，欣赏他们最伟大的作品中表现出的美感。他们的历史又一次像他们居住的大地景观一样生机勃勃了。

参考地图

1 北部干旱地区
2 西北边境地区
3 墨西哥西部
4 米却肯和巴希奥
5 格雷罗
6 中部高地，墨西哥盆地和莫雷洛斯
7 中部高地，托卢卡和图拉
8 中部高地，普埃布拉和特拉斯卡拉
9 海湾低地北部
10 海湾低地北中部
11 特瓦坎谷地，海湾低地南中部
12 米斯特卡
13 瓦哈卡谷地
14 海湾低地南部
15 恰帕斯海岸和内陆高原
16 危地马拉海岸和高地
17 玛雅低地北部
18 玛雅低地南部
19 中美地区东南部
20 中间地带

1 北部干旱地区

地貌（自然植被） 包括索诺兰和奇瓦瓦沙漠的丘陵高原（草原、灌木和矮树戈壁），被墨西哥最高大的山脉东谢拉马德雷山脉和西谢拉马德雷山脉环抱（高海拔区为山地森林，东部山地为耐旱常绿物种，东海岸为热带雨林，西海岸为多刺林地、矮树和戈壁地带）。

耕作气候 干旱高山气候带；可以耕种，需要水利设施。

灾害 对于耕作来说，总体过于干旱，降雨也极不可靠；地质灾害少（但下加利福尼亚会发生大地震）；南部区域有大雷电风暴天气。

现代政治区划 美国，部分亚利桑那州、新墨西哥州、加利福尼亚州和得克萨斯州。墨西哥，涉及下加利福尼亚、索诺兰、奇瓦瓦、锡纳罗亚、杜兰戈、科阿韦拉、新莱昂、塔毛利帕斯、圣路易斯波托西、克雷塔罗、瓜纳华托、阿瓜斯卡连特斯和萨卡特卡斯。

2　西北边境地区

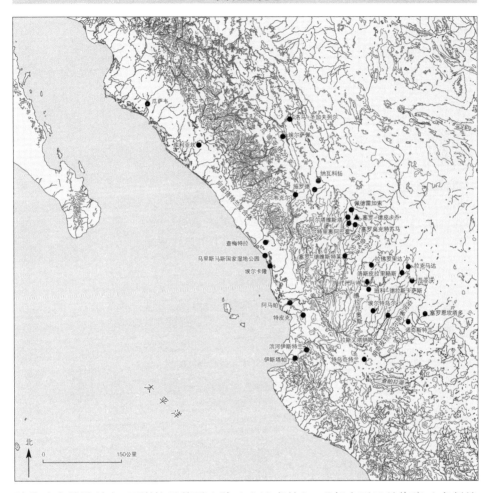

地貌（自然植被）　西谢拉马德雷山脉（山地森林），毗邻太平洋的海岸（多刺林地、矮树和戈壁，沼泽地）。

耕作气候　温带半湿润气候。

灾害　低年降水量，多雷电风暴，海岸地区飓风频繁。

现代政治区划　墨西哥，涉及锡纳罗亚、纳亚里特、杜兰戈、萨卡特卡斯和哈利斯科。

3 墨西哥西部

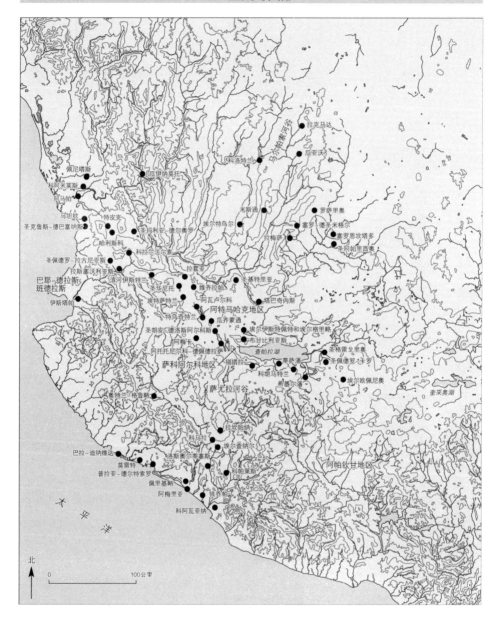

4　米却肯和巴希奥

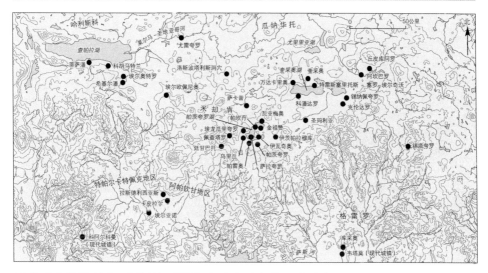

地貌（自然植被） 宽阔的环湖谷地（山地森林，草地）。

耕作气候 温带半湿润气候。

灾害 低年降水量，多雷电风暴，有些地震和火山活动。

现代政治区划 墨西哥，涉及米却肯、瓜纳华托、哈利斯科和克雷塔罗。

←

地貌（自然植被） 山谷（山地森林），海岸平原（落叶林地和矮树）。

耕作气候 温带半湿润气候。

灾害 低年降水量，多雷电风暴，时有飓风，地震多发，有大规模火山活动。

现代政治区划 墨西哥，涉及哈利斯科、阿瓜斯卡连特斯、纳亚里特、科利马、萨卡特卡斯和米却肯。

5 格雷罗

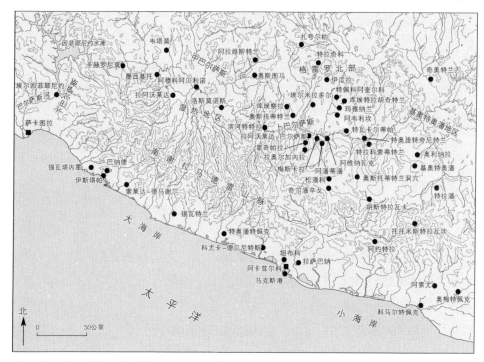

地貌（自然植被） 南谢拉马德雷山脉（山地森林）；小谷地，海岸平原（多刺林地、矮树和戈壁，沼泽）。

耕作气候 海岸和内陆河谷地带气候湿润，山地和内陆半干旱地区为半湿润地带（多为热带和温带气候）。

灾害 大量地震，有些火山活动；低年降水量，多雷电风暴。

现代政治区划 墨西哥，涉及格雷罗、米却肯。

⟶

地貌（自然植被） 山谷地带及中心湖泊系统（有多刺林地的草地，较高海拔地区为矮树，环湖地带为沼泽），周围群山（山地森林）和丘陵环绕。

耕作气候 半湿润到干旱（温带和寒带）。

灾害 有一些地震、火山活动和雷电风暴，低年降水量。

现代政治区划 墨西哥，全部墨西哥州和联邦区。

6 中部高地，墨西哥盆地和莫雷洛斯

莫雷洛斯（左下嵌入小图）

地貌（自然植被） 宽阔谷地（草地），西、北为高山，东、南为丘陵（山地森林，落叶林地）。

耕作气候 半湿润到湿润（温带和热带）。

灾害 有一些地震、火山活动和雷电风暴，低年降水量。

现代政治区划 墨西哥，莫雷洛斯州。

7 中部高地，托卢卡和图拉

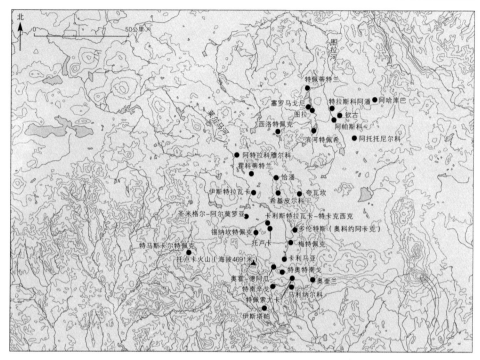

地貌（自然植被） 宽阔多丘陵谷地（有多刺林地的草地，矮树），周围群山（山地森林）。

耕作气候 半湿润到干旱（温带和寒带）。

灾害 有一些地震、经常性雷电风暴，低年降水量。

现代政治区划 墨西哥，涉及墨西哥州和伊达尔戈州。

8 中部高地，普埃布拉和特拉斯卡拉

地貌（自然植被） 宽阔多丘陵谷地（有多刺林地的草地，矮树），周围群山（山地森林）。

耕作气候 半湿润到干旱（温带和寒带）。

灾害 一些地震、经常性雷电风暴，低年降水量。

现代政治区划 墨西哥，普埃布拉州部分地区和特拉斯卡拉州。

9 海湾低地北部

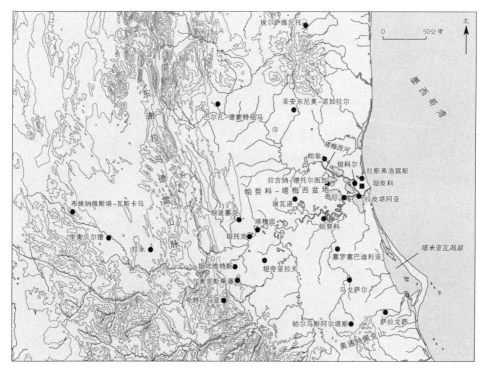

地貌（自然植被） 海岸平原（主要为热带雨林）毗连东谢拉马德雷山脉（北部为耐旱常绿物种，高海拔地区为山地森林）。

耕作气候 湿润的低地和半湿润的山区（热带和温带）。

灾害 飓风频发，雷电风暴，洪水，低年降水量。

现代政治区划 墨西哥，涉及韦拉克鲁斯、圣路易斯波托西、伊达尔戈。

10 海湾低地北中部

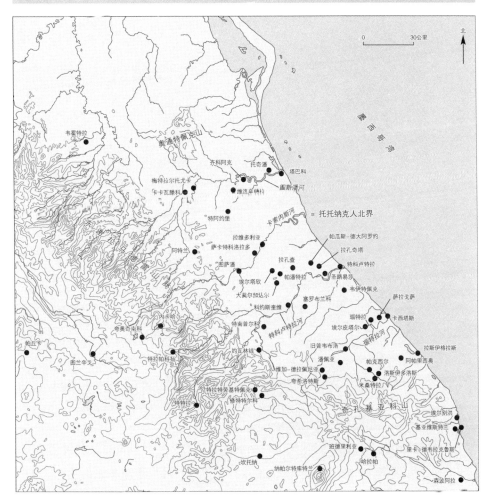

地貌（自然植被） 海岸平原（主要为热带雨林，有些地区为耐旱常绿物种）南部毗连东谢拉马德雷山脉（山地森林）。

耕作气候 湿润的低地和半湿润的山区（热带和温带）。

灾害 飓风频发，洪水，雷电风暴，低年降水量。

现代政治区划 墨西哥，韦拉克鲁斯和普埃布拉的部分地区。

11　特瓦坎谷地，海湾低地南中部

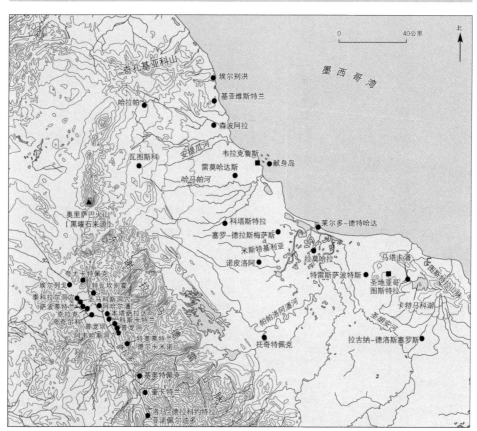

地貌（自然植被）　特瓦坎谷地狭窄，两侧陡峭（有多刺林地的草地，矮树），有崎岖的山脉。东谢拉马德雷山脉（山地森林）将它与海岸平原和北部的奇孔基亚科山、南部的图斯特拉山脉分隔开来（主要为耐旱常绿物种，有些地区为热带雨林）。

耕作气候　特瓦坎谷地：干旱寒带，耕种要依靠水利系统。

　　　　　低地：湿润和半湿润的山区（热带和温带）。

灾害　一些地震和火山活动，飓风，雷电风暴，洪水，低年降水量。

现代政治区划　墨西哥，涉及韦拉克鲁斯、普埃布拉和瓦哈卡。

12 米斯特卡

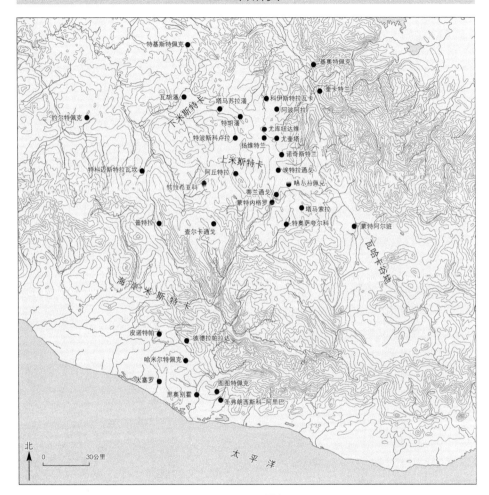

地貌（自然植被） 山谷地带，狭窄的海岸平原（有多刺林地的草地，矮树，山地森林）。

耕作气候 湿润的海岸地区，半湿润的山区（热带和温带）。

灾害 地震和火山活动，低年降水量。

现代政治区划 墨西哥，瓦哈卡州部分地区。

13　瓦哈卡谷地

地貌（自然植被） 被崎岖山脉环绕的宽阔谷地（有多刺林地的草地，矮树，山地森林）。

耕作气候 半湿润（温带）。

灾害 地震，低年降水量。

现代政治区划 墨西哥，瓦哈卡州部分地区。

14 海湾低地南部

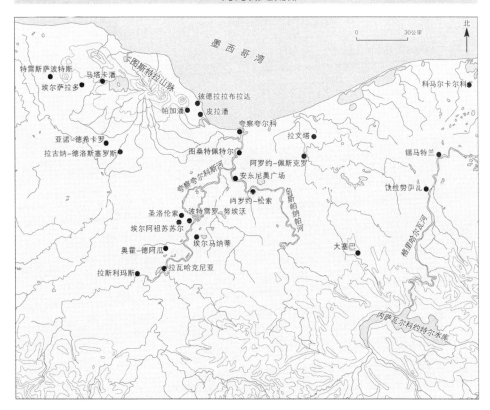

地貌（自然植被） 海岸平原和毗邻的东谢拉马德雷山脉；西北为图斯特拉山脉，东为琼塔尔帕地区（主要为热带雨林，有些地区为耐旱常绿物种）。

耕作气候 湿润的低地和半湿润的山区（热带和温带）。

灾害 有些地震和火山活动，飓风，洪水，低年降水量。

现代政治区划 墨西哥，韦拉克鲁斯、塔巴斯科和恰帕斯州部分地区。

15　恰帕斯海岸和内陆高原

地貌（自然植被） 缓坡山麓地带（主要为热带雨林，有些地区为落叶林），沼泽海岸（季节性沼泽地）；恰帕斯内陆高原由一系列被丘陵环绕的宽阔的高海拔谷地组成（落叶林，山地森林）。

耕作气候 海岸：湿润低地（热带）；内陆：半湿润（温带）。

灾害 海岸：有些地震活动，雷电风暴；内陆：严重的地震，低年降水量。

现代政治区划 墨西哥，恰帕斯州部分地区。

16　危地马拉海岸和高地

地貌（自然植被）　缓坡山麓地带（主要为热带雨林，有些地区为落叶林），沼泽海岸（季节性沼泽地）；危地马拉高地由被火山和崎岖山脉环绕的谷地组成（山地森林，一些季节性沼泽）。

耕作气候　海岸：湿润低地（热带）；内陆：半湿润（温带）。

灾害　海岸：有些地震活动，雷电风暴；高地：严重的地震，火山活动，雷电风暴。

现代政治区划　危地马拉南部，萨尔瓦多西部。

17 玛雅低地北部

地貌（自然植被） 有低矮丘陵的相对平缓的平原，喀斯特/石灰岩地貌（耐旱常绿矮树类植物，向南逐渐过渡到热带雨林）。

耕作气候 湿润（热带），西北角会出现干旱的情况。

灾害 有些地震，西部边缘有火山活动；地表水很少，北部低年降水量；飓风；雷电风暴。

现代政治区划 墨西哥，尤卡坦州，坎佩切和金塔纳·罗奥州的部分地区。

18　玛雅低地南部

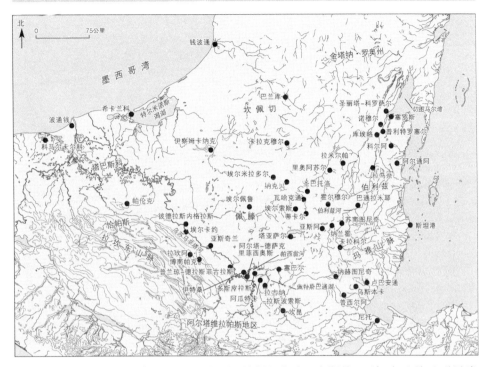

地貌（自然植被）　有低矮丘陵的相对平缓的平原，喀斯特/石灰岩地貌（耐旱常绿矮树类植物，向南逐渐过渡到热带雨林）。

耕作气候　湿润（热带）。

灾害　有些地震活动；雷电风暴；地表水有限。

现代政治区划　墨西哥，坎佩切、塔巴斯科、恰帕斯和金塔纳·罗奥州部分地区；危地马拉北部，伯利兹全境，危地马拉和洪都拉斯的莫塔瓜河流域玛雅地区。

19 中美地区东南部

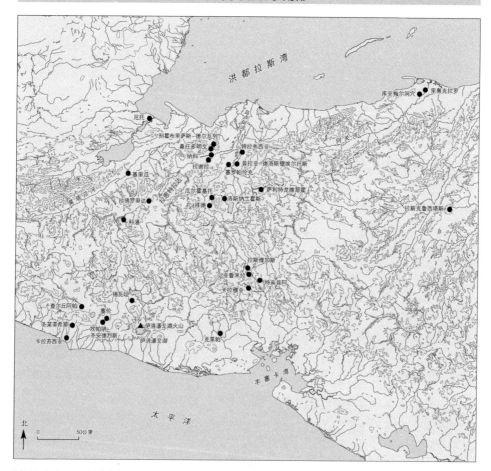

地貌（自然植被） 山地，地貌破碎，有一些骨干河谷和小范围海岸平原（热带雨林，季节性沼泽，山地森林，散布少量耐旱常绿矮树植被）。

耕作气候 半湿润到湿润（温带和热带）。

灾害 严重的地震，火山活动；飓风；雷电风暴。

现代政治区划 洪都拉斯、萨尔瓦多、尼加拉瓜和哥斯达黎加部分地区。

20　中间地带

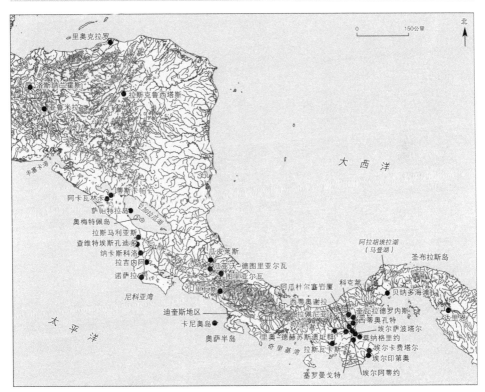

地貌（自然植被）　地貌非常破碎，有些山地，其他地区有大面积沼泽地；一些骨干河谷和小范围海岸平原（热带雨林，季节性沼泽，山地森林，散布少量耐旱常绿矮树植被）。

耕作气候　半湿润到湿润（温带和热带）。

灾害　地震，火山活动；飓风；雷电风暴。

现代政治区划　洪都拉斯、尼加拉瓜、哥斯达黎加部分地区，以及巴拿马全境。

延伸阅读

第一章
Adams and MacLeod (eds.) 2000 [encyclopedia]; Carrasco (ed.) 2001 [encyclopedia]; Evans and Webster (eds.) 2001 [encyclopedia]; Kirchhoff 1981 (1943) [classic work: defined Mesoamerican culture trait list]; Gonlin and Lohse 2007 [anthology: ritual behavior]; Hendon and Joyce 2004 [anthology]; Heyden and Gendrop 1980 [overview: Mesoamerican monumental architecture]; Nichols and Pool (eds.) 2012; Sanders and Price 1968 [classic overview]; Wolf 1959 [classic overview]

第二章
Blake (ed.) 1999 [Pacific Coast Archaic and Formative]; Flannery (ed.) 1986 [Guilá Naquitz]; Flannery 1972 [classic study of evolution]; West and Augelli 1989 [Middle American geography]; Vitebsky 1995 [shamanism]; Vivó Escoto 1964 [Middle America's climate]; Wagner 1964 [Middle America's plants]; Williams 1992 [regional expression of shamanism]

第三章
Cobean 2002 [overview: obsidian]; Hard and Marrill 1992 [cultivation and sedentism]; Parsons and Parsons 1990 [maguey]; Smith 1995 [plant domestication]; Staller et al. (eds.) 2006 [maize]; Stark 1981 [rise of sedentism]; Zeitlin and Zeitlin 2000 [Paleoindian and Archaic periods]

第四章
Beekman 2000 [overview: West Mexico early development]; Lesure 2000 [figurine use]; Rice 1987 [comprehensive treatment: pottery]; Stark and Arnold (eds.) 1997 [anthology: Gulf lowlands south-central and south]

第五章
Benson and de la Fuente (eds.) 1996 [Olmecs]; Blomster 2004 [site report: Etlatongo]; Coe et al. 1995 [Olmecs]; Clark and Pye (eds.) 2000 [Olmecs]; Marcus and Flannery 2000 [Oaxaca]; VanDerwarker 2006 [subsistence]

第六章
Fowler (ed.) 1991 [anthology: Pacific coastal plain]; García Cook 1981 [overview: Tlaxcala]; Grove (ed.) 1987 [anthology: Chalcatzingo]; Grove and Joyce (eds.) 1999 [anthology: social patterns]; Plunket (ed.) 2002 [anthology: domestic rituals]; Robin 1989 [Cuello mortuary patterns]

第七章
Estrada Belli 2006 [early Maya rulership]; Flannery and Marcus (eds.) 1983 [overview: Oaxaca]; Grove and Joyce (eds.) 1999 [anthology: social patterns]; Miller 1996 [overview: art]

第八章
González Licón 1994 [overview: Zapotec and Mixtec culture history]; Marcus and Flannery 1996 [overview: Oaxaca]

第九章
Chase and Chase (eds.) 1992 [overview: elites]; Graham 1994 [regional study: Belize]; Grube (ed.) 2001 [anthology: Maya]; Pasztory 1997 [overview: Teotihuacan]

第十章
Berrin and Pasztory (eds.) 1993 [anthology: Teotihuacan]; Blanton et al. 1999 (Oaxaca); Braswell (ed.) [anthology: Classic to Postclassic]; Carrasco, Jones, and Sessions (eds.) 2001 [anthology: Classic to Postclassic Central Mexico]; Middleton et al. 1998 [Zapotec mortuary practices]; Sempowski and Spence 1994 [Teotihuacan mortuary practices]

第十一章
Coe and Kerr 1998 [overview: Maya scribes]; Bell et al. 2004 [Copán]; Coe and van Stone 2001 [overview: Maya writing]; Estrada Belli 2001 [Maya site: Holmul]; Fedick (ed.) 1996 [anthology: agriculture]; Marcus 2003; Jones 1989 [Tikal study]; Masson and Freidel (eds.) 2002 [anthology: Maya]; McKillop 2005 [sea trade; fieldwork] Sabloff (ed.) 2003 [Tikal]; Sheets (ed.) 2002 [Cerén]; Traxler 2001 [Copán courtly life]; Urban and Schortman (eds.) 1986 [Southeastern Mesoamerica]

第十二章
Ardren (ed.) 2002 [Maya gender]; Becker 1979 [Maya elite and sites]; Christie 2003 [Maya palaces]; Fash 1992 [Copán sculpture]; Gillespie 2000 ("house" principle); Gustafson and Trevelyan (eds.) 2002 [Maya gender]; McAnany 2004 [site overview]; Miller and Martin 2004 [Maya art]; Newsome 2001 [Copán iconography]; Rice 2004 [politics and calendrics]; Taube 1992b [Maya deities]; Webster 2001 [Maya collapse]; Wingard 1996 [Copán Maya collapse]

第十三章
Diehl and Berlo (eds.) 1989 [anthology: Epiclassic]; Finsten 1995 [Jalieza site study]; Hirth (ed.) 2000 [anthology: Xochicalco]; Hosler 1994 [overview: metal use]

第十四章
Bey et al. 1997 [site report: Maya transition Classic to Postclassic]; Coe and Coe 1996 [overview: chocolate]; Coe 1994 [overview: cuisine]; Fowler (ed.) 1991 [anthology: Southeastern Mesoamerica]; Smith and Berdan (eds.) 2003 [anthology: Postclassic]; Zeitlin, J. 1993 [ball game cult, coastal Oaxaca]

第十五章
Borstein 2005 [Gulf lowlands south]; Byland and Pohl 1994 [Mixtec overview]; Davies 1977b [overview: Toltec history]; Mastache, Cobean and Healan 2002 [overview: Tula]

第十六章
Chase and Rice (eds.) 1985 [anthology: Maya lowlands]; Jansen and Pérez Jiménez 2007 [Mixtec history]; Nichols and Charlton (eds.) 1997 [anthology: city-states]

第十七章
Aguilar-Moreno 2006 [Aztec handbook]; Boone 1994 [overview: Aztec history]; Bray 1987 [overview: Aztec history]; Burkhart 1989 [Aztec morals and values]; Carrasco 1999 [overview: Aztec history]; Clendinnen 1991 [overview: Aztec culture]; Davies 1977a [overview: Aztec history]; Durán 1994 (1581) [overview: Aztec history, by 16th-century chronicler]; Smith 2002 [overview: Aztec history]; Townsend 2009 [overview: Aztec history]

第十八章
Biskowski 2000 [Aztec maize use]; Gerhard 1993 [review of sources, Aztec empire]; Marcus and Zeitlin (eds.) 1994 [anthology Oaxaca and Mixteca]; McKeever Furst 1995 [overview: religion]; Silverstein 2001 [Aztec imperial defense, Guerrero]

第十九章

Carrasco 1999 [development, Aztec empire]; Chase and Chase 1988 [site report: Corozal]; Codex Borgia 1993 (*c.* 1500) [Mixtec screenfold book]; Graham (ed.) 1993 [Intermediate Area]; Lange (ed.) 1996 [Intermediate Area]; López Lúján 2005 [site focus: Aztec Templo Mayor]; Parry and Keith (eds.) 1984 [eyewitness accounts, Age of Discovery]

第二十章

Alexander 2004 [Yucatán Caste War]; Braun 1993 [pre-Columbian influence on modern art]; Chance 1989 [post-contact Oaxaca regional overview]; Charlton 2003 [post-contact transformation of land use]; Cortés 1986 (1519–1526) [eyewitness account, contact era]; Díaz del Castillo 1956 [1560s] [eyewitness account, contact era]; Edgerton and Pérez de Lara 2001 [cultural transformation: religion]; Gibson 1964 [transformation of Aztec life]; Ford 1999 [archaeology and biosphere preservation]; Grusinski 1993 [conquest]; Robinson 1997 [cultural transition, Guatemala highlands].

参考文献

缩写：
AA American Antiquity
AAnthro American Anthropologist
AAMCA Archaeology of Ancient Mexico and Central America: An Encyclopedia (Evans and Webster 2010).
AncM Ancient Mesoamerica
ArqM Arqueología Mexicana
CA Current Anthropology
DORLC Dumbarton Oaks Research Library and Collection, Washington, D.C.
DOSPCAA Dumbarton Oaks Studies in Pre-Columbian Art and Archaeology, Washington DC
FAIC Fundación Alemana para la Investigación Científica, Puebla
HMAI Handbook of Middle American Indians
INAH Instituto Nacional de Antropología e Historia, Mexico City.
JAA Journal of Anthropological Archaeology
JAR Journal of Archaeological Research
JFA Journal of Field Archaeology
JWP Journal of World Prehistory
LAA Latin American Antiquity
MARI Middle American Research Institute, Tulane University, New Orleans.
MAUM Museum of Anthropology, U. of Michigan, Ann Arbor.
PNWAF Papers of the New World Archaeological Foundation, Brigham Young University, Provo.
UNAM Universidad Nacional Autónoma de México, Mexico City.
VUPA Vanderbilt University Publications in Anthropology, Nashville.
WA World Archaeology

Abascal, R., P. Dávila, P. Schmidt, and D. Z. de Dávila. 1976. *La Arqueología del Sur-Oeste de Tlaxcala. Comunicaciones Proyecto Puebla-Tlaxcala, Suplemento II*. FAIC, Puebla, Mexico.
Abrams, E. 1994. *How the Maya Built Their World*. U. of Texas Press, Austin.
Acosta, J. 1965. Preclassic and Classic architecture of Oaxaca. *HMAI* 3: 2: 814–836.
Adams, R. E. W. 1991. *Prehistoric Mesoamerica*. U. of Oklahoma Press, Norman.
Adams, R. E. W. and M. J. MacLeod (eds.) 2000. *Mesoamerica. The Cambridge History of the Native Peoples of the Americas, Volume II, Part 1*. Cambridge U. Press, Cambridge.
Aguilar Moreno, M. 2006. *Handbook to Life in the Aztec World*. Facts on File, New York.
Aguilera, C. 1974. La Estela (Elemento 7) de Tlalancaleca. *Comunicaciones* 10: 1–4. FAIC, Puebla, Mexico.
Agurcia, R. and W. Fash. 1991. Maya artistry unearthed. *National Geographic* 180 (3): 94–105.
Aimers, J. J., T. Powis, and J. Awe. 2000. Formative Period round structures of the Upper Belize River Valley. *LAA* 11: 71–86.
Alexander, R. T. 2004. *Yaxcabá and the Caste War of Yucatán*. U. of New Mexico Press, Albuquerque.
Alva Ixtlilxóchitl, F. de. 1985 [1600–1640]. *Obras Históricas*. UNAM.
Anawalt, P. R. 1981. *Indian Clothing Before Cortés*. U. of Oklahoma Press, Norman.
—. 1993. Rabbits, Pulque, and Drunkenness. In *Current Topics in Aztec Studies*, A. Cordy-Collins and D. Sharon (eds.): 17–38. San Diego Museum Papers 30.
Andrews, A. P. 1993. Late postclassic Maya lowland archaeology. *JWP* 7: 35–69.

Andrews, A. P. and F. Robles C. 1985. Chichén Itzá and Cobá. In *The Lowland Maya Postclassic*, A. F. Chase and P. M. Rice (eds): 62–72. U. of Texas Press, Austin.
Andrews, B. 2003. Measuring prehistoric craftsman skill. In *Mesoamerican Lithic Technology*, K. G. Hirth (ed.): 208–219. U. of Utah Press, Salt Lake City.
Andrews V. E. W. 1976. *The Archaeology of Quelepa, El Salvador*. MARI Publication 42.
—. 1990. The Early Ceramic History of the Lowland Maya. In Clancy and Harrison (eds.): 1–19.
Angulo V. J. 1987. Iconographic analysis of reliefs. In Grove (ed.): 132–158.
Annals of Cuauhtitlan. 1992 [c. 1570]. *History and Mythology of the Aztecs: The Codex Chimalpopoca. Annals of Cuauhtitlan and Legend of the Suns*. J. Bierhorst (ed. and transl.). U. of Arizona Press, Tucson.
Arana, R. M. 1987. Classic and Postclassic Chalcatzingo. In Grove (ed.): 387–399.
Arco, L. and E. Abrams. 2006. An essay on energetics: The construction of the Aztec chinampa system. *Antiquity* 80: 906–918.
Ardren, T. (ed.). 2002. *Ancient Maya Women*. AltaMira Press, Walnut Creek, CA.
—. 2006. Mending the past: Ix Chel and the invention of a modern pop goddess. *Antiquity* 80: 25–37.
Arnold, P. J. 2000. Sociopolitical complexity and the gulf Olmecs: A View from the Tuxtla Mountains, Veracruz, Mexico. In Clark and Pye (eds.): 116–135.
—. 2007. Ceramic production at La Joya, Veracruz. In *Pottery Economics in Mesoamerica*, C. A. Pool and G. J. Bey (eds.): 86–113. U. of Arizona Press, Tucson.
Ashmore, W., E. M. Schortman, P. A. Urban, J. C. Benyo, J. W. Meeks, and S. M. Smith. 1987. Ancient society in Santa Bárbara, Honduras. *National Geographic Research* 3: 232–254.
Aveleyra, L. 1964. The primitive hunters. *HMAI* I: 384–412.
Aveni, A. 1989. *Empires of Time: Calendars, Clocks, and Cultures*. Basic Books, Inc., New York.
—. 1993. *Ancient Astronomers*. Smithsonian Books, Washington, D.C.
Aveni, A., A. S. Dowd, and B.Vining. 2003. A statistical approach to the astronomical efficacy of Group E-type structures. *LAA* 14: 159–178.
Awe, J., and P. F. Healy. 1994. Flakes to Blades? Middle Formative Development Obsidian Artifacts in the Upper Belize Valley. *LAA* 5: 193–205.
Báez-Jorge, F. and S. Vásquez Z. 2011. *Cempoala*. Fonda de Cultura Económica, Mexico City.
Balboa, V. Nuñez de. 1984 [1513]. Letter to the King describing his expedition up the Atrato and his hope of finding the other sea. In Parry and Keith (eds.), III: 26–35.
Balkansky, A. K., V. Pérez Rodríguez, and S. A. Kowalewski. 2004. Monte Negro and the urban revolution in Oaxaca, Mexico. *LAA* 15: 33-60.
Ball, J. W. 2010. Maya lowlands: north. *AAMCA*: 433–441.
Ball, J. W. and J. T. Taschek. 1989. Teotihuacan's fall and the rise of the Itza. In Diehl and Berlo (eds.): 187–200.
Barber, S. B. and A. A. Joyce. 2006. When is a house a palace? In Christie and Sarro (eds.): 211–255.
Barbour, W. 1976. *The Figurines and Figurine Chronology of Ancient Teotihuacan, Mexico*. Ph.D. dissertation (Anthropology), U. of Rochester. U. Microfilms, Ann Arbor.
Baudot, G. 1995. *Utopia and History in Mexico*. U. Press of Colorado, Niwot, CO.

Beadle, G. 1939. Teosinte and the origin of maize. *The Journal of Heredity* 30: 245–247.
Becker, M. 1979. *Theories of Ancient Maya Social Structure; Priests, Peasants, and Ceremonial Centers in Historical Perspective*. U. of Northern Colorado, Museum of Anthropology Occasional Publications in Mesoamerican Anthropology 12.
—. 2009. Tikal: Evidence for ethnic diversity in a prehispanic lowland Maya state capital. In Manzanilla and Chapdelaine (eds.): 89–104.
Beekman, C. S. 2000. The correspondence of regional patterns and local strategies in Formative to Classic period West Mexico. *JAA* 19: 385–412.
Bell, E., M. A. Canuto, and R. J. Sharer (eds.). 2004. *Understanding Early Classic Copan*. U. of Pennsylvania Museum, Philadelphia.
Bennetzen, J., E. Buckler, V. Chandler, J. Dobley, J. Dorweiler, B. Gaut, M. Freeling, S. Hake, E. Kellogg, R. S. Poethig, V. Walbot, and S. Wessler. 2001. Genetic evidence and the origin of maize. *LAA* 12: 84–86.
Benson, E. P. 1997. *Birds and Beasts of Ancient Latin America*. U. Press of Florida, Gainesville.
—. 1998. The lord, the ruler: Jaguar symbolism in the Americas. In Saunders (ed.): 53–76.
—. (ed.). 1981. *The Olmec and Their Neighbors*. Dumbarton Oaks, Washington, D.C.
Benson, E. P. and B. de la Fuente (eds.). 1996. *Olmec Art of Ancient Mexico*. National Gallery of Art, Washington D.C.
Benz, B. F. 2006. Maize in the Americas. In Staller *et al.* (eds.): 9–20.
Benz, B. F. and H.H. Iltis. 1990. Studies in archaeological maize I: The "wild maize" from San Marcos restudied. *AA* 55: 500–511.
Berdan, F. F. 1992. Annual tribute in Codex Mendoza Part 2. Appendix B in *The Codex Mendoza, V. I: Interpretation*, F. F. Berdan and P. R. Anawalt (eds.): 154–156. U. of California Press, Berkeley.
Berdan, F. F., R. E. Blanton, E. H. Boone, M. G. Hodge, M. E. Smith, and E. Umberger. 1996. *Aztec Imperial Strategies*. DORLC.
Berdan, F. F., R. E. Blanton, E. H. Boone, M. G. Hodge, M. E. Smith, and E. Umberger. 1996. Introduction to Part II. In Berdan *et al.*: 109–113.
Berlin, H. 1958. El glifo 'emblema' en las inscripciones Mayas. *Journal de la Société des Américanistes*, n.s. 47: 111–120.
Berlo, J. C. 1989. Art historical approaches to the study of Teotihuacan-related ceramics from Escuintla, Guatemala. In Bové and Heller (eds.): 147–166.
—. (ed.). 1992. *Art, Ideology, and the City of Teotihuacan*. DORLC.
Bernal, I. 1973. Stone reliefs in the Dainzú area. In *The Iconography of Middle American Sculpture*, texts by I. Bernal and others: 13–23. Metropolitan Museum of Art, New York.
—. 1980. *A History of Mexican Archaeology*. Thames & Hudson, London.
Berrin, K. and E. Pasztory (eds.). 1993. *Teotihuacan, Art from the City of the Gods*. Thames & Hudson, London and New York.
Berryman, C. A. 2007. Captive sacrifice and trophy taking among the ancient Maya. In Chacon and Dye (eds.): 377–399.
Bey, G., C. A. Hanson, and W. M. Ringle. 1997. Classic to Postclassic at Ek Balam, Yucatan. *LAA* 8: 237–254.
Bishop, R. L. 2010. Jade. *AAMCA*: 381–382.
Bishop, R. L. and F. W. Lange. 1993. Sources of Maya and Central American jadeitites. In *Precolumbian Jade*, F. W. Lange (ed.): 125–130. U. of Utah Press, Salt Lake City.
Biskowski, M. 2000. Maize preparation and the Aztec subsistence economy. *AncM* 11: 293–306.
Blake, M. 1991. An emerging Early Formative chiefdom at Paso de la Amada, Chiapas, Mexico. In Fowler (ed.): 27–46.
—. (ed.). 1999. *Pacific Latin America in Prehistory: The Evolution of Archaic and Formative Cultures*. WSU Press, Pullman WA.
—. 2006. Dating the initial spread of *Zea mays*. In Staller *et al.* (eds.): 55–72.
—. 2010a. Colonization, Warfare, and Exchange at the Postclassic Maya Site of Canajasté, Chiapas, Mexico. *PNWAF* 70.
—. 2010b. Mazatan region. *AAMCA*: 451–453.

Blake, M., R. G. Lesure, W. D. Hill, L. Barba and J. E. Clark. 2006. The residence of power at Paso de la Amada, Mexico. In Christie and Sarro (eds.): 191–210.
Blanton, R. E. 2010. Monte Albán. *AAMCA*: 483–486.
Blanton, R. E., S. A. Kowalewski, G. M. Feinman, and L. A. Finsten. 1993. *Ancient Mesoamerica*. Cambridge U. Press, Cambridge.
Blanton, R. E., G. M. Feinman, S. A. Kowalewski, and L. M. Nicholas. 1999. *Ancient Oaxaca*. Cambridge U. Press, Cambridge.
Blomster, J. P. 1998. Context, cult, and early Formative period public ritual in the Mixteca Alta: analysis of a hollow-baby figurine from Etlatongo, Oaxaca. *AncM* 9: 309–326.
—. 2004. *Etlatongo*. Wadsworth/Thomson, Belmont, CA.
Boone, E. H. 1983. *The Codex Magliabechiano and the Lost Prototype of the Magliabechiano Group*. U. of California Press, Berkeley.
—. 1994. *The Aztec World*. Smithsonian Books, Washington, D.C.
—. 2000. *Stories in Red and Black: Pictorial Histories of the Aztecs and Mixtecs*. U. of Texas Press, Austin.
—. 2006. In Tlamatinime: The wise men and women of Aztec Mexico. In *Painted Books And Indigenous Knowledge in Mesoamerica*, Mary E. Smith and E. H. Boone (eds.): 9–25. MARI.
Borhegyi, S. F. de. 1965. Archaeological synthesis of the Guatemalan Highlands. *HMAI* 2: 1: 3–58.
Borstein, J. A. 2005. Epiclassic political organization in southern Veracruz, Mexico. *Ancient Mesoamerica* 16: 11–21.
Bové, F. J. 1989. Dedicated to the Costeños: Introduction and new insights. In Bové and Heller (eds.): 1–13.
—. 1989. Settlement classification procedures in Formative Escuintla, Guatemala. In Bové and Heller (eds.): 65–101.
Bové, F. J. and L. Heller (eds.). 1989. *New Frontiers in the Archaeology of the Pacific Coast of Southern Mesoamerica*. Anthropological Research Papers 39, Arizona State U., Tempe.
Brady, J. E., G. Hasemann, and J. H. Fogarty. 1995. Harvest of skulls and bones: Ritual cave burial in Honduras. *Archaeology* May/June: 36–40.
Brambila Paz, R. 2010. Bajío region. *AAMCA*: 65–66.
Braniff C., B. 1998. *Morales, Guanajuato y la tradición Chupícuaro*. INAH Colección científica 373. México, D.F.
—. 2000. El juego de pelota en el lejano noroeste. *ArqM* 8: 44: 48–49.
Braswell, G. E. (ed.). 2003. *The Maya and Teotihuacan*. U. of Texas Press, Austin.
Braswell, G. E. (ed.). 2012. *The Ancient Maya of Mexico*. Equinox Publishing, Sheffield.
Braudel, F. 1972. *The Mediterranean and the Mediterranean World in the Age of Philip II, V. I*. Harper and Row, New York.
Braun, B. 1993. *Pre-Columbian Art and the Post-Columbian World*. Harry N. Abrams, Inc., New York.
Bray, W. 1977. Civilizing the Aztecs. In *The Evolution of Social Systems*, J. Friedman and M.J. Rowlands (eds.): 373–398. Duckworth, London.
—. 1987. *Everyday Life of the Aztecs*. Hippocrene Books. New York.
Bricker, V. R. 1997. The "Calendar-Round" Almanac in the Madrid Codex. In *Papers on the Madrid Codex*, V.R. Bricker and G.Vail, (eds.): 169–185. MARI 64.
Brown, K. L. 1984. Hallucinogenic mushrooms, jade, obsidian, and the Guatemalan Highlands. In Hirth (ed.): 215–234.
Brown, L. 2000. From discard to divination: Demarcating the sacred through the collection and curation of discarded objects. *LAA* 11: 319–333.
Brown, R. B. 1994. Paquimé. *ArqM* 1: 6: 22–29.
Bruhns, K. O. 1980a. *Cihuatan*. U. of Missouri Monographs in Anthropology, No. 5. Columbia, Missouri.
—. 1980b. Plumbate origins revisited. *AA* 45: 845–848.
Bruhns, K. O. and K. E. Stothert. *Women in Ancient America*. U. of Oklahoma Press, Norman.
Brumfiel, E. M. 1989. Factional competition in complex society. In *Domination and Resistance*, D. Miller, M. Rowlands, and C. Tilley (eds.): 127–139. Unwin Hyman, London.
—. (ed.). 1986. *Factional Competition in Complex Society. Comparative Studies in the Development of Complex Societies*.

Department of Archaeology, U. of Southampton, Southampton.
Brumfiel, E. M., T. Salcedo, and D. K. Schafer. 1994. The lip plugs of Xaltocan. In *Economies and Polities in the Aztec Realm*, M. G. Hodge and M. E. Smith (eds.): 113–131. Studies in Culture and Society 6. Institute for Mesoamerican Studies, SUNY Albany.
Burgoa, Fr. F. de. 1934 [1670]. *Palestra Historial*. Vol 24. Publicaciones del Archivo General de la Nación. Talleres Gráficos de la Nación, Mexico City.
Burkhart, L. M. 1989. *The Slippery Earth: Nahua-Christian Moral Dialgue in Sixteenth-Century Mexico*. U. of Arizona Press, Tucson.
Byland, B. E. 1993. Introduction and commentary. In *The Codex Borgia*: xiii–xxxii. Dover Publications, Inc., New York.
Byland, B. E. and J. M. D. Pohl. 1994. *In the Realm of 8 Deer*. U. of Oklahoma Press, Norman.
Cabrera Castro, R. 1993. Human sacrifice at the Temple of the Feathered Serpent. In Berrin and Pasztory (eds.): 100–115.
—. 1996. Figuras glíficas de La Ventilla, Teotihuacan. *Arqueología* 15: 27–40.
Cabrera Castro, R. and G. L. Cowgill. 1993. El Templo de Quetzalcóatl. *ArqM* 1: 1: 21–26.
Cabrero García, M. T. 1989. *Civilización en el norte de México*. UNAM.
Calnek, E. E. 1972. Settlement Pattern and Chinampa Agriculture at Tenochtitlan. *AA* 37:104–115.
—. 1973. The Localization of the Sixteenth Century Map Called the Maguey Plan. *AA* 38:190–195.
—. 1992. The Ethnographic Context of the Third Part of the Codex Mendoza. *The Codex Mendoza. V.1: Interpretation*: 81–91, 11 of California Press, Berkeley.
Campbell, L. R., and T. Kaufman. 1976. A linguistic look at the Olmecs. *AA* 41: 80–89
Carballo, D. M. 2011. Advances in the household archaeology of Highland Mesoamerica. *JAR* 19: 133–189.
Carlson, J. B. 1981. Olmec concave iron-ore mirrors. In Benson (ed.): 117–147.
—. 1993. Rise and fall of the City of the Gods. *Archaeology* 46: 6: 58–69.
Carmack, R. M. 1981. *The Quiché Mayas of Utatlán*. U. of Oklahoma Press, Norman.
Carmack, R. M., J. Gasco, and G. Gossen. 2007. *The Legacy of Mesoamerica*. Prentice Hall, Upper Saddle River, NJ.
Carmean, K. 1991. Architectural labor investment and social stratification at Sayil, Yucatán, Mexico. *LAA* 2: 151–165.
Carneiro, R. L. 1998. What happened at the flashpoint? Conjectures on chiefdom formation at the very moment of conception. In *Chiefdoms and Chieftaincy in the Americas*, E. M. Redmond (ed.): 18–42. U. Press of Florida, Gainesville.
Carrasco, D. (ed.). 2001. *The Oxford Encyclopedia of Mesoamerican Cultures*. Oxford U. Press, Oxford, England.
—. L. Jones and S. Sessions (eds.). 2001. *Mesoamerica's Classic Heritage*. U. Press of Colorado, Boulder.
Carrasco, P. 1964. Family structure of sixteenth century Tepoztlan. In *Process and Pattern in Culture*, R.A. Manners (ed.): 185–210. Aldine, Chicago.
—. 1971. The peoples of Central Mexico and their historical traditions. *HMAI* 11: 2: 459–473.
—. 1976. The joint family in ancient Mexico. In *Essays on Mexican Kinship*, H. C. Nutini, P. Carrasco, and J. Taggart (eds.): 45–64. U. of Pittsburgh Press, Pittsburgh.
—. 1984. Royal marriages in ancient Mexico. In Harvey and Prem (eds.): 41–81.
—. 1999. *The Tenochca Empire of Ancient Mexico*. U. of Oklahoma Press, Norman.
Carrasco Vargas, R. 2000. El cuchcabal de la Cabeza de Serpiente. *ArqM* 7: 42: 12–21.
Caso, A. 1965. Mixtec writing and calendar. *HMAI* 3: 2: 948–961.
Chacon, R. J. and D. H. Dye. 2007. *The Taking and Displaying of Human Body Parts as Trophies by Amerindians*. Springer, New York.
Chagnon, N. A. 1997. *Yanomamo*. Harcourt Brace, Fort Worth.
Chance, J. K. 1989. *Conquest of the Sierra: Spaniards and Indians in Colonial Oaxaca*. U. of Oklahoma Press, Norman.
Charlton, T. H. 2003. On agrarian landholdings in post-conquest rural Mesoamerica. *Ethnohistory* 50: 221–230.
Chase, A. F. and D. Z. Chase. 2001. The royal court of Caracol, Belize. In Inomata and Houston (eds.): II: 102–137.
Chase, A. F. and P. M. Rice (eds.). 1985. *The Lowland Maya Postclassic*. U. of Texas Press, Austin.
Chase, D. Z. and A. F. Chase. 1988. A Postclassic perspective. *Pre-Columbian Art Research Institute Monograph* 4, San Francisco.
—. (eds.). 1992. *Mesoamerican Elites: An Archaeological Assessment*. U. of Oklahoma Press, Norman.
Chevalier, F. 1970. *Land and Society in Colonial Mexico: The Great Hacienda*. U. of California Press, Berkeley.
Chimalpahin Cuauhtlehuanitzin, D.F. de San Antón Muñón. 1965 [early 1600s]. *Relaciones Originales de Chalco Amaquemecan*. S. Rendón (ed.). Fondo de Cultural Económica, Mexico.
Christie, J. J. (ed.). 2003. *Maya Palaces and Elite Residences*. U. of Texas Press, Austin.
Christie, J. J. and P. A. Sarro (eds.). 2006. *Palaces and Power in the Americas*. U. of Texas Press, Austin.
Ciudad Real, A. de. 1993 [1586]. *Tratado Curioso y Docto de las Grandezas de la Nueva España*. UNAM.
Clancy, F. S. and P. D. Harrison (eds.). 1990. *Vision and Revision in Maya Studies*. U. of New Mexico Press, Albuquerque
Clark, J. E. 1991. The beginnings of Mesoamerica: Apologia for the Soconusco Early Formative. In Fowler (ed.): 13–26.
—. 2010a. Chiapas interior plateau. *AAMCA*: 123–127.
—. 2010b. Formative period. *AAMCA*: 278–283.
—. 2010c. Gulf lowlands: South region. *AAMCA*: 340–344.
Clark, J. E. and M. Blake. 1994. The power of prestige. In *Factional Competition and Political Development in the New World*, E. Brumfiel and J. Fox (eds.): 17–30. Cambridge U. Press, Cambridge.
Clark, J. E. and M. E. Pye. 2000. The Pacific coast and the Olmec question. In Clark and Pye (eds.): 216–251.
—. (eds.). 2000. *Olmec Art and Archaeology in Mesoamerica*. National Gallery of Art, Washington, D.C.
Clark, J. E. and T. Salcedo. 1989. Ocos obsidian distribution in Chiapas, Mexico. In Bové and Heller (eds.): 15–24.
Clendinnen, I. 1991. *Aztecs: an Interpretation*. Cambridge U. Press, Cambridge.
Cobean, R. H. 2002. *A World of Obsidian: The Mining and Trade of a Volcanic Glass in Ancient Mexico*. U. of Pittsburgh Press and INAH, Pittsburgh and Mexico City.
Cobean, R. H. and A. G. Mastache. 2010. Coyotlatelco. *AAMCA*: 187–189.
Cobos, R. 2001. Chichén Itzá. In Carrasco (ed.): 183–187.
—. 2006. The relationship between Tula and Chichén Itzá. In *Lifeways in the Northern Maya Lowlands*, J. P. Mathews and B. A. Morrison (eds.): 173–183. U. of Arizona Press, Tucson.
—. 2007. Multepal or centralized kingship? In Kowalski and Kristan-Graham (eds.): 314–343.
Codex Borgia. 1993 [c. 1500]. *The Codex Borgia*. Dover Publications, Inc., New York.
Codex Boturini (Tira de la Peregrinación). 1975. *Códice Boturini (Tira de la Peregrinación)*. Secretaria de Educación Pública, Mexico City.
Codex Magliabechiano. 1983 [mid 1500s]. *Codex Magliabechiano*. U. of California, Berkeley.
Codex Mendoza. 1992 [c. 1541–1542]. *Codex Mendoza. Volume 3: A Facsimile Reproduction of Codex Mendoza*, F. F. Berdan and P. R. Anawalt (eds.). U. of California Press, Berkeley.
Codex Mendoza. 1992 [c. 1541–1542]. *Codex Mendoza. Volume 4: Translation*, F. F. Berdan and P. R. Anawalt (eds.). U. of California Press, Berkeley.
Codex Nuttall. 1975 [preconquest]. *Codex Nuttall*. Dover Publications, New York.
Codex Telleriano-Remensis. 1995 [1563]. *Codex Telleriano-Remensis, Manuscrit Mexicain 385, Bibliothèque Nationale de Paris*. Facsimile reproduction, Part I of *Codex Telleriano-Remensis: Ritual, Divination, and History in a Pictorial Aztec Manuscript*, by E. Quiñones Keber:

1–104. U. of Texas Press, Austin.
Codex Xolotl. 1980 [1553–1569]. *Códice Xolotl*. C.E. Dibble (ed.). UNAM, Instituto de Investigaciones Históricas, Serie Amoxtli: 1. Mexico.
Coe, A. 2001. *Archaeological Mexico: A Traveler's Guide to Ancient Cities and Sacred Sites*. Avalon Travel, Emeryville, CA.
Coe, M. D. 1961. *La Victoria: An Early Site on the Pacific Coast of Guatemala*. Peabody Museum of Archaeology and Ethnology, Harvard U., Papers 53.
—. 1981. San Lorenzo Tenochtitlan. In Sabloff (ed.): 117–146.
—. 2011. *The Maya*. Eighth edition. Thames & Hudson, London and New York.
Coe, M. D. and S. D. Coe. 2010. *The True History of Chocolate*. Second edition. Thames & Hudson, London and New York.
Coe, M. D., R. A. Diehl, D. A. Freidel, P. T. Furst, F. K. Reilly, III, L. Schele, C. E. Tate, and K. A. Taube. 1995. *The Olmec World: Ritual and Rulership*. The Art Museum, Princeton U.
Coe, M. D. and K. V. Flannery. 1964. Microenvironments and Mesoamerican prehistory. *Science* 143: 650–654.
Coe, M. D. and J. Kerr. 1998. *Art of the Maya Scribe*. Thames & Hudson, London, and Harry N. Abrams, New York.
Coe, M. D. and R. Koontz. 2008. *Mexico*. Sixth edition. Thames & Hudson, London and New York.
Coe, M. D. and M. van Stone. 2001. *Reading the Maya Glyphs*. Thames & Hudson, London and New York.
Coe, S. D. 1994. *America's First Cuisines*. U. of Texas Press, Austin.
Coe, W. R. 1967. *Tikal, A Handbook of the Ancient Maya Ruins*. The University Museum, U. of Pennsylvania, Philadelphia.
—. 1990. *Excavations in the Great Plaza, North Terrace, and North Acropolis of Tikal*. 5 vols. University Museum, U. of Pennsylvania, Tikal Reports 14.
Coggins, C. C. 1993. The age of Teotihuacan and its mission abroad. In Berrin and Pasztory (eds.): 140–155.
Coggins, C. C. and O. C. Shane (eds.). 1984. *Cenote of Sacrifice*. U. of Texas Press, Austin.
Columbus, H. 1984 [1502–1503]. Account of the Fourth Voyage (1502–1503). In Parry and Keith (eds.), II: 120–145.
Cortés, H. 1986 [1519–1526]. *Letters from Mexico*. Yale U. Press, New Haven.
Covarrubias, M. 1957. *Indian Art of Mexico and Central America*. Knopf, New York.
—. 1986 [1946]. *Mexico South*. KPI, London.
Cowgill, G. L. 1974. Quantitative Studies of Urbanization at Teotihuacan. In Hammond (ed.): 363–396.
—. 1983. Rulership and the Ciudadela: Political inferences from Teotihuacan architecture. In *Civilization in the Ancient Americas*, R. Leventhal and A. Kolata (eds.): 313–343. U. of New Mexico and Harvard U., Cambridge.
—. 1993. What we still don't know about Teotihuacan. In Berrin and Pasztory (eds.): 116–125.
Crespo Oviedo, A. M. and A. G. Mastache. 1981. La presencia en el área de Tula, Hidalgo, de grupos relacionados con el barrio de Oaxaca en Teotihuacan. In Rattray et al. (coords.): 99–106.
Crown, P. L. and W. J. Hurst. 2009. Evidence of cacao use in the Prehispanic American Southwest. *Proceedings of the National Academy of Sciences* 106: 2085–2086.
Cruz, M. de la. 1991 [1552]. *Libellus de medicinalibus indorum herbis*. Fondo de Cultúra Económica, Mexico City.
Cyphers, A. 1984. The possible role of a woman in Formative exchange. In Hirth (ed.): 115–123.
—. 1996. Reconstructing Olmec life at San Lorenzo. In Benson and de la Fuente (eds.): 60–71.
—. 2000. Cultural identity and interregional interaction during the Gobernador Phase. In Hirth (ed.): II: 11–16.
Dahlin, B. 2000. The barricade and abandonment of Chunchucmil. *Latin American Antiquity* 11: 283–298.
Daneels, A. 1997. Settlement history in the lower Cotaxtla Basin. In Stark and Arnold (eds.): 206–252.
Davies, N. 1977a. *The Aztecs*. Abacus, London.

—. 1977b. *The Toltecs: Until the Fall of Tula*. U. of Oklahoma Press, Norman.
Day, J. S. 1991. Remnants of the shaman. In *To Change Place* (D. Carrasco, ed.): 246–247. U. Press of Colorado, Niwot.
—. 1998. The West Mexican ballgame. In Townsend (ed.): 150–167.
de la Fuente, B. 1995. La pintura mural prehispánica en México. *ArqM* 3: 16: 5–15.
de la Fuente, B. and L. Staines. 2010. Mural painting. *AAMCA*: 491–494.
de la Garza, M. 1990. *Sueño y alucinación en el mundo náhualt y maya*. UNAM.
—. 1992. *Palenque*. INAH, Chiapas.
—. 1995. Chaac: El dios que sabe muchas caminos. *ArqM* 2: 11: 38–43.
de Las Casas, B. 1974 [1552 ms]. *In Defense of the Indians*. Northern Illinois U. Press, DeKalb.
de Montmollin, O. 1995. *Settlement and Politics in Three Classic Maya Polities*. Monographs in World Archaeology, no. 24. Prehistory Press, Madison.
Delvendahl, K. 2008. *Calakmul in Sight*. Unas letras industria editorial, Mérida, Mexico.
Demarest, A. A. 1993. The violent saga of a Maya kingdom. *National Geographic* 183 (2): 94–111.
—. 2004. *Ancient Maya*. Cambridge U. Press, Cambridge.
—. 2006. *The Petexbatun Regional Archaeological Project*. Vanderbilt U. Press, Nashville.
DeTerra, H. 1957. *Man and Mammoth in Mexico*. Hutchinson & Co., London.
Di Peso, C. C., J. B. Rinaldo, and G. Fenner. 1974. *Casas Grandes*. Amerind Foundation, Dragoon, and Northland Press, Flagstaff.
Diamond, J. 1999. *Guns, Germs, and Steel*. W.W. Norton, New York.
Díaz del Castillo, B. 1956 [1560s]. *The Discovery and Conquest of Mexico*. Farrar, Straus, and Cudahy, New York.
Díaz Oyarzábal, C. L. 1981. La presencia en el área de Tula, Hidalgo, de grupos relacionados con el barrio de Oaxaca en Teotihuacan. In Rattray et al. (coords.): 107–113.
Diehl, R. A. 1983. *Tula: The Toltec Capital of Ancient Mexico*. Thames & Hudson, London and New York.
—. 1993. The Toltec Horizon in Mesoamerica.. In Rice (ed.): 263–294.
—. 2000. The Precolumbian cultures of the Gulf Coast. In Adams and MacLeod (eds.): 156–196.
Diehl, R. A. and J. C. Berlo (eds.). 1989. *Mesoamerica after the Collapse of Teotihuacan*. DORLC.
Diehl, R. A. and M. D. Coe. 1995. Olmec archaeology. In Coe et al.: 10–25.
Diehl, R. A. and M. D. Mandeville. 1987. Tula, and wheeled animal effigies in Mesoamerica. *Antiquity* 61: 239–246.
Dillehay, T. D. 1991. Disease ecology and initial human migration. In *The First Americans: Search and Research* (T.D. Dillehay and D.J. Meltzer, eds.): 231–263. CRC Press, Boca Raton.
—. 2000. *The Settlement of the Americas: A New Prehistory*. Basic Books, New York.
Dixon, B., L. R. V. Joesink-Mandeville, N. Hasebe, M. Mucio, W. Vincent, D. James, and K. Petersen. 1994. Formative-period architecture at the site of Yarumela, central Honduras. *LAA* 5: 70–87.
Dixon, E. J. 2006. Paleo-Indian: Far Northwest. *Handbook of North American Indians* 3: 129–147. Smithsonian Institution, Washington D.C.
Doebley, J., A. Stec, J. Wendel, and M. Edwards. 1990. Genetic and morphological analysis of a maize-teosinte F2 population. *Proceedings of the National Academy of Sciences* 87: 9888–9892.
Donkin, R. A. 1977. Spanish Red: An Ethnogeographical Study of Cochineal and the Opuntia Cactus. *Transactions of the American Philosophical Society*. 67.
Drennan, R. D. 1976a. *Fábrica San José and Middle Formative Society in the Valley of Oaxaca*. MAUM Memoir No. 8.
—. 1976b. Religion and social evolution in Formative Mesoamerica. In Flannery (ed.): 345–368.
—. 1978. Excavations at Quachilco. *MAUM Technical Report* 7.
—. 1979. Excavations at Cuayucatepec. *MAUM Technical Report* 11: 169–199.

Dull, R. A., J. R. Southon, and P. Sheets. 2001. Volcanism, ecology and culture: A reassessment of the Volcán Ilopango TBJ eruption in the Southern Maya Realm. *LAA* 12: 25–44.
Dunbar, R. 1996. *Gossip, Grooming, and the Evolution of Language*. Harvard U. Press, Cambridge.
Dunning, N. 2004. Down on the farm. In *Ancient Maya Commoners*, J. C. Lohse and F. Valdez (eds.): 97–116. U. of Texas Press, Austin.
Durán, Fray D. 1971 [1574–79]. *Book of the Gods and Rites and The Ancient Calendar*. U. of Oklahoma Press, Norman.
—. 1994 [1581]. *The History of the Indies of New Spain*. Translated and annotated by D. Heyden. U. of Oklahoma Press, Norman.
Edgerton, S. and J. Pérez de Lara. 2001. *Theaters of Conversion: Religious Architecture and Indian Artistans in Colonial Mexico*. U. of New Mexico Press, Albuquerque.
Edmonson, M. S. 1988. *The Book of the Year: Middle American Calendrical Systems*. U. of Utah Press, Salt Lake City.
Ekholm, G. F. 1946. Wheeled toys in Mexico. *AA* 11: 222–228.
Ekholm, S. M. 1969. Mound 30a and the Early Preclassic Ceramic Sequence of Izapa, Chiapas, Mexico. *PNWAF* 25.
Eliade, M. 1964. *Shamanism, Archaic Techniques of Ecstasy*. Routledge & Kegan Paul, London.
Emery, K. 2010. Fauna. *AAMCA*: 255–265.
Ensminger, A. *et al.* 1994. *Foods and Nutrition Encyclopedia*. 2 volumes. CRC Press, Boca Raton.
Estrada Belli, F. 2001. Maya kingship at Holmul, Guatemala. *Antiquity* 75: 685–686.
—. 2006. Lightning Sky, Rain, and the Maize God: The ideology of Preclassic Maya rulers at Cival, Petén. *AncM* 17: 57–78.
Estrada-Belli, F., A. Tokovinine, J. M. Foley, H. Hurst, G. A. Ware, D. Stuart, and N. Grube. 2009. A Maya palace at Holmul, Peten, Guatemala and the Teotihuacan "Entrada." *LAA* 20: 228–225
Evans, S. T. 1991. Architecture and authority in an Aztec village. In *Land and Politics in the Valley of Mexico*, H. Harvey (ed.): 63–92. U. of New Mexico Press, Albuquerque.
— 1992. The productivity of maguey terrace agriculture in Central Mexico during the Aztec period. In Killion (ed.): 92–115.
—. 2000. Aztec royal pleasure parks. *Studies in the History of Gardens and Designed Landscapes* 20: 206–228.
—. 2001. Aztec Noble Courts. In Inomata and Houston (eds.): I: 237–273.
—. 2004. Aztec palaces. In *Palaces of the Ancient New World*, S. T. Evans and J. Pillsbury (eds.): 7–58. DORLC.
—. 2005. Men, women, and maguey. In *Settlement, Subsistence, and Social Complexity*, R. E. Blanton (ed.): 198–228. Cotsen Institute of Archaeology, U. of California, Los Angeles.
—. (ed.). 2010a. *Ancient Mexican Art at Dumbarton Oaks: Central Highlands, Southwestern Highlands, Gulf Lowlands*. DORLC.
—. 2010b. Female figure in the act of childbirth. In Evans (ed.): 80–83.
—. 2010c. Net-jaguar mural. In Evans (ed.): 20–25.
—. 2010d. Teotihuacan: Art from the city where time began. In Evans (ed.): 11–14.
Evans, S. T. and E. M. Abrams. 1988. Archaeology at the Aztec Period Village of Cihuatecpan, Mexico. In *Excavations at Cihuatecpan*, S. T. Evans (ed.): 50–234. VUPA 36.
Evans, S. T. and C. Berlo. 1992. Teotihuacan. In Berlo (ed.): 1–26.
Evans, S. T. and P. Gould. 1982. Settlement models in archaeology. *JAA* 1: 275–304.
Evans, S. T. and D. L. Webster (eds.). 2010. *Archaeology of Ancient Mexico and Central America*. 2nd ed. Routledge Publishing, New York and London.
Fash, W. 1992. Late Classic architectural sculpture themes in Copán. *AncM* 3: 89–104.
Fash, W. 2001. *Scribes, Warriors, and Kings: The City of Copán and the Ancient Maya*. Thames & Hudson, London and New York.
Fash, W. and L. López Luján (eds.). 2009. *The Art of Urbanism*. DORLC.
Faust, K. A. and C. T. Halperin. 2009. Approaching Mesoamerican figurines. In Halperin *et al.* (eds.): 1–22.
Fedick, S. L. (ed.). 1996. *The Managed Mosaic: Ancient Maya Agriculture and Resource Use*. U. of Utah Press, Salt Lake City.

Feinman, G. M., R. E. Blanton and S. A. Kowalewski. 1984. Market system development in the prehispanic Valley of Oaxaca, Mexico. In Hirth (ed.): 157–178.
Feinman, G. M. and L. Nicholas. 1992. Pre-hispanic interregional interaction in Southern Mexico. In *Resources, Power, and Interregional Interaction*, E. M. Schortman and P. A. Urban (eds.): 75–116. Plenum Press, New York.
—. 2004. *Hilltop Terrace Sites of Oaxaca, Mexico*. Fieldiana: Anthropology 37. Field Museum of Natural History, Chicago.
Fiedel, S. J. 2006. Points in time. In *Paleoindian Archaeology*, J. E. Morrow and C. Gnecco (eds.): 21–43. U. Press of Florida, Gainesville.
Finsten, L. 1995. *Jalieza, Oaxaca*. VUPA 47.
—. 2010. Peñoles region. *AAMCA*: 585–587.
Fish, S. K. and P. R. Fish. 2004. In the Trincheras heartland. In *Surveying the Archaeology of Northwest Mexico*, G.E. Newell and E. Gallaga (eds.): 47–63. U. of Utah Press, Salt Lake City.
Fitzsimmons, J. L. 1998. Classic Maya mortuary rituals at Piedras Negras, Guatemala. *AM* 9: 271–278.
—. 2009. *Death and the Classic Maya Kings*. U. of Texas Press, Austin.
Flannery, K. V. 1968. Archeological systems theory and early Mesoamerica. In *Anthropological Archaeology in the Americas*, B. Meggers (ed.): 67–87. Anthropological Society of Washington, Washington, D.C.
—. 1972. The cultural evolution of civilization. *Annual Review of Ecology and Systematics* 3: 399–426.
—. 1976. The Early Mesoamerican house. In Flannery (ed.): 16–24.
—. (ed.). 1976. *The Early Mesoamerican Village*. Academic Press, New York.
—. (ed.). 1986. *Guilá Naquitz: Archaic Foraging and Early Agriculture in Oaxaca, Mexico*. Academic Press, New York.
Flannery, K. V., A. V. T. Kirkby, M. J. Kirkby and A. W. Williams. 1967. Farming systems and political growth in ancient Oaxaca. *Science* 158: 445–453.
Flannery, K. V. and J. Marcus (eds.) 1983. *The Cloud People*. Academic Press, New York.
—. 2000. Formative Mexican chiefdoms and the myth of the Mother Culture." *JAA* 19: 1–37.
Flannery, K. V. and R. Spores. 1983. Excavated sites of the Oaxaca preceramic. In Flannery and Marcus (eds.): 21–26.
Flannery, K. V. and M.C. Winter. 1976. Analyzing household activities. In Flannery (ed.): 34–47.
Fletcher, L. 2010. Nicaragua: North Central and Pacific Regions. *AAMCA*: 513–517.
Florance, C. A. 1985. Recent work in the Chupícuaro Region. In *The Archaeology of West and Northwest Mesoamerica*, M. S. Foster and P. C. Weigand (eds.): 9–45. Westview Press, Boulder.
Foias, A. E. 2002. At the crossroads: the economic basis of political power in the Petexbatun region. In Masson and Freidel (eds.): 223–248.
Folan, W. J., E. R. Kintz, and L. Fletcher. 1983. *Cobá: A Classic Maya Metropolis*. Academic Press, New York.
Follensbee, B. J. A. 2008. Fiber technology and weaving in Formative-period Gulf Coast cultures. *AncM* 19: 87–110.
Ford, A. 1999. Using the past to preserve the future: Maya ruins are the heart of a bold economic plan. *Discovering Archaeology* 1(5): 98–101.
Foster, M. S. 2010. Shaft tombs. *AAMCA*: 661–662.
Fowler, M. L. 1968. Un sistema Preclásico de distribución de agua en la Zona Arqueológica de Amalucan, Puebla. *Instituto Poblano de Antropología e Historia, Publication 2*. Puebla, Mexico.
Fowler, W. R. 1989. *The Cultural Evolution of Ancient Nahua Civilizations: The Pipil-Nicarao of Central America*. U. of Oklahoma Press, Norman.
—. (ed.). 1991. *The Formation of Complex Society in Southeastern Mesoamerica*. CRC Press, Boca Raton.
Fox, J. G. 1996. Playing with power: Ballcourts and political ritual in southern Mesoamerica. *CA* 7: 483–509.
Franco y González Salas, M. T. (ed.) 1993. *The Huastec and Totonac World*. Editorial Jilguero, Mexico City.

Freidel, D. A. and J. A. Sabloff. 1984. *Cozumel*. Academic Press, Orlando.
Freidel, D. A. and L. Schele. 1989. Late Preclassic Maya kingship. *AAnthro* 90: 547–567.
Freidel, D. A., L. Schele and J. Parker. 1993. *Maya Cosmos*. William Morrow, New York.
French, K. D. and C. J. Duffy. 2010. Prehispanic water pressure: A New World first. *Journal of Archaeological Science* 37: 1027–1032
Freter, A. C. 2010. Dating methods. *AAMCA*: 202–208.
Furst, J. L., see McKeever Furst, Jill L.
Furst, P. T. 1995. Shamanism, transformation, and Olmec art. In Coe *et al.*: 68–81.
—. 1974. Morning Glory and Mother Goddess at Tepantitla, Teotihuacan. In Hammond (ed.): 187–215.
—. 2010. Intoxicants and intoxication. *AAMCA*: 371–375.
Galván Villegas, L. J., and C. S. Beekman. 2010. Atemajac region. *AAMCA*: 54–56.
Garber, J. F. 2010. Ground stone tools. *AAMCA*: 300–303.
García Cook, A. 1981. The historical importance of Tlaxcala in the cultural development of the Central Highlands. *HMAI Supplement* I: 244–276.
—. 2010. Cacaxtla. *AAMCA*: 87.
García Cook, A. and B. L. Merino Carrión. 1998. Cantona: Urbe prehispánica en México. *LAA* 9: 191–216.
García Cook, A. and F. Rodriguez. 1975. Excavaciones arqueológicos en "Gualupita las Dalias", Puebla. *Comunicaciones* 12: 1–8. FAIC.
García Moll, R. 1996. Yaxchilán, Chiapas. *AM* 4: 22: 36–45.
García Payón, J. 1974 and 1979. *La Zona Arqueológica de Tecaxic-Calixtlahuaca y los Matlatzincas*. 2 parts. Biblioteca Enciclopédica del Estado de México, Mexico.
Garraty, C. P. and B. L. Stark. 2002. Imperial and social relations in Postclassic South-central Veracruz, Mexico. *LAA* 13: 3–33.
Gasco, J. and B. Voorhies. 1989. The ultimate tribute: The role of the Soconusco as an Aztec tributary. In Voorhies (ed.): 48–94.
Gerhard, P. 1993. *A Guide to the Historical Geography of New Spain*. U. of Oklahoma Press, Norman.
Gibson, C. 1960. The Aztec aristocracy in Colonial Mexico. *Comparative Studies in Society and History* 2: 169–96.
—. 1964. *The Aztecs Under Spanish Rule*. Stanford U. Press, Stanford.
—. 1971. Structure of the Aztec Empire. *HMAI* 10:376–394.
Gibson, C. and J. Glass. 1975. A census of Middle American prose manuscripts in the native historical tradition. *HMAI* 15: 4: 322–400.
Gifford, J. C. 1960. The type-variety method of ceramic classification as an indicator of cultural phenomena. *AA* 25: 341–347.
Gill, R. B. 2000. *The Great Maya Droughts: Water, Life, and Death*. U. of New Mexico Press, Albuquerque.
Gill, R. B. and J. P. Keating. 2002. Volcanism and Mesoamerican archaeology. *AncM* 13: 125–140.
Gillespie, S. D. 1989. *The Aztec Kings*. Tucson, U. of Arizona Press.
—. 1991. Ballgames and boundaries. In Scarborough and Wilcox (eds.): 317–345.
—. 2000. Rethinking ancient Maya social organization: Replacing "lineage" with "house." *American Anthropologist* 102: 467–484.
—. 2011. Archaeological drawings as re-presentations. *LAA* 22: 3–36.
Golden, C. W. 2003. The politics of warfare in the Usumacinta Basin. In *Ancient Mesoamerican Warfare*, M.K. Brown and T.W. Stanton (eds.): 31–48. Altamira Press, Walnut Creek CA.
Golden, C. W., A. K. Scherer, and A. R. Muñoz 2008. Piedras Negras and Yaxchilan: Divergent political trajectories in adjacent Maya polities. *LAA* 19: 249–274.
Gonlin, N. 2010. Museums, archives, and libraries. *AAMCA*: 494–504.
Gonlin, N. and J. C. Lohse. 2007. *Commoner Ritual And Ideology in Ancient Mesoamerica*. U. Press of Colorado, Boulder.
González Lauck, R. 1996. La Venta: An Olmec Capital. In Benson and de la Fuente (eds.): 72–81.
González Licón, E. 1994. *Los Zapotecs y Mixtecos*. Jaca Book and Consejo Nacional para la Cultura y las Artes, Mexico City.
Gorenstein, S. 1985. *Acámbaro: Frontier Settlement on the Tarascan Aztec border*. VUPA 32.

Graham, E. A. 1994. *The Highlands of the Lowlands: Environment and Archaeology in the Stann Creek District, Belize, Central America*. Prehistory Press, Madison.
Graham, I. 1998. A brief history of archaeological exploration. In *Maya*, P. Schmidt, M. de la Garza and E. Nalda (eds.): 28–37. Rizzoli, New York.
Graham, M. M. (ed.). 1993. *Reinterpreting Prehistory of Central America*. U. Press of Colorado, Niwot.
Greenberg, J. H., C. G. Turner II, and S. L. Zegura. 1986. The settlement of the Americas: A comparison of the linguistic, dental, and genetic evidence. *CA* 27: 477–497.
Greene Robertson, M. 1983–1991. *The Sculpture of Palenque*. 4 vol. Princeton U. Press, Princeton.
Grove, D. C. 1981. The Formative period and the evolution of complex culture. In *HMAI* Supplement I: 21–131.
—. 1987. Other ceramic and miscellaneous artifacts. In Grove (ed.): 271–294.
—. (ed.). 1987. *Ancient Chalcatzingo*. U. of Texas Press, Austin.
—. 1996. Archaeological contexts of Olmec art outside of the Gulf Coast. In Benson and de la Fuente (eds.): 104–117.
—. 2010. Chalcatzingo. *AAMCA*: 117–119.
Grove, D. C. and A. Cyphers. 1987. The excavations. In Grove (ed.): 21–55.
Grove, D. C. and J. Angulo V. 1987. A catalog and description of Chalcatzingo's monuments. In Grove (ed.): 21–131.
Grove, D. C. and R. A. Joyce (eds.) 1999. *Social Patterns in Pre-Classic Mesoamerica*. DORLC.
Grube, N. (ed.). 2001. *Maya: Divine Kings of the Rain Forest*. Könemann, Köln.
Gruzinski, S. 1992. *Painting the Conquest*. Unesco/Flammarion, Paris.
—. 1993. *The Conquest of Mexico*. Polity Press, Cambridge.
Guernsey, J. 2006. *Ritual and Power*. U. of Texas Press, Austin.
—. 2010. Rulers, gods, and potbellies. In *The Place of Stone Monuments*, J. Guernsey, J. E. Clark, and B. Arroyo (eds.): 207–230. DORLC.
Gustafson, L. S. and A. M. Trevelyan (eds.). 2002. *Ancient Maya Gender Identity and Relations*. Bergin & Garvey, Westport, CT.
Gutiérrez Mendoza, G. 2003. Territorial structure and urbanism in Mesoamerica: The Huaxtec and Mixtec-Tlapanec-Nahua cases. In Sanders *et al.* (eds.): 85–118.
—. 2011. A history of disaster and cultural change in the Coatán River drainage of the Soconusco, Chiapas, Mexico. In *Early Mesoamerican Social Transformations*, R. G. Lesure (ed.): 146–169. U. of California Press, Berkeley.
Hageman, J. 2004. The lineage model and archaeological data in Late Classic northwestern Belize. *AncM* 15: 63–74.
Hall, B. A. 1997. Spindle whorls and cotton production at Middle Classic Matacapan and in the Gulf Lowlands. In Stark and Arnold (eds.): 115–135.
Hall, G. D., S. T. Tarka Jr., W. J. Hurst, D. Stuart, and R. E. W. Adams. 1990. Cacao residues in ancient Maya vessels from Rio Azul, Guatemala. *AA* 55: 138–143.
Halperin, C. T., K. A. Faust, R. Taube, and A. Giguet (eds.). 2009. *Mesoamerican Figurines*. U. Press of Florida, Gainesville.
Hammond, N. (ed.). 1974. *Mesoamerican Archaeology*. U. of Texas Press, Austin.
— (ed.). 1991. *Cuello*. Cambridge U. Press, Cambridge.
Hammond, N. and J. R. Bauer. 2001. A Preclassic Maya sweatbath at Cuello, Belize. *Antiquity* 75: 683–684.
Hansen, R. D. 1998. Continuity and disjunction: The Pre-Classic antecedents of Classic Maya Architecture. In Houston (ed.): 49–122.
—. 2005. Perspectives on Olmec-Maya interaction in the Middle Formative period. In *New Perspectives on Formative Mesoamerican Cultures*, T. G. Powis (ed.). BAR International Series 1377.
Hard, R. J. and W. L. Marrill. 1992. Mobile agriculturalists and the emergence of sedentism: perspectives from northern Mexico. *AAnthro* 94: 601–620.
Hare, T. S. and M. E. Smith. 1996. A new Postclassic chronology for Yautepec, Morelos. *AncM* 7: 281–297.
Harrison, P. D. 1999. *The Lords of Tikal. Rulers of an Ancient Maya*

City. Thames & Hudson, London and New York.
Harvey, H. R. 1986. Household and family structure in Early Colonial Tepetlaoztoc. *Estudios de Cultura Nahuatl* 18: 275–294.
Harvey, H. R. and H. J. Prem (eds.). 1984. *Explorations in Ethnohistory*. U. of New Mexico Press, Albuquerque.
Hassig, R. 1986. Famine and scarcity in the Valley of Mexico. *Research in Economic Anthropology*, Supplement 2: 303–317. JAI Press, Greenwich, CT.
—. 1988. *Aztec Warfare: Imperial Expansion and Political Control*. U. of Oklahoma Press, Norman.
—. 1992. *War and Society in Ancient Mesoamerica*. U. of California Press, Berkeley.
Hatch, M. Popenoe de. 1989. An analysis of the Santa Lucía Cotzumalguapa sculptures. In Bové and Heller (eds.): 167–194.
—. 2010. Kaminaljuyu. *AAMCA*: 387–390.
Hawkes, J. H. (ed.). 1974. *Atlas of Ancient Archaeology*. McGraw-Hill, New York.
Headrick, A. 1999. The Street of the Dead ... it really was. Mortuary bundles at Teotihuacan. *AncM* 10: 69–85.
Healan, D. M. 2009. Household, neighborhood, and urban structure in an "Adobe City": Tula, Hidalgo, Mexico. In Manzanilla and Chapdelaine (eds.): 67–88.
—. 2010. Tula de Hidalgo. *AAMCA*: 774–777.
Healy, P. F. 1992. Ancient Honduras: Power, wealth, and rank in early chiefdoms. In *Power and Wealth in the Intermediate Area*, F. W. Lange (ed.): 85–108. DORLC.
Heilbroner, R. L. 1975 *The Making of Economic Society*, Prentice Hall, Englewood Cliffs
Heller, L. and D. L. Stark. 1989. Economic organization and social context of a Preclassic center on the Pacific coast of Guatemala: El Bálsamo. In Bové and Heller (eds.): 43–64.
Helms, M. W. 1976. Introduction. In *Frontier Adaptations in Lower Central America*, M. W. Helms and F. O. Loveland (eds.): 1–22. Institute for the Study of Human Issues, Philadelphia.
—. 1979. *Ancient Panama*. U. Texas Press, Austin.
Henderson, J. S., R. A. Joyce, G. R. Hall, W. J. Hurst and P. E. McGovern. 2007. Chemical and archaeological evidence for the earliest cacao beverages. *Proceedings of the National Academy of Sciences* 104: 18937–18940.
Henderson, J. S., I. Sterns, A. Wonderley, and P. A. Urban. 1979. Archaeological investigations in the Valle de Naco, northwestern Honduras: a preliminary report. *JFA* 6: 169–192.
Hendon, J. A. 2002. Household and state in pre-Hispanic Maya society: gender, identity, and practice. In Gustafson and Trevelyan (eds.): 75–92.
—. 2006. Textile production as craft in Mesoamerica. *Journal of Social Archaeology* 6: 354–378.
Hendon, J. A. and R.A. Joyce. 2004. *Mesoamerican Archaeology*. Blackwell, Malden.
Hernández, F. 1888 [1571]. *Cuatro Libros de la Naturaleza y Virtudes Medicinales de las Plantas y Animales de la Nueva España*. A. León (ed). Escuela de Artes, Morelia.
Hers, M. A. 1989. *Los Toltecas en tierras Chichimecas*. UNAM.
—. 2002. Chicomóztoc: Un mito revisado. *AM* 10: 56: 48–53.
Hester, T. R. 2010. Paleoindian period. *AAMCA*: 577–581.
Heyden, D. and P. Gendrop. 1980. *Pre-Columbian Architecture of Mesoamerica*. Electa/Rizzoli, New York.
Hicks, F. 1984. La posición de Temascalapan en La Triple Alianza. *Estudios de Cultural Nahuatl* 17: 235–260.
—. 1986. Prehispanic background of Colonial political and economic organization in Central Mexico. *HMAI* Supplement 4: 35–54.
—. 1994. Cloth in the political economy of the Aztec state. In *Economies and Polities in the Aztec Realm*, M. G. Hodge and M. E. Smith (eds.): 89–111. Studies in Culture and Society 8. Institute for Mesoamerican Studies, SUNY Albany.
Hill, W. D. and J. E. Clark. 2001. Sports, gambling, and government: America's first social compact? *AAnthro* 103: 331–345.
Hill, W. D., M. Blake and J. E. Clark. 1998. Ball court design dates back 3,400 years. *Nature* 392: 878–879.

Hirshman, A. J. 2008. Tarascan ceramic production and implications for ceramic distribution. *AncM* 19: 299–310.
Hirth, K. G. 1980. *Eastern Morelos and Teotihuacan*. VUPA 25.
—. 1984a. Early exchange in Mesoamerica. In Hirth (ed.): 1–15.
—. 1984b. Trade and society in Late Formative Morelos. In Hirth (ed.): 125–146.
—. (ed.). 1984. *Trade and exchange in Early Mesoamerica*. U. of New Mexico Press, Albuquerque.
—. 1989. Militarism and social organization at Xochicalco, Morelos. In Diehl and Berlo (eds.): 69–81.
—. (ed.). 2000. *Archaeological Research at Xochicalco*. 2 vols. The U. of Utah Press, Salt Lake City.
Hirth, K. G., G. Lara, and G. Hasemann. 1989. *Archaeological Research in the El Cajon Region*. Volume 1. U. of Pittsburgh Memoirs in Latin American Archaeology No. 1, Pittsburgh.
Historia Tolteca-Chichimeca. 1989 [1545–1565]. *Historia Tolteca-Chichimeca*. CISINAH and INAH-SEP, Mexico City.
Hodge, M. G. 1984. *Aztec City-States*. MAUM Memoir 18.
Honour, H. 1975. *The New Golden Land*. Pantheon Books, New York.
Hoopes, J. W. 1991. The Isthmian alternative. In Fowler (ed.): 171–192.
Hosler, D. 1994. *The Sounds and Colors of Power*. Massachusetts Institute of Technology Press, Cambridge.
Hosler, D. and A. Macfarlane. 1996. Copper sources, metal production and metals trade in Late Postclassic Mesoamerica. *Science* 173: 1819–1824.
Houston, S. D. (ed.). 1998. *Function and Meaning in Classic Maya Architecture*. DORLC.
— 2000. Into the minds of ancients: Advances in Maya glyph studies. *JWP* 14: 121–201.
—. 2008. The Epigraphy of El Zotz. http://www.mesoweb.com/zotz/articles/ZotzEpigraphy.pdf
—. 2010. Maya lowlands: South. *AAMCA*: 441–447.
Houston, S. D., O. Chinchilla, and D. Stuart (eds.). 2001. *The Decipherment of Ancient Maya Writing*. U. of Oklahoma Press, Norman.
Houston, S. D. and D. Stuart. 2001. Peopling the Classic Maya court. In Inomata and Houston (eds.): I; 54–83.
Houston, S D., D. Stuart and K. Taube. 2006. *The Memory of Bones*. U. of Texas Press, Austin.
Huchim Herrera, J. and L. Toscano Hernández. 1999. El Cuadrángulo de los Pájaros de Uxmal. *ArqM* 7: 37: 18–23.
Humboldt, A. von. 1810. *Vues des cordillères, et monumens des peuples indigènes de l'Amérique*. F. Schoell, Paris.
Hutson, S. 2012. Urbanism, architecture, and internationalism in the northern lowlands during the Early Classic. In Braswell (ed.): 119–142.
Hymes, D. H. 1960. Lexicostatistics so far. *CA* 1: 3–44.
Inomata, T. and S. D. Houston (eds.). 2001. *Royal Courts of the Ancient Maya*. 2 vols. Westview Press, Boulder, CO.
—. 2001. Opening the royal Maya court. In Inomata and Houston (eds.): I: 3–23.
Inomata, T., D. Triadan, E. Ponciano, R. Terry, and H. F. Beaubien. 2001. In the palace of the fallen king. *JFA* 28: 287–306.
Jansen, M. and G. A. Pérez Jiménez. 2007. *Encounter with the Plumed Serpent*. U. Press of Colorado, Boulder.
Jarquín Pacheco, F. and E. Martínez Vargas. 1996. La Campana, Colima. *ArqM* 3: 18: 69–72.
Jiménez García, E., G. Martínez Donjuán, and A. Arboleyda Castro 1998. *Historia General de Guerrero*. Vol. 1. INAH.
Johnson, F. and R. S. MacNeish. 1972. Chronometric dating. In MacNeish (ed.): 4: 3–55.
Johnston, K. J. 2001. Broken fingers: Classic Maya scribe capture and polity consolidation. *Antiquity* 75: 373–381.
Jones, C. 1989 Builders of Tikal: archaeology and history. In *Word and Image in Maya Culture*, W.F. Hanks and D.S. Rice, (eds.): 255–259. U. of Utah Press, Salt Lake City.
Jones, G. D. 1998. *The Conquest of the Last Maya Kingdom*. Stanford U. Press, Stanford.
Joralemon, P. D. 1971. *A Study of Olmec Iconography*. Studies in Pre-

Columbian Art and Archaeology No. 7. DORLC.
Joyce, A. A. 1991. Formative Period social change in the lower Río Verde Valley, Oaxaca, Mexico. *LAA* 2: 126–150.
—. 1993. Interregional interaction and social development on the Oaxaca coast. *AncM* 4: 67–84.
Joyce, R. A. 1991. *Cerro Palenque: Power and Identity on the Maya Periphery*. U. of Texas Press, Austin.
—. 2000. Girling the girl and boying the boy: The production of adulthood in ancient Mesoamerica. *WA* 31: 473–483.
Joyce, R. A. and J. S. Henderson. 2001. Beginnings of village life in eastern Mesoamerica. *LAA* 12: 5–24.
Justeson, J. S. 2010. Numerical cognition and the development of 'zero' in Mesoamerica. In *The Archaeology of Measurement*, I. Morley and C. Renfrew (eds.), 43–53. Cambridge U. Press, Cambridge.
Justeson, J. S. and G. A. Broadwell. 2007. Language and languages in Mesoamerica. In Carmack *et al.*: 407–438. Prentice Hall, Upper Saddle River, NJ.
Justeson, J. S. and T. Kaufman. 1993. A decipherment of Epi-Olmec hieroglyphic writing. *Science* 259: 1703–1711.
—. 1997. A newly discovered column in the hieroglyphic text on La Mojarra Stela I: A test of the Epi-Olmec decipherment. *Science* 277: 207–210.
Kaplan, J. 2002. From under the volcanoes: Some aspects of the ideology of rulership at Late Preclassic Kaminaljuyu. In Love *et al.* (eds.): 311–358.
—. 2008. Hydraulics, cacao, and complex developments at Preclassic Chocolá, Guatemala. *LAA* 19: 399–413.
Karttunen, F. 1983. *An Analytical Dictionary of Nahuatl*. U. of Texas Press, Austin.
Karttunen, F. and J. Lockhart (eds.). 1987 [1570–1580]. *The Art of Nahuatl Speech: The Bancroft Dialogues*. UCLA Latin American Center Publications, U. of California, Los Angeles.
Kaufman, T. 1976. Archaeological and linguistic correlations in Mayaland and associated areas of Mesoamerica. *WA* 8: 101–118.
Kelley, J. C. 1986. The mobile merchants of Molino. In *Ripples in the Chichimec Sea*, F. J. Mathien and R. H. McGuire (eds.): 81–104. Southern Illinois U. Press, Carbondale and Edwardsville.
—. 1995. Trade goods, traders, and status in northwestern Greater Mesoamerica. In *Human Impacts on Ancient Marine Ecosystems*, J. E. Reyman (ed.): 102–145. Avebury, Aldershot, UK.
Kellogg, S. M. 1993. The social organization of households among the Tenochca Mexica before and after conquest. In Santley and Hirth (eds.): 207–224.
—. 2005. *Weaving the Past*. Oxford U. Press, Oxford.
—. 2010. Ethnohistorical sources and methods. *AAMCA*: 240–248.
Kelly, I. T. 1980. *Ceramic Sequence in Colima: Capacha, an Early Phase*. Anthropological Papers of the U. of Arizona Number 37.
Kelly, J. 1982. *The Complete Visitor's Guide to Mesoamerican Ruins*. U. of Oklahoma Press, Norman.
Kennett, D. J., D. R. Piperno, J. G. Jones, H. Neff, B. Voorhies, M. K. Walsh and B. J. Culleton. 2010. Pre-pottery farmers on the Pacific coast of southern Mexico. *Journal of Archaeological Science* 37: 3401–3411.
Kennett, D. J., B. Voorhies, T. A. Wake, N. Martínez. 2008. Long-term effects of human predation on marine ecosystems in Guerrero, Mexico. In *Human Impacts on Ancient Marine Ecosystems*, T. C. Rick and J. Erlandson (eds): 103–124. U. of California Press, Berkeley.
Kepecs, S. 2003. Salt sources and production. In Smith and Berdan (eds.): 126–130.
Keys, D. 1999. *Catastrophe, An Investigation into the Origins of the Modern World*. Century, London.
Kidder, A. V., J. D. Jennings, and E. M. Shook. 1946. *Excavations at Kaminaljuyu, Guatemala*. Carnegie Institution of Washington.
Killion, T. W. (ed.). 1992. *Gardens of Prehistory: The Archaeology of Settlement Agriculture in Greater Mesoamerica*. U. of Alabama Press, Tuscaloosa.
Kirchhoff, P. 1981 [1943]. Mesoamerica. In *Ancient Mesoamerica*, J. Graham (ed.): 1–10. Peek Publications, Palo Alto.
Kirkby, A. 1973. *The Use of Land and Water Resources in the Past and Present, Valley of Oaxaca, Mexico*. MAUM Memoir 5.
Klein, C. F. 1987. The ideology of autosacrifice at the Templo Mayor. In *The Aztec Templo Mayor*, E.H. Boone (ed.): 293–370. DORLC.
—. 2000. The devil and the skirt: An iconographic inquiry into the pre-Hispanic nature of the Tzitzimime. *AncM* 11: 1–26.
Klein, C. F., E. Guzmán, E. C. Mandell, and M. Stanfield-Mazzi. 2002. The role of shamanism in Mesoamerican art. *CA* 43: 383–419.
Knozorov, Y. 2001 [1956]. New data on the Maya written language. In Houston *et al.* (eds.): 144–152.
Koontz, R. A. 2009. Social identity and cosmology at El Tajín. In Fash and López Luján (eds.): 260–289.
Koontz, R. A., K. Reese-Taylor and A. Headrick (eds.). 2001. *Landscape and Power in Ancient Mesoamerica*. Westview, Boulder.
Kowalewski, S. A., G. Feinman, L. Finsten, R. Blanton, and L.M. Nicholas. 1989. *Monte Albán's Hinterland, Part II*. Memoirs of the Museum of Anthropology, U. of Michigan, 23.
Kowalewski, S. A., G. Feinman, L. Finsten, and R. Blanton. 1991. Pre-Hispanic ballcourts from the Valley of Oaxaca, Mexico. In Scarborough and Wilcox (eds.): 25–44.
Kowalski, J. K. 1987. *The House of the Governor: A Maya Palace at Uxmal, Yucatan, Mexico*. U. of Oklahoma Press, Norman.
—. 1989. Who am I among the Itza? Links between Northern Yucatan and the Western Maya Lowlands and Highlands. In Diehl and Berlo (eds.): 173–185.
—. 2007. What's "Toltec" at Uxmal and Chichén Itzá? In Kowalski and Kristan-Graham (eds.): 250–313.
Kowalski, J. K. and C. Kristan-Graham, eds. 2007. *Twin Tollans*. DORLC.
Kristan-Graham, C. 1993. The business of narrative at Tula. *LAA* 4: 3–21.
—. 2001. A sense of place at Chichén Itzá. In Koontz *et al.* (eds.): 317–369.
—. 2007. Structuring identity at Tula. In Kowalski and Kristan-Graham (eds.): 530–577.
La Barre, W. 1970. Old and New World narcotics. *Economic Botany* 24: 368–373.
Landa, Friar Diego de. 1975 [1566]. *The Maya: Diego de Landa's Account of the Affairs of Yucatán*. J. Philip O'Hara, Inc., Chicago.
—. 1978 [1566]. *Yucatán Before and After the Conquest*. Dover, New York.
Lange, F. W. (ed.). 1996. *Paths to Central American Prehistory*. U. Press of Colorado, Niwot.
Lange, F. W. and D. Z. Stone (eds.). 1984. *The Archaeology of Lower Central America*. U. of New Mexico Press, Albuquerque.
Laporte, J. P. and V. Fialco C. 1990. New perspectives on old problems: dynastic references for the Early Classic at Tikal. In Clancy and Harrison (eds.): 33–66.
LeCount, L. J. and J. Yaeger (eds.). 2010. *Classic Maya Provincial Politics: Xunantunich and Its Hinterlands*. U. of Arizona Press, Tucson.
LeCount, L. J., J. Yaeger, R. M. Leventhal, and W. Ashmore. 2002. Dating the rise and fall of Xunantunich, Belize: A Late and Terminal Classic lowland Maya regional center. *AncM* 13: 41–63.
Lee, T. A. 1969. The artifacts of Chiapa de Corzo, Chiapas, Mexico. *PNWAF* 26.
—. 1974. The Middle Grijalva regional chronology and ceramic relations. In Hammond (ed.): 1–20.
León-Portilla, M. 1984. The Chalca cihuacuicatl of Aquiauhtzin. Erotic poetry of the Nahuas. *New Scholar* 5: 235–262.
León-Portilla, M. and C. Aguilera. 1986. *Mapa de México Tenochtitlan y sus Contornos hacia 1550*. Celanese Mexicana S.A., Mexico City.
Lesure, R. C. 2000. Animal imagery, cultural unities, and ideologies of inequality in Early Formative Mesoamerica. In Clark and Pye (eds.): 192–215.
Levi-Strauss, C. 1983. *The Way of the Masks*. Jonathan Cape, London.
Lienzo of Tlaxcala. 1979 [c. 1550]. *Lienzo de Tlaxcalla*. Editorial Cosmos, Mexico.
Lind, M. D. 2000. Mixtec city-states and Mixtec city-state culture. In *A Comparative Study of Thirty City-State Cultures*, M.H. Hansen (ed.): 567–580. The Royal Danish Academy of Sciences and Letters, Copenhagen.

Lind, M. D. and J. Urcid. 1983. The lords of Lambityeco and their nearest neighbors. *Notas Americanas* 9: 78–111.
Lind, M. D. and J. Urcid. 2010. *The Lords of Lambityeco*. U. Press of Colorado, Boulder.
Linné, S. 2003 [1934]. *Archaeological Researches at Teotihuacan, Mexico*. The U. of Alabama Press, Tuscaloosa.
Lombardo de Ruiz, S. 1973. *Desarrollo Urbano de México-Tenochtitlan Segun las Fuentes Históricas*. SEP-INAH, Mexico.
Long, A., B. F. Benz, D. J. Donahue, A. J. T. Jull, and L. J. Toolin. 1989. First direct AMS dates on early maize from Tehuacán, Mexico. *Radiocarbon* 31: 1035–1040.
Longacre, R. 1967. Systemic Conparison and Reconstruction. In *HMAI* 5: 117–159. U. of Texas Press, Austin.
López Austin, A. 1993. *The Myths of the Opossum: Pathways of Mesoamerican Mythology*. U. of New Mexico Press, Albuquerque.
—. 1997. *Tamoanchan, Tlalocan: Places of Mist*. U. Press of Colorado, Niwot CO.
López Austin, A. and L. López Luján. 2001. *Mexico's Indigenous Past*. U. of Oklahoma Press, Norman.
López Luján, L. 2005. *The Offerings of the Templo Mayor of Tenochtitlan*. U. of Colorado Press, Niwot.
—. 2006. *La Casa de las Águilas*. 2 vols. Conaculta ? INAH.
López Luján, L. and A. López Austin. 2009. The Mexica in Tula and Tula in Mexico-Tenochtitlan. In Fash and López Luján (eds.): 384–422.
López Mestas Camberos, L. and J. Ramos de la Vega. 1998. Excavating the tomb at Huitzilapa. In Townsend (ed.): 52–69.
Lorenzo, J. L. and L. Mirambell. 1986. Preliminary report on archaeological and paleoenvironmental studies in the area of El Cedral, San Luis Potosí, Mexico 1977–1980. In *New Evidence for the Pleistocene Peopling of the Americas*, A.L. Bryan (ed.): 107–112. Center for the Study of Early Man, U. of Maine, Orono.
Love, M. W. 1991. Style and social complexity in formative Mesoamerica. In Fowler (ed.): 47–76.
—. 2007. Recent research in the Southern Highlands and Pacific Coast of Mesoamerica. *JAR* 15: 275–328.
Love, M. W., M. Popenoe de Hatch and H. Escobedo (eds.). 2002. *Incidents of Archaeology in Central America and Yucatán*. U. Press of America, Lanham.
Lovell, W. G. 1992. 'Heavy shadows and black night': disease and depopulation in colonial Spanish America. *Annals of the Association of American Geographers* 82: 426–443.
Lowe, G. W. 1981. Olmec Horizons defined in Mound 20, San Isidro, Chiapas. In Benson (ed.): 231–255.
—. 2007. Early Formative Chiapas. In *Archaeology, Art, and Ethnogenesis in Mesoamerican Prehistory*, L. S. Lowe and M. E. Pye (eds.): 63–108. PNWAF 68.
Lucero, L. J. 2002. Collapse of the Classic Maya: a case for the role of water control. *AAnthro* 104: 814–826.
Luckenbach, A. H. and R. S. Levy. 1980. The implications of Nahua (Aztecan) lexical diversity for Mesoamerican culture-history. *AA* 45: 455–461.
McAnany, P. A. 1990. Water storage in the Puuc Region of the Northern Maya Lowlands. In *Precolumbian Population History in the Maya Lowlands*, T. P. Culbert and D. S. Rice (eds.): 263–284. U. of New Mexico Press, Albuquerque.
—. 1995. *Living with the Ancestors*. U. of Texas Press, Austin.
—. 2004. *K'axob: Ritual, Work and Family in an Ancient Maya Village*, Monograph 51. Cotsen Institute of Archaeology, U. of California, Los Angeles.
McAndrew, J. 1965. *The Open-Air Churches of Sixteenth-Century Mexico*. Harvard U. Press, Cambridge.
McBride, H. W. 1969. The extent of the Chupícuaro tradition. In *The Natalie Wood Collection of Pre-Columbian Ceramics from Chupicuaro, Guanajuato, Mexico at UCLA*, J. D. Frierman (ed.): 31–49. U. of California and Los Angeles Museum, Los Angeles.
McCafferty, G. G. 2000. Tollan Chololan and the legacy of legitimacy during the Classic-Postclassic transition. In Carrasco *et al.* (eds.): 341–366.

—. 2001. Mountain of heaven, mountain of earth: the Great Pyramid of Cholula as sacred landscape. In Koontz *et al.* (eds.): 279–316.
—. 2007. So what else is new? In Kowalski and Kristan-Graham (eds.): 448–479.
—. 2010. Cholula. *AAMCA*: 138–142.
McGuire, R. H. 1989. The greater Southwest as a periphery of Mesoamerica. In *Centre and Periphery*, T. C. Champion (ed.): 40–66. Unwin Hyman, London.
—. 2010. Northern Arid Zone. *AAMCA*: 522–528.
McKeever Furst, J. L. 1995. *Natural History of the Soul in Ancient Mexico*. Yale U. Press, New Haven.
McKillop, H. I. 2002. *Salt: White Gold of the Ancient Maya*. U. Press of Florida, Gainesville.
—. 2005. *In Search of Maya Sea Traders*. Texas A & M U. Press, College Station.
Mabry, J. B. 2005. Changing knowledge and ideas about the first farmers in Southeastern Arizona. In *The Late Archaic across the Borderlands*, B. J. Vierra (ed.): 41–83. U. of Texas Press, Austin.
MacNeish, R. S. 1964. Ancient Mesoamerican civilization. *Science* 143: 531–537.
—. (gen. ed.). 1967–1972. *The Prehistory of the Tehuacan Valley*. Published for the Robert S. Peabody Foundation, Phillips Academy, Andover MA by the U. of Texas Press, Austin.
—. 2010. Tehuacán region. *AAMCA*: 705–710.
Madrid codex. 1967. *Codex Madrid (Codex Tro-Cortesianus)*. Museo América, Madrid, F. Anders (ed.). Akademische Druck- u. Verlagsanstalt, Graz.
Maguey plan. 1990 [*c.* 1557–1562]. Plano en papel de maguey. In *Arquitectura Prehispánica* by I. Marquina: 182, Fot. 59.
Manzanilla, L. (coord.). 1993a. *Anatomía de un Conjunto Residencial Teotihuacano en Oztoyahualco*. 2 vols. UNAM, INAH, Mexico City.
—. 1993b. Daily life in the Teotihuacan apartment compounds. In Berrin and Pasztory (eds.): 90–99.
—. 2010. Cobá. *AAMCA*: 433–441.
Manzanilla, L. and C. Chapdelaine (eds.). 2009. *Domestic Life in Prehispanic Capitals*. MAUM No. 46.
Manzanilla, L., C. López and A. Freter. 1996. Dating results from excavations in quarry tunnels behind the Pyramid of the Sun at Teotihuacan. *AncM* 7: 245–266.
Manzanilla, L. and L. López Luján. 2001. Exploraciones en un posible palacio de Teotihuacan: El proyecto Xalla (2000–1). *Tezontle* 5: 4–6.
Manzanilla López, R. and A. Talavera González. 1993. El sitio arqueológico de Cuetlajuchitlan. In *A propósito del Formativo*, M. T. Castillo Mangas (ed.): 105–116. INAH, Mexico City.
Mapa Quinatzin. 1959 [*c.* 1542]. In *Mexican Manuscript Painting of the Early Colonial Period* by D. Robertson, Plates 13, 46–47: 135–40. Yale U. Press, New Haven.
Marcus, J. 2003. Recent advances in Maya archaeology. *JAR* 11: 71–148.
—. 2010. Zapotec culture and religion. *AAMCA*: 846–847.
Marcus, J. and K. V. Flannery. 1996. *Zapotec Civilization*. Thames & Hudson, London and New York.
—. 2000. Cultural evolution in Oaxaca: the origins of the Zapotec and Mixtec civilizations. In Adams and MacLeod (eds.): 358–406.
Marcus, J. and J. F. Zeitlin (eds.). 1994. *Caciques and Their People: A Volume in Honor of Ronald Spores*. MAUM Anthropological Paper 89.
Marquina, I. 1999 [1951]. *Arquitectura Prehispánica*. Facsimile of the first edition. Memorias del INAH, No. 1. SEP/INAH, Mexico City.
Martin, S. 1996. Calakmul y el enigma del glifo Cabeza de Serpiente. *ArqM* 3: 18: 42–51.
Martin, S. and N. Grube. 2000. *Chronicle of the Maya Kings and Queens: Deciphering the Dynasties of the Ancient Maya*. Thames & Hudson, London and New York.
Martínez Donjuán, G. 1995. Teopantecuanitlán. *ArqM* 2: 12: 58–62.
Masson, M. A. and D. A. Freidel (eds.). 2002. *Ancient Maya Political Economics*. AltaMira Press, Walnut Creek, CA.
Mastache, A. G. and R. H. Cobean. 2001. Ancient Tollan. *RES* 38: 101–133.
—. 2010. Tula region. *AAMCA*: 777–783.

Mastache, A. G., R. H. Cobean and D. M. Healan. 2002. *Ancient Tollan: Tula and the Toltec Heartland*. U. Press of Colorado, Niwot.
Matheny, R. T., D. L. Gurr, D. W. Forsyth, and F. R. Hauck. 1980–1983. Investigations at Edzná, Campeche, Mexico. *PNWAF* 46.
Matos Moctezuma, E. 1984. The Templo Mayor of Tenochtitlan: Economics and Ideology. In *Ritual Human Sacrifice in Mesoamerica*, E.H. Boone (ed.): 133–164. DORLC
—. 1994. *The Great Temple of the Aztecs*. Thames & Hudson, London and New York.
—. 2002. Eagle Man. In Matos M. and Solís O. (eds.): 456.
—. 2003. Buildings in the sacred precinct of Tenochtitlan. In Sanders *et al.* (eds.): 119–147.
Matos Moctezuma, E. and F. Solís (eds.). 2002. *Aztecs*. Royal Academy of Arts, London.
Medellín Zenil, A. 1952. *Exploraciones en Quauhtochco*. Gobierno del Estado de Veracruz and INAH, Jalapa.
—. 1955. *Exploraciones en la Isla de Sacrificios*. Gobierno del Estado de Veracruz, Jalapa.
—. 1960. *Ceramicas del Totonacapan*. Universidad Veracruzana, Xalapa.
—. 1965. La escultura de Las Limas. *Boletín del INAH* 21: 5–8.
Mendoza, R. 2007. The divine gourd tree. In Chacon and Dye (eds.): 400–443.
Messenger, L. C. 1990. Ancient winds of change: Climatic settings and prehistoric social complexity in Mesoamerica. *AncM* 1: 21–40.
Metcalfe, S. and S. Davies. 2007. Deciphering recent climate change in central Mexican lake records. *Climate Change* 83: 169–86.
Michaels, G. and B. Voorhies. 1999. Late Archaic period coastal collectors in southern Mesoamerica: The Chantuto people revisited. In *Pacific Latin America in Prehistory*, M. Blake (ed.): 39–54. WSU Press, Pullman, WA.
Michelet, D., M. C. Arnauld, and M.-F. Fauvet Berthelot. 1989. El proyecto del CEMCA en Michoacan. Etapa I: Un balance. *Trace* 16: 70–87.
Middleton, W. D., G. M. Feinman and G. Molina. 1998. Tomb use and reuse in Oaxaca, Mexico. *AncM* 9: 297–305.
Milbrath, S. 2000. Xochiquetzal and the lunar cult of Central Mexico. In *In Chalchihuitl in Quetzalli*, E. Quiñones Keber (ed.): 31–54. Labyrinthos, Lancaster, CA.
Milbrath, S. and C. Peraza Lope. 2003. Revisiting Mayapan. *AncM* 14: 1–46.
Miller, A. G. 1973. *The Mural Painting of Teotihuacan*. DORLC.
Miller, M. E. 1986. *The Murals of Bonampak*. Princeton U. Press, Princeton.
—. 2012. *The Art of Mesoamerica*. Fifth edition. Thames & Hudson, London and New York.
Miller, M. E. and S. Martin. 2004. *Courtly Art of the Ancient Maya*. Thames & Hudson, London and New York.
Miller, M. E. and M. Samayoa. 1998. Jade, chacmools, and the Maize God. *RES* 33: 55–72.
Miller, M. E. and K. Taube. 1993. *The Gods and Symbols of Ancient Mexico and the Maya*. Thames & Hudson, London and New York.
Miller, V. E. 1991. *The Frieze of the Palace of the Stuccoes, Acanceh, Yucatan, Mexico*. DORLC.
—. 1999. The skull rack in Mesoamerica. In *Mesoamerican Architecture as a Cultural Symbol*, J. K. Kowalski (ed.): 340–360. Oxford U. Press, New York.
Millon, R. 1981. Teotihuacan: city, state and civilization. In *HMAI* Supplement I: 198–243.
—. 1992. Teotihuacan studies: From 1950 to 1990 and beyond. In Berlo (ed.): 339–419.
—. 1993. The Place Where Time Began. In Berrin and Pasztory (eds.): 17–43.
Millon, R., B. Drewitt, and G. Cowgill. 1973. *Urbanization at Teotihuacan, Mexico. Vol. 1, The Teotihuacan Map*. Part 2: Maps. U. of Texas Press, Austin.
Minc, L. D. 2010. Pottery. *AAMCA*: 603–610.
Monaghan, J. 1995. *The Covenant with Earth and Rain: Exchange Sacrifice and Revelation in Mixtec Sociality*. U. of Oklahoma Press, Norman.
—. 2010. Mixtec history, culture, and religion. *AAMCA*: 476–480.
Morelos García, N. 1993. *Proceso de Producción de Espacios y Estructuras en Teotihuacan*. Mexico City: INAH Colección Científica.
Moreno Toscano, A. 1968. *Geografía Económica de México (Siglo XVI)*. El Colegio de México Centro de Estudios Históricos Nueva Serie 2.
Motolinía (Fray T. de Benavente). 1950 [1541]. *History of the Indians of New Spain*. Documents and Narratives Concerning the Discovery and Conquest of Latin America, n.s. No. 4, The Cortes Society, Berkeley.
Mountjoy, J. B. 1998. The evolution of complex societies in West Mexico: A comparative perspective. In Townsend (ed.): 250–265.
—. 2010a. Capacha. *AAMCA*: 95–96.
—. 2010b. Rock art. *AAMCA*: 635.
Mountjoy, J. B. and D. Peterson. 1973. *Man and Land at Prehispanic Cholula*. Vanderbilt U. Publications in Anthropology No. 4., Nashville.
Mountjoy, J. B., R. E. Taylor, and L. Feldman. 1972. Matanchen Complex. *Science* 175: 1242–1243.
Muller, F. 1985. *La Cerámica de Cuicuilco B*. INAH Serie Arqueología, Mexico City.
Mundy, B. E. 1996. *The Mapping of New Spain: Indigenous Cartography and the Maps of the Relaciones Geográficas*. U. of Chicago Press, Chicago.
Neff, H. and R. L. Bishop. 1988. Plumbate origins and development. *AA* 53: 505–522.
Nelson, B. A. 1993. Outposts of Mesoamerican empire and domestic patterning at La Quemada, Zacatecas, Mexico. In *Culture and Contact: Charles C. DiPeso's Gran Chichimeca*, A. I. Woosley and J. C. Ravensloot (eds.): 173–189. U. of New Mexico Press, Albuquerque.
—. 1995. Complexity, hierarchy, and scale: A controlled comparison between Chaco Canyon, New Mexico, and La Quemada, Zacatecas, Mexico. *AA* 60: 597–618.
Nelson, B. A., J. A. Darling, and D. A. Kice. 1992. Mortuary practices and the social order at La Quemada, Zacatecas, Mexico. *LAA* 3: 298–315.
Netting, R. McC. 1989. Smallholders, householders, freeholders: why the family farm works well worldwide. In *The Household Economy*, R. R. Wilk (ed.): 221–244. Westview Press, Boulder.
Newsome, E. A. 2001. *Trees of Paradise and Pillars of the World: The Serial Stela Cycle of 18-Rabbit-God K, King of Copán*. U. of Texas Press, Austin.
Nichols, D. L. 1982. A Middle Formative irrigation system near Santa Clara Coatitlan in the Basin of Mexico. *AA* 47: 133–144.
—. 1987. Risk, uncertainty, and Prehispanic agricultural intensification in the Northern Basin of Mexico. *AAnthro* 89: 596–616.
Nichols, D. L. and T. H. Charlton (eds.). 1997. *The Archaeology of City-States*. Smithsonian Institution Press, Washington, D.C.
Nichols, D.L. and C.A. Pool (eds.). 2012. *The Oxford Handbook of Mesoamerican Archaeology*. Oxford U. Press, Oxford.
Nicholson, H. B. 1966. The Mixteca-Puebla concept in Mesoamerican archaeology: A reexamination. In *Ancient Mesoamerica*, J. Graham (ed.): 258–263. Peek Publications, Palo Alto.
—. 1971. Religion in Pre-Hispanic Central Mexico. *HMAI* 10: 1: 395–446.
—. 2001. *Topiltzin Quetzalcoatl: The Once and Future Lord of the Toltecs*. U. Press of Colorado, Boulder.
Nicholson, H. B. and F. Hicks. 1961. A brief progress report on the excavations at Cerro Portezuelo, Valley of Mexico. *AA* 27: 106–108.
Niederberger, C. 1987. *Paléopaysages et Archéologie Pré-Urbaine du Bassin de Mexico*. Études Mésoaméricaines V. XI, Tomes 1 and 2. Centre d'Études Méxicaines et Centraméricaines, Mexico.
—. 2000. Ranked societies, iconographic complexity, and economic wealth in the Basin of Mexico toward 122 BC. In Clark and Pye (eds.): 168–191.
Noble, S. B. 1998. Maya dedications of authority. In *The Sowing and the Dawning: Termination, Dedication, and Transformation in the Archaeological and Ethnographic Record of Mesoamerica*, S. B. Mock (ed.): 65–79. U. of New Mexico Press, Albuquerque.
Nuttall, Z. 1925. The gardens of ancient Mexico. *Annual Report of the Board of Regents of the Smithsonian Institution*, 1923: 453–464.

O'Mack, S. 1991. Yacateuctli and Ehecatl-Quetzalcoatl: Earth-Divers in Aztec Central Mexico. *Ethnohistory* 38: 1–33.
Ochoa, L. 2000. La civilización huasteca. *ArqM* 8: 43: 58–63.
Offner, J. A. 1984. Household organization in the Texcocan heartland. In Harvey and Prem (eds.): 127–146.
Oliveros, A. 1989. Las tumbas más antiguas de Michoacán. In *Historia general de Michoacán*, E. Florescano (ed.): 123–134. Instituto de Cultura de Michoacán, Morelia, Mexico.
—. 1995. The Precolumbian image of hurricanes. In *Olmecs, a special edition of AncM*: 60–63.
Ohnersorgen, M. 2006. Aztec provincial administration at Cuetlaxtlan, Veracruz. *JAA* 25: 1–32.
Ortíz, P. and M. del C. Rodríguez. 2000. The sacred hill of El Manati. In Clark and Pye (eds.): 75–93.
Ortiz de Montellano, B.R. 1983. Counting skulls. *AAnthro* 85: 403-406.
—. 1990. *Aztec Medicine, Health, and Nutrition*. Rutgers U. Press, New Brunswick.
Palka, J. 2001. Ancient Maya defensive barricades, warfare, and site abandonment. *LAA* 12: 427–430.
Paradis, L. I. 2010. Guerrero region. *AAMCA*: 311–321.
Parry, J. H. and R. G. Keith (eds.). 1984. *New Iberian World. Volume III: Central America and Mexico*. Times Books, New York.
Parry, W. J. 2001. Production and exchange of obsidian tools in late Aztec city-states. *AncM* 12: 101–111.
Parsons, J. R. 1976. The role of chinampa agriculture in the food supply of Aztec Tenochtitlan. In *Cultural Change and Continuity*, C. Cleland (ed.): 233–257. Academic Press, New York.
Parsons, J. R. and M. H. Parsons. 1990. *Maguey Utilization in Highland Central Mexico*. MAUM Anthropological Paper 82.
Parsons, L. 1986. *The Origins of Maya Art: Monumental Stone Sculpture of Kaminaljuyú, Guatemala, and the Southern Pacific Coast*. DOSPCAA 28.
Pasztory, E. 1983. *Aztec Art*. Harry N. Abrams, Inc., New York.
—. 1993 Teotihuacan unmasked: A view through art. In Berrin and Pasztory (eds.): 44–63.
—. 1997. *Teotihuacan: An Experiment in Living*. U. of Oklahoma Press, Norman.
Paxton, M. 2001. *The Cosmos of the Yucatec Maya. Cycles and Steps from the Madrid Codex*. U. of New Mexico Press, Albuquerque.
Pendergast, D. M. 1979–1990. *Excavations at Altun Ha, Belize, 1964–1970*. 3 vol. Royal Ontario Museum, Toronto.
Pennington, J. A. T. and H. N. Church. 1985. *Food Values of Portions Commonly Used*. Harper & Row, New York.
Peraza Lope, C. A. 1999. Mayapán, ciudad-capital del Posclásico. *ArqM* 7: 37: 48–53.
Pérez, V. R. 2002. La Quemada tool-induced bone alterations. *Archaeology Southwest* 16: 10.
Pérez Campa, M. 1998. La estela de Cuicuilco. *ArqM* 5: 30: 37.
Piña Chan, R. 1975. *Teotenango: El Antiguo Lugar de la Muralla*. 2 vols. Dirección de Turismo, Gobierno del Estado de México, Mexico City.
—. 1992. *El Lenguaje de las Piedras*. Universidad Autónoma de Campeche, Campeche, Mexico.
—. 2000. Teotenango. *ArqM* 8: 43: 38–43.
Piperno, D. R. and K. V. Flannery. 2001. The earliest archaeological maize (Zea mays L.) from highland Mexico: New accelerator mass spectrometry dates and their implications. *Proceedings of the National Academy of Sciences* 98: 2101–2103.
Plunket, P. (ed.). 2002. *Domestic Ritual in Ancient Mesoamerica*. Monograph 46. Cotsen Institute of Archaeology, U. of California, Los Angeles.
Plunket, P. and G. Uruñuela. 1998a. Appeasing the volcano gods: Ancient altars attest a 2000-year-old veneration of Mexico's smoldering Popocatepetl. *Archaeology* 51: 4: 36–43.
—. 1998b. Preclassic household patterns preserved under volcanic ash at Tetimpa, Puebla, Mexico. *LAA* 9: 287–309.
—. 2010. Puebla-Tlaxcala region. *AAMCA*: 611–617.
Pohl, J. M. D. 1994a. Mexican codices, maps, and lienzos as social contracts. In *Writing Without Words*, E. H. Boone and W. D. Mignolo (eds.): 137–160. Duke U. Press, Durham and London.
—. 1994b. Weaving and gift exchange in the Mixtec codices. In *Cloth and Curing: Continuity and Change in Oaxaca*, G. Johnson and D. Sharon (eds.): 3–13. San Diego Museum Papers No. 32.
—. 1998. Themes of drunkenness, violence, and factionalism in Tlaxcalan altar paintings. *RES* 33: 183–207.
—. 1999. *Exploring Mesoamerica*. Oxford U. Press, New York.
Pohl, J. M. D. and B. E. Byland. 1994. The Mixteca-Puebla Style and Early Postclassic socio-political interaction. In *Mixteca-Puebla: Discoveries and Research in Mesoamerican Art and Archaeology*, H. B. Nicholson and E. Quiñones Keber (eds.): 189–199. Labyrinthos, Lancaster CA.
Pohl, M. D., *et al*. 1996. Early agriculture in the Maya lowlands. *LAA* 7: 355–372.
Pohl, M. D., K. O. Pope, C. von Nagy. 2002. Olmec origins of Mesoamerican writing. *Science* 298: 1984–1987.
Pollard, H. P. 1987. The political economy of prehispanic Tarascan metallurgy. *AA* 52: 741–752.
—. 1993. *Tariácuri's Legacy*. U. of Oklahoma Press, Norman.
—. 2008. A model of the emergence of the Tarascan state. *AncM* 19: 217–230.
—. 2010. Michoacán region. *AAMCA*: 458–464.
Pollock, H. E. D. 1936. *Round Structures of Aboriginal Middle America*. Carnegie Institution of Washington Publication No. 471.
Pool, C. A. 2000. From Olmec to epi Olmec at Tres Zapotes, Veracruz, Mexico. In Clark and Pye (eds.): 136–153.
—. 2007. *Olmec Archaeology and Early Mesoamerica*. Cambridge U. Press, Cambridge.
Pool, C. A. and G. J. Bey. 2007. Conceptual issues in Mesoamerican pottery economics. In *Pottery Economics in Mesoamerica*, C.A. Pool and G. J. Bey (eds.): 1–38. U. of Arizona Press, Tucson.
Popul Vuh. 1985. *Popul Vuh*. D. Tedlock (ed.). Simon and Schuster, New York.
Porter [Weaver], M. N. 1953. *Tlatilco and the Preclassic Cultures of the New World*. Viking Fund Publications in Anthropology No. 19.
—. 1956. Excavations at Chupicuaro, Guanajuato, Mexico. *Transactions of the American Philosophical Society*, No. 46, pt, 5.
Potter, S. 1962. *One Upmanship*. Penguin Books, New York.
Powis, T. G., F. Valdez, T. R. Hester, W. J. Hurst, and S. M. Tarka. 2002. Spouted vessels and cacao use among the Preclassic Maya. *LAA* 13: 85–106.
Price, B. J. 1980. The truth is not in accounts but in account books: On the epistemological status of history. In *Beyond the Myths of Culture*, E.B. Ross (ed.): 155–180. Academic Press, New York.
Price T. D., L. Manzanilla, W. D. Middleton. 2000. Immigration and the ancient city of Teotihuacan in Mexico. *Journal of Archaeological Science* 27: 903–913.
Proskouriakoff, T. 1960. Historical implications of a pattern of dates at Piedras Negras, Guatemala. *AA* 25: 454–475.
—. 1963. *An Album of Maya Architecture*. U. of Oklahoma Press, Norman.
Prufer, K. M., H. Moyes, B. J. Culleton, A. Kindon, and D. J. Kennett. 2011. Formation of a Complex Polity on the Eastern Periphery of the Maya Lowlands. *LAA* 22: 199–223.
Pyburn, K. A. 1996. The political economy of ancient Maya land use: the road to ruin. In Fedick (ed.): 236–247.
Pye, M. E. and A. A. Demarest. 1991. The evolution of complex societies in Southeastern Mesoamerica: New evidence from El Mesak, Guatemala. In Fowler (ed.): 77–100.
Quilter, J. 2004. *Rivas*. U. of Iowa Press, Iowa City.
Rabinowitz, A. 1986. *Jaguar*. Arbor House, New York.
Rafinesque-Schmaltz, C. S. 2001 [1832]. First letter to Mr. Champollion, on the graphic systems of America, and the glyphs of Otolum or Palenque, in Central America. In Houston et al. (eds.): 45–47.
Rathje, W. L. 1974. The garbage project: A new way of looking at the problems of archaeology. *Archaeology* 27: 236–241.
Rathje, W. L. and M. B. Schiffer. 1982. *Archaeology*. Harcourt Brace Jovanovich, Inc., New York.
Rattray, E. C. 1987. Los barrios foráneos de Teotihuacan. In

Teotihuacan, E. McClung de Tapia and E.C. Rattray (eds.): 243–274. UNAM.
—. 1990. New Findings on the Origins of Thin Orange Ceramics. *AncM* 1: 181–195.
—. 1996. A regional perspective on the Epiclassic period in Central Mexico. In *Arqueología Mesoamericana: Homenaje a Wlliam Sanders*, A. G. Mastache, J. R. Parsons, R. S. Santley, and M. C. Serra (cords.): 213–231. INAH.
Rattray, E. C., J. Litvak, and C. Diaz O. (coords.) 1981. *Interacción Cultural en México Central*. UNAM.
Read, K. A. 1998. *Time and Sacrifice in the Aztec Cosmos*. Indiana U. Press, Bloomington and Indianapolis.
Reents-Budet, D. 1994. *Painting the Maya Universe: Royal Ceramics of the Classic Period*. Duke U. Press, Durham.
Reilly III, F. K. 1995. Art, ritual, and rulership in the Olmec world. In Coe *et al.*: 26–45.
—. 2010. Tlacozotitlán. *AAMCA*: 756.
Relación de Michoacán. 1980 [1541]. *La Relación de Michoacán*. Estudios Michoacanos V. Fimax, Morelia, Michoacán, Mexico.
Renfrew, C. 2001. Production and consumption in a sacred economy: The material correlates of high devotional expression at Chaco Canyon. *AA* 66: 14–25.
Restall, M. 1998. *The Maya World: Yucatec Culture and Society, 1550–1850*. Stanford U. Press, Stanford.
Rice, D. S. (ed.) 1993. *Latin American Horizons*. DORLC
Rice, P. M. 1987. *Pottery Analysis: A Sourcebook*. U. of Chicago Press, Chicago.
—. 1996. Recent ceramic analysis. *Journal of Archaeological Research* 4: 133–163; 165–202.
—. 2004. *Maya Political Science*. U. of Texas Press, Austin.
Ringle, W. M. 2012. The Nunnery Quadrangle of Uxmal. In Braswell (ed.): 191–228.
Ringle, W. M., T. Gallareta Negrón, and G. J. Bey III. 1998. The return of Quetzalcoatl: Evidence for the spread of a world religion during the Epiclassic period. *AncM* 9: 183–232.
Robelo, C.A. 1980. *Diccionario de mitología Nahuatl*. 2 vols. Editorial Innovación, Mexico.
Robin, C. 1989. *Preclassic Maya Burials at Cuello, Belize*. British Archaeological Reports, International Series 480.
Robinson, E. A. 1997. Protohistoric to colonial settlement transition in the Antigua Valley, Guatemala. In *Approaches to the Historical Archaeology of Mexico, Central and South America*, J. Gasco, G. C. Smith and P. Fournier-García (eds.): 59–70 Monograph, 38. U. of California, Los Angeles, Institute of Archaeology, Los Angeles.
Rodríguez M., M. del C, P. Ortíz C., M. D. Coe, R. A. Diehl, S. D. Houston, K. A. Taube, and A. Delgado C. 2006. Oldest writing in the New World. *Science* 313: 1610–1614.
Román, E. and S. Newman. 2010. Excavación y descripción del Entierro 9 de El Zotz. In *Proyecto Arqueológico El Zotz*, J. L. Garrido López, S. Houston, and E. Román (eds.): 417–424. www.mesoweb.com/zotz/El-Zotz-2010.pdf
Romano, A. 1967. Tlatilco. *Boletín del INAH* 30: 38–42.
Romero, J. 1970. Dental mutilation, trephination, and cranial deformation. *HMAI* 9: 50–64.
Rue, D. J. 1989. Archaic Middle American agriculture and settlement. *JFA* 16: 177–184.
Ruiz de Alarcón, H. 1984 [1629]. *Treatise on the Heathen Superstitions That Today Live Among the Indians Native to This New Spain*. U. of Oklahoma Press, Norman.
Ruiz Gordillo, J. O. 1999. *Paxil: La Conservación en una Zona Arqueológica de la Región de Misantla, Veracruz.*. INAH.
Sabloff, J. A. (ed.) 2003. *Tikal: Dynasties, Foreigners, & Affairs of State*. School of American Research, Santa Fe.
Sabloff, J. A. and W. L. Rathje. 1975. *A Study of Changing Pre-Columbian Commericial Systems: The 1972–1973 Seasons at Cozumel, Mexico: A Preliminary Report*. Peabody Museum of Archaeology and Ethnology, Harvard U., Monographs 3.
Sahagún, Fray B. de. 1950–82 [1569]. *General History of the Things of New Spain (Florentine Codex)*. 13 vol. Translated and with notes by A. J. O. Anderson and C. E. Dibble. The School of American Research and The U. of Utah, Santa Fe.
—. 1959 [1569]. *The Merchants. Book 9 of the Florentine Codex*.
—. 1961 [1569]. *The People. Book 10 of the Florentine Codex*.
—. 1963 [1569]. *Earthly Things. Book 11 of the Florentine Codex*.
—. 1969 [1569]. *Rhetoric and Moral Philosophy. Book 6 of the Florentine Codex*.
—. 1970 [1569]. *The Gods. Book 1 of the Florentine Codex*.
—. 1975 [1569]. *The Conquest of Mexico. Book 12 of the Florentine Codex*.
—. 1978 [1569]. *The Origin of the Gods. Book 3 of the Florentine Codex*.
—. 1979 [1569]. *Kings and Lords. Book 8 of the Florentine Codex*.
—. 1979 [1569]. *The Soothsayers. Book 4 of the Florentine Codex*.
—. 1981 [1569]. *The Ceremonies. Book 2 of the Florentine Codex*.
—. 1993 [1559–1561]. *Primeros Memoriales. Facsimile edition*. U. of Oklahoma Press, Norman, OK., in cooperation with the Patrimonio Nacional and the Real Academia de la Historia, Madrid.
Sánchez Correa, S. A. 1993. El Formative en la region norcentral de Mesoamérica. In *A propósito del Formativo* (M.T. Castillo Mangas, ed.): 99–103. INAH.
Sanders, W. T. 1974. Chiefdom to state: Political evolution at Kaminaljuyu, Guatemala. In *Reconstructing Complex Societies*, C. B. Moore (ed.): 97–113. Supplement to the Bulletin of the American Schools of Oriental Research No. 20.
—. 1976. The agricultural history of the Basin of Mexico. In *The Valley of Mexico*, E. Wolf (ed.): 101–159. U. of New Mexico Press, Albuquerque.
—. 1981. Ecological adaptation in the Basin of Mexico: 23,000 BC to the Present. In *HMAI* Supplement 1: 147–197.
—. 1992. Ecology and cultural syncretism in 16th-century Mesoamerica. *Antiquity* 66: 172–190.
Sanders, W. T., A. G. Mastache, and R. H. Cobean (eds.). 2003. *Urbanism in Mesoamerica Vol. 1*. INAH and The Pennsylvania State U., Mexico City, Mexico, and University Park, PA.
Sanders, W. T., J. R. Parsons, and R. S. Santley. 1979. *The Basin of Mexico*. Academic Press, New York.
Sanders, W. T. and B. Price. 1968. *Mesoamerica: The Evolution of a Civilization*. Random House, New York.
Sanders, W. T. and D. L. Webster. 1988. The Mesoamerican urban tradition. *AAnthro* 90: 521–546.
Santley, R. S. 1993. Late Formative period society at Loma Torremote. In Santley and Hirth (eds.): 67–86.
—. 1994. The Economy of Ancient Matacapan. *AncM* 5: 243–266.
Santley, R. S., M. J. Berman, and R. T. Alexander. 1991. The politicization of the Mesoamerican ballgame and its implications for the interpretation of the distribution of ballcourts in Central Mexico. In Scarborough and Wilcox (eds.): 3–24.
Santley, R. S. and K. Hirth (eds.). 1993. *Prehispanic Domestic Units in Western Mesoamerica*. CRC Press, Boca Raton.
Sarro, P. J. 2001. The form of power: the architectural meaning of Building A of El Tajín. In Koontz *et al.*(eds.): 231–256.
—. 2006. Rising above. In Christie and Sarro (eds.): 166–188.
Saturno, W. A., D. Stuart, and B. Beltrán. 2006. Early Maya Writing at San Bartolo, Guatemala. *Science* 311: 5765: 1281–1283.
Saturno, W. A., K. A. Taube, and D. Stuart. 2005. The Murals of San Bartolo, El Petén, Guatemala. Part 1: The North Wall. *Ancient America* 7.
Saunders, N. J. 1998. Architecture of symbolism: The feline image. In Saunders (ed.): 12–52.
—. (ed.). 1998. *Icons of Power: Feline Symbolism in the Americas*. Routledge, London and New York.
Scarborough, V. L. 1994. Maya water management. *National Geographic Research and Exploration* 10: 92: 184–199.
Scarborough, V. L. and D. Wilcox (eds.). 1991. *The Mesoamerican Ballgame*. U. of Arizona Press, Tucson.
Schaafsma, C. F. and C. Riley (eds.). 1999. *The Casas Grandes World*. U. of Utah Press, Salt Lake City.
Schele, L. and D. Freidel. 1990. *A Forest of Kings*. Wm. Morrow and Co., New York.

Schiavetti, V. W. 1994. La minería prehispánica de Chalchihuites. *AncM* Vol. 1, No. 6: 48–51.

Schoeninger, M.J. 1979. *Dietary Reconstruction at Chalcatzingo, a Formative Period Site in Morelos, Mexico*. MAUM Technical Report 9.

Scholes, F. V. and R. L. Roys. 1948. *The Maya Chontal Indians of Acalan-Tixchel*. Carnegie Institution of Washington, Publication No. 560.

Schortman, E. M., P. A. Urban and M. Ausec. 2001. Politics with style: Identity Formation in Prehispanic Southeastern Mesoamerica. *AAnthro* 103: 312–330.

Schroeder, S. 1991. *Chimalpahin and the Kingdoms of Chalco*. U. of Arizona Press, Tucson.

Schwartz, M. 1997. *A History of Dogs in the Early Americas*. Yale U. Press, New Haven.

Scott, S. 1993. *Teotihuacan Mazapan Figurines and the Xipe Totec Statue: A Link Between the Basin of Mexico and the Valley of Oaxaca*. VUPA 44.

Seitz, R., G. E. Harlow, V. B. Sisson, and K. E. Taube. 2001. Formative jades and expanded jade sources in Guatemala. *Antiquity* 75: 687–688.

Séjourné, L. 1962. *El Universo de Quetzalcóatl*. Fondo de Cultura Económica, Mexico City.

—. 1984 [1966]. *Arqueología de Teotihuacan: La Cerámica*. Fondo de Cultura Económica, Mexico City.

Seler, E. 1991 [1894]. Where was Aztlan, the home of the Aztecs? In *Collected Works in Mesoamerican Linguistics and Archaeology* by E. Seler, Vol. 2: 18–27. Labyrinthos, Culver City, CA.

—. 1991 [1904]. On the words Anauac and Nauatl. In *Collected Works in Mesoamerican Linguistics and Archaeology* by E. Seler, Vol. 2: 28–42. Labyrinthos, Culver City, CA.

Sempowski, M. L. and M. W. Spence. 1994. *Mortuary Practices and Skeletal Remains at Teotihuacan, with an addendum by Rebecca Storey*. U. of Utah Press, Salt Lake City.

Serra Puche, M. C., J. C. Lazano Arce, and M de la Torre Mendoza. 2004. *Cerámica de Xochitécatl*. UNAM, Mexico City.

Shafer, H. J. and T. R. Hester. 1983. Ancient Maya chert workshops in northern Belize, Central America. *AA* 48: 519–543.

Sharer, R. J. 1984. Lower Central America as seen from Mesoamerica. In Lange and Stone (eds.): 63–84.

—. (ed.). 1978. *The Prehistory of Chalchuapa, El Salvador*. 3 vols. U. Museum Monograph 36. U. of Pennsylvania Press, Philadelphia.

Sharer, R. J. with L. B. Traxler. 2006. *The Ancient Maya*. Sixth edition. Stanford U. Press, Stanford.

Sharer, R. J., L. B. Traxler, D. W. Sedat, E. Bell, M. Canuto, and C. Powell. 1999. Early Classic architecture beneath the Copán Acropolis. *AncM* 10: 3–23.

Shaw, L.C. 1999. Social and ecological aspects of Preclassic Maya meat consumption at Colha, Belize. In White (ed.): 83–100.

Sheets, P. 2000. The Southeast Frontiers of Mesoamerica. In Adams and MacLeod (eds.): 407–448.

—. (ed.). 2002. *Before the Volcano Erupted*. U. of Texas Press, Austin.

—. 2006. *The Ceren Site*. Thomson Wadsworth, Belmont CA.

—. 2008. Armageddon to the Garden of Eden: Explosive volcanic eruptions and societal resilience in ancient Middle America. In *El Niño, Catastrophism, and Culture Change in Ancient America*, D.H. Sandweiss and J. Quilter (eds.), 167-186. DORLC.

—. 2010. Cerén. *AMCA*: 110–112.

Sheets, P., C. Dixon, A. Blanford, and M. Guerra. 2007. Descubrimientos de investigaciones geofísicas e arqueológicas al sur de Joya de Cerén. *El Salvador Investiga* 5.

Sheets, P., C. Dixon, M. Guerra, and A. Blanford. 2011. Manioc cultivation at Cerén, El Salvador. *AncM* 22: 1–11.

Shepard, A. O. 1948. *Plumbate: A Mesoamerican Tradeware*. Carnegie Institution of Washington, Publication No. 573, Washington, D.C.

Shook, E. M. and A. V. Kidder. 1952. Mound E-III-3, Kaminaljuyú, Guatemala. *Carnegie Institution of Washington, Contributions to American Anthropology and History* 53: 33–127.

Sidrys, R. and R. Berger. 1979. Lowland Maya radiocarbon dates and the classic Maya collapse. *Nature* 277: 269–274.

Siller, J. A. 1984. Presencia de elementos arquitectónicos teotihuacanoides en occident: Tingambato, Michoacán. *Cuadernos de Arquitectura Mesoamérica* No. 2: 60–61.

Silverstein, J. 2001. Aztec imperialism at Oztumba, Guerrero: Aztec-colonial relations during the late Postclassic and early colonial periods. *AncM* 12: 31–48.

Smith, A. L. 1965. Architecture of the Guatemalan Highlands. *HMAI* 2: 1: 76–94.

Smith, B. D. 1995. *The Emergence of Agriculture*. Scientific American Library, New York.

Smith, Mary E. 1973. *Picture Writing from Ancient Southern Mexico: Mixtec Place Signs and Maps*. U. of Oklahoma Press, Norman.

Smith, M. E. 1984. The Aztlan Migrations of the Nahuatl Chronicles: Myth or History? *Ethnohistory* 31: 153–186.

—. 1996. The strategic provinces. In Berdan et al.: 137–150.

—. 2002. *The Aztecs*. Blackwell Publishers, Oxford.

Smith, M. E. and F. F. Berdan. 1996. Appendix 4: Province descriptions. In Berdan et al.: 265–349.

Smith, M. E. and F. F. Berdan (eds.). 2003. *The Postclassic Mesoamerican World*. U. of Utah Press Salt Lake City.

Smith, M. E., C. Heath-Smith, and L. Montiel. 1999. Excavations of Aztec urban houses at Yautepec, Mexico. *LAA* 10: 133–150.

Smith, M. E. and T. J. Price. 1994. Aztec-Period agricultural terraces in Morelos, Mexico. *JFA* 21: 169–179.

Smith, V. G. 1984. *Izapa Relief Carving: Form, Content, Rules for Design, and Role in Mesoamerican Art History and Archaeology*. DOSPCAA 27.

—. 2000. The iconography of power at Xochicalco. In Hirth (ed.): II: 57–82. The U. of Utah Press, Salt Lake City.

Smyth, M. P. 2010. Uxmal. *AAMCA*: 793–796.

Smyth, M. P., C. D. Dore and N. P. Dunning. 1995. Interpreting prehistoric settlement patterns: lessons from the Maya center of Sayil, Yucatan. *Journal of Field Archaeology* 22: 321–347.

Smyth, M. P., J. Ligorred P., D. Ortegon Z., and P. Farrell. 1998. An Early Classic center in the Puuc Region: New Data from Chac II, Yucatan, Mexico. *AncM* 9: 233–257.

Smyth, M. P. and D. Rogart. 2004. A Teotihuacan presence at Chac II, Yucatan, Mexico. *AncM* 15: 17–47.

Snow, D. R. 1996. Ceramic sequences and settlement location in pre-hispanic Tlaxcala. In *Antología de Tlaxcala*, Vol. 1: 131–159. INAH.

Solanes, M. del C. y E. Vela. 1993. Archaeological zones. In Franco y González Salas (ed.): 148–165.

Solís, F. 1993. Huastec country. In Franco y González Salas (ed.): 42–61.

—. 1993. Peoples and cultures in the Totonacapan region. In Franco y González Salas (ed.): 64–85.

Spence, M. W. 1974. Residential practices and the pistribution of skeletal traits in Teotihuacan, Mexico. *Man* 9: 262–273.

Spence, M. W., C. D. White, F. J. Longstaffe and K. R. Law. 2004. Victims of the victims. *AncM* 15: 1–15.

Spencer, C. 1982. *The Cuicatlán Cañada and Monte Albán: A Study of Primary State Formation*. Academic Press, New York.

Spencer, C. and E. Redmond. 1997. *Archaeology of the Cañada de Cuicatlán*. AMNHAP, No. 80.

—. 2001. Multilevel selection and political evolution in the Valley of Oaxaca, 500–100 BC. *JAA* 20: 195–229.

Spores, R. 1984. *The Mixtecs in Ancient and Colonial Times*. U. of Oklahoma Press, Norman.

Staller, J. E., R. Tykot, and B. F. Benz. 2006. *Histories of Maize*. Elsevier, Burlington.

Stark, B. L. 1981. The rise of sedentary life. In *HMAI Supplement: Archaeology*: 345–372. U. of Texas Press, Austin.

— (ed.). 1991. *Settlement Archaeology of Cerro de las Mesas, Veracruz, Mexico*. Monograph 34, Institute of Archaeology, U. of California, Los Angeles.

—. 1997. Gulf lowland ceramic styles and political geography in ancient Veracruz. In Stark and Arnold (eds.): 278–309.

—. 2001. Figurines and other artifacts. In *Classic Period Mixtequilla, Veracruz, Mexico*, B. L. Stark (ed.): 179–226. U. at Albany Institute

for Mesoamerican Studies Monograph 12, Albany.
—. 2010. Gulf lowlands: South central region. *AAMCA*: 334–340.
Stark, B. L. and P. J. Arnold III (eds.). 1997. *Olmec to Aztec: Settlement Patterns in the Ancient Gulf Lowlands*. U. of Arizona Press, Tucson.
—. 1997. Introduction to the archaeology of the Gulf lowlands. In Stark and Arnold (eds.): 3–32.
Stark, B. L., L. Heller, and M. A. Ohnersorgen. 1998. People with cloth: Mesoamerican economic change from the perspective cotton in South-Central Veracruz. *LAA* 9: 7–36.
Stephens, J. L. 1969 [1841]. *Incidents of Travel in Central America, Chiapas and Yucatan*. 2 vols. Dover, New York.
—. 1991 [1841]. *Incidents of Travel in Yucatan*. Editorial San Fernando, Mérida, Mexico.
Steward, J. H. 1955. *Theory of Culture Change*. U. of Illinois Press, Urbana.
Stewart, T. 2008. Fourteen-thousand-year-old coprolites contain human DNA. *American Archaeology* 12 No. 2: 7.
Stewart, T. 2009-10. Clovis site discovered in northwest Mexico. *American Archaeology* 13 No. 4: 7.
Stirling, M. W. 1943. Stone monuments of Southern Veracruz. *Bureau of American Ethnology*, Bulletin No. 138.
Stirling, M. W. and M. Stirling. 1942. Finding jewels of jade in the Mexican swamp. *National Geographic* 82: 635–661.
Stone, A. 2002. Spirals, ropes and feathers: the iconography of rubber balls in Mesoamerican art. *AncM* 13: 21–39.
Stone, A. and M. Zender. 2011. *Reading Maya Art*. Thames & Hudson, London and New York.
Stone, D. 1972 and 1976. *Pre-Columbian Man Finds Central America*. Peabody Museum Press, Cambridge.
Storey, R. 1992. *Life and Death in the Ancient City of Teotihuacan: A Paleodemographic Synthesis*. The U. of Alabama Press, Tuscaloosa.
Stresser-Péan, G. 1977. *San Antonio Nogalar*. Etudes Mesoamericaines III, Mission Archeologique et Etnologique Française au Mexique, Mexico City.
Stresser-Péan, G. and C. Stresser-Péan. 2001. *Tamtok: Sitio Arqueológico Huasteco*. 2 vols. Instituto de Cultura de San Luis Potosí et al., San Luis Potosí, Mexico.
Stuart, D. 2000. 'The arrival of strangers': Teotihuacan and Tollan in Classic Maya History. In Carrasco et al. (eds.): 465–513.
—. 2011. *The Order of Days*. Harmony Books, New York.
Stuart, D. and G. Stuart. 2008. *Palenque*. Thames & Hudson, London.
Stuart, G. E. 1992. Mural masterpieces of ancient Cacaxtla. *National Geographic* 182 (3): 120–136.
—. 1993. New light on the Olmec. *National Geographic* 184: 88–115.
Sugiura, Y. 2000. Cultural lacustre y sociedad del valle de Toluca. *AncM* Vol. 7, No. 43: 32–37.
—. 2005. *Y Atrás Quedó la Ciudad de los Dioses*. UNAM, Mexico City.
—. 2010. Toluca region. *AAMCA*: 763–766.
Sugiyama, S. 1992. Rulership, warfare, and human sacrifice at the Ciudadela: An iconographic study of Feathered Serpent representations. In Berlo (ed.): 205–230.
—. 1993. Worldview materialized in Teotihuacan, Mexico. *LAA* 4: 103–129.
—. 1998. Termination programs and prehispanic looting at the Feathered Serpent Pyramid in Teotihuacan, Mexico. In *The Sowing and the Dawning*, S. B. Mock (ed.): 147–164. U. of New Mexico Press, Albuquerque.
—. 2005. *Human Sacrifice, Militarism, and Rulership*. Cambridge U. Press, Cambridge.
Suhler, C., T. Ardren, and D. Johnstone. 1998. The chronology of Yaxuna: evidence from excavation and ceramics. *AncM* 9: 167–182.
Sullivan, T. D. 1982. Tlazolteotl-Ixcuina: The Great Spinner and Weaver. In *The Art and Iconography of Late Post-Classic Central Mexico*, E. H. Boone (ed.): 7–35. DORLC.
Sullivan, Timothy D. 2012. Strategies in the foundation of the Middle Formative political center of Chiapa de Corzo, Chiapas, Mexico. In *La arqueología reciente de Chiapas*, L. S. Lowe and M. E. Pye (eds). Papers of the New World Archaeological Foundation, No. 72. Brigham Young University, Provo.

Symonds, S. 2000. The ancient landscape at San Lorenzo Tenochtitlan, Veracruz, Mexico: settlement and nature. In Clark and Pye (eds.): 54–73.
Taladoire, E. 1994. El juego de pelota precolombino. *AncM* 2: 9: 6–15.
Tapia, A. de. 1963 [c. 1534]. The chronicle of Andrés de Tapia. In *The Conquistadores*, P. de Fuentes (ed. and trans.): 19–48. The Orion Press, New York.
Tarkanian, M. J., and D. Hosler. 2011. America's First Polymer Scientists. *LAA* 22: 469–486.
Tate, C. E. 1992. *Yaxchilan*. U. of Texas Press, Austin.
—. 1999. Patrons of shamanic power: La Venta's supernatural entities in light of Mixe beliefs. *AncM* 10: 169–188.
Taube, K. A. 1992a. The iconography of mirrors at Teotihuacan. In Berlo (ed.): 169–204.
—. 1992b. *The Major Gods of Ancient Yucatán*. DOSPCAA Number 32.
—. 1995. The Rainmakers: The Olmec and their contribution to Mesoamerican belief and ritual. In Coe et al.: 82–103.
—. 2000. *The Writing System of Ancient Teotihuacan*. Ancient America 1. Center for Ancient American Studies, Barnardsville, N.C., and Washington, D.C.
—. 2002. La serpiente emplumada en Teotihuacan. *AncM* 9: 53: 36–41.
Taube, K. A. and K. A. Taube. 2009. The beautiful, the bad, and the ugly: Aesthetics and morality in Maya Figurines. In Halperin et al. (eds.): 236–258.
Thomas, H. 1995. *Conquest: Montezuma, Cortés, and the Fall of Old Mexico*. Simon and Schuster, New York.
Thompson, L. M. and F. Valdez. 2008. Potbelly sculpture. *AncM* 19: 13–27.
Thompson, J. E. S. 1970. *Maya History and Religion*. U. of Oklahoma Press, Norman.
Tichy, F. 1976. Orientación de las pirámides e iglesias en el Altiplano Mexicano. *Comunicaciones Proyecto Puebla-Tlaxcala*, IV. FAIC.
Tolstoy, P. 1989. Coapexco and Tlatilco. In *Regional Perspectives on the Olmec*, R. J. Sharer and D. C. Grove (eds.): 85–121. Cambridge U. Press, New York.
—. 1978. Western Mesoamerica before A.D. 900. In *Chronologies in New World Archaeology*, R. E. Taylor and C. W. Meighan (eds.): 241–284. Academic Press, New York.
Tolstoy, P. and S. K. Fish. 1975. Surface and subsurface evidence for community size at Coapexco, Mexico. *JFA* 2: 97–104.
Tolstoy, P., S. K. Fish, M. W. Boksenbaum, K. B. Vaughn, and C. E. Smith. 1977. Early sedentary communities of the Basin of Mexico. *JFA* 4: 91–107.
Tourtellot, G. and J. A. Sabloff. 1994. Puuc development as seen from Sayil. In *Hidden Among the Hills: Maya Archaeology of the Northwest Yucatan Peninsula*, H. J. Prem (ed.): 71–92. Verlag von Flemming, Mockmuhl.
Townsend, C. 2006. *Malintzin's Choices*. U. of New Mexico Press, Albuquerque.
Townsend, R. F. (ed.). 1998. *Ancient West Mexico: Art and Archaeology of the Unknown Past*. The Art Institute of Chicago, Chicago.
—. 2009. *The Aztecs*. Third edition. Thames & Hudson, London and New York.
Tozzer, A. M. 1921. Excavation of a site at Santiago Ahuitzotla, D.F. Mexico. *Smithsonian Institution Bureau of American Ethnology* Bulletin 74.
Traxler, L. P. 2001. Royal court of Early Classic Copán. In Inomata and Houston (eds.): 46–73.
Turner, C. G. II and J. A. Turner. 1999. *Man Corn: Cannibalism and Violence in the Prehistoric American Southwest*. U. of Utah Press, Salt Lake City.
Turner, V. 1967. *The Forest of Symbols*. Cornell U. Press, Ithaca.
Umberger, E. 1996. Aztec presence and material remains in the outer provinces. In *Aztec Imperial Strategies*, by F. F. Berdan et al.: 151–179. DORLC.
Urban, P. A. and E. M. Schortman (eds.) *The Southeast Maya Periphery*. U. of Texas Press, Austin.
Urcid, J. 2001. *Zapotec Hieroglyphic Writing*. DOSPCAA No. 34.
Uruñela, G. and P. Plunket. 2007. Tradition and transformation. In

Gonlin and Lohse (eds): 33–54. U. Press of Colorado, Boulder.
Vail, G. and A. Stone. 2002. Representations of women in Postclassic and Colonial Maya literature and art. In Ardren (ed.): 203–228.
Vaillant, G. C. 1931. *Excavations at Ticoman*. AMNHAP 32 No. 2.
Vaillant, G. C. and W. T. Sanders. 2000. Excavations at Chiconautla. In *The Teotihuacan Valley Project Final Report Vol. 5 The Aztec Period Occupation of the Valley Pt. 2*, W. T. Sanders and S. T. Evans (eds.): 757–787. Occasional Papers in Anthropology No. 26. Dept. of Anthropology, The Pennsylvania State U., University Park.
Vaillant, S. B. and G. C. Vaillant. 1934. *Excavations at Gualupita*. AMNHAP 35 N. 1.
Valadez Azúa, R., B. Paredes, and B. Rodríguez. 1999. Entierros de perros descubiertos en la antigua ciudad de Tula. LAA 10: 180–200.
VanDerwarker, A. M. 2006. *Farming, Hunting, and Fishing in the Olmec World*. U. of Texas Press, Austin.
van Gennep, A. 1960 *The Rites of Passage*. U. of Chicago Press, Chicago.
VanPool, C. S. and T. L. VanPool. 2007. *Signs of the Casas Grandes Shamans*. The U. of Utah Press, Salt Lake City.
Veblen, T. 1953. *The Theory of the Leisure Class*. New American Library, New York.
Velázquez Morlet, A. 2000. El juego de pelota de Chichén Itzá. ArqM 8: 44: 46–47.
Vitebsky, P. 1995. *The Shaman*. Little, Brown, Boston.
Vivó Escoto, J. A. 1964. Weather and climate of Mexico and Central America. HMAI 1: 187–215.
von Nagy, C. 1997. The geoarchaeology of settlement in the Grijalva delta. In Blake and Arnold (eds.): 253–277.
von Winning, Hasso. 1960. Further examples of figurines on wheels from Mexico. Ethnos 1–2: 63–71.
Voorhies, B. 1989a. A model of the Pre-Aztec political system of the Soconusco. In Voorhies (ed.): 95–129.
—. 1989b. Settlement patterns in the western Soconusco: Methods of site recovery and dating results. In Bové and Heller (eds.): 103–124.
—. (ed.). 1989. *Ancient Trade and Tribute: Economies of the Soconusco Region of Mesoamerica*. U. of Utah Press, Salt Lake City.
—. 2004. *Coastal Collectors in the Holocene*. U. Press of Florida, Gainesville.
Wagner, P. L. 1964. Natural vegetation of Middle America. In HMAI 1: 216–264.
Weaver, M. P. 1993. *The Aztecs, Maya, and Their Predecessors*. Academic Press, New York.
Webster, D. L. 1976. *Defensive Earthworks at Becan, Campeche, Mexico, Implications for Maya Warfare*. MARI Publication 41.
—. 1977. Warfare and the evolution of Maya civilization. In *The Origins of Maya Civilization*, R. E. W. Adams (ed.): 335–372. U. of New Mexico Press, Albuquerque.
—. 1998. Classic Maya architecture: Implications and comparisons. In Houston (ed.): 5–47.
—. 2001. Spatial dimensions of Maya courtly life. In Inomata and Houston (eds.): I: 130–167.
—. 2002a. *The Fall of the Ancient Maya*. Thames & Hudson, London and New York.
—. 2002b. Groundhogs and kings: Issues of divine rulership among the Classic Maya. In Love et al. (eds.): 433–458.
—. 2011. Backward bottlenecks: Ancient teosinte/maize selection. Current Anthropology 52: 77–104.
Webster, D. L., S. T. Evans and W. T. Sanders. 1993. *Out of the Past: An Introduction to Archaeology*. Mayfield Publishing Co., Mountain View.
Webster, D. L., A. C. Freter and N. Gonlin. 2000. *Copán: The Rise and Fall of an Ancient Maya Civilization*. Harcourt, Ft. Worth.
Webster, D. L., T. Murtha, K. D. Straight, J. Silverstein, H. Martínez, R. E. Terry, and R. Burnett. 2007. The great Tikal earthwork revisited. JFA 32: 41–64.
Weigand, P. C. 1996, The architecture of the Teuchitlán tradition of the Occidente of Mesoamerica. AntcM 7: 91–101.
—. 2010. West Mexico. AAMCA: 818–824.
Weigand, P. C. and C. S. Beekman. 1998. The Teuchitlán tradition. Rise of a statelike society. In Townsend (ed.): 34–51.
Wendt, C. J. and S. T. Lu. 2006. Sourcing archaeological bitumen in the Olmec region. Journal of Archaeological Science 33: 89–97.
West, R. C. and J. P. Augelli. 1989. *Middle America: Its Land and Peoples*. Prentice Hall, Englewood Cliffs.
Whalen, M. E. and P. E. Minnis. 1996. Ball courts and political centralization in the Casas Grandes region. AA 61: 732–746.
Wheeler Pires-Ferreira, J. 1976. Shell and iron-ore mirror exchange in Formative Mesoamerica. In Flannery (ed.): 311–328.
White, C. D. (ed.). 1999. *Reconstructing Ancient Maya Diet*. U. of Utah Press, Salt Lake City.
White, C. D., M. W. Spence, F. J. Longstaffe, K. R. Law. 2000. Testing the nature of Teotihuacan imperialism at Kaminaljuyu using phosphate oxygen-isotope ratios. JAR 56: 535–558.
White, C. D., R. Storey, F. J. Longstaffe, and M. W. Spence. 2004. Immigration, assimilation, and status in the ancient city of Teotihuacan: Stable isotopic evidence from Tlajinga 33. LAA 15: 176–198.
Whitley, D. S. and M. P. Beaudry. 1989. Chiefs on the coast: Developing chiefdoms in the Tiquisate Region in ethnographic perspective. In Bové and Heller (eds.): 101–119.
Whitmore, T. M. 1992. *Disease and death in Early Colonial Mexico: Simulating Amerindian Depopulation*. Dellplain Latin American Studies, No. 28. Westview, Boulder.
Widmer, R. J. and R. Storey. 1993. Social organization and household structure of a Teotihuacan apartment compound: S3 W 1:33 of the Tlajinga Barrio. In Santley and Hirth (eds.): 87–104.
Wilkerson, S. J. K. 1973. An archaeological sequence from Santa Luisa, Veracruz, Mexico. Contributions of the U. of California Archaeological Research Facility 13: 37–70.
—. 1983. So green and like a garden. In *Drained Field Agriculture in Central and South America*, J.P. Darch (ed.). BAR International Series 189, Oxford.
—. 1987. *El Tajín: A Guide for Visitors*. Universidad Veracruzana, Xalapa.
—. 1994. The garden city of El Pital. National Geographic Research and Exploration 10: 56–71.
—. 2010a. El Tajín: Art and artifacts, chronology, and religion and ideology. AAMCA: 693–698.
—. 2010b. Gulf lowlands: north central region. AAMCA: 324–329.
—. 2010c. Gulf lowlands: north region. AAMCA: 329–334.
—. 2010d. Las Higueras. AAMCA: 345–346.
Willey, G. R. 1984. A summary of the archaeology of Lower Central America. In Lange and Stone (eds.): 341–378.
—. 1966. *An Introduction to American Archaeology, Volume 1, North and Middle America*. Prentice Hall, Englewood Cliffs, NJ.
Willey, G. R. and P. Phillips. 1958. *Method and Theory in American Archaeology*. U. of Chicago Press, Chicago.
Willey, G. R. and J. A. Sabloff. 1974. *A History of American Archaeology*. W. H. Freeman and Co., San Francisco.
Williams, B. J. and H. R. Harvey. 1988. Content, provenience, and significance of the Codex Vergara and the Códice de Santa María Asunción. AA 53: 337–351.
—. *The Códice de Santa María Asunción*.. U. of Utah Press, Salt Lake City.
Williams, E. 1992. Sacred stones. In *Ancient America*, N.J. Saunders (ed.): 65–73. Oxford, Oxbow Monograph 24.
Wingard, J. D. 1996. Interactions between demographic processes and soil resources in the Copán Valley, Honduras. In Fedick (ed.): 207–223.
Winter, M. 1976a. Differential patterns of community growth in Oaxaca. In Flannery (ed.): 227–234.
—. 1976b. The archaeological household cluster in the Valley of Oaxaca. In Flannery (ed.): 25–31.
—. 1984. Exchange in Formative highland Oaxaca. In Hirth (ed.): 179–214.
Witmore, C. L. 1998. Sacred sun centers. In Townsend (ed.): 136–149.
Wolf, E. 1959. *Sons of the Shaking Earth*. U. of Chicago Press, Chicago.
Wolfman, D. 1990. Mesoamerican chronology and archaeomagnetic dating, AD 1–1200. In *Archaeomagnetic Dating*, J. L. Eighmy and R. S.

Sternberg (eds.): 261–308. The U. of Arizona Press, Tucson.
Wonderley, A. W. 1991. The Late Preclassic Sula Plain, Honduras. In Fowler (ed.): 143–169.
Woodbury, R. B., and J. A. Neely. 1972. Water control systems of the Tehuacán Valley. In *The Prehistory of the Tehuacán Valley, Vol 4,* F. Johnson (ed.): 81–153. U. of Texas Press, Austin.
Woot-Tsuen, W. L. with F. Busson and C. Jardin. 1968. *Food composition Table for Use in Africa.* U.S. Dept. of Health, Education, and Welfare, Nutrition Program, and Food Consumption and Planning Branch, Food and Agriculture Organization of the United Nations.
Woot-Tsuen, W. L. with M. Flores. 1961. *Food Composition Table for Use in Latin America.* Interdepartmental Committee on Nutrition for National Defense and The Institute of Nutrition of Central America and Panama, Bethesda, Maryland, and Guatemala City.

Wright, H. E. 1991. Environmental conditions for Paleoindian immigrations. In *The First Americans,* T. D. Dillehay and D. J. Meltzer (eds.): 113–135. CRC Press, Boca Raton.
Wright, L. E. 2005. In search of Yax Nuun Ayiin I. *AM* 16: 89–100.
Zeitlin, J. F. 1993. The politics of Classic-period ritual interaction: iconography of the ballgame cult in coastal Oaxaca. *AncM* 4: 121–140.
Zeitlin, R. N. 1993. Pacific coastal Laguna Zope. A regional center in the Terminal Formative hinterlands of Monte Alban. *AncM* 4: 85–101.
—. 2010. Oaxaca and Tehuantepec regions. *AAMCA*: 537–546.
Zeitlin, R. N. and J. F. Zeitlin. 2000. The Paleoindian and Archaic cultures of Mesoamerica. In Adams and MacLeod (eds.): 45–121.
Zorita, Alonso de. 1994 [1566–1570]. *Life and Labor in Ancient Mexico: the Brief and Summary Relations of the Lords of New Spain.* U. of Oklahoma Press, Norman.

图片来源

Frontispiece David Drew. **1.1** Marquina 1951. **1.2** Drawing ML Design. **1.3** Drawing ML Design. **1.4** clockwise from top Baghdad Museum, Iraq. Photo Hirmer; Qin Terra-cotta Museum, Lintong, Shaanxi Province, China; Museum of Pakistan, Karachi; Agyptisches Museum und Papyrussammlung, Berlin; Museum fur Volkerkunde, Munich; Photo David Webster. **1.5** Drawing Frederick Catherwood. **1.6** Table based on Webster, Evans, and Sanders 1993: 160–161. **1.7** Photo Joyce Marcus and Kent V. Flannery. **1.8** Drawing Courtesy New World Archaeological Foundation. Illustration Ayax Moreno. **1.9** Table based on Nicholson 1971 and Ortiz de Montellano 1990: 40–41. **1.10** Museo Nacional de Antropología, Mexico. **1.11** Museo Nacional de Antropológica, Mexico City. **1.12** Photo Rafael Doniz Courtesy of Citibank, Mexico. **1.13** Photo ffotograff © N. C Turner. **1.14** Drawing René Millon. **1.15** Museo Arqueologico de Teotihuacan. **1.16** Photo David Drew. **1.17** Photo David Drew. **1.18** Photo © Paul C. Pet/Zefa/Corbis. **1.19** Photo Irmgard Groth-Kimball © Thames & Hudson Ltd, London. **1.20** Photo Tony Morrison/South American Pictures **1.21** Great Temple Project. **1.22** Great Temple Project. **2.1** Drawing ML Design after West and Augelli Fig. 2.11. **2.2** Museo Nacional de Antropología, Mexico. **2.3** Drawing ML Design. **2.4** Diagram Susan Toby Evans. **2.5** Drawing Susan Toby Evans. **2.6** Drawing ML Design. **2.7** Drawing Drazen Tomic after Patrick F. Gallagher in Wolf 1959: 7. **2.8** Table Susan Toby Evans. **2.9** Art Museum, Princeton University. **2.10** Drawing after J. D. Jennings, 1968. **2.11** Photo The Art Archive/National Anthropological Museum, Mexico/Dagli Orti. **2.12** Photo Irmgard Groth-Kimball © Thames & Hudson Ltd, London. **3.1** Drawing ML Design. **3.2** Drawing Drazen Tomic after Garber 2001: 302; and after Webster et al. 1993: 42. **3.3** After Ensminger 1994, V. 1; Pennington and Church 1985; Woot-Tsuen and Busson and Jardin 1968; Woot-Tsuen and Flores 1961. **3.4** Biblioteca Nazionale Centrale, Florence. **3.5** Photo Susan Toby Evans. **3.6** Codex Florentine. **3.7** Photo Joyce Marcus and Kent V. Flannery. **3.8** Drawing Joyce Marcus and Kent V. Flannery. **3.9** Drawing Drazen Tomic after Coe and Flannery 1964. **3.10** Drawing ML Design after Rathje and Schiffer 1982: 23, Fig. 2–3; MacNeish 1967, Fig. 186. **3.11** Robert S. Peabody Foundation for Archaeology, Phillips Academy, Andover, Massachusetts. **3.12** Photo Christine Niederberger. **3.13** Photo Joyce Marcus and Kent V. Flannery. **3.14** Drawing Drazen Tomic after Michaels and Voorhies 1999: 41, Fig. 3. **3.15** Drawing after Stone 1972. **4.1** Drawing ML Design. **4.2** Susan Toby Evans after Kirchhoff 1943. **4.3** Art Museum, Princeton University. **4.4** Courtesy New World Archaeological Foundation. Drawing Ayax Moreno. **4.5** Drawing after Kidder, Jennings, and Shook 1946. **4.6** Drawing Drazen Tomic after Clark 1991: 24, Fig. 8. **4.7** Drawing Joyce Marcus and Kent V. Flannery. **4.8** Courtesy New World Archaeological Foundation. Drawing Ayax Moreno. **4.9** After Clark 2001. **4.10** Photo Napoleon A. Chagnon. **4.11** Michael Blake. **4.12** Drawing after Hill et al 1998. **4.13** Photo Michael Tarkanian. **4.14** Susan Toby Evans after Justeson and Broadwell, 2007 and Longacre, 1967. **4.15** Biblioteca Medicea Laurentiana, Florence. **4.16** Drawing Drazen Tomic after Minc 2001; Frierman 1969: 80; Sempowski and Spence 1994: 453; Weaver 1993. **4.17** Drawing Drazen Tomic after Marcus and Flannery 1996.

4.18 Drawing Joyce Marcus and Kent V. Flannery. 4.19 Drawing Joyce Marcus and Kent V. Flannery. 4.20 Drawing Drazen Tomic. 5.1 Drawing ML Design. 5.2 Peabody Museum of Archaeology and Ethnology, Harvard University. 5.3 Museo Nacional de Antropología, Mexico City. 5.4 Museo Nacional de Antropología, Mexico City. 5.5 Photo Irmgard Groth-Kimball © Thames & Hudson Ltd, London. 5.6 Photo Michel Zabé. 5.7 Drawing ML Design after Diehl and Coe 1996: 13, Fig. 5. 5.8 Photo Ann Cyphers. 5.9 Museo de Antropología de Xalapa, Universidad Veracruzana. Photo Adrian Mendieta Pérez. 5.10 Photo Kenneth Garrett/National Geographic Image Collection. 5.11 Photo Kenneth Garrett. 5.12 Photo Colin McEwan. 5.13 Drawing David S. Merrill and Drazen Tomic. 5.14 Drawing Felipe Dávalos Gonzalez/National Geographic Image Collection. 5.15 Drawing Drazen Tomic after Marcus and Flannery 1996. 5.16 Photo Joyce Marcus and Kent V. Flannery. 5.17 Drawing Joyce Marcus and Kent V. Flannery. 5.18 Drawing Joyce Marcus and Kent V. Flannery. 5.19 Drawing Joyce Marcus and Kent V. Flannery. 5.20 Drawing Drazen Tomic after Renfrew and Bahn, 3rd edition 2000: 379. 5.21 Private collection. 5.22 Photo Michael D.Coe. 5.23 Drawing from M. N. Porter Tlatilco and the Pre-Classic Cultures of the New World. 5.24 Drawing Miguel Covarrubias. 5.25 Photo Michel Zabé. 5.26 Photo Irmgard Groth-Kimball © Thames & Hudson Ltd, London. 5.27 Museo Nacional de Antropología, Mexico. 5.28 British Museum, London. 5.29 Drawing Drazen Tomic after Gigi Bayliss in Weigand and Beekman 1998: 36, Fig. 2. 5.30 Drawing Gigi Bayliss. 5.31 Drawing Drazen Tomic after Martínez Donjuán 1995. 5.32 Drawing Drazen Tomic. 6.1 Drawing ML Design. 6.2 Dallas Museum of Art, Dallas Art Association Purchase. 6.3 Art Museum, Princeton University. 6.4 The Metropolitan Museum of Art, Anonymous loan. 6.5 Drawing Christine Niederberger. 6.6 Photo Leonard Lee Rule III. 6.7 Courtesy New World Archaeological Foundation. Drawing Ayax Moreno. 6.8 Drawing Dumbarton Oaks Research Library and Collections, Washington, D.C. 6.9 Photo Courtesy New World Archaeological Foundation. 6.10 Photo David C. Grove. 6.11 Drawing after Michael D. Coe The Jaguar's Children: Pre-Classic Central Mexico. 6.12 Photo Michel Zabé. 6.13 Drawing Joyce Marcus and Kent V. Flannery. 6.14 Drawing Drazen Tomic after Michael Love 1991: 58, 6.15 Drawing Michael D. Coe. 6.16 Drawing Drazen Tomic after Rebecca González Lauck in González Lauck 1996: 74, Fig. 1. 6.17 Drawing Richard Cavallin-Cosma. 6.18 Drawing Muriel Porter Weaver 1993. 6.19 Drawing Felipe Dávalos/National Geographic Image Collection. 6.20 Photo Jorge Pérez de Lara. 6.21 Photo Courtesy New World Archaeological Foundation. 6.22 Drawing Courtesy Dr Norman Hammond. 6.23 Playa de Los Muertos figurine. 6.24 Drawing Drazen Tomic after Dixon et al. 1994. 7.1 Drawing Stanley H. Boggs. 7.2 Drawing Barbara W. Fash, after Grove 1996. 7.3 Drawing ML Design. 7.4 Drawing Joyce Marcus and Kent V. Flannery. 7.5 Drawing Drazen Tomic after Marcus and Flannery 1996. 7.6 Drawing Drazen Tomic after Marcus and Flannery 1996. 7.7 Table based on Adams 1997: 302; Marcus and Flannery 1996: 20. 7.8 Danzante sculpture. 7.9 Danzante sculpture. 7.10 Biblioteca Medicea Laurentiana, Florence. 7.11 Biblioteca Medicea Laurentiana, Florence. 7.12 Drawing Susan Toby Evans. 7.13 Drawing ML Design after Bové 1989: Figs 4.6, 4.7, 4.9, 4.11. 7.14 After Stone 1976. 7.15 Photo © Justin Kerr. 7.16 After Stone 1976. 7.17 Drawing after Shook and Kidder 1952. 8.1 Drawing ML Design after McBride 1969. 8.2 Drawing Drazen Tomic. 8.3 Drawing Susan Toby Evans after Marquina 1951. 8.4 Saint Louis Art Museum. 8.5 The Art Archive/Alamy. 8.6 Drawing courtesy Beatriz C. Braniff. 8.7 Drawing ML Design after Porter 1956: 524, Map 3. 8.8 Drawing from Porter 1956. 8.9 Photo Rebecca Storey. 8.10 Drawing Drazen Tomic after Romero 1970. 8.11 Drawing Drazen Tomic after Fowler 1968. 8.12 Drawing Angel García Cook 1973. 8.13 Drawing Angel García Cook 1973. 8.14 After Drennan, 1978. 8.15 After Spencer and Redmond 1997. 8.16 Spencer 1982. 8.17 Drawing Drazen Tomic after Acosta 1965. 8.18 Courtesy New World Archaeological Foundation. Drawing Ayax Moreno. 8.19 Drawing Stirling 1943. 8.20 Drawing ML Design. 8.21 After Lowe 1962. 8.22 Drawing from Sharer 1994. 8.23 Photo Marion Hatch. 8.24 Photo Michael D.Coe. 8.25 Drawing from Sharer 1994. 8.26 Drawing T. W. Rutledge. 8.27 Drawing from Sharer 1994. 8.28 Drawing T. W. Rutledge. 8.29 Photo Kenneth Garrett. 8.30 Drawing by Linda Schele. © David Schele, courtesy Foundation for the Advancement of Mesoamerican Studies, Inc. 8.31 Drawing Drazen Tomic after Scarborough 1994: 190. 9.1 Drawing ML Design. 9.2 Drawing Drazen Tomic after Sharer 1994: 183, Fig. 4.27. 9.3 Drawing George Stuart. 9.4 Drawing Joyce Marcus and Kent V. Flannery. 9.5 Drawing Drazen Tomic after Marcus and Flannery 1996: 176–177, Fig. 199. 9.6 Drawing Drazen Tomic after Manzanilla López and Talavera González 1993: 109. 9.7 Drawing Drazen Tomic after Weigand and Beekman 1998: 45, Fig. 16. 9.8 Drawing Drazen Tomic after Gabriela Ulloa. 9.9 Drawing Gabriela Ulloa. 9.10 Drawing Gabriela Ulloa. 9.11 Photo Richard Townsend. 9.12 Photo Huitzilapa Project. 9.13 Yale University Art Gallery. 9.14 Photo Patricia Plunket. 9.15 Marquina 1951. 9.16 Drawing Drazen Tomic after Marquina 1999 (1951): 121, Lám: 36. 9.17 Drawing Drazen Tomic after Wilkerson 1994: 62, Fig. 9. 9.18 Drawing after René Millon 1972. 9.19 After G. Kubler. 9.20 Photo Susan Toby Evans. 9.21 Professor Saburo Sugiyama. 9.22 Proyecto Templo de Quetzalcoatl 1988–1989. Drawn by Oralia Cabrera. 9.23 Le Desk/Alamy. 9.24 Drawing Drazen Tomic after Magda Juarez. 9.25 Drawing Susan Toby Evans. 10.1 Drawing ML Design. 10.2 Drawing René Millon 1972. 10.3 Drawing Oralia Cabrera, modified from Plan 104 of the Proyecto Arqueologico de Teotihuacan 1980–1982. 10.4 CNCA-INAH-MEX, Centro de Investigaciones Arqueologicas de Teotihuacan. 10.5 View of Teotihuacan looking north. 10.3 CNCA-INAH-MEX, Centro de Investigaciones Arqueologicas de Teotihuacan. 10.1 Drawing Oralia Cabrera, modified from Plan 104 of the Proyecto Arqueologico de Teotihuacan 1980–1982. 10.5 View of Teotihuacan looking north. 10.6 Drawing ML Design after Morelos Garcia 1993, Plan p.5. 10.7 Drawing Susan Toby Evans after Oralia Cabrera, modified from Plan 104 of the Proyecto Arqueolgico Teotihuacan 1980–1982. 10.8 Drawing René Millon 1972. 10.9 Museo Nacional de Antropología, Mexico City. 10.10 Fine Arts Museum of San Francisco/ Gift of Jack Tanzer, 1986.74, San Francisco, CA. 10.11 Photo Whitestar. 10.12 Drawing Drazen Tomic. 10.13 From Webster et al. 1993: 275, Fig. 8.8. 10.14 From Webster et al. 1993: 275, Fig. 8.7. 10.15 Photo Michel Zabé. 10.16 Photo Michel Zabé. 10.17 The Saint Louis Art Museum, Gift of Mr and Mrs George K Conant, Jr. 10.18 Drawing Drazen Tomic after Cabrera Castro 1996: Fig. 8. 10.19 Drawing Ruben Cabrera Castro. 10.20 Photo Whitestar. 10.21 Photo Whitestar. 10.22 Photo Whitestar. 10.23 Drawing Michael Alexander Guran, project architect. 10.24 Photo Jorge Pérez de Lara. 10.25 Drawing Covarrubias 1961. 10.26 Drawing Joyce Marcus and Kent V. Flannery. 10.27 Drawing Joyce Marcus and Kent V. Flannery. 10.28 Drawing Joyce Marcus and Kent V. Flannery. 10.29 Drawing Joyce Marcus and Kent V. Flannery. 10.30 Photo Jorge Pérez de Lara. 10.31 Séjourné 1984. 10.32 Photo Michel Zabé. 11.1 Drawing ML Design. 11.2 Drawing Drazen Tomic. 11.3 University of Pennsylvania Museum. 11.4 Table Susan Toby Evans. 11.5 Table based on Martin and Grube 2000. 11.6 From Martin and Grube 2000. 11.7 Drawing by Linda Schele, © David Schele, courtesy Foundation for the Advancement of Mesoamerican Studies, Inc. 11.8 Photo Jorge Pérez de Lara, courtesy El Zotz Archaeological Project and Joel Skidmore, Mesoweb. 11.9 Photo Daniel Loncarevic/iStockphoto.com. 11.10 Drawing G. Kubler adapted from drawings by Tatania Prouskouriakoff. 11.11 after general map of Tikal ruins, TR 11, University of Pennsylvania Museum, 1959. 11.12 Timothy Murtha, Pennsylvania State University. 11.13 Table based on Martin and Grube 2000. 11.14 Table based on Martin and Grube 2000. 11.15 Drawing Philip Winton after Ian Graham. 11.16 Table based on Martin and Grube 2000. 11.17 Photo Jorge Pérez de Lara. 11.18 Drawing Michael D. Coe. 11.19 Rollout photograph K1185 © Justin Kerr. 11.20 Table based on Martin and Grube 2000. 11.21 British Museum, London. 11.22 Museo Nacional de Antropologíca, Mexico City. 11.23 Drawing Drazen Tomic after Dull, Southon, and Sheets 2001: 33-34. 11.24 Drawing Drazen Tomic after Sheets 2001: 111. 11.25 Peabody Museum, Harvard University. 11.26 Drawing Drazen Tomic after Smith 1965. 11.27 Table based on Martin and Grube 2000. 12.1 Drawing ML Design. 12.2 Drawing Philip Winton after Carr and Hazard. 12.3 Drawing Philip Winton after Simon Martin. 12.4 Photo Nicholas Hellmuth. 12.5 Photo Henri Stierlin. 12.6 Drawing Christopher A. Klein/National Geographic Image

Collection. **12.7** Photo Henri Stierlin. **12.8** Photo Jorge Pérez de Lara. **12.9** Drawing H. Tom Hall/National Geographic Image Collection. **12.10** Rollout photograph K5456 © Justin Kerr. **12.11** Rollout photograph K5824 © Justin Kerr. **12.12** Map: Drazen Tomic; Glyphs: Courtesy Simon Martin and Michael D. Coe. **12.13** Copyright Merle Greene Robertson, 1976. **12.14** Photo Jorge Pérez de Lara. **12.15** Chris Evans, courtesy the National Geographic Society, Washington D.C. **12.16** Photo David Drew. **12.17** Photo Whitestar. **12.18** Drawing Philip Winton after Barnhart. **12.19** Table based on Martin and Grube 2000. **12.20** Table based on Martin and Grube 2000. **12.21** Table based on Martin and Grube 2000. **12.22** British Museum, London. **12.23** British Museum, London. **12.24** Drawing Richard Schlecht/ National Geographic Image Collection. **12.25** Table based on Martin and Grube 2000. **12.26** The Art Archive/Alamy. **12.27** Photo David Drew. **12.28** Drawing Frederick Catherwood. **12.29** Table based on Martin and Grube 2000. **12.30** Table based on Martin and Grube 2000. **12.31** Drawing H. Tom Hall/National Geographic Image Collection. **12.32** Drawing by Linda Schele, © David Schele, courtesy Foundation for the Advancement of Mesoamerican Studies, Inc. **12.33** Drawing Drazen Tomic after Marqina 1999 (1951): 71, Lám. 12 and Evans 1999 (Teotihuacan); Heyden and Gendrop 1980: 107, Fig. 141 (Palenque). **12.34** Table Susan Toby Evans. **12.35** Table based on Martin and Grube 2000. **12.36** David Webster. **12.37** Photo Hughes Dubois. **12.38** Drawing Tatiana Prouskouriakoff. **12.39** Drawing Virginia Miller after Adela Breton. **12.40** Marquina 1951. **12.41** Photo Filmteam Int. **13.1** Drawing ML Design. **13.2** Chacmool from Chichén Itzá. **13.3** Harald Wagner Collection, Fine Arts Museum of San Francisco. **13.4** Museo Nacional de Antropología, Mexico City. **13.5** Biblioteca Nazionale Centrale, Florence. **13.6** Arturo Peña Romano Medina/iStockphoto.com. **13.7** Photo Eduardo Williams. **13.8** Drawing ML Design after César Fernández in Jarquín Pacheco and Martínez Vargas 1996: 72. **13.9** Drawing Susan Toby Evans after Malena Juarez. **13.10** Biblioteca Medicea Laurentiana, Florence. **13.11** Drawing Drazen Tomic. **13.12** Hosler 1997. **13.13** Bodleian Library, University of Oxford. **13.14** Drawing courtesy of Dr S. Jeffrey K. Wilkerson. **13.15** Drawing Drazen Tomic after García Payton in Wilkerson 1987: 46–47. **13.16** Photo Mary Ellen Miller. **13.17** Drawing Drazen Tomic after William H. Bond in Stuart 1992: 122–123. **13.18** Drawing Ken Hirth. **13.19** Photo Whitestar. **13.20** Drawing Smith 2000. **13.21** Drawing ML Design. **13.22** Photo ffotograff © Jill Ranford. **13.23** Photo HJPD. **14.1** Drawing ML Design. **14.2** Drawing Elia Sánchez. **14.3** Photo Irmgard Groth-Kimball © Thames & Antropología, London, and. **14.4** Photo Whitestar. **14.5** From Pohl 1999: 115. **14.6** Drawing Drazen Tomic after A. Coe, 2001. **14.7** Photo Jorge Pérez de Lara. **14.8** Drawing ML Design after Arturo Valle Ucan in Huchim Herrera and Toscano Hernández 1999: 22–23. **14.9** Photo Whitestar. **14.10** Drawing Drazen Tomic after Folan et al. 1983, Fig. 1.2. **14.11** Photo Colin McEwan. **14.12** Bodleian Library, University of Oxford. **14.13** Photo David Drew. **14.14** Drawing Jean Blackburn. **14.15** Drawing Tatiana Prouskouriakoff. **14.16** Photo Irmgard Groth Kimball © Thames & Hudson Ltd, London. **14.17** Hudson Museum, University of Maine, William P. Palmer III Collection. HM 646. **14.18** Drawing Drazen Tomic after Scarborough in Evans and Webster (eds.) 2001. **14.19** Instituto de Investagaciones Esthésticas, UNAM, Mexico. **14.20** Hemis/Alamy. **14.21** Drawing Drazen Tomic after Sharer 1994. **14.22** Photo Paul Wang/iStockphoto.com. **14.23** Museo Nacional de Antropología, Mexico. **14.24** American Museum of Natural History, New York. **15.1** Drawing ML Design. **15.2** Museo Nacional de Antropología, Mexico. **15.3** Drawing Drazen Tomic after Fernando Getino in Mastache and Cobean 2000: 103, Fig. 2. **15.4** Biblioteca Nazionale Centrale, Florence. **15.5** Drawings Richard Diehl. **15.6** Drawing Richard Diehl. **15.7** Drawing Richard Diehl. **15.8** Interfoto/Alamy. **15.9** Kunsthistorisches Museum mit MVK und OTM, Vienna. **15.10** Drawing ML Design after Kelley 1986. **15.11** Above, Kelley 1986; below, Courtesy of the American Musuem of Natural History, New York. **15.12** Amy Elizabeth Grey after Di Peso, Rinaldo and Fenner 1974. **15.13** Photo Michael Calderwood. **15.14** Photos Jorge Pérez de Lara. **15.15** Biblioteca Apostolica, Vatican. **15.16** Bibliothèque nationale de France, Paris. **15.17** Museo Nacional de Antropologíca, Mexico City. **15.18** British Museum, London. **15.19** Drawing ML Design after Pohl and Byland 1994: Map 3. **16.1** Drawing ML Design. **16.2** Biblioteca Nacional de España, Madrid. **16.3** Table Susan Toby Evans. **16.4** Sharer 1994 after map in Jones 1952. **16.5** Photo John Hak/iStockphoto.com. **16.6** Drawing Tatania Proskouriakoff. **16.7** Relación de Michoacan. **16.8** Drawing ML Design after Pollard 1993. **16.9** Photo Jorge Pérez de Lara. **16.10** Bibliothèque nationale de France, Paris. **16.11** Photo Michel Zabé. **16.12** Biblioteca Medicea Laurentiana, Florence. **16.13** Photo Jorge Pérez de Lara. **16.14** Biblioteca Nacional de España, Madrid. **16.15** Drawing ML Design, after Coè. **16.16** Photo Chico Sanchez/Alamy. **17.1** Drawing Drazen Tomic. **17.2** Drawing ML Design after Susan Toby Evans. **17.3** Bodleian Library, University of Oxford. **17.4** Bibliothèque nationale de France, Paris. **17.5** Diagram Susan Toby Evans. **17.6** Great Temple Project. **17.7** Great Temple Project. **17.8** Drawing Philip Winton. **17.9** Drawing Great Temple Project. **17.10** Table Susan Toby Evans. **17.11** Bodleian Library, University of Oxford. **17.12** Bodleian Library, University of Oxford. **17.13** Bibliothèque nationale de France, Paris. **17.14** Bristol Museums and Art Gallery. **17.15** Biblioteca Medicea Laurentiana, Florence. **17.16** Biblioteca Medicea Laurentiana, Florence. **17.17** Photo Jorge Pérez de Lara. **17.18** Drawing Drazen Tomic. **17.19** Drawing Drazen Tomic. **17.20** Drawing Drazen Tomic. **17.21** From Marquina 1999: 217, Lám. 62. **17.22** Real Academia de la Historia, Madrid. **17.23** University Library of Uppsala. **18.1** Museo Nacional de Antropología, Mexico City. **18.2** Drawing ML Design. **18.3** Drawing ML Design after Berdan et al. 1996: Fig. II-1. **18.4** Drawing Drazen Tomic after Susan Toby Evans. **18.5** Drawing Drazen Tomic after Susan Toby Evans. **18.6** Mapa Quinatzin. **18.7** Photo Richard Townsend. **18.8** Annick Petersen; after Matthew Pietryka. **18.9** Instituto Nacional de Antropología e Historia. **18.10** Photo HJPD. **18.11** Bodleian Library, University of Oxford. **18.12** Robert Harding Picture Library Ltd/Alamy. **18.13** Drawing Drazen Tomic after González Licón 1994. **18.14** Drawing Drazen Tomic after González Licón 1994. **18.15** Marquina 1951. **18.16** Photo Michel Zabé. **18.17** Biblioteca Apostolica, Vatican. **18.18** Photo Jorge Pérez de Lara. **18.19** Drawing Drazen Tomic after Pollard 19903: 36. **18.20** Drawing ML Design after Pollard 1993: 89. **18.21** Bodleian Library, University of Oxford. **18.22** After Codex Mendoza. **18.23** Museo Nacional de Antropología, Mexico City. **18.24** Museo Nacional de Antropología, Mexico City. **18.25** Bodleian Library, University of Oxford. **18.26** Great Temple Project. **18.27** Photo Irmgard Groth-Kimball, Museo Nacional de Antropología, Mexico. **18.28** Museo Nacional de Antropología, Mexico City. **19.1** Drawing ML Design. **19.2** Biblioteca Nazionale Centrale, Florence. **19.3** Great Temple Project. **19.4** Photo Michel Zabé. **19.5** Great Temple Project. **19.6** Bodleian Library, University of Oxford. **19.7** Eduardo Verdugo/AP/PA Photos. **19.8** Table based on Gasco and Voorhies 1989: 77; Berdan and Anawalt 1997. **19.9** Bibliothèque nationale de France, Paris. **19.10** Walters Art Museum and Newberry Library. **19.11** Drawing ML Design. **19.12** Drawing ML Design. **19.13** Patrimonio Nacional, Palacio Real, Madrid. **19.14** The Art Institute of Chicago, Major Acquisitions Fund, 1990.21. **19.15** Photo Whitestar/Massimo Borchi. **19.16** Lothrop 1924. **19.17** Drawing ML Design after Jean Zallinger and Peter Zallinger. **19.18** Biblioteca Nacional de España, Madrid. **19.19** Drawing Drazen Tomic. **19.20** Drawing Drazen Tomic. **20.1** Drawing ML Design. **20.2** Drawing ML Design. **20.3** Biblioteca Mediciana Laurentiana, Florence. **20.4** Biblioteca Nazionale Centrale, Florence. **20.5** Bodleian Library, University of Oxford. **20.6** from Lienzo of Tlaxcala, Courtesy American Museum of Natural History, New York. **20.7** bravobravo/iStockphoto.com. **20.8** Museo Nacional de Antropología, Mexico. **20.9** Bibliothèque nationale de France, Paris. **20.10** Biblioteca Medicia Laurentiana, Florence. **20.11** Biblioteca Medicia Laurentiana, Florence. **20.12** Biblioteca Medicia Laurentiana, Florence. **20.13** Museo Nacional del Virreinato, Tepotzotlan. **20.14** Great Temple Project. **20.15** Great Temple Project. **20.16** Volkerkunde Museum, Vienna. **20.17** Drawing Frederick Catherwood. **20.18** Photo George T. Keene. Reference maps Copyright 2001 from Evans and Webster (eds.) 2001. Reproduced by permission of Routledge/Taylor & Francis Books, Inc.

译名对照表

A

Abasolo 阿瓦索洛
Abejas 阿韦哈斯
Acahualinca 阿卡瓦林卡
Acala 阿卡拉
Acalán 阿卡兰
Acamapichtli 阿卡马皮奇特利
Acámbaro 阿坎巴罗
Acanceh 阿坎塞
Acapulco 阿卡普尔科
Acasaguastlán 阿卡萨瓜斯特兰
Acateco 阿卡特科
Acatlan 阿卡特兰
Achiutla 阿丘特拉
Acoculco 阿科库尔科
Acolhua 阿科尔瓦
Acolhuaque 阿科尔瓦克
Acolman 阿科尔曼
Acopinalco 阿科皮纳尔科
Acula River 阿库拉河
Adosada 阿多萨达

Agiabampo 阿希亚班波
Aguadulce 阿瓜杜尔塞
Agua Escondido 阿瓜埃斯孔迪多
Aguan 阿关
Aguascalientes 阿瓜斯卡连特斯
Aguateca 阿瓜特卡
Aguateco 阿瓜特科
Aguilar 阿吉拉尔
Ah Kanul 阿卡努尔
Ahk'in 阿金
Ahkal Mo' Naab' 阿卡尔·莫·那布
Ahuachapan 阿瓦查潘
Ahualulco 阿瓦卢尔科
Ahuatepec 阿瓦特佩克
Ahuatlan 阿瓦特兰
Ahuehuetl 阿韦韦特尔
Ahuehuetlan 阿韦韦特兰
Ahuelican 阿韦利坎
Ahuináhuac 阿维纳瓦克
Ahuítzotl 阿维索特尔
Aj Ne' Ohl Mat 阿赫·内·奥尔·马特

Aj Took' 阿赫·图克

Ajacuba 阿哈库巴

Ajalpan 阿哈尔潘

Ajaw 阿豪

Ajuereado 阿胡埃雷阿多

Aka Chac chel 阿卡·查克·切尔

Akab' Dzib 阿卡布吉布

Aké 阿凯

Alahuiztlan 阿拉维斯特兰

Alajuela Lake 阿拉胡埃拉湖，又译马登湖（Lake Madden）

Albrecht Dürer 阿尔布雷特·丢勒

Albuquerque 阿尔伯克基

Alexander von Humboldt 亚历山大·冯·洪堡

Alfred Maudslay 阿尔弗雷德·莫兹利

Almagre 阿尔马格雷

Alta Verapaz 阿尔塔维拉帕斯

Alta Vista 阿尔塔维斯塔

Altamira 阿尔塔米拉

Altar de Sacrificios 阿尔塔-德萨克里菲西奥斯

Altepetl 阿尔特佩特尔

Altún Ha 阿尔通阿

Amacuzac 阿马库萨克

Amalucan 阿马卢坎

Amapa 阿马帕

Amate 阿马特

Amatitlán 阿马蒂特兰

Amatle 阿马特莱

Amatzinac 阿马齐纳克

Ameca 阿梅卡

Amecameca 阿梅卡梅卡

Amuco Abelino 阿穆科阿贝利诺

Amulucan 阿穆卢坎

Amuzgo 阿穆斯戈

Anasazi 阿纳萨齐

Anauac 阿纳瓦克

Anayite 阿纳伊特

Anayte 阿纳伊特

Animal Skull 兽骷髅

Annex 安奈科斯

Antequera 安特克拉

Antigua 安提瓜

Antonio Plaza 安东尼奥广场

Apam 阿帕姆

Apan 阿潘

Apantipan 阿潘蒂潘

Aparicio 阿帕里西奥

Apatzingán 阿帕钦甘

Apaxco 阿帕斯科

Apoala 阿波阿拉

Aquiles Serdan 阿基莱斯塞尔丹

Arawak 阿拉瓦克

Arenal 阿雷纳尔

Arévalo 阿雷瓦洛

Arevelo 阿雷韦洛

Armadillo 阿马迪约

Armería 阿梅里亚

Arroyo Lencho Diego 阿罗约-伦乔迭戈

Arroyo Pesquero 阿罗约-佩斯克罗
Arroyo Sonso 阿罗约-松索
Asunción Mita 亚松森米塔
Atemajac 阿特马哈克
Atetelco 阿特特尔科
Atlán 阿特兰
Atlacomulco 阿特拉科穆尔科
Atlantean 亚特兰蒂斯
Atlatl 阿特阿特
Atlixco 阿特利斯科
Atonatiuh 阿托纳提乌
Atontonilco 安通通尼尔科
Atotonilco de Pedraza 阿托托尼尔科-德佩德拉萨
Atotonilco el Grande 大阿托托尼尔科
Atotóztli 阿托托斯特莉
Atoyac 阿托亚克
Atzompa 阿特索姆帕
Aurora 奥罗拉
Autlán Grullo 奥特兰-格鲁略
Axapusco 阿克萨普斯科
Axayácatl 阿哈亚卡特尔
Ayahualulco 阿亚瓦卢尔科
Ayampuc 阿亚姆普克
Ayapa Gulf 阿亚帕湾
Ayotla 阿约特拉
Azacualpa 阿萨夸尔帕
Azcapotzalco（Atzcapotzalco）阿斯卡波察尔科
Aztec 阿兹特克

Aztatlán 阿兹塔特兰
Aztecameca 阿兹特卡梅卡
Aztlán 阿兹特兰
Azoyu 阿索尤

B

B'alaj Chan K'awiil 巴拉赫·产·卡威尔
B'olon K'awiil 波龙·卡威尔
B'utz'aj Sak Chiik 布萨哈·萨克·齐克
Babícora 巴维科拉
Bacalar 巴卡拉尔
Bahia Kino 基诺港
Baide 拜德
Baja California 下加利福尼亚
Bajío 巴希奥
Baktun 巴克吞
Balamkú 巴兰库
Balankanche 巴兰坎切
Balberta 巴尔贝尔塔
Balché 巴尔切（蜂蜜）
Balcón de Montezuma 巴尔孔-德蒙特祖马
Balsas 巴尔萨斯
Banco de las Casas 班科-德拉斯卡萨斯
Banderilla 班德里利亚
Barnard 巴纳德
Barra 巴拉
Barra de Navidad 巴拉-迪纳维达
Barranca 巴兰卡
Barrancon 巴兰孔
Bartholomé de Las Casas 巴托洛梅·德拉斯·卡萨斯

Barton Ramie 巴通拉米耶

Batab 巴塔布（复数 batabob，玛雅村镇首领）

Becán 贝坎

Bejucal 贝胡卡尔

Belize 伯利兹

Bernal Díaz del Castillo 贝尔纳尔·迪亚斯·卡斯蒂略

Bernardino de Sahagún 贝尔纳迪诺·德萨阿贡

Betz Landing 贝茨兰丁

Bigaña 比加尼亚

Big Bend 大本德

Bilbao 比尔包

Bird Jaguar 鸟豹王

Bladen 布莱登

Blanca 布兰卡

Bolaños 博拉尼奥斯

Bolaños-Juchipila 博拉尼奥斯-胡奇皮拉

Bonampak 博南帕克

Bonito 博尼图

Borgia 博尔吉亚

Boturini 伯图里尼

Buenavista Huaxcama 布埃纳维斯塔-瓦斯卡马

Bugambilias 布甘比利亚斯

Butz' Chan 布兹·产

C

Caballito Blanco 卡巴里托布兰科

Cabecera 卡贝塞拉

Cabil 卡比尔

Cabo Catoche 卡托切角

Cacahuatenco 卡卡瓦滕科

Cacahuaziziqui 卡卡瓦西西基

Cacama 卡卡马

Cacamacihuatl 卡卡马西瓦特尔

Cacamatzin 卡卡马钦

Cacaxtla 卡卡斯特拉

Cacaxtli 卡卡斯特利

Cacicazgos 卡西卡斯戈斯

Cacique 卡西克

Caguama 卡瓜马

Cah 卡

Cahal Pech 卡阿尔佩奇

Cahyup 卡尤普

Cajón 卡洪

Cakchiquel 卡克奇凯尔

Calacoayan 卡拉科阿扬

Calacol 卡拉科尔

Calakmul 卡拉克穆尔

Calamuya 卡拉穆亚

Calimaya 卡利马亚

Calixtlahuaca 卡利斯特拉瓦卡

Calmecac 卡尔梅卡克

Calpixqui 卡尔皮西奎

Calpulalpan 卡尔普拉尔潘

Calpulli 卡尔普伊

Calpultin 卡尔普廷

Camcum 坎库姆

Campana-San Andres 坎帕纳-圣安德烈斯

Campanario 坎帕纳里奥

Campeche 坎佩切

Cañada 卡尼亚达

Cañada de Alfaro 卡尼亚达-德阿尔法罗

Cañada de la Virgen 卡尼亚达-德拉维尔亨

Canajasté 卡纳哈斯特

Canal Locality 卡纳尔地点

Cancuén 坎昆

Candelaria 坎德拉里亚

Candelaria River 坎德拉里亚河

Candeleros 坎德莱罗斯

Cantera 坎特拉

Cantona 坎托纳

Canutillo 卡努蒂约

Capacha 卡帕查

Capiral 卡皮拉尔

Cara Sucia 卡拉苏西亚

Caracol 卡拉科尔

Carlos de Sigüenza y Góngora 卡洛斯·德西根萨-贡戈拉

Casas Grandes 大卡萨斯

Cascajal 卡斯卡哈尔

Casitas 卡西塔斯

Casper 小精灵

Castile 卡斯提尔

Castillo 卡斯蒂略

Castillo de Teayo 特阿约堡

Catemaco 卡特马科

Caulapan 考拉潘

Cazones 卡索内斯

Ce Acatl Topiltzin Quetzalcoatl 塞·阿卡特尔·托皮尔钦·克察尔科阿特尔

Cehpech 塞佩奇

Ceiba Grande 大塞巴

Cempoala 塞姆波阿拉

Cenote 天坑

Cerén 塞伦

Cerillos 塞里略斯

Cerrito Blanco 塞里托-布兰科

Cerro Blanco 塞罗布兰科

Cerro Cebadilla 塞罗塞巴迪利亚

Cerro Chavin 塞罗查温

Cerro Cintepec 塞罗辛特佩克

Cerro Cuevoso 塞罗奎沃索

Cerro de Huistle 塞罗-德维斯特莱

Cerro de la Cruz 塞罗-德拉克鲁斯

Cerro de la Estrella 塞罗-德拉埃斯特雷亚山

Cerro de las Mesas 塞罗-德拉斯梅萨斯

Cerro de Picacho 塞罗-德皮卡乔

Cerro de San Miguel 塞罗-德圣米格尔

Cerro de Tepalcate 塞罗-德尔特帕尔卡特

Cerro de Trincheras 塞罗-德特林切拉斯

Cerro el Chivo 塞罗-埃尔奇沃

Cerro Encantado 塞罗恩坎塔多

Cerro Gordo 塞罗戈多

Cerro Grande 大塞罗

Cerro Magoni 塞罗马戈尼

Cerro Mangote 塞罗曼戈特

Cerro Moctehuma 塞罗莫克特乌玛

Cerro Moctezuma 塞罗莫克特苏马

Cerro Palenque 塞罗帕伦克

Cerro Portezuelo 塞罗波特苏埃洛

Cerro Tepaltepec 塞罗特帕尔特佩克

Cerro Zapotecas 塞罗萨波特卡斯

Cerros 塞罗斯

Ch'olan 乔尔兰

Chac（Chaac 或 Chak）查克

Chacchob 查科布

Chacmool 查克穆尔

Chacmultún 查克穆尔通

Chaco Canyon 查科峡谷

Chaculá 查库拉

Chahuite Escondido 查维特埃斯孔迪多

Chak Tok Ich'aak 查克·托克·伊察克

Chak'an 查坎

Chakan(phase)查坎（期）

Chalca 查尔卡

Chalcatongo 查尔卡通戈

Chalcatzingo 查尔卡钦戈

Chalchihuites 查尔奇维特斯

Chalchihuitl 查尔奇维特尔

Chalchihuitlicue 查尔奇维特利库埃

Chalchihuitls 查尔奇维特尔斯

Chalchitán 查尔奇坦

Chalchuapa 查尔丘阿帕

Chalco 查尔科

Chamá 查马

Chamelecón 查梅莱孔

Chametla 查梅特拉

Champoton 钱波通

Champutún 钱普吞

Chamula 查穆拉

Chanchopa 钱乔帕

Chan Kom 钱基翁

Chan Pet 产·佩特

Chantuto 钱图托

Chapala 查帕拉

Chapultepec 查普尔特佩克

Chatino 查蒂诺

Chauaca 查瓦卡

Chel 切尔

Chenes 切内斯

Cherla 杰尔拉

Chetumal 切图马尔

Chiapa de Corzo 恰帕德科尔索

Chiapan 恰潘

Chiapaneco 恰帕内科

Chiapas 恰帕斯

Chiauhtlan 奇奥特兰

Chiautla 奇奥特拉

Chibcha 奇布查

Chicanná 奇坎纳

Chicanel 奇卡内尔

Chicharras 奇查拉斯

Chichén Itzá 奇琴伊察

Chichimec 奇奇梅克

Chichimeca 奇奇梅卡

Chichimeco 奇奇梅科

Chicomecoatl 奇科梅科阿特尔

Chicomoztoc 奇科莫斯托克

Chiconautla 奇科瑙特拉
Chihuahua 奇瓦瓦
Chihuahuan Desert 奇瓦瓦沙漠
Chikinchel 奇金切尔
Chila 奇拉
Chilac 奇拉克
Chilam Balam 齐拉姆·巴拉姆
Chilo 奇洛
Chilpancingo 奇尔潘辛戈
Chlltepec 奇尔特佩克
Chimalapa 奇马拉帕
Chimalhuacan 奇马尔瓦坎
Chimalpopoca 奇马尔波波卡
Chinampa 奇南帕
Chinanteco 奇南特科
Chinautla 奇瑙特拉
Chinautla Viejo 奇瑙特拉别霍
Chingú 钦古
Chinikiha 奇尼奇阿
Chinkultic 钦库尔蒂克
Chiriqui 奇里基
Chixoy 奇霍伊河
Chocho 乔乔
Chocolá 乔科拉
Chol 乔尔
Cholti 乔勒蒂
Cholula 乔卢拉
Chompipe 乔姆皮佩
Chontal 琼塔尔
Chontalpa 琼塔尔帕

Chorotega 乔罗特加
Chorti 乔尔蒂
Chuitinamit 崔蒂纳米特
Chuitinamit-Atitlán 崔蒂纳米特-阿蒂特兰
Chultun 楚尔图
Chuj 丘赫
Chukumuk 丘库穆克
Chunchucmil 琼丘克米尔
Chupícuaro 斤皮库阿罗
Chutixtiox 丘蒂斯蒂奥斯
Cihua Xochtzin 西瓦·霍奇钦
Cihuacoatl 西瓦科阿特尔
Cihuatán 锡瓦坦
Cihuatecpan 锡瓦特克潘
Cihuateotl 西瓦特奥特尔
Cihuateteo 西瓦泰特奥
Cihuatlán 锡瓦特兰
Cimatlan 锡马特兰
Citala 锡塔拉
Citlaltepec 锡特拉尔特佩克
Ciudad Tecún Unin 特昆乌曼城
Ciudadela 西乌达德拉
Clovis 克洛维斯
Coahuayana 科阿瓦亚纳
Coahuila 科阿韦拉
Coalcomán 科阿尔科曼
Coamiles 科阿米莱
Coanachochtzin 科阿纳乔奇钦
Coapa 科阿帕
Coapexco 科阿佩斯科

Coatepec 科阿特佩克

Coatetelco 科阿特特尔科

Coatitlán 科阿蒂特兰

Coatlichan 科阿特利钱

Coatlicue 科阿特利库埃

Coatzacoalco 夸察夸尔科

Coatzacoalcos River 夸察夸尔科斯河

Cob 科布

Cobá 科巴

Cobata 科巴塔

Cochise 科奇斯

Cochuah 科丘阿

Cociyo 科西约

Coclé 科克莱

Cocom 科科姆

Codex Azcatitlan 阿斯卡蒂特兰手抄本

Codex Tro-Cortesianus 科尔特斯手抄本

Codex Ixtlilxochitl 伊斯特利尔霍奇特尔手抄本

Codex Magliabechiano 马格里亚贝奇亚诺手抄本

Codex Mendoza 门多萨手抄本

Codex Telleriano-Remensis 特列里亚诺-雷曼西斯手抄本

Coixtlahuaca 科伊斯特拉瓦卡

Cojumatlán 科胡马特兰

Colhá 科尔阿

Colima 科利马

Colotlán 科洛特兰

Colotzingo 科洛钦戈

Comala 科马拉

Comalcalco 科马尔卡尔科

Comaltepec 科马尔特佩克

Comayagua 科马亚瓜

Comondu 科蒙杜

Concepción Capulac 康塞普西翁-卡普拉克

Conchas 孔查斯

Conchos 孔乔斯

Coneta 科内塔

Convento 孔文托

Coovisur 科维苏尔

Copales 科帕莱斯

Copán 科潘

Copanaguastla 科帕纳瓜斯特拉

Copandaro 科潘达罗

Copil 科皮尔

Copilco 科皮尔科

Coqui 科奇

Córdoba 科尔多巴

Corozal 科罗萨尔

Corral 科拉尔

Corral Falso 科拉尔法尔索

Corralitos 科拉利托斯

Coscorrón 科斯科龙

Cosme 科斯梅

Cotaxtla 科塔斯特拉

Cotorra 科托拉

Cotzumalhuapa 科特苏马尔瓦帕

Coxcatlán 科斯卡特兰

Coyoacan 科约阿坎

Coyolxauhqui 科约尔沙赫基

Coyote 科约特

Coyotepec 科约特佩克

Coyotlatelco 科约特拉特尔科

Coyoxquihui 科约斯奎维

Coyuca de Benitez 科尤卡-德贝尼特斯

Cozumel 科苏梅尔

Cristobal 克里斯托瓦尔

Crucero 克鲁塞罗

Cruz 克鲁斯

Cruz de Milagro 克鲁斯-德米拉格罗

Cuadros 夸德罗斯

Cuahuacan 夸瓦坎

Cuajilotes 夸希洛特斯

Cuanalan 夸纳兰

Cuatlamaya 夸特拉马亚

Cuatro Señorios 四城邦

Cuauhchinanco 夸奥奇南科

Cuauhnáhuac 夸奥纳瓦克

Cuauhtémoc 夸特莫克

Cuauhtinchan 高廷昌

Cuauhtitlán 夸奥蒂特兰

Cuauhtlatzingo 夸奥特拉钦戈

Cuautla 夸奥特拉

Cuautlalpan 夸奥特拉尔潘

Cuayucatépec 夸尤卡特佩克

Cuello 库埃略

Cuerauáperi 库埃劳阿佩里

Cuernavaca 库埃尔纳瓦卡

Cuetlajuchitlán 库埃特拉胡奇特兰

Cuetzala 库埃察拉

Cueva Blanca 奎瓦布兰卡

Cueva Ladrones 奎瓦拉德罗内斯

Cueva Pintada 奎瓦平塔达

Cuexcomate 奎斯科马特

Cuicateco 奎卡特科

Cuicatlán 奎卡特兰

Cuicuilco 奎奎尔科

Cuilapan 奎拉潘

Cuitláhuac 奎特拉瓦克

Cuitláhuaca 奎特拉瓦卡人

Cuitlateco 库特拉特科

Cuitzeo 奎采奥

Culhua 库尔瓦

Culhuacan 库尔瓦坎

Culiacán 库利亚坎

Cupul 库普尔

Cutzeo 库采奥

Curicaueri 库里考埃里

Cuyamel 库亚梅尔

Cycladic 基克拉泽斯

D

Dainzú 代恩苏

Danta 丹塔

Darién 达里恩

Dark Sun 黑暗太阳

David Siquieros 戴维·西基耶罗斯

Delfina 德尔菲纳

Delgado 德尔加多

Désiré Charnay 夏内

Diablo 迪亚博罗

Diego de Landa 迭戈·德兰达

Diego Rivera 迭戈·里韦拉

Dili 帝力

Dinarte 第纳尔特

Diquis 迪奎斯

Don Fernando Ixtlilxochitl 东·费尔南多·伊斯特利尔霍奇特尔

Dorantes 多伦特斯

Dos Pilas 多斯皮拉斯

Dresden Codex 德累斯顿手抄本

Durán 杜兰

Durango 杜兰戈

Dzibilchaltun 齐比尔查尔通

Dzibilnocac 齐比尔诺卡克

E

Ébano 埃瓦诺

Ecab 埃卡布

Ecatepec 埃卡特佩克

Edzná 埃德斯纳

Ehécatl 伊埃卡特尔

Ehecatonatiuh 艾赫卡托纳提乌

Ejutla 埃胡特拉

Ek Balam 埃克巴拉姆

Ek Chuaj 埃克丘阿赫

El Arbolillo 埃尔阿沃利略

El Azuzul 埃尔阿苏苏尔

El Bálsamo 埃尔巴尔萨莫

El Baúl 埃尔包尔

El Cafetal 埃尔卡费塔尔

El Calón 埃尔卡隆

El Castillo 埃尔卡斯蒂略

El Cayo 埃尔卡约

El Cerrito 埃尔塞里托

El Chanal 埃尔查纳尔

El Chayal 埃尔查亚尔

El Chicozapote 埃尔奇科萨波特

El Duende 埃尔杜恩德

El Encanto 埃尔恩坎托

El Fin del Mundo 埃尔芬-德尔门多

El Grillo 埃尔格里略

El Hatillo 埃尔阿蒂约

El Horizonte 埃尔奥里松特

El Indio 埃尔印第奥

El Infierno 埃尔因菲耶诺

El Ixtépete 埃尔伊斯特佩特

El Jobe 埃尔霍贝

El Llano 埃尔亚诺

El Manatí 埃尔马纳蒂

El Mesak 埃尔梅萨克

El Mirador 埃尔米拉多尔

El Ocote 埃尔奥科特

El Opeño 埃尔欧佩尼奥

El Otero 埃尔奥特罗

El Palacio-La Crucita 埃尔帕拉西奥-拉克鲁西塔

El Paraiso 埃尔帕拉伊索

El Perú 埃尔佩鲁

El Pital 埃尔皮塔尔

El Portón 埃尔波尔通

El Porvenir 埃尔波韦尼尔

El Prisco 埃尔普里斯科

El Puente 埃尔普恩特

El Rayo 埃尔拉约

El Riego 埃尔列戈

El Sabinito 埃尔萨维尼托

El Salvador 埃尔萨尔瓦多

El Tabasqueño 埃尔塔巴斯克尼诺

El Tajín 埃尔塔欣

El Temblor 埃尔特姆布洛尔

El Tepalcate 埃尔特帕尔卡特

El Terremote 埃尔特雷莫特

El Tesoro 埃尔特索罗

El Teul 埃尔特乌尔

El Texcal 埃尔特斯卡尔

El Tigre 埃尔蒂格雷

El Trapiche 埃尔特拉皮切

El Vesuvio 埃尔贝苏维奥

El Viejón 埃尔别洪

El Vivero 埃尔比韦罗

El Zape 埃尔萨佩

El Zapotal 埃尔萨波塔尔

El Zapote 埃尔萨波特

El Zotz 埃尔索斯

Eronguaricuaro 埃龙瓜里夸罗

Escalera 埃斯卡莱拉

Escalon 埃斯卡隆

Escuintla 埃斯昆特拉

Eslabones 埃斯拉博内斯

Esperanza 埃斯佩兰萨

Espiridión 埃斯皮里迪翁

Esquintla 埃斯金特拉

Etla 埃特拉

Etlatongo 埃特拉通戈

Etzatlan 埃特萨特兰

Extremadura 埃斯特雷马杜拉

F

Fábrica San Jose 法布里卡-圣何塞

Fell's Cave 费尔斯洞穴

Fernand Braudel 费尔南德·布罗代尔

Finca Arizona 芬卡阿里索纳

Finca Tolinían 芬卡托利尼恩

Flacco 弗拉科

Florentine Codex 佛罗伦萨手抄本

Flores 弗洛勒斯

Fonseca 丰塞卡

Francesca 弗朗西斯卡

Francisco Hernández 弗朗西斯科·埃尔南德斯

Frederick Catherwood 弗雷德里克·卡瑟伍德

Frida Kahlo 弗里达·卡洛

Frightful 福莱特福

Frontea 弗龙特阿

Fuego 富埃戈

G

General History of the Things of New Spain 新西班牙诸事通史

Gerónimo de Aguilar 赫罗尼莫·德阿吉拉尔

Gheo-Shih 盖欧希

Gonzalo Guerrero 贡萨洛·格雷罗

Goodman-Martinez-Thompson（GMT）古德曼-马丁内斯-汤普森
Gordon 戈尔东
Granada 格兰纳达
Gran Chichimeca 大奇奇梅卡
Grasshopper Hill 蚂蚱山
Greater Guadalupe Etla 大瓜达卢佩-埃特拉
Greater Kanjobalan 大坎霍巴兰
Greater Nicoya 大尼科亚
Grijalva River 格里哈尔瓦河
Grolier Codex 格罗里埃手抄本
Guachimontón 瓜齐蒙通
Guadalajara 瓜达拉哈拉
Guadalupe 瓜达卢佩
Guadalupe Victoria 瓜达卢佩-维多利亚
Guadiana Branch 瓜迪亚纳分支
Guajilar 瓜希拉尔
Gualjoquito 瓜尔霍基托
Gualterio Abajo 瓜尔特里奥阿巴霍
Gualupita 瓜卢皮塔
Gualupita las Dalias 瓜卢皮塔-拉斯达利阿斯
Guanacaste 瓜纳卡斯特
Guanajuato 瓜纳华托
Guapiles 瓜皮莱斯
Guasave 瓜萨韦
Guayabo de Turrialba 瓜亚沃-德图里亚尔瓦
Guayavo 瓜亚沃
Guaymas 瓜伊马斯
Guaynamoto 瓜伊纳莫托
Guaytán 瓜伊坦

Guerra 盖拉
Guerrero 格雷罗
Guiengola 古延戈拉
Guilá Naquitz 吉拉纳基兹
Guillen 吉连

H
Hacienda Blanca 布兰卡庄园
Halach uinic 阿拉奇·维尼克
Hato 阿托
Hernan Cortés 埃尔南·科尔特斯
Hidalgo 伊达尔戈
Hispaniola 伊斯帕尼奥拉岛
Hocaba 奥卡瓦
Hochob 奥乔布
Hohokam 霍霍卡姆
Hokan 霍坎
Holmul 霍尔穆尔
Hopi 霍皮
Horcones 奥尔科内斯
Hormiguero 奥尔米格罗
Huajupan 瓦胡潘
Huamantla 瓦曼特拉
Huamelulpan 瓦梅鲁尔潘
Huandacareo 万达卡里奥
Huaquechula 瓦克丘拉
Huastec 瓦斯特克
Huasteca 瓦斯特卡
Huastecan 瓦斯特坎
Huasteco 瓦斯特科
Huatabampo 瓦塔万波

Huatusco 瓦图斯科

Huave 瓦韦

Huaxtépec 瓦斯特佩克

Huehuetenango 韦韦特南戈

Huehueteotl 韦韦特奥特尔

Huemac 韦马克

Huetamo 韦塔莫

Huetecpan 韦特克潘

Huetlatoani 韦特拉托阿尼

Huexotla 韦霍特拉

Huexotzingo 韦霍钦戈

Hueyatlaco 韦亚特拉科

Hueytepec 韦伊特佩克

Hueyotlipan 韦尤特利潘

Huichol 维乔尔

Huilocintla 维洛辛特拉

Huipil 维皮尔

Huitambo 维塔姆博

Huitzilapa 维齐拉帕

Huitzilihuitl 维齐利维特尔

Huitzilopochtli 维齐洛波奇特利

Huitzo 维索

Humida 乌米达

Humuya River 乌穆亚河

Hunahpu 乌纳普

Hunal 乌纳尔

Hun Chabin 温查宾

I

Ibarrilla 伊瓦里拉

Ichpaatun 伊奇帕通

Iguala 伊瓜拉

Igualtepeque 伊瓜尔特佩克

Ihuatzio 伊瓦奇奥

Ilopango 伊洛潘戈

Imoja 伊莫哈

Infiernillo 因菲耶尼约

Isabel Motecuzóma 伊莎贝尔·蒙特祖马

Isla Caño 伊斯拉卡尼奥（卡尼奥岛）

Isla Cerritos 伊斯拉赛里托斯（塞里托斯岛）

Isla de Sacrificios 献身岛

Isla Jaina 伊斯拉海纳（海纳岛）

Isla Mujeres 伊斯穆赫雷斯（女人岛）

Isla Piedras 伊斯拉彼德拉斯（石岛）

Isla Zapatera 伊斯拉萨帕特拉（萨帕特拉岛）

Istmo 伊斯特莫

Itsamná 伊萨姆纳

Itzá 伊察人

Itzamkanac 伊察姆卡纳克

Itzamnaaj B'alam 伊扎姆纳·巴拉姆

Itzamnaaj K'awiil 伊扎姆纳·卡威尔

Itzán 伊特桑

Itzcóatl 伊茨科阿特尔

Itziparamucu 伊茨帕拉穆库

Itzpapalotl 伊茨帕帕洛特尔

Ixcateco 伊斯卡特科

Ixchel 伊斯切尔

Ixhuacan 伊斯瓦坎

Ixik kab 伊克西克·卡布

Ixil 伊西尔

Iximché 伊希姆切

Ixlu 伊斯卢

Ixtapa 伊斯塔帕

Ixtapalapa 伊斯塔帕拉帕

Ixtapaluca 伊斯塔帕卢卡

Ixtepeque 伊斯特佩克

Ixtepexi 伊斯特佩西

Ixtlahuaca 伊斯特拉瓦卡

Ixtlán del Río 滨河伊斯特兰

Ixtlilxochitl 伊斯特利尔霍奇特尔

Izabal Lake 伊萨瓦尔湖

Izamal 伊萨玛尔

Izan 伊桑

Izapa 伊萨帕

Izcalli 伊兹卡利

Iztacamaxtitlan 伊斯塔卡马斯蒂特兰

Iztaccihuatl 伊斯塔西瓦特尔

J

Jaina 海纳

Jalapa（Xalapa）哈拉帕

Jalieza 哈列萨

Jalisco 哈利斯科

Jaltepec 哈尔特佩克

Jamapa 哈马帕

Jamiltepec 哈米尔特佩克

Jaral 哈拉尔

Jaritos 哈里托斯

Jasaw Chan K'awiil 哈萨乌·产·卡威尔

Jewel K'awiil 赫威尔·卡威尔

Jicaras 希卡拉斯

Jilotepeque 希洛特佩克

Jimbal 希姆巴尔

Jiquilpan 希基尔潘

Jiquipilas 希基皮拉斯

Jocotal 霍科塔尔

John Lloyd Stephens 约翰·劳埃德·斯蒂芬斯

José Clemente Orozco 何塞·克莱门特·奥罗斯科

Juan de Grijalva 胡安·德格里哈尔瓦

Juchipila-Malpaso 胡奇皮拉-马尔帕索

Juchitlán 胡奇特兰

Jutiapa 胡蒂亚帕

Juxtlahuaca 胡斯特拉瓦卡

K

K'ak' Joplaj Chan K'awiil 卡克·霍普拉赫·产·卡威尔

K'ak' Ujol K'inich 卡克·乌霍尔·齐尼奇

K'ak' Yipyaj Chan K'awiil 卡克·伊普拉赫·产·卡威尔

K'an 坎

K'an B'alam 坎·巴拉姆

K'an Chitam 坎·齐塔姆

K'an Joy Chitam 坎·侯伊·齐塔姆

K'awiil Chan K'inich 卡威尔·产·齐尼奇

K'inich Janaab' Pakal 齐尼奇·哈纳布·帕卡尔

K'inich Joy K'awiil 齐尼奇·霍伊·卡威尔

K'inich Muwaan Jol 齐尼奇·姆万·霍尔

K'inich Toob'il Yopaat 齐尼奇·图比尔·尤帕特

K'inich Yax K'uk' Mo' 齐尼奇·雅什·库克·莫
K'uk' B'alam 库克·巴拉姆
K'uhul ajaw 库乌尔阿哈夫
Kabah 卡巴
Kaloomte' 卡鲁姆特
Kaminaljuyú 卡米纳尔胡尤
Kanjobal 坎霍巴尔
Kanpech 坎佩奇
Kato 卡托
Katun 卡吞
Keh Pech 克佩奇
Kekchi 克克奇
Kelud 克卢德
Kin 金
Knot Ajaw 绳结王
Knot Skull 绳结骷髅
Kochwah 科奇瓦
Kohunlich 科温利奇
Komchen 科姆琴
Krakatoa 克拉卡托阿
Ku Ix 库·伊什
Kukulcán 库库尔坎
Kupul 库普尔

L

La Angostura 拉安戈斯图拉
La Arboleda 拉阿沃莱达
La Arboleda Balsas 拉阿沃莱达-巴尔萨斯
La Blanca 拉布兰卡
La Calsada 拉卡尔萨达
La Campana 拉坎帕纳
La Concha 拉孔查
La Conchita 拉孔奇塔
La Encarnacion 拉恩卡尔纳西翁
La Encrucijada 拉恩克鲁西哈达
La Entrada 拉恩特拉达
La Florida 拉佛罗里达
La Guinea 拉吉内阿
La Joya 拉霍亚
La Libertad 拉利伯塔德
La Malinche 拉马林奇
La Mar 拉马尔
La Mesa 拉梅萨
La Milpa 拉米尔帕
La Mojarra 拉莫哈拉
La Oaxaqueña 拉瓦哈克尼亚
La Organera-Mezcala 拉奥尔加内拉-梅斯卡拉
La Organera Xochipala 拉奥尔加内拉-霍奇帕拉
La Paila 拉派拉
La Pasadita 拉帕萨蒂塔
La Peña 拉佩尼亚
La Perra 拉佩拉
La Pitahaya 拉皮塔阿亚
La Playa 拉普拉亚
La Quemada 拉克马达
La Sabana 拉萨巴纳
La Salta 拉萨尔塔
La Sierra 拉谢拉

La Venta 拉文塔
La Ventilla 拉文蒂利亚
La Victoria 拉维多利亚
La Zarca 拉萨尔卡
Labná 拉布纳
Lacandon 拉坎东
Lacanhá 拉坎阿
Lacantún 拉坎通河
Lady 5 Reed 五芦苇夫人
Lagartero 拉加特罗
Laguna Bustillos 拉古纳-布斯蒂约斯
Laguna de los Cerros 拉古纳-德洛斯塞罗斯
Laguna de Tamiahua 塔米亚瓦潟湖
Laguna de Términos 特尔米诺斯潟湖
Laguna de Tortuga 拉古纳-德托尔图加
Laguna Francesca 拉古纳-弗朗西斯卡
Laguna las Pozos 拉古纳-拉斯波索斯
Laguna Zope 拉古纳-索佩
Lagunita 拉古尼塔
Lakamha 拉卡姆阿
Lake Chalco 查尔科湖
Lake Zumpango 孙潘戈湖
Lamanai 拉马奈
Lambityeco 兰比特耶科
Las Bocas 拉斯博卡斯
Las Cebollas 拉斯塞沃利亚斯
Las Charcas 拉斯查尔卡斯
Las Crucitas 拉斯克鲁西塔斯
Las Delicias 拉斯德利西亚斯
Las Flores 拉斯弗洛雷斯

Las Higueras 拉斯伊格拉斯
Las Huacas 拉斯瓦卡斯
Las Limas 拉斯利玛斯
Las Marias 拉斯马利亚斯
Las Monjas 拉斯蒙哈斯
Las Palmas 拉斯帕尔马斯
Las Pilas 拉斯皮拉斯
Las Ranas 拉斯拉纳斯
Las Vegas 拉斯维加斯
Las Ventanas 拉斯文塔纳斯
Las Victorias 拉斯维多利亚斯
Lehner 莱内尔
Lempa River 莱姆帕河
Lenca 伦卡
Leopoldo Batres 莱奥波尔多·巴特雷斯
Lerdo de Tejada 莱尔多-德特哈达
Lerma 莱尔马
Lerma River 莱尔马河
Lienzo de Tlaxcala 特拉斯卡拉画册，特拉斯卡拉史志
Llano de Jícaro 亚诺-德希卡罗
Llano Perdido 亚诺佩尔迪多
Lo de Vaca 洛德瓦卡
Locona 洛科纳
Loltun 洛尔顿
Loma Alta 洛马阿尔塔
Loma Caldera 洛马卡尔德拉
Loma de La Coyotera 洛马-德拉科约特拉
Loma del Zapote 洛玛德尔萨波特
Loma San Gabriel 洛马-圣加夫列尔

Loma Torremote 洛马托雷莫特
Lomas 洛马斯
Lomerios 洛梅里奥斯
Lord Chac 查克王
Lord 8 Death 八死之王
Loros 洛罗斯
Los Angeles 洛斯安赫莱斯
Los Cerritos 洛斯塞里托斯
Los Grifos 洛斯格里福斯
Los Higos 洛斯伊戈斯
Los Idolos 洛斯伊多洛斯
Los Monos 洛斯莫诺斯
Los Naranjos 洛斯纳兰霍斯
Los Orticos 洛斯奥尔蒂塞斯
Los Pilarillos 洛斯皮拉里略斯
Los Portales 洛斯波塔利斯
Los Tapiales 洛斯塔皮亚莱斯
Lubaantún 卢巴安通

M

M. Apasco M. 阿帕斯科
Macehualtin 马塞瓦尔廷
Machalilla 马查利亚
Machomoncobe 马乔蒙科贝
Macuahuitl 马夸维特尔
Macuilxóchitl 马奎尔克索奇特尔
Madrid Codex 马德里手抄本
Magozal 马戈萨尔
Majadas 马哈达斯
Maler 马莱尔
Malinalca 马利纳尔卡

Malinalco 马利纳尔科
Malinche 马林切
Malpais 马尔帕斯
Malpaso 马尔帕索
Mam 马姆
Mamean 马梅安
Mamom 马莫姆
Manatial 马纳蒂阿尔
Manguean 曼格安
Maní 马尼
Manta 曼塔
Manzanilla 曼萨尼利亚
Maravillas 马拉维利亚斯
Marismas Nacionales 马里斯马斯国家湿地公园
Mar Muerto 穆埃尔托潟湖
Matacapan 马塔卡潘
Matanchén 马坦钦
Matlalcihuatl 马特拉尔西瓦特尔
Matlatzinca 马特拉钦卡
Maudslay 毛德斯莱
Maximilian 马克西米连诺
Maxtla 马斯特拉
Maya 玛雅
Mayahuel 玛雅韦尔
Mayanalan 玛雅纳兰
Mayapán 玛雅潘
Mayeque 马耶奎
Mazahua 马萨瓦
Mazaltepec 马萨尔特佩克

Mazapan 马萨潘

Mazatán 马萨坦

Mazateco 马萨特科

Melinda 梅林达

Mercado 梅尔卡多

Mérida 梅里达

Mesa de Guaje 梅萨-德瓜赫

Metappa 梅塔帕

Metate 梅塔特

Metepec 梅特佩克

Metlaltoyuca 梅特拉尔托尤卡

Metztitlán 梅茨蒂特兰

Mexica 墨西卡

Mexicaltzinco 墨西卡尔钦戈

Mexicano 墨西卡诺

Mexiquito 墨西基托

Mezcala 梅斯卡拉

Miahuatlán 米亚瓦特兰

Miahuaxihuitl 米亚瓦西维特尔

Miccaotli 米考特利

Michiquiztlán 米奇基斯特兰

Michoacán 米却肯

Mictlan 米克特兰

Mictlancihuatl 米克特兰西瓦特尔

Mictlantecuhtli 米克特兰特库特利

Miguel Covarrubias 米格尔·科瓦鲁维亚斯

Mimbres 明布雷斯

Mirador 米拉多尔

Miraflores 米拉弗洛雷斯

Misantla 米桑特拉

Mitlá 米特拉

Mixco Viejo 米斯科别霍

Mixe-Zoque 米塞-索克

Mixquic 米斯奎克

Mixtec 米斯特克

Mixteca 米斯特卡

Mixteca Alta 上米斯特卡

Mixteca Baja 下米斯特卡

Mixteco 米斯特科

Mixtequilla 米斯特基利亚

Mixton 米斯通

Mochó 莫乔

Mogollon 莫戈永

Mohenjo Daro 摩亨佐达罗

Mohquihuix 莫奎维斯

Mokaya 莫卡亚

Molino 莫利诺

Molotla 莫洛特拉

Momoztli 莫莫斯特利

Monagrillo 莫纳格里约

Monte Albán 蒙特阿尔班

Monte Alto 蒙特阿尔托

Monte Negro 蒙特内格罗

Monte Verde 蒙特维尔德

Moon Jaguar 月亮美洲豹

Moon Skull 月亮骷髅

Mopan 莫潘

Moral 莫拉尔

Morelos 莫雷洛斯

Morgadal Grande 大莫尔加达尔

Morrett 莫雷特

Motagua 莫塔瓜

Motecuzóma Ilhuicamina 蒙特祖马一世（蒙特祖马·伊尔维卡米纳）

Motecuzóma Xocoyotzin 蒙特祖马二世（蒙特祖马·霍科尤钦）

Motolinía 莫托里尼亚

Motul 莫图尔

Motul de San José 莫图尔-德圣何塞

Moxviquil 莫斯维基尔

Moyotzingo 莫约钦戈

Multepal 穆尔特帕尔

Muna 穆纳

Muwaan Mat 穆万·马特

N

Nacascolo 纳卡斯科洛

Nacaste 纳卡斯特

Naco 纳科

Nagual 那瓜尔

Nahua 纳瓦

Nahual 纳瓦尔

Nahualli 那瓦伊

Nahuat 纳瓦特

Nahuatl 纳瓦特尔

Naj Tunich 纳赫图尼奇

Nakbé 纳克贝

Nakum 纳库姆

Napaltecutlan 纳帕尔特库特兰

Naquitz 纳基兹

Naranjal Tumben 纳兰哈尔通本

Naranjo 纳兰霍

Narváez 纳瓦埃斯

Natividad 纳蒂维达德

Nautla 瑙特拉

Navacoyan 纳瓦科扬

Nayarit 纳亚里特

Nebaj 内瓦赫

Necaxa 内卡哈

Nejapa 内哈帕

Nevada de Toluca 托卢卡火山

Nexapa River 内哈帕河

Nezahualcoyotl 内萨瓦尔科约特尔

Nezahualpilli 内萨瓦尔皮利

Nezcoy 内斯科伊

Nicarao 尼卡劳

Nicholas Hellmuth 尼古拉斯·赫尔穆特

Nicoya 尼科亚

Nim Li Punit 尼姆·里·普尼特

Nito 尼托

Nochistlán 诺奇斯特兰

Nochixtlán Valley 诺奇斯特兰河谷

Nogales 诺加莱斯

Nohmul 诺穆尔

Nonoalco 诺诺阿尔科

Nopaltzin 诺帕尔钦

Nopiloa 诺皮洛阿

Nosara 诺萨拉

Ñudée 纽迪

Nuevo León 新莱昂

Ñuiñe 纽伊涅

Nunnery Quadrangle 修女四合院

Nuremburg map 努伦布尔格地图

Nuttall 努塔尔

Nuun Ujol Chaak 努恩·乌赫尔·查克

Nuun Ujol K'inich 努恩·乌赫尔·齐尼奇

O

Oaxaca 瓦哈卡

Oaxaca Chontal 瓦哈卡琼塔尔

Ocampo 奥坎坡

Ocelotepec 奥赛洛特佩克

Ocelotonatiuh 奥瑟洛托纳提乌

Ochk'in kaloomte' 奥奇金-卡鲁姆特

Ocós 奥科斯

Ocotelulco 奥科特卢尔科

Ocoyoacac 奥科约阿卡克

Ocozocoautla 奥科索科奥特拉

Ocuilan 奥奎兰

Ocuilteco 奥奎尔特科

Ocuituco 奥奎图科

Ojochí 奥霍奇

Ojo de Agua 奥霍-德阿瓜

Olancho 奥兰乔

Olinalá 奥利纳拉

Ollintonatiuh 奥林托纳提乌

Olmec 奥尔梅克

Olmeca 奥尔梅卡

Ololiuhqui 奥洛柳基

Oluta 欧卢塔

Ometepe 奥梅特佩

Ometepec 奥梅特佩克

Opeño 欧佩尼奥

Orange Walk 奥兰治沃克

Ortices 奥尔蒂塞斯

Osa Peninsula 奥萨半岛

Ostiones 奥斯蒂奥内斯

Oto-Manguean 奥托-曼格安

Otomanguean 奥托曼格安

Otomí 奥托米

Otoncalpolco 奥通卡尔波尔科

Oto-Pamean 奥托-帕梅

Otulum 奥图卢姆

Otumba 奥图姆巴

Oxitipan 奥克斯蒂潘

Oxkintok 奥斯金托克

Oxtotipac 奥斯托蒂帕克

Oxtotitlan 奥斯托蒂特兰

Oyameles-Zaragoza 奥亚梅莱斯-萨拉戈萨

Oztoyahualco 奥斯托亚瓦尔科

Oztuma 奥斯图马

P

Pacandan 帕坎丹

Pachuca 帕丘卡

Padre Piedra 帕德雷彼德拉

Paguas de Arroyo Grande 帕瓜斯-德大阿罗约

Paisley 佩斯利

Paiute 派尤特

Pajapan 帕加潘

Pajon 帕洪

Pajonal 帕霍纳尔

Pakal the Great 帕卡尔王

Palangana 帕兰加纳

Palatine Hill 帕拉蒂诺山

Palcio 帕尔西奥

Palenque 帕伦克

Palmas Altas 帕尔马斯阿尔塔斯

Palmillas 帕尔米利亚斯

Palo Blanco 帕洛布兰科

Palo Hueco 帕洛韦科

Pame 帕梅

Pamplona 帕姆普洛纳

Pancaco River 潘卡科河

Pantitlan 潘蒂特兰

Pantzac 潘扎克

Pánuco 帕努科

Papaloapan 帕帕洛阿潘

Papantla 帕潘特拉

Papayeca 帕帕耶卡

Paredon 帕雷东

Pareo 帕雷奥

Parita 帕里塔

Pasión River 帕西翁河

Paso de la Amada 帕索-德拉阿马达

Paso de la Lena 帕索-德拉莱纳

Patlachique 帕特拉奇克

Pátzcuaro 帕茨夸罗

Pavón 帕翁

Paxil 帕克西尔

Payan 帕扬

Paz River 帕斯河

Pechataro 佩查塔罗

Pedregaso 佩德雷加索

Pedro de Alvarado 佩德罗·德阿尔瓦拉多

Pedro de Gante 佩德罗·德甘特

Peistal 佩斯塔尔

Peñitas 佩尼塔斯

Peñoles 佩尼奥莱斯

Perdido 佩尔迪多

Periquillo 佩旦基略

Perote 佩罗特

Peten 佩滕

Petén-Itzá Lake 佩滕伊察湖

Petexbatún 佩特斯巴通

Peyote 佩约特

Pico de Orizaba 奥里萨巴火山

Piedra Gorda 彼德拉斯戈达

Piedra Labrada 彼德拉拉布拉达

Piedra Parada 彼德拉帕拉达

Piedras Negras 彼德拉斯内格拉斯

Pijijiapan 皮希希亚潘

Pilapan 皮拉潘

Pillalli 皮利亚伊

Pima 皮马

Pinotepa 皮诺特帕

Pipil 皮皮尔

Pipiltin 皮皮尔廷

Pithaya 皮塔亚

Pixcaya River 皮克斯卡亚河

Planchón de las Figuras 普兰琼-德拉斯菲古拉斯

Playa 普拉亚

Playa de los Muertos 普拉亚-德洛斯穆埃尔托斯

Playa del Tesoro 普拉亚-德尔特索罗

Plumajillo 普卢马希略

Plumbate 普鲁姆巴特

Pochteca 波奇特卡

Pochuteco 波丘特科

Pocomam 波科马姆

Pocomchi 波科姆奇

Polochic River 波洛奇克河

Pomona 波莫纳

Pompeya 潘佩亚

Ponce 庞塞

Popocatépetl 波波卡特佩特

Popol Hol 波波尔·霍尔

Popoloca 波波洛卡

Popol Vuh 波波乌

Popti 波普蒂

Potonchan 波通钱

Potrero Nuevo 波特雷罗-努埃沃

Poverty Point 波弗蒂角

Prado 普拉多

Primeros Memoriales 第一备忘录

Progreso 普罗格雷索

Providencia 普罗维登西亚

Puebla 普埃布拉

Pueblo 普韦布洛

Puebloan 普韦布洛传统，普韦布洛人的

Pueblo Perdido 佩尔迪多镇

Pueblo Viejo 旧普韦布洛

Puerto Escondido 埃斯孔迪多港

Puerto Hormiga 奥米加港

Puerto Marques 马克斯港

Pulltrouser 普利特罗塞尔

Pulque 普尔克

Punta de Chimino 蓬塔-德奇米诺

Punta Peñasco 蓬塔佩尼亚斯科

Punta Pescadero 蓬塔佩斯卡德罗

Purépecha 普雷佩查

Purrón 普龙

Pusilha 普西尔阿

Putla 普特拉

Putún 普吞

Puuc 普克

Q

Quachilco 夸奇尔科

Quauhpipiltin 夸乌皮皮尔廷

Quechquémitl 克奇凯米特尔

Quechua 盖丘亚语

Quelepa 克莱帕

Quen Santo 肯桑托

Queréndaro 克伦达罗

Querétaro 克雷塔罗

Quetzalcoatl 克察尔科阿特尔

Quetzalpapalotl Palace 克察尔帕帕洛特尔宫殿

Quetzaltenango 克察尔特南戈

Quetzalteueyac 克察尔特韦亚克

Quiahuiztlan 基亚维斯特兰

Quiauhteopan 基奥特奥潘

Quiauhtonatiuh 基奥托纳提乌

Quiché 基切

Quimistan 基米斯坦

Quinatzin 基纳钦

Quintana Roo 金塔纳·罗奥

Quiotepec 基奥特佩克

Quiriguá 基里瓜

R

Rabinal 拉比纳尔

Ramonal-chalpate 拉莫纳尔-查尔帕特

Ramos 拉莫斯

Rancho la Amapola 兰乔-拉阿马波拉

Rayón 拉永

Relación de Michoacán 米却肯记事

Remanso 雷曼索

Remojadas 雷莫哈达斯

Reyes 雷耶斯

Río Amarillo 里奥阿马里略

Río Azul 里奥阿苏尔

Río Bec 里奥贝克

Río Chiquito 里奥奇基托

Río Claro 里奥克拉罗

Río de Jesús 里奥-德赫苏斯

Río Meléndrez 梅伦德雷斯河

Río Naranjo 纳兰霍河

Río Salado 萨拉多河

Río Duchiate 苏恰特河

Río Verde 里奥贝尔德

Río Viejo 里奥别霍

Ríos 里奥斯

Rivas 里瓦斯

Rosalila 罗萨利拉

Rosario 罗萨里奥

Ruiz 鲁伊斯

S

Sacapulteco 萨卡普尔特科

Sak K'uk' 萨克·库克

Sakajut 萨卡胡特

Salinas 萨利纳斯河

Salinas la Blanca 萨利纳斯-拉布兰卡

Salitron Viejo 萨利特龙维耶霍

Saltillo 萨尔蒂约

San Agustín de Las Juntas 圣阿古斯丁-德拉斯洪塔斯

San Andres 圣安德烈斯

San Antonio 圣安东尼奥

San Antonio Limon 圣安东尼奥-利蒙

San Antonio Nogalar 圣安东尼奥-诺加拉尔

San Aparicio 圣阿帕里西奥

San Bartolo 圣巴托洛

San Blas 圣布拉斯

San Carlos 圣卡洛斯

San Dieguito 圣迭吉托

Sand Hill 桑德丘

San Felipe 圣费利佩

San Felix Mamom 圣费利克斯-马莫姆

San Francisco Acatepec 圣弗朗西斯科-阿卡特佩克

San Francisco Arriba 圣弗朗西斯科-阿里巴

San Francisco Coapa 圣弗朗西斯科-科阿帕
San Gervasio 圣赫瓦西奥
San Gregorio 圣格雷戈里奥
San Ignacio 圣伊格纳西奥
San Isidro 圣伊西德罗
San Jerónimo 圣赫罗尼莫
San José 圣何塞
San José Cuauhtitlan 圣何塞-夸奥蒂特兰
San José Mogote 圣何塞-莫戈特
San Juan de los Arcos 圣胡安-德洛斯阿尔科斯
San Juanito 圣华尼托
San Juan River 圣胡安河
San Juan Teotihuacan 圣胡安-特奥蒂瓦坎
San Lorenzo 圣洛伦索
San Luis Potosí 圣路易斯波托西
San Marcos 圣马科斯
San Martín 圣马丁
San Miguel Almoloyan 圣米格尔-阿尔莫罗亚
San Miguel Amantla 圣米格尔-阿曼特拉
San Miguel Amuco 圣米格尔-阿穆科
San Pablo 圣巴勃罗
San Pedro Caro 圣佩德罗-卡罗
San Pedro Lagunillas 圣佩德罗-拉古尼亚斯
Sandova 桑多瓦
Santa Ana Tlapacoyan 圣安娜-特拉帕科扬
Santa Catarina 圣卡塔琳娜
Santa Catalina Mission 圣卡塔琳娜-米申
Santa Clara 圣克拉拉
Santa Cruz 圣克鲁斯
Santa Cruz de Bárcenas 圣克鲁斯-德巴塞纳斯
Santa Elena Poco Uinic 圣埃莱纳-波科维尼克
Santa Fe 圣菲
Santa Ines 圣伊内斯
Santa Isabel Iztapan 圣伊莎贝尔-伊扎潘
Santa Leticia 圣莱蒂希耶
Santa Lucia Cotzumalhuapa 圣露西亚-科特苏马尔瓦帕
Santa Luisa 圣路易莎
Santa María 圣玛丽亚
Santa Maria del Oro 圣玛利亚-德尔奥罗
Santa Marta 圣玛尔塔
Santa Quitería 圣基特里亚
Santa Rita 圣丽塔
Santa Rita Corozal 圣丽塔-科罗萨尔
Santa Rosa 圣罗莎
Santiago 圣地亚哥
Santiago River 圣地亚哥河
Santiago Tuxtla 圣地亚哥-图斯特拉
Santo Domingo 桑托多明戈
Santo Ton 桑托通
Sayil 萨伊尔
Sayula 萨尤拉
Schellhas God 谢尔赫斯神表
Schroeder 施罗德
Scroll Serpent 卷蛇王
Sea of Cortés 科尔特斯海
Seibal 塞巴尔
Sepulaturas 塞普拉图拉斯

Seri 塞里

Shoshone 肖肖尼

Sierra de Chiconquiaco 奇孔基亚科山

Sierra de Chuacus 丘阿库斯山脉

Sierra de las Minas 拉斯米纳斯山脉

Sierra de los Cuchumatanes 库丘马塔内斯山脉

Sierra de Otontepec 奥通特佩克山

Sierra Madre del sur 南谢拉马德雷山脉

Sierra Madre Occidental 西谢拉马德雷山脉

Sierra Madre Oriental 东谢拉马德雷山脉

Sin Cabezas 辛卡贝萨斯

Sinaloa 锡纳罗亚

Sipacapense 西帕卡彭塞

Sipilote 斯皮洛特

Sitio Conte 西蒂奥孔特

Sitio Sierra 西蒂奥谢拉

Siyaj Chan K'awiil 西雅·产·卡威尔

Siyaj K'ak' 西雅·卡克

Sky Witness 天空见证者

Smoke Imix 烟雾伊米希

Snaketown 斯内克镇

Soconusco 索科努斯科

Soledad de Maciel 索莱达-德马谢尔

Solís 索利斯

Sonoran 索诺拉

Sosola 索索拉

Soteapan Gulf 索特潘湾

Sotuta 索图塔

Spiro Mounds 斯皮罗丘

Split Earth 裂地王

Stann Creek 斯坦港

Stirling, M. W. 马修·斯特林

Suchiapa 苏恰帕

Suchil branch 苏奇尔分支

Sula 苏拉

Sutiaba 苏蒂亚巴

Swallow 斯沃洛

Swasey 斯瓦塞

T

Tabachines 塔巴奇内斯

Tabasco 塔巴斯科

Tabuco 塔巴科

Tacuba 塔库巴

Tajín 塔欣

Tajín Chico 小塔欣

Tajoom Uk'ab' K'ak 塔侯姆·乌卡布·卡克

Tajumulco 塔胡穆尔科

Takalik Abaj 塔卡利克阿巴赫

Tala 塔拉

Talgua 塔尔瓜

Talud-tablero 塔鲁德-塔布莱罗

Tamale 塔马里

Tamarandito 塔马兰迪托

Tamaulipas 塔毛利帕斯

Tamazola 塔马索拉

Tamazulapan 塔马苏拉潘

Tambuco 坦布科

Tamesi 塔梅西

Tamoanchan 塔莫安钱

Tampico 坦皮科

Tampoán River 坦波安河

Tamposeque 坦波塞克

Tamuín -Tamtok 塔穆因-坦托克

Tancah 坦卡

Tancanhuitz 坦坎维特斯

Tancol 坦科尔

Tancuayalab 坦夸亚拉夫

Tangáxuan 坦加苏安

Tapachula 塔帕丘拉

Tapachulteco 塔帕丘尔特科

Tarahumara 塔拉乌马拉

Tarascan 塔拉斯坎

Tarasco 塔拉斯科

Taríacuri 塔里亚库里

Tases 塔塞斯

Tash 塔什

Tatb'u Skull 塔特布骷髅

Tatiana Proskouriakoff 塔蒂亚娜·普洛斯库里亚科夫

Tayasal 塔亚萨尔

Te' K'ab' Chaak 特·卡布·查克

Teayo 特阿约

Tecalac 特卡尔拉克

Tecali 特卡利

Tecamachalco 特卡马查尔科

Tecaxic 特卡克西克

Techinantitla 特奇南蒂特拉

Techotlalatzin 特乔特拉拉钦

Teco 特科

Tecoac 特科阿克

Tecolote 特科洛特

Tecolutla 特科卢特拉

Tecomaixtlahuacan 特科迈斯特拉瓦坎

Tecorral 泰科拉尔

Tecpan 特克潘

Tecpancalli 特克潘卡利

Tecpantepec 特克潘特佩克

Tecuhtli 特库特利

Tecuichpochtzin 特奎奇波奇钦

Tehuacaltipa 特瓦卡尔蒂帕

Tehuacán 特瓦坎

Tehuacán Viejo 特瓦坎别霍

Tehuantepec 特万特佩克

Tejupan 特胡潘

Telpochcalli 特尔波奇卡利

Temascal 特马斯卡尔

Temazcaltepec 特马斯卡尔特佩克

Temesco 特梅斯科

Temixco 特米斯科

Tenam Rosario 特纳姆罗萨里奥

Tenampua 特南普阿

Tenam Puente 特南蓬特

Tenampulco 特南普尔科

Tenam Soledad 特南索莱达德

Tenancingo 特南辛戈

Tenanyecac 特南耶卡克

Tenayuca 特纳尤卡

Teniltzin 特尼尔钦

Tenocha 特诺查

Tenochca 特诺奇卡人

Tenochtitlan 特诺奇蒂特兰（阿兹特克首都）
Tenochtitlán 特诺奇蒂特兰遗址
Teo 特奥
Teocalhueyacan 特奥卡尔韦亚坎
Teocalli 特奥卡利
Teochichimec 特奥奇奇梅克
Teopancaxco 特奥潘卡斯科
Teopantecuanitlán 特奥庞特夸尼特兰
Teopantepec 特奥潘特佩克
Teopanzolco 特奥潘索尔科
Teotenango 特奥特南戈
Teotihuacan 特奥蒂瓦坎
Teotitlan 特奥蒂特兰
Teotitlan del Camino 特奥蒂特兰-德尔卡米诺
Teozacualco 特奥萨夸尔科
Teozapotlán 特奥萨波特兰
Tepalcatepec 特帕尔卡特佩克
Tepanec 特帕内克
Tepaneca 特帕内卡
Tepantitla 特潘蒂特拉
Tepeaca 特佩阿卡
Tepecoacuilco 特佩科阿奎尔科
Tepehua 特佩瓦
Tepejl del Río 滨河特佩希
Tepepulco 特佩普尔科
Tepetate 特佩塔特
Tepeticpac 特佩蒂克帕克
Tepetitlan 特佩蒂特兰
Tepetlaoztoc 特佩特拉奥斯托克
Tepeu 特佩乌

Tepexi 特佩希
Tepexoyuca 特佩索尤卡
Tepexpan 特佩斯潘
Tepeyac 特佩亚克
Tepic 特皮克
Teposcolula 特波斯科卢拉
Tepotzotlan 特波索特兰
Tepozteco 特波斯特科
Tepoztlán 特波斯特兰
Tequila 特基拉
Tequistepec 特基斯特佩克
Tequixquiac 特基斯基阿克
Tetela 特特拉
Tetela del Río 滨河特特拉
Teteo Innan 特特欧·因南
Tetimpa 特蒂姆帕
Tetitla 特蒂特拉
Tetzihuatzin 特齐瓦钦
Teuchitlán 特乌奇特兰
Texayac 特克萨亚克
Texcoco 特斯科科
Texcoco Lake 特斯科科湖
Texcotzingo 特斯科钦戈
Texistepec Gulf 特克西斯特佩克湾
Texoloc 特克索洛克
Tezayuca 特萨尤卡
Tezcatlipoca 特斯卡特利波卡
Tezontepec 特松特佩克
Tezoquipan 特索基潘
Tezoyuca 特索尤卡

Tezozomoc 特索索莫克
Ticomán 蒂科曼
Tierra Nueva 铁拉努伊瓦
Tierras Largas 铁拉斯拉加斯
Tihosuko 蒂奥苏科
Tikal 蒂卡尔
Tila 蒂拉
Tilantongo 蒂兰通戈
Tilcajete 蒂尔卡赫特
Tingambato 廷甘巴托
Tizapán 蒂萨潘
Tizatlan 蒂萨特兰
Tizayuca 蒂萨尤卡
Tízoc 蒂索克
Tizoc 蒂索克
Tlacaélel 特拉凯莱尔
Tlachco 特拉奇科
Tlachtli 特拉奇特利
Tlacochahuaya 特拉科查瓦亚
Tlacolula 特拉科卢拉
Tlacopán 特拉科潘
Tlacotin 特拉科廷
Tlacotzin 特拉科钦
Tlacozauhtitlan 特拉科绍蒂特兰
Tlacozotitlán 特拉科索蒂特兰
Tlacuachero 特拉夸切罗
Tlacuilapaxco 特拉奎拉帕斯科
Tlahuica 特拉维卡
Tlahuican 特拉维坎
Tlahuizcalpantecuhtli 特拉维斯卡尔潘特库

特利
Tlailotlaque 特莱洛特拉克
Tlajinga 特拉希亚加
Tlalancaleca 特拉兰卡莱卡
Tlaloc 特拉洛克
Tlalocan 特拉洛坎
Tlaltecuhtli 特拉尔特库特立
Tlaltinango 特拉尔蒂南戈
Tlamimilolpa 特拉米米洛尔帕
Tlapacoya 特拉帕科亚
Tlapacoyan 特拉帕科扬
Tlapan 特拉潘
Tlapanec 特拉帕内克
Tlapaneco 特拉帕内科
Tlatauhquitepec 特拉陶奎特佩克
Tlatelolco 特拉特洛尔科
Tlatempa 特拉坦帕
Tlatilco 特拉蒂尔科
Tlatlauhquitepec 特拉陶基特佩克
Tlatoani 特拉托阿尼
Tlaxcala 特拉斯卡拉
Tlaxcalteca 特拉斯卡尔特卡
Tlaxcoapan 特拉斯科阿潘
Tlaxhxo 特拉斯索
Tlaxiaco 特拉希亚科
Tlazolteotl 特拉索尔特奥特尔
Tlecuil 特莱奎尔
Tletonatiuh 提勒托纳提乌
Tlilpopocatzin 特利尔波波卡钦
Tlotzin 特洛钦

Tochpan 托奇潘

Tochtepec 托奇特佩克

Toci 托西

Tojolabal 托霍拉巴尔

Tok Casper 托克·卡斯彭

Tol 托尔

Tollán 托良

Tollan 托兰

Toltec 托尔特克

Tolteca 托尔特卡

Toluca 托卢卡

Toluguilla 托卢吉利亚

Toluquilla 托卢基亚

Tomaltepec 托马尔特佩克

Tomatlán 托马特兰

Tonacacihuatl 托纳卡西瓦特尔

Tonacatecuhtli 托纳卡特库特利

Tonalá 托纳拉

Tonalpahualli 托纳尔波瓦利

Tonantzin 托南钦

Tonatiuh 托纳蒂乌

Toniná 托尼纳

Topia 托皮亚

Topoxte 托波克斯特

Torrilas 托里拉斯

Tortuguero 托尔图格罗

Totimehuacan 托蒂梅瓦坎

Totoate 托托阿特

Totomixtlahuacan 托托米斯特拉瓦坎

Totonac 托托纳克

Totonacapan 托托纳卡潘

Totonaco 托托纳科

Totonicapán 托托尼卡潘

Toxcatl 托斯卡特尔

Tozzer 托塞尔

Travesía 特拉韦西亚

Tres Cerritos 特雷斯塞里托斯

Tres Zapotes 特雷斯萨波特斯

Trique 特里克

Tsah 特萨

Tuitlán 图伊特兰

Tula 图拉

Tula Chico 图拉奇科

Tula de Allende 图拉-德阿连德

Tula de Hidalgo 图拉-德伊达尔戈

Tulan 图兰

Tulancingo 图兰辛戈

Tulum 图卢姆

Tum Yohl K'inich 图姆·尤霍尔·齐尼奇

Tun 吞

Tunal Grande 大图纳尔

Turrialba 图里亚尔瓦

Tutul Xiu 图图尔休

Tututepec 图图特佩克

Tuun K'ab' Hix 图恩·卡布·伊什

Tuxpan 图斯潘

Tuxtla 图斯特拉

Tuxtla Gutiérrez 图斯特拉-古铁雷斯

Tuzanteco 图桑特科

Tuzantepetl 图桑特佩特尔

Tuzapan 图萨潘

Tzacualli 扎夸利

Tzacualpa 扎夸尔帕

Tzak'ol 扎阔尔

Tzeltal 泽尔塔尔

Tzeltalan 泽尔塔兰

Tzicoac 齐科阿克

Tzintzuntzan 金祖赞

Tzitzimime 齐齐米梅

Tzolkin 卓尔金

Tzompantepec 索姆潘特佩克

Tzompantli 索姆潘特利

Tzompantzinco 索姆潘钦戈

Tzotzil 佐齐尔

Tzutujil 楚图希尔

Tzutzuculi 楚楚库利

U

Uacúsecha 瓦库塞查

Uapala 瓦帕拉

Uaxac Canal 瓦哈克卡纳尔

Uaxactún 瓦哈克通

Uayameo 瓦亚梅奥

Ucanal 乌坎纳尔

Ucareo 乌卡雷奥

Ukit Took' 乌齐特·图克

Ulama 乌拉马

Ulua 乌卢阿河

Unen B'alam 乌棱·巴拉姆

Uolantun 乌奥兰通

Upsala 乌普萨拉

Urbina 乌尔维纳

Urichu 乌里丘

Uspantán 乌斯潘坦

Uspanteco 乌斯潘特科

Usulutan 乌苏卢坦

Usumacinta river 乌苏马辛塔河

Utatlan 乌塔特兰

Uto-Aztecan 乌托-阿兹特克语系

Uxbenká 乌斯本卡

Uxmal 乌斯马尔

Uxpanapa 乌斯帕纳帕

V

Valdivia 瓦尔第维阿

Valle de las Banderas 巴耶-德拉斯班德拉斯

Valle de Zapotitán 巴耶-德萨波蒂坦

Valle Grande 巴耶格兰德

Valle Perdido 巴耶佩尔迪多

Valsequillo 瓦尔塞季尤

Varajonal 巴拉霍纳尔

Vasco Núñez de Balboa 瓦斯科·努涅斯·德巴尔沃亚

Vega de la Peña 维加-德拉佩尼亚

Venado 贝纳多

Venta Salada 本塔萨拉达

Veracruz 韦拉克鲁斯

Verbena 韦尔贝纳

Viejo Brisas del Valle 别霍布里萨斯-德尔瓦列

Villa Alta 阿尔塔

Villa Flores 弗洛雷斯

Villa Rica de Vera Cruz 里卡-德韦拉克鲁斯

Villa Tiscapa 蒂斯卡帕

Villo 维略

Vucub Caquix 武库布卡基克斯

Vuelta Limón 武埃尔塔利蒙

W

Wak Chan K'awiil 瓦克·产·卡威尔

Waka 瓦卡

Wamaw K'awiil 瓦茂·卡威尔

Waterfall Cave 水帘洞

Waterlily Jaguar 睡莲美洲豹

Waxaklajuun Ub'aah K'awiil 瓦沙克拉胡恩·乌巴·卡威尔

Waymil 瓦伊米尔

Weicker 韦克尔

Winal 维纳尔

X

Xaagá 萨迦

Xalapa（Jalapa）哈拉帕

Xalla 哈利亚

Xaltocan 哈尔托坎

Xaraquaro 萨拉夸罗

Xarátanga 萨拉坦佳

Xcalumkin 斯卡伦金

Xcaret 斯卡雷特

Xe 克塞

Xelhá 克塞尔阿

Xicalanca 希卡兰卡

Xicalanco（Xicalango）希卡兰科（希卡兰戈）

Xicalcoliuhqui 希卡尔科柳基

Xico 希科

Xicochimalco 希科奇马尔科

Xicotencatl 希科滕卡特尔

Xilonen 希洛嫩

Xilotepec 西洛特佩克

Xinantecatl 希南特卡特尔山（托卢卡火山）

Xinca 辛卡

Xipe Totec 希佩·托特克

Xiquipilco 希基皮尔科

Xitle 希特莱

Xiu 休

Xiuhcoatl 修科阿特尔

Xiuhetcuhtli 修提库特里

Xiutetelco 修特特尔科

Xoc 霍克

Xochicalco 霍奇卡尔科

Xochiltenango 霍奇尔特南戈

Xochiltepec 霍奇尔特佩克

Xochimilca 霍奇米尔卡

Xochimilco 霍奇米尔科

Xochimilco Lake 霍奇米尔科湖

Xochipala 霍奇帕拉

Xochipilli 霍奇皮利

Xochiquetzal 霍奇克察尔

Xochitécatl 霍奇特卡特尔

Xochtzin 霍奇钦

Xocotitlan 霍科蒂特兰

Xolalpan 霍拉尔潘

Xolcol 霍尔科尔

Xoloc 霍洛克

Xolotl 霍洛特尔

Xpuhil 斯普伊尔

Xtampak 斯坦帕克

Xtoloc 西托洛克

Xultun 苏尔通

Xunantunich 苏南图尼奇

Y

Yácatas 亚卡塔斯

Yacats 亚卡塔斯

Yagul 亚古尔

Yajaw Te' K'inich 亚豪·特·齐尼奇

Yanhuitlan 扬维特兰

Yanomamo 雅诺马莫

Yaqui 亚基

Yarumela 亚鲁米拉

Yautépec 尧特佩克

Yax Deer-Antler Skull 雅什·鹿角骷髅

Yax Ehb' Xook 雅什·埃布·舒克

Yax Nuun Ayiin 雅什·努恩·阿因

Yax Pasaj Chan Yopaat 雅什·帕萨·产·尤帕特

Yaxchilán 亚斯奇兰

Yaxcopoil 亚斯科波伊尔

Yaxhá 亚斯阿

Yaxuná 亚克苏纳

Yayahuala 亚亚瓦拉

Yecoa 耶考阿

Yecora 耶科拉

Yegüih 耶圭

Yerba Buena 耶尔瓦布埃纳

Yik'in Chan K'awiil 伊金·产·卡威尔

Yoaltepec 约尔特佩克

Yohl Ik'nal 尤尔·伊科纳夫人

Yohualinchan 约瓦林钱

Yojoa Lake 约华湖

Yopaat B'alam 尤帕特·巴拉姆

Yopes 约佩斯

Yucatecan 尤卡坦语

Yucuita 尤奎塔

Yucuñudahui 尤库纽达维

Yuknoom 尤克努姆

Yuknoom Chan 尤克努姆·产

Yuknoom Ch'een 尤克努姆·齐恩

Yuknoom Head 尤克努姆之首

Yuknoom Took' K'awiil 尤克努姆·图克·卡威尔

Yuknoom Yich'aak K'ak' 尤克努姆·伊查克·卡克

Yurécuaro 尤雷夸罗

Yuríria 尤里里亚

Z

Zaachila 萨奇拉

Zacapu 萨卡普

Zacate Colorado 萨卡特科洛拉多

Zacatecas 萨卡特卡斯

Zacatenco 萨卡滕科

Zacateno 萨卡特诺

Zacatula 萨卡图拉

Zacoalco 萨科阿尔科

Zacpetén 萨克佩滕
Zacuala Palace 萨夸拉宫
Zaculeu 萨库莱乌
Zapata 萨帕塔
Zapotec 萨波特克
Zapotitan 萨波蒂坦
Zapotitlan 萨波蒂特兰
Zautla 绍特拉
Zegache 寒加切
Zempoala 森波阿拉
Zihuatanej 锡瓦塔内霍
Zinacantan 锡纳坎坦

Zinacantepec 锡纳坎特佩克
Zinapécuaro 锡纳佩夸罗
Zitácuaro 锡塔夸罗
Zócalo 索卡洛
Zohapilco 索哈皮尔科
Zompanco 松潘科
Zoque 索克
Zoquil 索基尔
Zumpango 孙潘戈
Zuni 苏尼
Zuniga 苏尼加
Zuyuan 祖原